Das Instrumentarium audiovisueller Politik der Europäischen Gemeinschaft aus kompetenzrechtlicher Sicht

Studien zum deutschen und europäischen Medienrecht

herausgegeben von Dieter Dörr

mit Unterstützung der Dr. Feldbausch Stiftung

Bd. 16

PETER LANG

Frankfurt am Main · Berlin · Bern · Bruxelles · New York · Oxford · Wien

Frauke Blechschmidt

Das Instrumentarium audiovisueller Politik der Europäischen Gemeinschaft aus kompetenzrechtlicher Sicht

PETER LANG
Europäischer Verlag der Wissenschaften

Bibliografische Information Der Deutschen Bibliothek
Die Deutsche Bibliothek verzeichnet diese Publikation in der Deutschen Nationalbibliografie; detaillierte bibliografische Daten sind im Internet über <http://dnb.ddb.de> abrufbar.

Zugl.: Berlin, Freie Univ., Diss., 2002

D 188
ISSN 1438-4981
ISBN 3-631-51630-4

www.peterlang.de

Vorwort

Die vorliegende Arbeit wurde im Wintersemester 2002/2003 vom Fachbereich Rechtswissenschaft der Freien Universität Berlin als Dissertation angenommen.

Rechtsentwicklung und Literatur wurden bis Juli 2003 berücksichtigt.

Herzlich danke ich Herrn Prof. Dr. Lecheler für die Betreuung und Erstbegutachtung der Dissertation. Seine wertvollen Hinweise und freundliche Unterstützung haben entscheidend zum Gelingen beigetragen.
Herrn Prof. Dr. Pestalozza möchte ich für die zügige Zweitkorrektur danken.

Dank gebührt schließlich meiner Familie, meinen Freunden und den Kollegen am Lehrstuhl für Öffentliches Recht, Europarecht und ausländisches öffentliches Recht an der Freien Universität Berlin, die mir als Gesprächspartner immer zur Verfügung standen.

Berlin, im August 2003.

Frauke Blechschmidt

Inhalt

Einleitung

Die Regulierung von Presse, Rundfunk und Fernsehen, den klassischen Regelungsgegenständen[1] des Medienrechts, ist seit jeher Bestandteil der Rechtsordnungen westeuropäischer Demokratien und vielfach Gegenstand politischer Bemühungen.
Seit den achtziger Jahren läßt sich eine verstärkte Verschiebung auf europäische Ebene konstatieren[2]: Bis zu diesem Zeitpunkt in nationalen Kontext gebettete medienrechtliche Regelungsmaterie wird nun - wie in anderen Bereichen auch - von europäischer Rechtsentwicklung durchdrungen, die die Position eines zentralen Ausgangspunktes aller nationalen Änderungen einnahm[3].

Dabei ist der Prozeß der Europäisierung medienrechtlicher Regelungsmaterien seinerseits von dem rasanten technologischen Entwicklungsprozeß von Medien und Telekommunikation geprägt, der die Medienlandschaft tiefgreifend verändert. Gekennzeichnet durch Digitalisierung und Datenkompression führt dieser letztlich aus der bisher den audiovisuellen Sektor prägenden Frequenzknappheit zu einem Frequenzüberangebot durch Vervielfachung der Übertragungsmöglichkeiten[4]. So können über ein einziges Glasfaserkabel bis zu 500 Kanäle angeboten und damit statt der bisher ins Kabelnetz einspeisbaren 30 bis 40 Fernsehprogramme Hunderte von Programmen abgerufen werden. Darüber hinaus eröffnet die einheitliche digitale Signaldarstellung die Bereitstellung neuer Dienste[5].

Das wirft die Frage nach den Auswirkungen dieses Umgestaltungsprozesses auf Medieninhalte auf. Der 1998 publizierte Bericht der Hochrangigen Gruppe für

---

1 Paschke, Medienrecht, 2001, S. 19.

2 Die verstärkte europäische Dimension im Medienrecht kann mit dem Grünbuch der Kommission vom 14.6.1984 über die Errichtung eines gemeinsamen Marktes für den Rundfunk („Fernsehen ohne Grenzen"), KOM (84) 300 endg. als eröffnet angesehen werden.

3 Dörr, NJW 1999, 1925; Rüggeberg, WiVerw 1999, 205 (206).

4 Engel/Seelmann-Eggebert, Rn 1 zu E. V, in Dauses: Handbuch des EG-Wirtschaftsrechts; zum Prozeß der Digitalisierung auch: Eberle, Aufbruch ins digitale Zeitalter, 1994, S. 4 f.; Grünwald, MMR 2001, 89 (90); Hege, Offene Wege in die digitale Zukunft, 1995, S. 9 ff.; Hoffmann-Riem/Schulz/Held, Konvergenz und Regulierung, 2000, S. 20 ff.; Levy, Europe`s Digital Revolution, 1999; Müller-Römer, Digitales Fernsehen - Digitaler Hörfunk, 1993; Recke, Medienpolitik im digitalen Zeitalter, 1998; Ziemer, Digitales Fernsehen, 1997.

5 ebda.; Gerbarg, The economics, technology and content of digital TV, 1999.

audiovisuelle Politik und wiederkehrende Mitteilungen der Kommission[6] in diesem Bereich weisen darauf hin, daß die steigende Anzahl von Vertriebskanälen für audiovisuelle Waren nicht zwingend auch zu einer höheren Zahl hochwertiger Inhalte führen wird und zeichnen die Gefahr eines sich entwickelnden Defizits hinsichtlich Vielfalt und Qualität[7].
Eine gleichzeitig wachsende Zahl hochwertiger Inhalte würde nämlich zunächst die Entstehung eines größeren Marktes voraussetzen. Hierdurch könnten diejenigen erhöhten Kosten kompensiert werden, die dadurch entstehen, daß eine wachsende Zahl von Sendern mehr Fernsehsendungen nachfragen und damit einen Preisanstieg bei den Fernsehrechten bewirken[8]. Eine so formulierte Voraussetzung läßt einen jedoch sogleich auf die Schwierigkeiten stoßen, die den europäischen audiovisuellen Markt prägen[9]:
Charakteristisch für diesen - unabhängig von dem Gewicht, das diese Problematik zusätzlich durch die technologische Entwicklung gewinnt - ist eine besondere Fragmentierung, die kulturelle, sprachliche und regionale Unterschiede zum Hintergrund hat und eine Marktausrichtung auf die Interessen kleinerer Gruppen er-

---

6 Mitteilung der Kommission an das Europäische Parlament und den Ministerrat „Die Politik der Gemeinschaft im audiovisuellen Bereich - Künftiges Vorgehen", KOM (98) 446 endg.; Mitteilung der Kommission über „Grundsätze und Leitlinien einer audiovisuellen Politik der Gemeinschaft im digitalen Zeitalter, KOM (99) 657;
Mitteilung der Kommission an den Rat, das europäische Parlament, den WSA und den AdR zu bestimmten „Rechtsfragen im Zusammenhang mit Kinofilmen und anderen audiovisuellen Werken" v. 26.9.2001, KOM (2001), 534 endg, S. 3.

7 Oreja, Das digitale Zeitalter: europäische audiovisuelle Politik, 1998, S. 12; BVerfGE 74, 297 (331); - unter Verweis auf die Entwicklungen im Printmedienbereich, wo die Ausdifferenzierung und Vervielfachung von Angeboten sich vordergründig im Bereich „unterhaltungslastiger Spezialangebote" bemerkbar gemacht hat: Jarren/Donges in: Fünfgeld, Massenkommunikation, 1997, S. 231 (233/234); dieselben in Jarren, Öffentlichkeit unter Vielkanalbedingungen, 1998, S. 11 (13). Schließlich macht auf solche Tendenzen auch im Bereich des deutschen Fernsehens Markus Theurer, „Ein bißchen Spaß muß sein" (FAZ v. 27.11.2001, S. 53) aufmerksam.

8 so stellt es die Hochrangige Gruppe für Audiovisuelle Politik in ihrem Bericht: Das digitale Zeitalter: europäische audiovisuelle Politik, 1998, S. 12 dar; auch: Kruse, Liberalisierung und Protektionismus bei audiovisuellen Dienstleistungen, 1993, S. 23; Fabris, in Trappel, Medien, Macht, Markt, 1991, S. 11 (25).

9 zu diesen sehr ausführlich Jarothe, Die Filmpolitik der EU im Spannungsfeld zwischen nationaler Filmförderung und US-amerikanischer Mediendominanz, 1998, S. 196 ff.; Kruse, Liberalisierung und Protektionismus bei audiovisuellen Dienstleistungen, 1993, S. 15 ff.; Meckel, in Meckel/Kriener: Internationale Kommunikation, 1996, S. 145 (146 ff.); auch Weirich, ZEuS 1998, S. 47 (50/51).

fordert[10]. Deutlich wird letztere Situation bei einer Betrachtung des europäischen Marktes: Hier sind sowohl Fernsehfilme als auch (Kino-)Spielfilme an erster Stelle jeweils als amerikanische bzw. nationale Produktionen vertreten. Nicht-nationale, europäische Filme dagegen finden sich an letzter Stelle - ein Phänomen, wofür der Bericht der Hochrangigen Gruppe für audiovisuelle Politik die Bezeichnung „duale Bipolarität" verwendet[11]. Dieses Phänomen findet wirtschaftlich betrachtet Ausdruck in einer Vielzahl isolierter Teilmärkte, die als solche nicht für die Amortisierung eines Filmes ausreichen[12].
Demgegenüber steht die Dominanz der amerikanischen audiovisuellen Industrie[13], deren wirtschaftlicher Vorteil einmal auf der Grundlage eines großen homogenen Heimatmarktes erklärbar wird, auf dem wegen des hohen Programmbedarfs Produktionskosten schneller einzuspielen sind[14], mit der Folge, daß sich Programmmaterial wiederum kostengünstig auf dem internationalen Markt anbieten läßt[15]. Darüber hinaus begünstigt das Maß des sogenannten „cultural discounts" die wirtschaftliche Situation des US-amerikanischen audiovisuellen Sektors[16]. Hierunter versteht man ein Nachfragephänomen, das für die geminderten Absatzchancen eines nicht einheimischen Films wegen kulturell bedingter Affinitäten zu besonderen Stoffen, Darstellern, Handlungsorten steht. Die so bedingte Nachfrageminderung trifft die USA jedoch aufgrund ihres großen einheimischen

---

[10] KOM (98) 354 v. 3.6.1998; Grünbuch zur Konvergenz, KOM (97) 623; Study: Economic Implications on the audiovisual markets; De Bens/Kelly/Bakke, in: Siune/Truetzschler, Dynamics of Media Politics, 1992, S. 75 (79); Oreja, Das digitale Zeitalter, 1998, S. 12; Probst, ZUM-SH 1994, 759 (760).

[11] Oreja, Das digitale Zeitalter, 1998, S. 15.

[12] Jarothe, Die Filmpolitik der EU, 1998, S. 215 - insgesamt mit besonders ausführlicher Gegenüberstellung europäischer und amerikanischer Wettbewerbssituation, S. 196 ff.; Roth, Der Medienbinnenmarkt, 1996, S. 101.

[13] siehe die Information der Europäischen Audiovisuellen Informationsstelle, wonach amerikanische Filme im Jahr 2000 einen Anteil von über 73% am europäischen Markt hatten - zit. nach Mitteilung der Kommission „zu bestimmten Rechtsfragen im Zusammenhang mit Kinofilmen und anderen audiovisuellen Werken vom 26.9.2001, KOM (2001) 534 endg., S. 4.

[14] so auch Dirkers, Europäischer Fernsehmarkt zwischen wirtschaftlichen Imperativen und kulturellem Auftrag unter besonderer Berücksichtigung der bundesdeutschen Medienentwicklung, 1995, S. 136; Hoskins/Mirus/Rozeboom, Journal of Communication 1989 - 2, S. 55 (70); Jarothe, Die Filmpolitik der EU, 1998, S. 203; Kleinsteuber/Rossmann, Europa als Kommunikationsraum, 1994, S. 76.

[15] Kleinsteuber, in Roß/Wilke, Umbruch in der Medienlandschaft, 1991, S. 137 (149); Meckel, in Meckel/Kriener, Internationale Kommunikation, 1996, S. 145 (146).

[16] so auch Jarothe, Die Filmpolitik der EU, 1998, S. 203.

Kulturgebietes genauso wenig, wie die hiesigen Probleme divergierender Sprachräume[17].
Schließlich sind auch Unterschiede in der Herangehensweise an die Produktion audiovisueller Werke feststellbar, die seitens der USA in höherem Maße kommerziell geprägt ist und eine möglichst hohe Publikumsakzeptanz zum Richtwert macht - im Gegensatz zu der in Europa vorherrschenden, deutlicheren Trennung von Publikumserfolg und künstlerischer Leistung[18].

Die genannten Besonderheiten des europäischen Marktes sind nicht nur vorübergehender Natur; ein hoher Inhalteanteil wird statt dessen wohl auf der Grundlage regionaler Interessen in Europa aus den kulturellen und anderen Verschiedenheiten heraus bestehen bleiben, so daß über eine Marktvergrößerung die beschriebene Kostenerhöhung nicht kompensierbar ist. Die Folge dessen ist in entweder sehr hohen Zuschauergebührenanteilen oder aber Billigproduktionen zu vermuten, die wiederum die Gefahr eines Defizits hinsichtlich Vielfalt und Qualität bergen[19].
Hier setzen die verschiedenen und im folgenden zu untersuchenden Bemühungen der EU an, einen Rahmen für Medieninhalte zu schaffen, „der die besten Bedingungen für die audiovisuelle Industrie Europas schafft, der deren Wettbewerbsfähigkeit fördert und entwickelt, zugleich aber Maßnahmen zum Schutz wichtiger Allgemeininteressen wie Pluralismus, Jugendschutz und kulturelle Vielfalt vorsieht“[20].

Ziel dieser Untersuchung ist es, diese Bemühungen der Europäischen Gemeinschaft, wie sie in implementierten oder geplanten Regulierungs- bzw. Förderungsaktivitäten Ausdruck gefunden haben, vor kompetenzrechtlichem Hintergrund zu analysieren.

Ausgangspunkt hierzu bildet eine begriffliche Klärung und Abgrenzung des zu analysierenden Bereichs. Im Zusammenhang soll auf die Bedeutung des audiovisuellen Sektors eingegangen werden, wobei unter Heranziehung einiger Daten

---

[17] Kruse, Liberalisierung und Protektionismus bei audiovisuellen Dienstleistungen, 1993, S. 22.

[18] Kruse, Liberalisierung und Protektionismus bei audiovisuellen Dienstleistungen, 1993, S. 15; auch De Bens/Kelly/Bakke, in Siune/Truetzschler, Dynamics of Media Politics, 1992, S. 75 (76/77).

[19] so Oreja, Das digitale Zeitalter, 1998, S. 12.

[20] EU-Kommissarin Viviane Redings Rede zum „Info-Point-Europa“ in Hamburg, epd-Medien 2001, Nr. 34/35, 5.5.2001, S. 35 (38).

zur gegenwärtigen Medienlandschaft vor allem die Besonderheiten des europäischen audiovisuellen Sektors veranschaulicht werden sollen.

In einem sich anschließenden zweiten Teil wird die grundsätzliche Kompetenzverteilung in gemeinschaftsrechtlichem Kontext umrissen und der Problembereich der Wahl der Kompetenzgrundlagen als Vorfrage untersucht werden, um so die Grundlage für die darauffolgende Untersuchung zu schaffen. Außerdem werden die Grenzen aufgezeigt, die dem Tätigwerden der Gemeinschaft gesetzt sind.

In den darauffolgenden beiden Abschnitten sollen medienpolitische Instrumente der EG in diesen möglichen kompetenzrechtlichen Regulierungsrahmen eingeordnet werden. Dabei werden nicht die denkbaren Kompetenzgrundlagen Ausgangspunkt bieten, sondern die gemeinschaftlichen Maßnahmen, das Instrumentarium gemeinschaftlicher audiovisueller Politik, selbst. Dazu erfolgt zunächst eine Analyse der Kompetenzgemäßheit regulierender Tätigkeiten der Gemeinschaft im audiovisuellen Bereich. Im Anschluß daran wendet sich die Untersuchung den Förderaktivitäten zu, wobei mögliche Diskrepanzen zwischen den geeigneten Kompetenznormen und denen, auf die die Gemeinschaft ihr Handeln im audiovisuellen Bereich tatsächlich stützt, aufgedeckt werden sollen. Auch solche Maßnahmen sollen anklingen, die vor dem Hintergrund der mit der Digitalisierung möglichen neuen Dienste bereits getroffen oder doch zumindest erwogen werden. Indem auch diejenigen Aktivitäten der Gemeinschaft kompetenzrechtlich untersucht werden, die bisher nicht realisiert werden konnten, soll zugleich der Versuch unternommen werden, Maßnahmen zur Durchsetzung medienpolitischer Ziele auszuweisen, um die das Instrumentarium audiovisueller Politik der Gemeinschaft zu ergänzen wäre.

1. Kapitel: Bedeutung von Medien und „Audiovisueller Politik“

I. Bedeutung der Medien

Begrifflich fassen läßt sich der Bereich der audiovisuellen Medien, indem man die Wortbedeutung (Audio-Vision) zur Abgrenzung heranzieht: Danach handelt es sich um solche Medien, die vom Rezipienten optisch oder akustisch bzw. in Kombination wahrgenommen werden können. Dazu gehören folglich Rundfunk, Fernsehen, Video, Kino, aber auch neue Medien wie abrufbare Fernseh- oder interaktive Dienste, die zweifellos optisch und akustisch wahrnehmbar sind.

Die Bedeutung der Medien des audiovisuellen Bereichs kann in drei Dimensionen erfaßt werden:

1. Wirtschaftliche Bedeutung des audiovisuellen Sektors

Im Zuge des Digitalisierungsprozesses und der hierdurch eröffneten, neuen technischen Möglichkeiten der Mediennutzung erfährt die audiovisuelle Industrie Veränderungen, die in ein stetiges Branchenwachstum münden[1] und damit deren Charakterisierung als Wachstumsmarkt erlauben[2]. Die weltweit größten audiovisuellen Märkte (Europa, Japan und USA) umfassen ein Gesamtfinanzvolumen von 173 Billionen US-Dollar und wachsen jährlich um etwa 8 %[3].
Wendet man sich einer Einzelbetrachtung der Marktanteile Kino und Video zu, dann ergibt sich für ersteres ein Marktanteil von 6,3 %[4]. 1999 läßt sich für die Spielfilmproduktion der EU eine Wachstumsrate von 10 % feststellen[5]. Auch im Jahr 2000 war bezüglich des Produktionsvolumens hier nochmals ein leichter Anstieg zu verzeichnen. Allerdings kamen von 604 produzierten Filmen nur

---

1 Oreja, Das digitale Zeitalter, 1998, S. 5.
2 Oreja, Das digitale Zeitalter, 1998, S. 11; Second Information Report, S. 4.
3 Second Information Report, S. 4 .
4 Mitteilung der Kommission über Grundsätze und Leitlinien einer audiovisuellen Politik der Gemeinschaft im digitalen Zeitalter, KOM (99) 657, S. 9.
5 Pressemitteilung der Europäischen Audiovisuellen Informationsstelle, Mai 2000.

75% in den Vertrieb, so daß jeder vierte europäische Film also nicht im Kino vermarktet wurde[6]. Der Marktanteil europäischer Filme fiel im Jahr 2000 von im vorherigen Jahr erzielten 29,2% auf 22,5%.
Zwischen 1997 und 1999 konnte weltweit ein erhebliches Anwachsen der Kinobesucherzahlen festgestellt werden. Für Europa war ein Anstieg um 6,3% nachweisbar, in den USA demgegenüber 5,6% und in Deutschland vergleichsweise ca. 4,1%[7]. Insgesamt gingen in der EU innerhalb von 2 Jahren etwa 45 Mio. Leute mehr ins Kino[8].
Die bereits erwähnte Dominanz der amerikanischen audiovisuellen Unternehmen findet dabei für den Teilbereich des Kinos darin Ausdruck, daß 71% der verkauften Kinokarten solche für amerikanische Produktionen gewesen sind[9].
Die Marktanteile für Video liegen bei etwa 16% des Weltmarktes[10], wobei von einem weltweiten Wachstum von 4,2% ausgegangen werden kann. Davon entfallen auf Amerika 1,3%, auf Japan 9,3% und Europa 7,8%. Von 141 Millionen geschätzten Haushalten europaweit verfügten 1995 89 Millionen über Videogeräte. 1996 betrug diese Anzahl bereits über 100 Millionen.
Ein vergleichbares Bild ergibt sich für die Medien Rundfunk und Fernsehen[11]. Fernsehgeräte gibt es in 98% der europäischen Haushalte[12]. Betrachtet man den Fernsehmarkt der EU vor diesem Hintergrund, so ist eine Entwicklung nicht verwunderlich, die ein Anwachsen der fiktionalen Fernsehproduktion um 40% während eines Zeitraumes von 1993 bis 1997 beinhaltete[13]. Schätzungen zufolge ist die fiktionale Fernsehproduktion Europas mittlerweile sogar auf 2,7 Mrd. Euro gestiegen[14]. Damit erzielen die Radio- und Fernsehsender das größte Umsatzvolumen der europäischen audiovisuellen Unternehmen[15].
Auch hier gilt, daß es sich bei dem umfassenden Teil der angekauften Programme um Importproduktionen aus den USA handelt (ca. 70%)[16], während nur ein geringer Anteil aus europäischen Ländern stammt[17].

---

6 Statistical Yearbook 2001, S. 74.
7 Pressemitteilung der Europäischen Audiovisuellen Informationsstelle, Mai 2000; Neckermann, MP 1999, S. 480 (480).
8 Pressemitteilung der Europäischen Audiovisuellen Informationsstelle, Mai 2000.
9 Pressemitteilung der Europäischen Audiovisuellen Informationsstelle, Mai 2000.
10 Second Information Report, S. 5.
11 zur Nutzung solcher Medien in Deutschland: „Das Internet verdrängt Fernsehen und Zeitungen nicht“ FAZ v. 22.11.2001, S. 27.
12 KOM (99) 657, S. 10.
13 Lange, in: Internationales Handbuch für Hörfunk und Fernsehen 2000/2001, S. 89 (108).
14 Pressemitteilung der Europäischen audiovisuellen Informationsstelle v. 18.12.2000.
15 Statistisches Jahrbuch 1995, S. 64.
16 Hasebrink/Herzog, in IHB 2000/2001, S. 111 (117).
17 1997 waren das weniger als ein Fünftel.

Die EU hat daher bezogen auf den gesamten Sektor noch immer ein Außenhandelsdefizit in Höhe von 7 Mrd. Euro jährlich[18].
Die Wachstumsraten des Sektors bilden schließlich erhebliches Potential für den Beschäftigungsbereich. Für Anfang der neunziger Jahre wurde von einer Beschäftigtenzahl in Höhe von 1,8 Millionen im audiovisuellen Sektor ausgegangen[19]. Bis 2005 wird mit etwa 350000 möglichen neuen Arbeitsplätzen gerechnet[20].

2. Bedeutung für die Gesellschaft

Bestimmendes Merkmal von Medien ist deren gesellschaftliche Bedeutung. Auch die Kommission will hier daher den Ausgangspunkt audiovisueller Politik der Gemeinschaft sehen[21]. Die Intensität des Einflusses, den die Medien auf gesellschaftliche Prozesse ausüben müssen, wird deutlich, wenn man sich vergegenwärtigt, daß 98% der Haushalte Europas ein Fernsehgerät zum Empfang bereithalten und der durchschnittliche Fernsehkonsum eines Erwachsenen bei mehr als 3 Stunden täglich liegt[22] - dies selbstverständlich nur exemplarisch für die Breitenwirkung, die ebenso den anderen Massenmedien wie Rundfunk und Kino oder Video zukommt.
Die gesellschaftlich-politischen Medienfunktionen[23] kann man vor soziologischem Hintergrund mit Termini wie Integration, Sozialisation, Kritik und Kontrolle, Information, Entwicklung oder Wandlung, Rekreation und Bildung beschreiben[24].
Die „integrierende Funktion (der Massenmedien) für das Staatsganze“[25] findet ihren Ausdruck darin, daß die für die öffentliche Debatte notwendige Infor-

---

18 KOM (99) 657, S. 10.
19 KOM (99) 657, S. 10.
20 Studie der Kommission: Economic Implications of New Communication Technologies on the audiovisual Market, 1997.
21 Mitteilung der Kommission über Grundsätze und Leitlinien einer audiovisuellen Politik der Gemeinschaft, KOM (99) 657, S. 9.
22 KOM (99) 657, S. 10.
23 hierzu auch Luhmann, Die Realität der Massenmedien, 1996, S. 169 ff.; Ronneberger, in Langenbucher: Zur Theorie der politischen Kommunikation, 1974, S. 193 ff.; Ronneberger, Kommunikationspolitik Bd. I, 1978.
24 Ronneberger, in Haas: Mediensysteme. Struktur und Organisation der Massenmedien in den deutschsprachigen Demokratien, 1987, 154 (156).
25 BVerfGE 31, 314.

mationserstattung auf komplexitätsreduzierende Weise erbracht[26], öffentliche Aufklärung geleistet und überdies ein Forum für gesellschaftliche Minderheiten geboten wird[27]. Politische Partizipation setzt ein Mindestmaß an Informiertheit voraus, das nur erreichbar ist, wenn den Rezipienten ständig aktualisierte Informationen zu politischen Problemstellungen zur Verfügung stehen. Dieser Prozeß des Informierens durch die Medien ist geprägt durch die Tatsache der Themenwahl durch die Medien selbst und der damit verbundenen Richtungsweisung für die öffentliche Meinungsbildung[28]. Als Instrumente der Meinungsäußerung ermöglichen die Medien dann die geistige Auseinandersetzung, die insofern konstituierendes Element demokratischer Ordnungen bildet[29], als sie die Grundlage für den demokratischen Willensbildungsprozeß darstellt[30]. Darüber hinaus werden ganze Wertesysteme und Konzepte der Kategorienbildung zur Organisation der angebotenen Information geliefert, so daß die Medien letztlich "nicht nur dazu beitragen, was wir von der Welt sehen, sondern auch wie wir es sehen"[31]. - Hierin besteht eine Facette medialer Sozialisations- bzw. Bildungsfunktion.

Eine andere liegt in der Vermittlung allgemeiner Informationen zu Themen außerhalb des politischen Bereichs, beispielsweise in kulturellen, psychologischen, historischen und vergleichbaren Zusammenhängen. Kontrolle üben die Medien als vierte Gewalt mittels der Identifikation der durch sie dargestellten öffentlichen und der Wählermeinung durch die Regierungen aus: Regierungen mit dem Ziel der Wiederwahl werden sich mangels Kenntnis des tatsächlichen, individuellen Wählerwillens nach der durch die Medien kreierten öffentlichen Meinung richten und diese als Ausdruck der Willensrichtung des Volkes betrachten[32]. Die Kritik- und Kontrollfunktion wirkt aber auch gegenüber der Opposition oder anderen, an politischer Entscheidungsfindung beteiligten Gruppen als Korrektiv[33]. Im Zusammenhang damit begleiten die Medien Vorgänge auf der politischen Ebene kritisch und mit der Intention, Mißstände aufzuspüren und öffentlich zu machen[34].

---

26 hierzu auch Bergsdorf, Die 4. Gewalt. Einführung in die politische Massenkommunikation, 1980.

27 Meckel, Fernsehen ohne Grenzen?, 1994, S. 31.

28 Ossenbühl, JZ 1995, 633 (634).

29 BVerfGE 5, 85 (205).

30 Bleckmann, Staatsrecht II, 1997, Rn. 2 zu Art. 5 GG; Eberle, in Heldrich: Medien zwischen Spruch und Informationsinteresse, FS für Schweizer, 1999, S. 139 (140).

31 KOM (99) 657, S. 10.

32 Bleckmann, Staatsrecht II, 1997, Rn. 42 zu Art. 5 GG.

33 Maletzke, in Haas: Mediensysteme, 1987, S. 165 (167).

34 Eberle, in Heldrich: Medien zwischen Spruch und Informationsinteresse, 1999, S. 139 (140).

Die Rekreationsfunktion zeigt sich in dem kompensatorischen Effekt, der medialen Entspannungsmöglichkeiten - von seichter bis intellektuell anspruchsvoller Unterhaltung - innewohnt[35].
Über all dies kann den Medien eine große Bedeutung für den Zusammenhalt der Gesellschaft beigemessen werden.

3. Kulturelle Bedeutung

Besonders geprägt wird die Bedeutung von Medien durch deren kulturbezogene Dimension, die sich sowohl inhaltlich, als auch im Hinblick auf die Art und Weise ihrer Übertragung fassen läßt[36].
Unter Kultur läßt sich in diesem Zusammenhang die „Ausdrucksform eines Gesamtverhaltens, eines historisch gewordenen, aber wandelbaren Lebensstils" verstehen[37]. Jene kulturbezogene Dimension wird bestimmt durch die Funktion der Medien als Spiegel der Gesellschaft, Produzent und schließlich auch Übermittler kultureller Werke [38].
In der Möglichkeit „in einen ständig präsenten Spiegel (zu) schauen und auf Worte und Töne zu hören, die die gegenwärtige Kultur in aller Welt und die der vielen Schichten der Vergangenheit ins Bewußtsein bringen"[39] findet die Form der Weitergabe von Kulturerzeugnissen einen Höhepunkt. - Audiovisuelle Medien fungieren für eine Gesellschaft als Ausdrucksmittel für die eigene Kultur, für gesellschaftsbezogenes Selbstverständnis, Verhalten oder Situationen, die den Lebensstil verkörpern, den eine Gemeinschaft als den ihren beschreibt und von der Gemeinschaft inhärenten Werten, über die gesellschaftsweiter Konsens besteht. Damit sind sie Bestandteile einer Gegenwartskultur sowie selbst Kulturprodukte, und werden kulturschaffend tätig.

Medien nehmen aber auch eine herausragende Position als Träger von Kultur ein, indem sie Musik, Kunst oder Literatur auf verschiedenste Weise übermitteln[40]. Damit tragen sie zur Identitätsstiftung ihres Empfängerkreises bei und ermöglichen darüber hinaus jenen Austausch, dessen lebendige Kulturen be-

---

35 Ronneberger, in Haas: Mediensysteme, 1987, S. 158 (159).
36 Wiesner, in Kleinsteubner/Wiesner/Wilke: EG-Medienpolitik, 1990, S. 157 (164).
37 Delbrück, in Wolfrum: Recht auf Information, Schutz vor Information, S. 181 (184).
38 Holzamer in Keck/Thissen: Medien zwischen Kultur und Kult, 1987, S. 55 (56).
39 Holzamer in Keck/Thissen: Medien zwischen Kultur und Kult, 1987, S. 55 (57).
40 Eberle, in Heldrich: Medien zwischen Spruch und Informationsinteresse, 1999, 139 (140); Wiesner, in Kleinsteubner/Wiesner/Wilke: EG-Medienpolitik, 1990, S. 157 (164).

dürfen. An dieser Stelle wiederum eröffnet sich die europäische Perspektive der kulturellen Dimension audiovisueller Medien: Indem über diese im Zuge des „free flow of information“[41] die Möglichkeit besteht, Produkte des Ausdrucks eigener Gesellschaftsdarstellung in andere Länder zu übermitteln, kann über das Selbstverständnis unterschiedlicher Gemeinschaften berichtet werden. Medien sind hierdurch Instrument gemeinsamer Identitätsbildung im Konstitutionalisierungsprozeß Europas[42] .

II. Medienpolitik als Politik im audiovisuellen Bereich

1. Allgemeine Zielsetzungen europäischer audiovisueller Politik

Medienpolitik umfaßt in sehr allgemeiner Betrachtungsweise alle die Maßnahmen, deren Zielsetzung die Realisierung bzw. Veränderung gesellschaftlicher Kommunikation ist und die solche öffentliche Kommunikation sichern sollen[43].

Auf europäischer Ebene findet sich eine abgewandelte Bezeichnung für dieses Politikfeld. Medienspezifische Maßnahmen werden hier unter den Terminus „audiovisuelle Politik“[44] gefaßt. Wie bereits beschrieben, handelt es sich bei den audiovisuellen Medien um Fernsehen, Video, Kino[45], aber auch interaktive

---

41 Delbrück, in Wolfrum: Recht auf Information, Schutz vor Information, 1986, S. 181 (182), der im weiteren die Gefahr des Informationspluralismus in Form von Schein-/ Konsumkultur aufzeigt.

42 Häberle, ThürVBl 1998, 121 (126); allgemein zur Rolle der Kultur in diesem Prozeß: Nettesheim, JZ 2002, 157 (161).

43 Jarren/Donges in Fünfgeld: Massenkommunikation, 1997, S. 231 (238); Kleinsteuber in Kleinsteuber/Wiesner/Wilke: EG-Medienpolitik, 1990, S. 35; Roth, Der Medienbinnenmarkt, 1996, S. 14; ähnlich auch Kleinsteuber/Rossmann, Europa als Kommunikationsraum, 1994, S. 59; - als eine auf die Massenmedien bezogene Politik bezeichnet Medien-politik: Kleinsteuber in Roß/Wilke, Umbruch in der Medienlandschaft, 1991, S. 137 (138).

44 Im folgenden werden „Europäische Medienpolitik“ und „audiovisuelle Politik der Gemeinschaft“ synonym verwendet.

45 so die Definition der EG-Kommission, KOM (90) 78 endg., S. 5, die den Oberbegriff „Audiovisionen“ seit 1989 verwendet; - siehe Bischoff, Die politische Ökonomie von HDTV, 1993, S. 113/114.

Dienste. Audiovisuelle Politik bezieht sich also auf Dienste, die für die Öffentlichkeit bestimmte audiovisuelle Inhalte bereitstellen[46].
Audiovisuelle Politik der Gemeinschaft erscheint - im Einklang mit den Zielen der Europäischen Gemeinschaft - zunächst von stark wirtschaftlicher Prägung: Hauptgesichtspunkte sind hier die Gewährleistung grenzüberschreitenden Sendeverkehrs, die Unterstützung und Förderung der gemeinschaftsweiten Programmindustrie, Koordinierung der Distributionstechniken und die Erstellung gemeinsamer Normen für die Empfangsgeräte[47]. Maßnahmen in diesen Bereichen sollen der europäischen audiovisuellen Industrie zu mehr Wettbewerbsfähigkeit verhelfen.
Neben der Verwirklichung dieser wirtschaftspolitischen Zielsetzungen will gemeinschaftliche audiovisuelle Politik zugleich solche ordnungspolitischen Regelungen treffen, die darauf gerichtet sind, öffentliche Kommunikation zu sichern - und so der Bedeutung der Medien für Kultur und Gesellschaft[48] gerecht werden.

Indem man sich den damit sowohl kulturellen als auch industriepolitischen Gehalt solcher Motive europäischer audiovisueller Politik vergegenwärtigt, trifft man auf das Spannungsfeld, in dem dieses Politikfeld zu sehen ist:
Besondere Aufgabe des Agierens in diesem Bereich ist es, einen Ausgleich zu finden zwischen wirtschaftlichen Interessen einerseits und der kulturellen und gesellschaftlichen Bedeutung audiovisueller Medien auf der anderen Seite. Daher müssen die intendierten Regelungen zunächst wirtschaftlichen Zielen gerecht werden. Die ökonomische Zwecksetzung ist aber einer Korrektur durch die Bedeutung der Medien für Demokratie und Kultur[49] unterworfen[50].
Die Zweispurigkeit der Zielvorstellungen europäischer Medienpolitik läßt sich auch in Anknüpfung an die handelspolitische Problemlage[51] beschreiben: das Ringen um die Behauptung einer wirtschaftlichen Position ist zugleich auch eines um die Wahrung europäischer kultureller Besonderheiten und Vielfalt.
Diese Position spiegelt sich daher ebenso in den jüngeren Stellungnahmen der Kommission zur Politik im audiovisuellen Bereich[52] wider, in denen sie die Doppelnatur der audiovisuellen Medien benennt und als Ausgangspunkt auch

---

46 Mitteilung der Kommission über Grundsätze und Leitlinien einer audiovisuellen Politik der Gemeinschaft im digitalen Zeitalter, KOM (99) 657, S. 14.

47 so auch Wagner, Policy-Analyse: Grenzenlos Fernsehen in der EG, 1994, S. 45.

48 siehe oben, 1. Kapitel, I., 2./3.

49 siehe oben, 1. Kapitel, I., 2./3.

50 so auch schon Mitteilung der Kommission „Die Politik der Gemeinschaft im audiovisuellen Bereich - Künftiges Vorgehen", KOM (98) 446 endg., S. 12.

51 dazu bereits die Einleitung.

52 Mitteilung der Kommission über Grundsätze und Leitlinien der audiovisuellen Politik, KOM (99) 657, S. 9; Mitteilung der Kommission zu bestimmten Rechtsfragen im Zusammenhang mit Kinofilmen und anderen audiovisuellen Werken v. 26.9.2001, KOM (2001) 534 endg., S. 3.

für die gemeinschaftsrechtliche Politikgestaltung in diesem Bereich bezeichnet. Regulierung, die zugunsten der Förderung einer wettbewerbsfähigen europäischen Industrie Binnenmarkthindernisse beseitigen und den Handel mit audiovisuellem Material jeder Art erleichtern soll, muß danach auf Grundsätzen beruhen, die Werte wie Meinungsfreiheit, Recht auf Gegendarstellung, Pluralismus, Schutz von Urhebern, Förderung von sprachlicher und kultureller Vielfalt und Jugendschutz bzw. Schutz der Menschenwürde verkörpern[53].

Aus all dem ergibt sich die entscheidende inhaltsbezogene Perspektive auch für diese Analyse: Gegenstand der kompetenzrechtlichen Betrachtungen im audiovisuellen Bereich sollen solche Regelungen und sonstigen Maßnahmen sein, die - neben ihren wirtschaftlichen Auswirkungen - inhaltliche Zielsetzungen verankern wollen und somit auf die Wahrung von Zielen des Allgemeininteresses, kultureller Vielfalt und Pluralismus gerichtet sind[54].

2. Bereichsgrenzen und technologische Entwicklung - Das gemeinschaftsrechtliche Modell der Trennung von Kommunikationsinfrastruktur- und Inhalteregulierung

Eine inhaltsorientierte Gegenstandsabgrenzung bleibt angesichts der Funktionen und Wirkungsweise elektronischer Massenkommunikation auch vor dem Hintergrund der technologischen Entwicklung erhalten[55].
Wegen deren Relevanz für die Meinungsbildung sollte die Regelung von Massenkommunikation[56] diese - und sei es nur partiell - dem offenen Wettbewerb entziehen und einem Sonderregime unterwerfen, das durch staatliche Intervention zum Zwecke der Gewährleistung von Meinungspluralismus gekenn-

---

53 Mitteilung der Kommission über Grundsätze und Leitlinien der audiovisuellen Politik, KOM (99) 657, S. 10 und S. 14; auch: Schlußfolgerungen des Rates vom 27.9.1999 zu den Ergebnissen der öffentlichen Konsultation zum Grünbuch über Konvergenz (insbesondere Medien und audiovisuelle Aspekte), ABl. 1999, C 283/1, EG 6; zuletzt in der Entschließung des Rates vom 21.1.2002 zur Entwicklung des audiovisuellen Sektors, ABl. 2002 C 32/4 vom 5.2.2002.

54 Als durch Pluralismusschutz, die Wahrung kultureller Vielfalt und die Ausdehnung des audiovisuellen Sektors unter wirtschaftlichen Gesichtspunkten als Zielsetzungen gekennzeichnete gemeinschaftliche Politik bezeichnet die audiovisuelle Politik auch Hitchens, in Barendt: Yearbook of Media and Entertainment Law 1996, 45 (46).

55 Hoffmann-Riem, European Journal of Communication 1996, 327 (330/337).

56 siehe hierzu Maletzke, Psychologie der Massenkommunikation, 1978.

zeichnet ist[57]. Telekommunikation dagegen, als bisherige Grundlage für Individualkommunikation, überließ man wettbewerblichen Gesetzen[58].
Im nationalen Rahmen erfolgt die Unterscheidung dabei im Rahmen des Rundfunkbegriffs[59] über das Kriterium der „Allgemeinheit der Empfängergruppe", das eine unbestimmte Zahl von Rezipienten und damit verbunden eine Einwirkungsmöglichkeit auf die Meinungsbildung voraussetzt[60]. Denn lediglich die massenkommunikative Verbreitung von Information und Meinung wird vom Rundfunkbegriff des Bundesverfassungsgerichts erfaßt und damit jenem Sonderregime unterstellt, für das der Gesetzgeber einen Ausgestaltungsauftrag auf der Grundlage des in Art. 5 Abs. 1 S. 2 GG gesehenen objektiven Gehalts erhält[61]. Die Allgemeinheit der Empfängergruppe ist aber nur dann gegeben, wenn die Zusammensetzung des Publikums beliebig ist[62]. Solche Beliebigkeit ergibt sich daraus, daß die individuelle Entscheidung, die Zugangsmöglichkeit wahrzunehmen, nicht kalkulierbar ist[63].
Dieses Abgrenzungskriterium zwischen Massen- und Individualkommunikation liegt wie dem deutschem auch europäischem Verständnis medialer Funktionen zugrunde. Die Allgemeinheitsrichtung ist bisher zwar nur im Zuge einer Definition der Richtlinie „Fernsehen ohne Grenzen"[64] formuliert worden[65]. Da aber ansonsten keine Definitionen auf Gemeinschaftsebene existieren und statt dessen in anderen Richtlinien für Bereiche der Telekommunikation[66] wiederum eine Abgrenzung zu Rundfunk und Fernsehen über das Kriterium der Allgemeinheit vorgenommen wurde, läßt sich annehmen[67], daß dieses Unterscheidungsmerkmal auf andere Handlungen der Gemeinschaft transferiert wurde. Damit

---

57 Bullinger, in Jarren, Öffentlichkeit unter Vielkanalbedingungen, 1998, S. 178; Classen, in Dittmann, Der Rundfunkbegriff im Wandel der Medien, 1997, S. 63; Stock, K&R 2001, 289 (290).

58 siehe auch Gersdorf, Chancengleicher Zugang zum digitalen Fernsehen, 1998, S. 24, 32 f.; Gersdorf, AfP 1997, 424 (424).

59 über dessen Position im Zusammenhang mit den beschriebenen technischen Änderungsprozessen: Bullinger, AfP 1996, 1 ff.; Gersdorf, AfP 1995, 565 ff.; Hoffmann-Riem, AfP 1996, 9 ff.; Kresse/Heinze, AfP 1995, 574 ff.; Pieper/Wiechmann, ZUM 1995, 82 ff.; Reimers, ZUM - SH 1995, 523 ff.

60 Gersdorf, AfP 1995, 565 (571).

61 Schulz, ZUM 1996, 487 (488); Kübler, AfP 2002, 277 ff.; siehe auch die Ausführungen zum Rundfunkbegriff in Münch/Kunig-Wendt, GG-Kommentar, 2000, Art. 5, Rn. 57 ff.

62 Funke, in Prinz/Peters: Medienrecht im Wandel, FS für Engelschall, 1996, S. 143 (145).

63 Funke, in Prinz/Peters: Medienrecht im Wandel, FS für Engelschall, 1996, S. 143 (145).

64 RL 89/552/EWG, ABl. 1989, L 298/23; geändert: RL 97/36 v. 30.6.1997, Nr. L 202, S. 60.

65 dort Art. 1.

66 Art. 1 RL 98/34/EG v. 22.6.1998 über ein Informationsverfahren auf dem Gebiet der Normen und technischen Vorschriften für Dienste der Informationsgesellschaft, ABl. L 204/37.

67 Classen, in Dittmann, Der Rundfunkbegriff im Wandel der Medien, 1997, S. 56.

war auf gemeinschaftsrechtlicher Ebene Telekommunikation im engeren Sinne als Kommunikation eines Senders mit einem Empfänger (point to point) von der eines Senders mit einer Vielzahl von Empfängern (point to multipoint) mit der Folge der oben genannten unterschiedlichen Regulierungsanliegen abzugrenzen[68].
Die beiden in der Vergangenheit klar trennbaren kommunikationsrechtlichen Kategorien büßen aber mit jenem technischen Prozeß an Unterscheidbarkeit ein[69], der die Medienlandschaft - gegenwärtig noch andauernd - insgesamt verändert und zur Konvergenz der Branchen Telekommunikation und Medien führt[70]: Digitalisierung und Datenkompression sind Schlagworte hierfür.
Zum einen werden Kapazitäten durch Herausfiltern solcher Daten aus dem digitalen Datenübertragungsstrom nutzbar gemacht, die mit Hilfe menschlicher Sinne nicht mehr wahrnehmbar sind bzw. als Signale in der Bildabfolge unveränderlich sind - sogenannte Bildpunktkonstanten[71]. Als Resultat dessen kommt es zur Kapazitätsvervielfachung und damit reduzierten Übertragungskosten für Programmanbieter, höherer Bildqualität[72] und der Möglichkeit zur Schaffung von Rückkanälen, was die Nutzung der freigewordenen Kapazitäten zur wechselseitigen Kommunikation[73] ermöglicht.
Im Fernsehbereich wirken sich solche technologischen Konvergenzprozesse vor allem auf die Form der Dienstleistungserbringung aus[74]: Hier wird die Kette

68 Grünbuch „Audiovisuelle Politik der Europäischen Union" KOM (94) 96, S. 38.

69 Engel, in Hoffmann-Riem/Vesting: Perspektiven der Informationsgesellschaft, 1995, S. 143 (162); Engel, Medienordnungsrecht, 1996, S. 15; Holznagel, ZUM 1996, 16 (17); Hoffmann-Riem/Schulz/Held, Konvergenz und Regulierung, 2000, S. 19 ff.; Holznagel, MMR 1998, Beilage zu Nr. 3, S. 12 ff.; Dörr, MP 1996, 87 (87); Keusen, Studien zur Medienpolitik in Europa, 1997, S. 18; Recke, Medienpolitik im digitalen Zeitalter, 1998, S. 20; Vesting, M&K 2001-3, 287 (288).

70 Konvergenz beschreibt den Prozeß des Zusammenwachsens der ehemals weitgehend unabhängig voneinander bestehenden Industrien Medien, Telekommunikation und IT, dessen technischer Ausgangspunkt in der Digitalisierung gesehen werden kann. - so Zerdick, Die Internet-Ökonomie, S. 129 f.; vgl. auch Gounalakis, NJW 2002, Beil. Heft 23, S. 20 ff.; siehe auch die Bestandsaufnahme der Kommission im „Grünbuch zur Konvergenz der Branchen Telekommunikation, Medien und Informationstechnologie" KOM (97) 623; zum mit diesem Phänomen verbundenen und viel diskutierten (Neu-) Regelungsbedarf jüngst wieder: Damjanovic, Regulierung der Kommunikationsmärkte unter Konvergenzbedingungen; Stürner, AfP 2002, 283 ff; Gounalakis, ZUM 2003, 180 ff.; Fechner, JZ 2003, 224 ff.

71 Gersdorf, AfP 1995, 565 (565); Hege, Offene Wege in die digitale Zukunft, 1995, S. 9.

72 laut König soll das für das europäische Fernsehpublikum aber eine viel geringere Rolle spielen, als beispielsweise für das amerikanische - in: Die Einführung des digitalen Fernsehens, 1997, S. 34.

73 zu den Vorteilen des Digitalfernsehens Jungbeck, Digitales Fernsehen, 1998, S. 57 f.

74 Hoffmann-Riem/Schulz/Held, Konvergenz und Regulierung, 2000, S. 20/21; auch Kleinsteuber, in: The digital future, S. 60 (62 f.); Ziemer, Digitales Fernsehen, 1997, S. 310 ff.

zum Rezipienten durch die Digitalisierung der Programme um mehrere Stufen erweitert[75]. Zunächst müssen nämlich die (analogen) Ausgangssignale digitalisiert und zu einem kontinuierlichen Datenstrom zusammengeführt werden, der beim Empfänger wieder in die Signale unterschiedlicher Programme zu trennen ist (Multiplexing). Dort ist auch ein Zugangsberechtigungssystem nötig, das über Verschlüsselungssysteme sicherstellt, daß der jeweilige Rezipient eines entgelt-finanzierten Programms dieses auch tatsächlich abonniert hat[76]. Die erwartete Kanal- und Programmfülle macht es erforderlich, dem Zuschauer zu helfen, sein Wunschprogramm zu finden, was einerseits mit Hilfe von im Voraus zusammengestellten Programmpaketen erfolgen soll, andererseits über Navigationssysteme erreicht werden wird, die die für die jeweiligen Zuschauerpräferenzen geeigneten Vorschläge unterbreiten können[77].
Hierin erschöpfen sich die Auswirkungen besagter technologischer Prozesse jedoch nicht. Sie schaffen statt dessen auch ein verbreitertes Dienstleistungsangebot, indem auf ihrer Grundlage neue, v.a. interaktive Dienstleistungsformen ermöglicht werden. Das bewirkt eine Substituierbarkeit von Telekommunikation und Kabelnetzen, die im Ergebnis zu der beschriebenen erschwerten Unterscheidung von Massen- und Individualkommunikation führt[78]. Für das nunmehr nicht mehr klar zuzuordnende Feld zwischen den beiden herkömmlichen Formen von Kommunikation wurde in dem Zusammenhang auch von einer neuen rechtlichen Kategorie der „Allgemeinkommunikation" gesprochen[79].

Eine Kategorisierung audiovisueller Dienste, für die sich eine Regulierung wegen der Nähe zur Massenkommunikation erforderlich machen mag, bleibt wegen der Schutzbedürftigkeit solcher Medien, die sich umfänglich auf die Meinungsbildung auswirken können, unentbehrlich.
Sie kann einmal unter technischen Gesichtspunkten erfolgen. Dabei lassen sich Telekommunikationsdienste unterteilen in Vermittlungsdienste, Zugriffsdienste und Abrufdienste[80].

---

75 Paukens/Schümchen, Digitales Fernsehen in Deutschland, 2000, S. 28.

76 siehe z.B.: Hoffmann-Riem, Regulierung der dualen Rundfunkordnung, 2000, S. 136 ff.

77 siehe hierzu König, Die Einführung des digitalen Fernsehens, 1997, S. 39 ff.; Schulz/Seufert/Holznagel, Regulierungskonzepte und -perspektiven, 1999, S. 69; Weisser, ZUM 1997, 877 (887 ff.).

78 Bullinger, ZUM 1996, 749 (750); Holznagel, ZUM 1996, 16 (17); Zerdick/ Goldhammer, Rundfunk-online, 1999, S. 79; - kritisch: Hoffmann-Riem / Vesting, MP 1994, 382 (388).

79 so Bullinger, in Haller: Staat und Recht, 1997, S. 127 (127).

80 Rosenthal, Die Kompetenz der EG für den rechtlichen Rahmen der Informationsgesellschaft, 1998, S. 28; Schote, Die Rundfunkkompetenz des Bundes als Beispiel bundesstaatlicher Kulturkompetenz, 1999, S. 19.

Vermittlungsdienste sind insofern individualkommunikativen Charakters, als sie von einem Sender ausgehend sich an einen Rezipienten richten. Hierzu gehören beispielsweise Sprachdienste, Telexdienste oder Telefaxdienste.
Massenkommunikative Verteildienste dagegen richten sich an die Allgemeinheit, d.h. eine Vielzahl von Rezipienten, die keine direkten Selektionsmöglichkeiten haben, sondern an die einseitigen Vorgaben des Veranstalter gebunden sind. Hierzu wäre der Rundfunk zu zählen, wenn man ihn als Bestandteil eines erweiterten Telekommunikationsdienstbegriffs anerkennt[81].
Desweiteren gehören zu einem System der Telekommunikationsdienste, dem eine technische Unterscheidung zugrundegelegt wird, die Zugriffsdienste, bei denen Informationen bzw. Bilder in Abständen wiederholt werden, in denen sie abgerufen werden können.
Schließlich ist noch die Kategorie der Abrufdienste zu erwähnen, für die insofern ein individualkommunikativer Einschlag charakteristisch ist, als der Zeitpunkt der Nachfrage nach den Informationen in Form zentral gespeicherter Daten im Belieben des Rezipienten steht[82].

Darüber hinaus spricht auch einiges dafür, eine technologieneutrale, nach inhaltlichen Aspekten erfolgende Kategorienbildung vorzunehmen[83]. Hierdurch lassen sich über das Kriterium des Einflusses auf die Meinungsbildung Differenzierungen treffen und so besagtem Sonderregime zuweisen, das für meinungsbildungsrelevante Massenmedien existiert, um deren Funktion für das demokratische Staatswesen gerecht zu werden[84].
Unter diesem Gesichtspunkt lassen sich einzelne Formen digitalen Fernsehens[85], Digital Audio Broadcasting, elektronische Textkommunikation und elektronische Datenkommunikation unterscheiden.

---

81 Im Gegensatz dazu: BVerfGE 12, 205 (226), wonach Rundfunk Benutzer, nicht aber Bestandteil telekommunikativer Dienste ist.

82 Überblick bei Rosenthal, Die Kompetenz der Europäischen Gemeinschaft für den rechtlichen Rahmen der Informationsgesellschaft, 1998, S. 28 - 41.

83 so auch Dörr, MP 1996, 87 (91); Gersdorf, ZUM 1995, S. 565 (574); Hoffmann-Riem, in: Fünfgeld/Mast, Massenkommunikation, S. 269 (271); Holznagel, ZG 1999, S. 23 (29); McGonagle, IRIS 2001, 5/6; Pieper, ZUM 1995, 552 (555); Pieper/Wiechmann, ZUM 1995, 82 (93).

84 so z.B. Bermanseder, ZRP 1997, 330 (330); Dittmann, in Dittmann u.a.: Rundfunkbegriff im Wandel, 1997, S. 39; Gersdorf, AfP 1995, 574 ff.; Kresse/Heinze, AfP 1995, 580 ff.; Pieper, ZUM 1995, S. 552 (555); - für Engel, Medienordnungsrecht, 1996, S. 19, verdeckt diese Problematik nur die prinzipielle Entscheidung, alle Medien außerhalb des klassischen Rundfunkrechts von positiver Steuerung auszunehmen und statt dessen einem Mediengewerberecht anheim zu stellen.

85 ausführlich Klickermann, Europäisches Fernsehwerberecht im Wandel der Neuen Medien, 2001, S. 186 ff.; Rosenthal, Die Kompetenz der Europäischen Gemeinschaft für den rechtlichen Rahmen der Informationsgesellschaft, 1998, S. 28 ff.

Digitales Fernsehen wird es zukünftig verstärkt als „Near-video-on-demand" geben, einer Möglichkeit, auf Fernsehbilder zuzugreifen, die in Abständen wiederholt werden und nur insoweit auswählbar sind[86]. Im Rahmen von „Video-on-demand" ist eigene „Programmgestaltung" dahingehend möglich, daß zentral gespeicherte Filme bzw. Bilder individuell angefordert werden können[87].
Digital Audio Broadcasting bietet einem breiten Auditorium zusätzliche Möglichkeiten in bezug auf Frequenzen und Tonqualität der so angebotenen Hörfunkprogramme[88].
Eine Mischung aus Bild, Ton und Zeichen offeriert elektronische Datenkommunikation, wozu Data Broadcasting, Online-Dienste und Multimediadienste zu zählen sind. Dabei bieten typische Multimediadienste Einzelinformationen nicht als „Faktor"- sondern als „Forummedien"[89] an, die den Rahmen für einen beliebigen, freien Austausch von Informationen und Auffassungen schaffen. Diese interaktiven Dienste basieren dabei auf einem individualkommunikativen Konzept des „point to point", d.h. der wechselseitigen Kommunikation zwischen einem Anbieter und einem Empfänger.
Schließlich ist noch die Möglichkeit elektronischer Textkommunikation zu erwähnen, bei der der Zuschauer auf bestimmte Informationen aus einem rollierenden Angebot, z.B. Videotext, zurückgreifen kann[90].

Die Unterscheidung nach technologischer und inhalteorientierter Betrachtungsweise bildet eine Prämisse für das von der Gemeinschaft in Reaktion auf die Konvergenzsituation gewählte Regulierungsmodell.
Eine andere ist die Grenzlinie, die solche Dienste, für die eine intensivere Inhalteregulierung aufgrund ihrer Relevanz für die Meinungsbildung erforderlich scheint[91] von jenen trennt, die aufgrund ihrer Nähe zur „Point-to-point"- Übertragung weniger dichten, inhaltsbezogenen Regelungen ausgesetzt werden sollen[92]. Im Gemeinschaftsrecht verläuft diese Linie[93] zwischen den

---

86 technisch entspricht das einem Zugriffsdienst.

87 siehe Carey, in Gerbarg, The Economics, Technology and Content of Digital TV, 1999, S. 87 (92); - Pay-per-channel und Pay-per-view sind dagegen Begriffe, die ausschließlich die Finanzierung der Sender betreffen.

88 Hege, Offene Wege in die digitale Zukunft, 1995, S. 9.

89 Bullinger, ZUM 1996, 749 (751).

90 Gersdorf, Der verfassungsrechtliche Rundfunkbegriff im Lichte der Digitalisierung der Telekommunikation, 1995, S. 40 /41.

91 Rundfunkdienste und rundfunkähnliche Dienste.

92 Dienste der Informationsgesellschaft.

93 siehe v.a. Richtlinie 98/48/EG über ein Informationsverfahren auf dem Gebiet der Normen und technischen Vorschriften für Dienste der Informationsgesellschaft, ABl. 1998, L 204/37.

Rundfunk- bzw. rundfunkähnlichen Diensten als Verteil- bzw. Zugriffsdiensten[94] und den Diensten der Informationsgesellschaft[95].

Das „Grünbuch zur Konvergenz"[96], das einen Konsultationsprozeß zu den Auswirkungen der Konvergenz der Branchen Telekommunikation, Medien und Informationstechnologie einleiten sollte, befaßte sich noch mit den Optionen, die die Kommission für die rechtliche Bewältigung der Konvergenzsituation als möglich erachtete. Dabei sollte die Reaktion auf die Konvergenzprozesse entweder in der Anwendung der bereits bestehenden Regelungen für Rundfunk und Telekommunikation, der Entwicklung separater Regelungen für die neuen Dienste oder aber der grundlegenden Reform der derzeit gültigen Regelungen bestehen[97]. Infolge der Anhörung zum Konvergenz-Grünbuch verfestigte sich die Entwicklung hin zu einer getrennten Regulierung von Übertragung und Inhalten[98].

Ausdruck der Grundentscheidung für einen Regelungsansatz, der die Trennung von Inhalteregulierung als eigentlicher Medienpolitik und der Regelung der Kommunikationsinfrastruktur verfolgt, bietet der Kommunikationsbericht 1999[99]. In ihm finden sich Überlegungen zu einer entsprechenden Regelung der infrastrukturbezogenen Seite von Kommunikation. Für diesen Rechtsbereich folgten sogleich Vorschläge für ein Richtlinienpaket[100], mit dem der Versuch unternommen werden sollte, den Bereich der Technik umfassend zu re-

---

94 point to multipoint.

95 Abrufdienste: point to point.

96 Grünbuch zur Konvergenz der Branchen Telekommunikation, Medien und Informationstechnologie und ihren ordnungspolitischen Auswirkungen, KOM (97) 623 endg. vom 3.12.1997.

97 zum „Grünbuch zur Konvergenz" bspw.: Bartosch, ZUM 1998, 209 ff.; Tettenborn, K&R 1998, 296 ff.; Ulbrich, K&R 1998, 100 ff.

98 siehe Mitteilung der Kommission an den Rat, das Europäische Parlament, den Wirtschafts- und Sozialausschuß und den Ausschuß der Regionen „Entwicklung neuer Rahmenbedingungen für elektronische Kommunikationsinfrastrukturen und zugehörige Dienste" (Kommunikationsbericht 1999) v. 10.1.1999, KOM (1999) 539 endg, S. 7.

99 Mitteilung der Kommission an den Rat, das Europäische Parlament, den Wirtschafts- und Sozialausschuß und den Ausschuß der Regionen „Entwicklung neuer Rahmenbedingungen für elektronische Kommunikationsinfrastrukturen und zugehörige Dienste" (Kommunikationsbericht 1999) v. 10.1.1999, KOM (1999) 539 endg.

100 Richtlinienvorschlag über einen gemeinsamen Rechtsrahmen für elektronische Kommunikationsnetze und -dienste, KOM (2000) 393; Richtlinienvorschlag über die Genehmigung elektronischer Kommunikationsnetze und -dienste, KOM (2000) 386; Richtlinienvorschlag über den Zugang zu elektronischen Kommunikationsnetzen und zugehörigen Einrichtungen sowie deren Zusammenschaltung, KOM (2000) 384; Richtlinienvorschlag über den Universaldienst und Nutzerrechte bei elektronischen Kommunikationsnetzen und -diensten, KOM (2000) 392; Richtlinienvorschlag über die Verarbeitung personenbezogener Daten und den Schutz der Privatsphäre in der elektronischen Kommunikation, KOM (2000) 385.

gulieren[101] und das nunmehr durch den Rat formell angenommen wurde[102]. Hierin wird ausdrücklich die inhaltliche Regulierung der Rundfunkdienste oder Dienste der Informationsgesellschaft ausgespart, die über die Kommunikationsinfrastruktur angeboten werden[103].

Der inhaltebezogenen Seite von Kommunikation wendet sich der Regelungsbereich zu, der sich hinter dem Begriff der „audiovisuellen Politik" verbirgt und daher auf solche Dienste gerichtet ist, „die für die Öffentlichkeit bestimmte audiovisuelle Inhalte bereitstellen (...), die Allgemeininteressen betreffen, die mit dem Mediensektor insgesamt verbunden werden"[104].
Der hierfür bestehende Rechtsrahmen wird im Gang dieser Untersuchung einer kompetenzrechtlichen Analyse zugeführt. Dabei wird sich jene Grenzlinie[105] zwischen Rundfunkdiensten bzw. rundfunkähnlichen Diensten und Diensten der Informationsgesellschaft trotz des von der Gemeinschaft angestrebten einheitlichen und übergreifenden inhaltlichen Regulierungsansatzes für die gesamte Medienordnung im Rahmen der Bearbeitung auf die Weise niederschlagen, daß die weniger regelungsdichte Inhalteregulierung für (ausschließlich) die Dienste der Informationsgesellschaft nicht in der Ausführlichkeit Darstellung findet, wie die für die Rundfunkdienste bestehenden klassisch medienpolitischen Regelungen.

---

101 siehe auch Dörr, NJW 2001, 2839 f.; Schulz/Leopold, K&R 2000, 439 ff.

102 Annahme durch den Rat am 14.2.2002 und Veröffentlichung im Amtsblatt am 24.4.2002: Richtlinie 2002/21/EG des Europäischen Parlaments und des Rates vom 7. März 2002 über einen gemeinsamen Rechtsrahmen für elektronische Kommunikationsnetze und -dienste (Rahmenrichtlinie), ABl. 2002 L 108/33 vom 24.4.2002; Richtlinie 2002/19/EG des Europäischen Parlaments und des Rates über den Zugang zu elektronischen Kommunikationsnetzen und zugehörigen Einrichtungen sowie deren Zusammenschaltung (Zugangsrichtlinie), ABl. 2002 L 108/7 vom 24.4.2002; RL 2002/20/EG des Europäischen Parlaments und des Rates vom 7.3.2002 über die Genehmigung elektronischer Kommunikationsnetze und -dienste (Genehmigungsrichtlinie) Abl 2002 L 108/21 vom 24.4.2002; RL 2002/22/EG des Europäischen Parlaments und des Rates vom 7.3.2002 über den Universaldienst und Nutzerrechte bei elektronischen Kommunikationsnetzen und -diensten (Universaldiensterichtlinie), Abl 2002 L 108 vom 24.4.2002 - zu dem Paket näher: Franzius, EuR 2002, 660 ff.; Husch/Kemmler/Ohlenburg, MMR 2003, 139 ff.

103 siehe Kommunikationsbericht 1999, KOM (1999) 539 endg., S. 4; Mitteilung der Kommission über „Die Ergebnisse der öffentlichen Anhörung zum Kommunikationsbericht 1999 und Leitlinien für den neuen Rechtsrahmen" KOM (2000) 239 endg., S. 24; hierzu Kloepfer/Neun, EuR 2000, 513 (542); zum Richtlinienpaket auch Ladeur, K&R 2002, S. 110 ff.

104 KOM (99) 657, S. 14.

105 die sich aufgrund des beschriebenen Rundfunkverständnisses ergibt, siehe oben.

2. Kapitel: Kompetenzverteilung in der Gemeinschaft

I. Grundsätze der Kompetenzverteilung

Bevor medienpolitische Aktivitäten der Gemeinschaft im einzelnen einer kompetenzrechtlichen Analyse unterzogen werden, empfiehlt es sich zunächst, skizzenhaft grundsätzliche Fragen der Kompetenzverteilung in der Gemeinschaft zu betrachten.

1. Prinzip der begrenzten Einzelermächtigung

Jegliches Tätigwerden der Gemeinschaft setzt die Existenz geeigneter Kompetenznormen[1] voraus. Dieses Erfordernis findet sich zunächst in Art. 5 Abs. 1 EGV. Aber auch andere Vorschriften des Vertrages wie beispielsweise Art. 3, 202, 211, 249 EGV verweisen auf jene Voraussetzung für gemeinschaftliches Handeln, die als „Prinzip der begrenzten Einzelermächtigung"[2] bezeichnet wird. Hiernach ist es der Gemeinschaft nur dann gestattet, zur Verwirklichung der im EGV statuierten Ziele tätig zu werden, wenn sie auf eine ausdrückliche Ermächtigungsnorm des Vertrages zurückgreifen kann. Nicht ein als solcher erkannter Regulierungsbedarf, sondern die vertraglich verliehene Zuständigkeit begründet demnach Rechtssetzungsbefugnisse[3].
Zielorientierung - anstelle der Ausrichtung nach Sachgebieten wie auf nationaler Ebene - ist charakteristisch für gemeinschaftsrechtliche Kompetenzen und korrespondiert mit der Dynamik, die dem Integrationsprozeß innewohnen muß, sollen die gesetzten Integrationsziele erreicht werden[4]. Folge solcher Finalität ist

---

1 vertiefend zur Kompetenzlehre: Stettner, Grundfragen einer Kompetenzlehre, 1983.

2 alternativ verwendete Begriffe für diesen Grundsatz sind z.B.: begrenzte Einzelzuständigkeit (Nicolaysen, Europäisches Gemeinschaftsrecht, 1991), enumerative Einzelermächtigung (Beutler u.a., Die Europäische Union, 1993), begrenzte Handlungsermächtigung (Ipsen, Gemeinschaftsrecht, 1972) oder begrenzte Kompetenzzuweisung (Borries, EuR 1994, 263 (267)).

3 Oppermann, Europarecht, 1999, Rn. 513.

4 Lenz - Languth, EGV, Rn. 2 zu Art. 5 EGV.

ein Phänomen, das mit dem Terminus „Querschnittskompetenzen“[5] beschrieben wird: Einzelkompetenzen zur Verwirklichung binnenmarktorientierter Ziele können Berührungspunkte mit ganz unterschiedlichen Sachbereichen aufweisen[6]. Die damit sachbereichsübergreifende Regelungstätigkeit ist unabhängig davon möglich, ob die anderweitig berührten Gebiete in den Bereich gemeinschaftlicher Zuständigkeiten fallen oder nicht, solange eine bestehende Gemeinschaftszuständigkeit ausgeübt wird[7].
Eine so verstandene Zielorientierung bedeutet zwangsläufig - aufgrund der weit gefaßten Zielbestimmungen des Vertrages - extensive Befugnisnormauslegung[8]. Damit haftet ihr die Gefahr an, Kompetenzen mit der Folge mitgliedstaatlichen Souveränitätsverlustes auszudehnen[9].

Eine weitere inhaltliche Facette des Prinzips der begrenzten Einzelermächtigung[10] ist die der Abgrenzung von mitgliedstaatlichen und gemeinschaftsrechtlichen Regelungsbereichen. Vertikal ist eine solche Abgrenzung von dem Gedanken getragen, daß die Gemeinschaft über keine Allzuständigkeit verfügt, sondern im Wege der Übertragung von Hoheitsrechten partiell und punktuell[11] Souveränität auf die EG transferiert wurde. Die Mitgliedstaaten behalten also ihre Allzuständigkeit in dem Rahmen, den sie nicht durch Kompetenztransfer an die Gemeinschaft preisgeben[12]. Dabei kann gemeinschaftliches Handeln im zuständigen Aufgabenbereich durch ausschließliche[13] bzw. konkurrierende Kompetenzen legitimiert sein, wobei letztere mitgliedstaatliche Regelungstätigkeit insoweit sperren, als die Mitgliedstaaten keine Regelungen mehr erlassen dürfen, die die gemeinschaftsrechtlichen Regelungen im fraglichen Bereich beeinträchtigen[14].

---

5 Beispielsweise Art. 151 IV oder 175 EGV.
6 Stein, in FS-Everling, Bd. II, 1995, S. 1439 (1441).
7 EuGH, Rs. 9/74, Slg. 1974, 773 (779).
8 Indiz dafür ist beispielsweise die häufig verwendete Formulierung des EuGH „beim gegenwärtigen Entwicklungsstand des Gemeinschaftsrechts“; siehe Kraußer, Das Prinzip der begrenzten Ermächtigung im Gemeinschaftsrecht als Strukturprinzip des EWGV, 1991, S. 18.
9 Schroeder, EuR 1999, 452 (456).
10 Überblick über die Funktionen des Prinzips bei Kraußer, Das Prinzip der begrenzten Einzelermächtigung im Gemeinschaftsrecht als Strukturprinzip des EWG-Vertrages, 1991, S. 21 ff.
11 Henrichs, EuGRZ 89, 237 (241); Ress, Souveränitätsverständnis in den Europäischen Gemeinschaften, 1990, S. 11 ff.
12 Groeben/Thiesing/Ehlermann - Zuleeg, Kommentar zum EU-/EG-Vertrag, Rn. 2 zu Art. 3; Oppermann, Europarecht, 1999, Rn. 513.
13 wie z.B. Art. 133 EGV.
14 Jarass, AöR 1996, 173 (189).

Das Prinzip der begrenzten Einzelermächtigung ist somit Grenzlinie zwischen den jeweiligen Hoheitssphären. Allerdings wird diese Feststellung durch den Charakter der Kompetenzen als Zielkompetenzen, die zu einer einheitlichen Rechtsordnung des Gemeinschaftsrechts verhelfen sollen, relativiert[15] und so durchdringt gemeinschaftliche Regelgebung mittlerweile weit mehr Sachgebiete, als ein auf die vertraglichen Kompetenzen beschränkter Blick vermuten lassen würde[16].

Darüber hinaus bestimmt das Prinzip der begrenzten Einzelermächtigung auch die jeweiligen Handlungsformen der Gemeinschaftsorgane[17]. Wahlfreiheit der Organe bezüglich der Handlungsformen besteht daher nur dann, wenn die einschlägige Einzelermächtigung keine Vorgaben hinsichtlich der zu wählenden Handlungsform macht[18].

Schließlich kommen dem Prinzip der begrenzten Einzelermächtigung verfahrenstechnische Implikationen zu: Neben den Regelungen der Ermächtigungsnormen zur Aufgabenerteilung bei der Rechtssetzung wird auch die Beteiligung der anderen Organe über die Zuweisung eines der Verfahren der Art. 250 - 252 EGV innerhalb eines komplexen Systems spezifischer Verfahrensweisen ausdrücklich geregelt.

Um der Fortentwicklung des Gemeinschaftsrechts diejenige Flexibilität zu verleihen, die ein voranschreitender Integrationsprozeß verlangt, modifizieren kompetenzergänzende und abrundende Normen - wie Art. 308 EGV - und Grundsätze wie die „implied powers" - Doktrin oder das „effet utile" - Prinzip, das ansonsten statische Grundprinzip der Kompetenzverteilung[19] - mit dem Effekt umfassender gesetzgeberischer Tätigkeit des Gemeinschaftsgesetzgebers[20].

- Bei Art. 308 EGV handelt es sich um eine Norm, die die Möglichkeit eröffnet, diesseits der Grenze unzulässiger Vertragserweiterung zusätzliche Kompetenzen allein aus den Vertragszielen wahrzunehmen. Anknüpfungspunkte für Gemeinschaftshandeln nach Art. 308 EGV finden sich v.a. in der Präambel und

---

15 siehe auch Barents, CMLR 1993, 85 (87); Jarass, AöR 1996, 173 (178).

16 so auch Götz, NJW 1992, 1849 (1849); Schoch, JZ 1995, 109 (116).

17 Barents, CMLR 1993, 85 (89); Schroeder, EuR 1999, 452 (455); Steindorff, Grenzen der EG-Kompetenzen, 1990, S. 18/19.

18 Eine Ausnahme hiervon erachtet der EuGH - Rs. 8/73, Slg. 1973, 879 (907) - dann für möglich, wenn eine spezifisch vorgesehene Befugnis sich als unzureichend erweist, wobei dann auf Art. 308 EGV und dessen Wahlfreiheit bezüglich der Mittel zurückzugreifen ist.

19 Constantinesco, Das Recht der EG I, 1977, S. 246 ff.

20 kaum noch Unterschiede zu dem Umfang gesetzgeberischen Tuns in einem Bundesstaat wollen Götz, NJW 1992, 1849 (1849) bzw. Rabe, NJW 1993, 1 (2) feststellen.

Art. 2 EGV, aber auch in den vielen sektoriellen Vorschriften des Vertrages[21]. Eine Kompetenz-Kompetenz liefert Art. 308 EGV damit allerdings nicht[22]. Außerdem ist der Anwendungsbereich der Vorschrift eng auszulegen, andernfalls würden die verfahrensmäßigen Anforderungen, die an eine förmliche Vertragsänderung nach Art. 48 EUV zu stellen sind, unterminiert. Hieraus ergibt sich, daß die über Art. 308 EGV eröffneten Kompetenzen den Bereich vertraglich gewährter oder impliziter Kompetenzen nicht wesentlich ausdehnen können, wollen sie sich noch im Rahmen des Vertrages bewegen.

- Im Gegensatz zu Art. 308 EGV, der zusätzliche Kompetenzen aus den Vertragszielen eröffnet, ermöglicht die ursprünglich aus den USA stammende „implied powers" - Doktrin[23], im Sachzusammenhang mit ausdrücklichen Befugnissen stehende Aufgaben wahrzunehmen. Sie besagt, daß Bestimmungen völkerrechtlicher Verträge wie der Gründungsverträge im Zusammenhang mit den ausdrücklich gegebenen Gemeinschaftskompetenzen zugleich diejenigen Vorschriften beinhalten, deren Fehlen die ausdrücklichen Befugnisse sinnlos machte. Damit wird die Gemeinschaft autorisiert, solche Mittel zu ergreifen, die nötig sind, um den wirksamen Gebrauch einer ausdrücklich gegebenen Kompetenz zu ermöglichen. Hierdurch kommt es nicht etwa zur Schaffung neuer, eigenständiger Befugnisse, sondern bestehende Befugnisse werden einer weiten, die Durchführung absichernden Auslegung zugänglich gemacht.

- Das Prinzip des „effet utile" schließlich ist ein Auslegungsinstrument, das den Vertragszielen bei der Auslegung von Vertragsnormen zu ausreichend Effizienz verhelfen soll und dem in der Rechtsprechung des EuGH hohe Bedeutung beigemessen wird[24]. Nach diesem Prinzip ist Gemeinschaftsrecht unter dem Aspekt der Entfaltung „praktischer Wirksamkeit" zu interpretieren[25]. Da die Anwendung des Grundsatzes aber mit Zielrichtung maximaler Wirksamkeit des jeweiligen EG-Rechts vorgenommen wird, wirft man ihm oftmals vor, die Ausweitung von Gemeinschaftskompetenzen auf Kosten der Mitgliedstaaten zu implizieren[26].

---

21 EuGH, Rs. 8/73, Slg. 1973, 897 (907).

22 Jarass, AöR 121 (1996), 173 (177).

23 Böhm, Kompetenzauslegung und Kompetenzlücken im Gemeinschaftsrecht, 1985, S. 120 ff.

24 EuGH Rs. 20/59, Slg. 1960, 708. - hierzu auch Oppermann, Europarecht, 1999, Rn. 528.

25 EuGH, Slg. 1970, 825 (838).

26 Jarass, AöR 121 (1996), S. 173 (181).

2. Allgemeine Grundsätze bei der Wahl der Kompetenzgrundlage

Konsequenz aus dem Prinzip der begrenzten Einzelermächtigung ist die Notwendigkeit der Bezugnahme auf eine konkrete Rechtsgrundlage, deren Auswahl durch die Gemeinschaftsorgane die Auslegung der vorhandenen Befugnisnormen nach den soeben aufgezeigten Grundsätzen vorangeht. Trotz bestehender Verbandskompetenz der Gemeinschaft kann also die Frage zu klären sein, welche von mehreren konkurrierenden Ermächtigungsnormen der intendierten Regelung letztlich zugrunde zu legen ist.
Über eine formale Bedeutung hinausgehenden Impetus erlangt diese Problematik dann, wenn man sich vergegenwärtigt, daß aufgrund von Unterschieden hinsichtlich der Verfahrensvoraussetzungen[27], die sich vor allem auf den Gebieten der Mitwirkung oder Beschlußfassung zeigen, demokratische Belange tangiert sind[28].

Die Wahl der Kompetenznorm richtet sich nach den in den Verträgen aufzufindenden Ermächtigungsgrundlagen und dem mit dem Rechtsakt verfolgten Ziel[29]. Für dessen Bestimmung ist nicht nur die Sichtweise der beteiligten Gemeinschaftsorgane entscheidend, sondern es muß sich auf „objektive, gerichtlich nachvollziehbare Umstände gründen“[30]. Das wird dadurch gewährleistet, daß in der Begründung zum Rechtsakt, die gemäß Art. 253 EGV abzugeben ist, die Zielvorstellung unter Rückgriff auf das jeweilig verfolgte Vertragsziel enthalten sein muß.
Deckt die so aufgefundene Kompetenznorm den intendierten Regelungsbereich nicht vollständig ab, so können weitere Normen herangezogen werden, mit der Folge, daß dann die Voraussetzungen aller Befugnisnormen zu erfüllen sind.

Im umgekehrten Fall, daß für einen Sachbereich mehrere in Frage kommende Normen existieren, die ihrerseits jeweils die Regelungen ganz erfassen würden, wird von Rechtsprechung und Lehre[31] eine Abgrenzung der möglichen Normen auf zwei Ebenen vorgenommen.

---

[27] Vor allem im Maastrichter Vertrag wurden die einzelnen Kompetenzgrundlagen verfahrenstechnisch abweichend voneinander geregelt, was mit dem damals neu eingeführten Art. 189 b und den hierdurch begründeten stärkeren Mitwirkungsrechten des Parlaments zusammenhängt. - so auch Breier, EuR 1994, 46 (46); Ullrich, ZEuS 2000, 243 (245).

[28] Röttinger, EuZW 1993, 117 (117); Ullrich, ZEuS 2000, 243 (244).

[29] EuGH Rs. C-70/88 (Parlament/Rat), Slg. 1991, I-4529 (4566) - Tschernobyl II.

[30] EuGH Rs. 45/86 (Kommission/Rat), Slg. 1987, 1493 (1520).

[31] Nachweise bei Nettesheim, EuR 1993, 243 (246); Schröer, EuZW 1992, 207 (208).

Zunächst ist nach den klassischen Regeln auf ein Vorrangverhältnis im Wege der Subsidiarität[32] bzw. Spezialität[33] hin zu untersuchen.
Wenn die aufgefundenen Normen nicht in einem solchen Verhältnis der Subsidiarität[34] oder Spezialität zueinander stehen, soll bei kompatiblen Verfahrensregeln entweder ausgewählt werden oder sogar eine „Doppelabstützung“[35] erfolgen können.

Als problematisch aber stellt sich der Fall dar, in dem bei mehreren in Frage kommenden Rechtsgrundlagen unterschiedlich intensive Verfahrensvoraussetzungen statuiert werden. Eine Doppelabstützung würde hier das differenzierte System von Verfahrensweisen und Mitwirkungsbefugnissen der Einwirkung und Vermischung durch die Gemeinschaftsorgane preisgeben und so letztlich das Prinzip der begrenzten Einzelermächtigung aushebeln[36], das die eindeutige Zuteilung von Kompetenzen nach klar abgegrenzten Befugnisnormen - nicht aber deren beliebige Vermischung - vorsieht.
Die Möglichkeit, eine Doppelabstützung stets unter Rückgriff auf das strengere Verfahren durchzuführen, ist in ähnlicher Weise Einwänden ausgesetzt: Hiergegen wird zum Teil eingewendet, die Wahl des strengeren Verfahrens sei eine Frage der Perspektive. So könne man das strengere Verfahren in demjenigen erblicken, das stärkere Mitwirkungsbefugnisse des Parlaments vorsieht. Möglich wäre es aber ebenso, das Verfahren, das den Rat und die mitgliedstaatlichen Interessen wahrt, als das strengere anzusehen[37] und damit zum entgegengesetzten Ergebnis zu gelangen. Es erscheint allerdings zweifelhaft, ob der Terminus des „strengeren Verfahrens“ tatsächlich als in so starker Abhängigkeit zur Perspektive des Betrachters stehend gesehen werden muß: Vor dem Hintergrund demokratischer Entscheidungsfindung ist das strengere Verfahren wohl immer jenes, das die Beteiligung und Mitwirkung möglichst verschiedener Interessen - verkörpert durch die jeweiligen Organe - vorsieht.

---

32 Subsidiarität ist dann gegeben, wenn eine einschlägige Rechtsnorm in ihrer Anwendbarkeit hinter eine andere zurücktritt, deren Tatbestandsvoraussetzungen ebenfalls vorliegen. - Groeben/Thiesing/Ehlermann, Kommentar zum EU-/EG-Vertrag, Rn. 15 zu Art. 3 EGV.

33 Eine Norm ist dann spezieller als eine andere, wenn sie im Verhältnis zu dieser zusätzliche Tatbestandsmerkmale enthält. - Ullrich, ZEuS 2000, 243 (248).

34 Subsidiär gegenüber „anderen vertraglichen Vorschriften“ ist z.B. Art. 308 EGV.

35 Ullrich, ZEuS 2000, 243 (245); durch den EuGH wurde diese Möglichkeit allerdings bisher nicht bestätigt: vgl. jüngst EuGH, Rs C-491/01, Slg. 2002, I-11453 (Tabakproduktrichtlinie).

36 so Midekke, DVBl 1993, 769 (771); Nettesheim, EuR 1993, 243 (257); Ullrich, ZEuS 2000, 243 (254); - a.A. Everling, EuR 1991, 181 (181); Schroer, EUR 1991, 356 (359).

37 Klein/Haratsch , DÖV 1994, 133 (135).

Durch die Kombination mehrerer Befugnisnormen für unterschiedliche Zielbereiche und deren strengster Verfahrensvorschrift entstünden aber neue, im Vertrag nicht angelegte Kompetenzen[38]. Dies würde jedoch dem insoweit starren Prinzip der begrenzten Einzelermächtigung widersprechen, dem Dynamik zu verleihen den Kompetenzergänzungen und -abrundungen[39] - nicht aber beliebigen neuen Kompetenzkombinationen - angedacht ist.
Aus all dem folgt, daß eine Abgrenzung unverzichtbar ist, wenn im Zuge einer Rangüberprüfung eine Vorrangstellung einer der Normen nicht feststellbar ist, sondern die in Betracht kommenden Normen statt dessen - bei nicht kompatiblen Verfahrensregelungen - gleichberechtigt nebeneinander stehen.

Fraglich sind damit die Kriterien, an denen ein relativer Anwendungsvorrang einer der konkurrierenden Normen festgemacht werden kann. Hier ließen sich subjektiv der Wille des Gemeinschaftsgesetzgebers und dessen Handlungsziel[40] oder aber objektiv die Wirkungen[41] der Maßnahme, Regelungsschwerpunkt[42], sowie die Nähe des Regelungsinhalts zum Sachgebiet[43] berücksichtigen. Anknüpfungspunkte einer subjektiv - objektiven Betrachtung könnten dagegen Ziel und Inhalt des Rechtsaktes[44] bzw. Zweck der Regelung[45] sein. Als weitere Kriterien werden - ursprünglich im Bereich der Kompetenzgrundlagenproblematik im Umweltschutz - das der optimalen Wirkung für das erstrebte Gemeinschaftsziel[46] und eine Bilanzierung der Vor- und Nachteile als Grundlage für eine Abgrenzung herangezogen[47].

Der subjektive Ansatz bietet den Gemeinschaftsorganen die Möglichkeit, politisch unter Berufung auf ein Handlungsziel die daran geknüpften Verfahren zu lenken.

---

38 so auch Voß/Wenner, NVwZ 1994, 332 (334).
39 wie unter I.1 beschrieben.
40 Everling, in Festschrift für Steindorff, 1990, S. 1115 (1168).
41 Epiney, JZ 1992, 564 (568).
42 Calliess/Ruffert-Calliess, Rn. 17 zu Art. 175.
43 Middeke, DVBl 1993, 769 (776); Schweitzer/Hummer, 1996, Europarecht, Rn. 336.
44 EuGH Rs. C-300/89 (Titandioxid), Slg. 1991, I-2895 (2899-2901); EuGH Rs. C-70/88 (Tschernobyl), Slg. 1991, I-4529.
45 EuGH Rs. 155/91, EuZW 1993, 290; EuGH, Rs. C-187/93 (Europäisches Parlament/ Rat), Slg. 1994, I-2857.
46 Schroer, Die Kompetenzverteilung zwischen der Europäischen Wirtschaftsgemeinschaft und ihren Mitgliedstaaten auf dem Gebiet des Umweltschutzes, 1992, S. 133.
47 Kahl, Umweltprinzip und Gemeinschaftsrecht, 1993, S. 283.

Das Gebot der Rechtssicherheit erfordert daher eine Abgrenzung auf objektivierte Weise. Aber auch das Abstellen auf die objektiven Wirkungen einer Maßnahme[48] birgt Unsicherheiten, die auf das prognostische Element, das einer solchen Abgrenzung innewohnt, zurückgehen. Der EuGH, der zunächst auf diejenige Rechtsgrundlage zurückgegriffen hatte, die dem Parlament die weitestgehenden Mitwirkungsbefugnisse einräumte[49], zieht im Ergebnis nunmehr den Regelungsschwerpunkt eines Rechtsaktes heran[50]. Begriffe wie „Regelungsnähe“ oder „Regelungsschwerpunkt“ bieten zwar ebenfalls Unsicherheiten, wenn man bedenkt, daß oftmals mehrere Zwecke eine Rolle spielen dürften bzw. deren Gewichtung subjektiv erfolgt[51] und damit variieren kann, jedoch erscheinen sie weniger unscharf und besser nachvollziehbar als die anderen genannten Kriterien. Daher hat sich die Wahl der Kompetenzgrundlage - will sie ein größtmögliches Maß an Rechtsicherheit garantieren - an dem Schwerpunkt der beabsichtigten Regelung auszurichten.

3. Kompetenzausübungsschranken

Können nach der eben skizzierten Kompetenzverteilung Befugnisse der Gemeinschaft für ein Regulierungsvorhaben konstatiert werden, so stellt sich anschließend die Frage nach eventuell bestehenden Kompetenzausübungsschranken, die eine tatsächliche Regelungstätigkeit durch die Gemeinschaft im konkreten Fall sperren würden.

---

48 wie es v.a. Epiney, JZ 1992, 564 (567) auf der Grundlage eines engen Binnenmarktbegriffs fordert.

49 EuGH Rs. C-300/89 (Titandioxid), Slg. 1991, I-2867; - siehe auch Gundel, JuS 1999, 1171 (1172).

50 etwa: EuGH (Abfall-RL) Slg. 1993, I-939; siehe auch Calliess/Ruffert - Kahl, EUV/EGV-Kommentar, 1999, Rn. 48 zu Art. 95 EGV.

51 Epiney, JZ 1992, 564 (567).

a. Subsidiaritätsprinzip

Ein solcher kompetenzeingrenzender Effekt ist dem Subsidiaritätsprinzip[52] zuzumessen. Hinter dem Begriff der Subsidiarität[53] verbirgt sich die Vorstellung, daß Aufgaben, die von einer organisatorisch untergeordneten Ebene eines Gemeinwesens gelöst werden können, nicht auf der übergeordneten Ebene behandelt werden sollen[54]. Damit ist das Subsidiaritätsprinzip soziales Ordnungsprinzip, dem die Aufgabe zukommt, staatliche Gewalt zu begrenzen[55].
Für das Gemeinschaftsrecht ließ sich dies in zweifacher Hinsicht für die Intention des Schutzes nationaler Identitäten, der Gewährleistung von Bürgernähe und Transparenz[56] und des Erhaltes kultureller Vielfalt[57] fruchtbar machen:
Einerseits liegt der Subsidiaritätsgedanke der Kompetenzverteilung zugrunde. Das spiegeln jene Vorschriften wider, in denen die Tätigkeit der Gemeinschaft im Verhältnis zu der der Mitgliedstaaten als fördernde oder unterstützende beschrieben wird[58] oder allgemein die Kompetenzverteilung, die die mitgliedstaatliche Allzuständigkeit bei Souveränität der Gemeinschaft in den ihr übertragenen Gebieten erhält.
Andererseits wendet sich das Subsidiaritätsprinzip an die Organe der Gemeinschaft, indem es die Art und Weise des Gebrauchs vorhandener Kompetenzen so festlegt, daß die jeweilige untergeordnete organisatorische Einheit berücksichtigt wird. In dieser Dimension stellt sich das Subsidiaritätsprinzip als Kompetenzausübungsregelung dar[59].

---

52 hierzu v.a.: Calliess, Subsidiaritäts- und Solidariätsprinzip in der Europäischen Union, 1999; Hrbek/Blanke, Das Subsidiaritätsprinzip in der Europäischen Union - Bedeutung und Wirkung für ausgewählte Politikbereiche, 1995; Lecheler, Das Subsidiaritätsprinzip: Strukturprinzip einer europäischen Union, 1993; Schima, Das Subsidiaritätsprinzip im Europäischen Gemeinschaftsrecht, 1994; Stehling, Maastricht und das Subsidiaritätsprinzip, 1993.

53 Inhaltlich bestimmt wird der Subsidiaritätsgrundsatz durch dessen Formulierung in der Sozialenzyklika „Quadragesimo anno“ von Papst Pius XI. vom 15. Mai 1931, veröffentlicht in AAS XXIII (1931) 177 ff. Alle Überlegungen zu diesem Prinzip haben das sich aus der katholischen Soziallehre ergebende Vorverständnis zur Grundlage.- Schima, Das Subsidiaritätsprinzip im Europäischen Gemeinschaftsrecht, 1994, S. 2/3.

54 Maunz/Zippelius, Deutsches Staatsrecht, 1998, S. 69.

55 Constantinesco, Integration 1990, 167; ders. EuZW 1991, 561f; Hummer, ZfRV 1992, 81 (82).

56 siehe auch Nicolaysen, in Randelzhofer/Scholz/Wilke: Gedächtnisschrift für Eberhard Grabitz, 1995, S. 469 (471/472).

57 Stein, in Merten: Die Subsidiarität Europas, 1993, S. 26.

58 so z.B. in Art. 151 EGV.

59 Lambers, EuR 1993, 229 (230); Pieper, DVBl 1993, 705 (706); Pipkorn, EuZW 1992, 697 (698).

In den Vertrag fand das Subsidiaritätsprinzip bereits mit der Einheitlichen Europäischen Akte Aufnahme. Während seine Geltung dort jedoch auf den Bereich des Art. 130 r IV EWGV und damit denjenigen umweltpolitischer Belange beschränkt war, findet sich seit dem Maastrichter Vertrag eine allgemeingültige Fixierung dieses Prinzips[60]. Das ist Folge des immer weiter fortschreitenden Prozesses von Kompetenzübertragungen auf die Gemeinschaft, denen viele Mitgliedstaaten im Zuge der Vertragsänderung von Maastricht mit Skepsis gegenüberstanden. Das Defizit an Akzeptanz sollte nunmehr durch eine Unterstreichung des Subsidiaritätsgedankens kompensiert werden[61], von dem man sich eine der „Erosion mitgliedstaatlicher Zuständigkeiten“[62] gegenläufige Wirkung erhoffte[63]. Trotzdem erschöpft sich die Wirkung des Subsidiaritätsprinzips nicht in der genannten Kompetenzeindämmung. Indem beabsichtigtes Gemeinschaftshandeln der zusätzlichen Prüfung am Maßstab des Subsidiaritätsprinzips unterzogen wird, erfährt es - sind dessen Erfordernisse erfüllt - eine zusätzliche Legitimation[64]. Damit gewinnt das Subsidiaritätsprinzip auch in integrativer Hinsicht Bedeutung[65].

Entsprechend Art. 5 Abs. 2 EGV wird die Gemeinschaft in Bereichen, die nicht in ihre ausschließliche Zuständigkeit fallen, nur dann tätig, wenn die Ziele der in Betracht gezogenen Maßnahmen auf Ebene der Mitgliedstaaten nicht und daher wegen ihres Umfanges oder ihrer Wirkungen besser auf Gemeinschaftsebene erreicht werden können.
Daraus ergeben sich die Aspekte des Maßstabs, der an gemeinschaftliche Kompetenzausübung nach dem Vertrag anzulegen ist und dessen Anwendung im Subsidiaritätsprotokoll zum Amsterdamer Vertrag nochmals konkretisiert wurde[66], nachdem die prozedurale Umsetzung des Prinzips bereits wiederholt Gegenstand

---

60 siehe Schweitzer/Fixson, Jura 1992, 579 (580).
61 Pieper, DVBl 1993, 705 (705).
62 BverfGE v.12.10.1993, EuR 1993, 294 (325).
63 laut Rohe, RabelsZ 61 (1997), 1 (6) ist dieser Effekt auch eingetreten; ebenso Jickili, JZ 1995, 57 (57), der solche Effekte allerdings als kontraproduktiv für den Binnenmarkt befindet. Vornehmlich politische Bedeutung hat der Grundsatz für Emilion, ELR 1992, 382 (406); Hummer, ZfRV 1992, 81 (91); Möschel, NJW 1993, 3025 (3028).
64 Blanke, ZG 1991, 133 (145); Constantinesco, EuZW 1991, 561 (562), Ronge, Legitimität durch Subsidiarität, 1998, S. 182.
65 Lecheler, Das Subsidiaritätsprinzip, 1993, S. 69.
66 Präambel zum Subsidiaritätsprotokoll. - zu den Präzisierungsbemühungen im Amsterdamer Protokoll: Kenntner, NJW 1998, 2871 ff.

früherer Erklärungen der Organe bildete[67]:
- Zunächst muß es sich um einen Bereich konkurrierender Zuständigkeiten handeln[68]. Das Subsidiaritätsprinzip kommt also nur dort zum Tragen, wo Gemeinschaft und Mitgliedstaaten zusammen über Zuständigkeiten verfügen[69]. Das folgt daraus, daß es in Bereichen ausschließlicher Gemeinschaftszuständigkeit begriffslogisch überhaupt gar keine Zuständigkeitskonflikte gibt[70], eine Wahl zwischen gemeinschaftlichem oder mitgliedstaatlichem Tätigwerden mithin nicht erforderlich ist. Allerdings läßt sich die Einordnung der Kompetenzen mangels eines im Vertrag fixierten Katalogs ausschließlicher Zuständigkeiten nicht ohne weiteres treffen.

Als ausschließliche Zuständigkeiten der Gemeinschaft durch den EuGH anerkannt sind diejenigen im Bereich der Handelspolitik[71], der Fischereipolitik[72] und auch des Zollrechts[73]. Das erscheint unter dem Gesichtspunkt naheliegend, daß es sich hierbei um Zuständigkeiten mit Außenbezug handelt, bei denen sich ein einheitliches Auftreten der Gemeinschaft erforderlich macht[74].

Unterschiedlich wird dagegen die Zuordnung der Kompetenzen im Zusammenhang mit der Herstellung des Binnenmarktes bewertet. Vor allem die Kommission selbst betrachtet diese Bereiche als solche ausschließlicher Zuständigkeit und daher als vom Subsidiaritätsprinzip ausgenommen[75]. Damit wäre aber der umfassende Bereich rechtsangleichender Maßnahmen zur Herstellung des Binnenmarktes einer Überprüfung am Subsidiaritätsprinzip gänzlich entzogen, was dazu

---

67 siehe „Gesamtkonzept für die Anwendung des Subsidiaritätsprinzips des Europäischen Rates von Edinburgh v. 12.12.1994", Europäischer Rat von Edinburgh, Schlußfolgerungen des Vorsitzes, COM (92) 1050 v. 13.12.1992, Teil A Anl. 1, III, S. 10 ff. - abgedruckt in Merten, Die Subsidiarität Europas, 1993, S. 136; Interinstitutionelle Vereinbarung v. 25.10.1993 - EuGRZ 1993, 602 (603).

68 das Subsidiaritätsprotokoll greift dies in Nr. 3 auf.

69 auch im Bereich der ausschließlichen Tätigkeit für eine Beachtung des Subsidiaritätsgedankens spricht sich Schima, Das Subsidiaritätsprinzip im Europäischen Gemeinschaftsrecht, 1994, S. 14 aus; so auch Winter, EuR 1996, 247 (265).

70 so auch Pieper, DVBl 1993, 705 (708); Schmidthuber/Hitzler, NVwZ 1992, 721 (721); Lambers, EuR 1993, 229 (234).

71 EuGH Slg. 1976, 1911 (1937).

72 EuGH Rs. 3, 4 und 6/76 (Kommission/Vereinigtes Königreich), Slg. 1976, 1279; Slg. 81, 1045.

73 EuGH Rs. 40/69 (Bollmann), Slg. 1970, 69 (80).

74 so auch Stein, in Merten: Die Subsidiarität Europas, 1993, S. 34.

75 Kommission, Das Subsidiaritätsprinzip, Mitteilung an den Rat und das Europäische Parlament, Dok. SEK (92) 1990 endg. v. 27.10.1992, Anh. Ziff. II 1a, 2 und 3 (abgedruckt in Merten, S. 112 - 129); Subsidiaritätsbericht 1994, KOM (94) 533, S. 4; - zustimmende Äußerungen in der Literatur: Pescatore, in FS Everling,1995, Bd. II, 1071 (1072/74); Pipkorn, EuZW 1992, 697 (699); Schwartz, FS Everling, 1995, Bd. II, 1331 (1340); Toth, CMLR 1992, 1079 (1094).

führen würde, daß das Subsidiaritätsprinzip leer liefe[76]. Es muß daher davon ausgegangen werden, daß ausschließliche Kompetenzen die Ausnahme bilden - rechtsangleichende Maßnahmen zur Herstellung des Binnenmarktes also am Maßstab des Subsidiaritätsprinzips zu messen sind[77].

- Als zweite Bedingung knüpft Art. 5 Abs. 2 EGV an gemeinschaftliche Kompetenzausübung die Negativvoraussetzung, daß die mitgliedstaatliche Ebene die Zielverwirklichung nicht gewährleisten kann. Erforderlich ist damit zunächst eine von den Gemeinschaftsorganen benannte und an die Vertragsziele angepaßte Zielvorstellung[78]. Zu deren Entsprechung darf es auf mitgliedstaatlicher Ebene nicht ausreichend Mittel geben. An das Kriterium der Zielverwirklichung sind allerdings unterschiedliche Maßstäbe angelegt worden.

Nach Ansicht der Kommission[79], von der sie jedoch seit ihrem zweiten Subsidiaritätsbericht[80] abgerückt ist, mußte geklärt werden, ob die Mitgliedstaaten über die Mittel zur Realisierung - gleich welcher Art - verfügen. Das Hauptgewicht sollte einem Mehrwerttest zukommen, der die Effizienz von Gemeinschaftsmaßnahme und mitgliedstaatlichem Handeln verglich und zum ausschlaggebenden Kriterium erhob.

Nach anderer Ansicht[81] ist genauer zwischen mitgliedstaatlicher und gemeinschaftlicher Ebene zu differenzieren: Auf mitgliedstaatlicher Ebene ist der Nutzen der Betätigung für die jeweilige Zielsetzung der Gemeinschaft festzustellen, wobei sich die Mitgliedstaaten die fraglichen Ziele nicht zu eigen machen müssen[82]. Bereits wenn ein Mitgliedstaat nicht ausreichend für die Zielverwirklichung sorgen kann oder will, muß aufgrund der Ausrichtung der Ziele auf die gesamte Ge-

---

76 Bernhard, CLMR 1996, 633 (643); Calliess, EuZW 1995, 693 (695); Holznagel, Rundfunkrecht in Europa, 1996, S. 204; Müller-Graff, ZHR 1995, 34 (60); Ress, DÖV 1992, 944 (948); Stein, in Merten: Die Subsidiarität Europas, 1993, S. 33.

77 so im Ergebnis: v. Borries, EuR 1994, S. 263 (275); Calliess, EuZW 1995, 693 (695); Everling in FS Stern, 1997, S. 1227 (1234 f.); Heidenhain, EuZW 1993, 73; Jarass, EuGRZ 1994, 209 (210); Lecheler, Das Subsidiaritätsprinzip, 1993, S. 106; Rohe, RabelsZ 61 (1997), 1 (31); Winter, EuR 1996, 247 (256).

78 Groeben/Thiesing/Ehlermann - Zuleeg, Rn. 19 zu Art. 3 EGV.

79 Diese fand ihren Ausdruck zunächst in der Mitteilung der Kommission der EG an den Rat und an das Europäische Parlament zum Subsidiaritätsprinzip (vom 27.10.1992, SEK (92) 1990 endg., abgedruckt in: Mertens, Die Subsidiarität Europas, Anhang II) und wurde mit der Interimsvereinbarung vom 29.10.1993 (ABl. C 329 v. 6.12.1993, S.135) bestätigt. Diese so festgehaltene Gesamtkonzeption zur Anwendung des Subsidiaritätsprinzips wurde in Form des „Protokolls über die Anwendung der Grundsätze der Subsidiarität und Verhältnismäßigkeit" in den Amsterdamer Vertrag aufgenommen und damit wichtige Leitlinien im Primärrecht kodifiziert und mit Rechtscharakter versehen.

80 Subsidiaritätsbericht v. 21.11.1995, KOM Doc. SEK (95) 980.

81 Schmidhuber/Hitzler, NVwZ 1992, 721 ff.

82 Groeben/Thiesing/Ehlermann-Zuleeg, Rn. 21 zu Art. 3 EGV.

meinschaft die erste Bedingung für gemeinschaftliches Handeln als erfüllt betrachtet werden[83] (Notwendigkeitskriterium). Eine eventuelle Verweigerung seitens einzelner Mitgliedstaaten muß der eigentlichen Unfähigkeit zur Zielerreichung gleichgestellt werden[84], weil ansonsten die Entscheidung darüber, ob die Gemeinschaft von Kompetenzen, die ihr durch den Vertrag grundsätzlich bereits zugewiesen sind und deren Ausübung nur noch einmal einem zusätzlichen Prüfungsmaßstab unterstellt wird, auf die Mitgliedstaaten delegiert würde[85].
- Schließlich ist auf einer zweiten Stufe[86] festzustellen, ob die Maßnahmen zur Zielerreichung aufgrund ihres Umfangs oder ihrer Wirkungen auf Gemeinschaftsebene effizienter erscheinen (Effizienzkriterium). Gefordert ist daher ein gewisser Mehrwert, dessen genauer Umfang allerdings unklar bleibt[87]. Dieser Mehrwert ist kausal jedoch an die fehlende Zielerreichung auf mitgliedstaatlicher Ebene gebunden[88].

Kumulieren diese Voraussetzungen, dann ist der Weg für eine Kompetenzausübung seitens der Gemeinschaft im Einzelfall frei[89]. Daß sowohl Notwendigkeits- als auch Effizienzkriterium für eine bestimmte Maßnahme gegeben sind, muß sich bereits aus einer Begründung zu dem entsprechenden Vorschlag ergeben[90]. Anhaltspunkte für die Prüfung der beschriebenen Voraussetzungen gibt Nr. 5 Subsidiaritätsprotokoll an die Hand:
Mangelnde mitgliedstaatliche Realisierungsmöglichkeiten sind vor allem in den Bereichen denkbar, denen ein grenzüberschreitender Charakter innewohnt. Hier kann sich die Frage stellen, ob die Möglichkeit eines völkerrechtlichen Vorgehens der Mitgliedstaaten berücksichtigt werden muß[91]. Dagegen ist jedoch einzuwenden, daß der EG-Vertrag ausdrücklich Bereiche bezeichnet[92], in denen Mitgliedstaaten Vertragsziele mit Mitteln des Völkerrechts verwirklichen können[93].

---

83 Groeben/Thiesing/Ehlermann-Zuleeg, Rn. 23 zu Art. 3 EGV.
84 Der Anknüpfungspunkt für die Effizienz wird dann z.T. schon in den Anstrengungen der Mitgliedstaaten gesehen, die Zielvorstellung der Gemeinschaft zu realisieren. - Groeben/Thiesing/Ehlermann - Zuleeg, Rn. 21 zu Art. 3 EGV; Lambers, EuR 1993, 229 (236); Winter, EuR 1996, 147 (267/268); - a.A. Jarass, S. 210 ff.
85 so auch Groeben/Thiesing/Ehlermann - Zuleeg, Rn. 21 zu Art. 3 EGV.
86 so auch z.B. Konow, DÖV 1993, 405 (408); v. Borries, EuR 1994, 263 (277); Calliess, Subsidiaritäts- und Solidaritätsprinzip in der Europäischen Union, 1999, S. 104; kritisch: Schima, Das Subsidiaritätsprinzip im Europäischen Gemeinschaftsrecht, 1994, S. 107.
87 Lambers, EuR, 1993, 229 (237).
88 Pipkorn, EuZW 1992, 697 (699).
89 siehe auch Nr. 5 Subsidiaritätsprotokoll.
90 Nr. 4 Subsidiaritätsprotokoll.
91 so Lambers, EuR 1993, 229 (236); Schima, Das Subsidiaritätsprinzip, 1994, S. 94.
92 z.B. Art. 174 Abs. 4 UA 2 EGV.
93 hierzu Schwartz, EG-Kompetenzen für den Binnenmarkt, 1995, S. 38.

Darüber hinaus bliebe durch eine solche Sichtweise unberücksichtigt, daß die Zielsetzung der Gemeinschaft als Rechtsgemeinschaft gerade nicht nur darin besteht, Kooperationen nationaler Regierungen zu fördern, sondern durch eigenständige Organe die Integration in die gemeinsame Rechtsordnung zu erreichen[94]. Die Möglichkeit intergouvernementaler Zusammenarbeit durch die Mitgliedstaaten beeinflußt die Beurteilung im Rahmen des Subsidiaritätsprinzips daher nicht[95].
Gemeinschaftsmaßnahmen machen sich außerdem dort erforderlich, wo alleinige mitgliedstaatliche Maßnahmen die Gefahr von Wettbewerbsverzerrungen oder Handelsbeschränkungen beinhalten bzw. wenn Umfang und Wirkungen deutliche Vorteile mit sich bringen.

Die Einhaltung des Subsidiaritätsprinzips kann - unter Berücksichtigung der Tatsache, daß die Entscheidung über ein Tätigwerden als solche einer (politischen) Einschätzung entspringt - gerichtlich kontrolliert werden, wobei in diesem Zusammenhang den Gemeinschaftsorganen seitens des EuGH ein Beurteilungsspielraum gewährt wird und lediglich die Einhaltung von dessen Grenzen überprüft wird[96]. Ein festgestellter Verstoß gegen die Anforderungen, die das Subsidiaritätsprinzip aufstellt, führt zur Aufhebung des Rechtsaktes. Wenn sich die Fehlerhaftigkeit aus einer unzureichenden Begründung ergibt, dann ist dieses Ergebnis die Folge der Verletzung wesentlicher Formvorschriften. Ist die Subsidiaritätsprüfung dagegen materiell fehlerbehaftet, so erfolgt die Aufhebung wegen Unzuständigkeit der Gemeinschaft[97].

b. Verhältnismäßigkeitsgrundsatz

Ist auf diese Weise festgestellt, daß die Gemeinschaft Maßnahmen zur Regelung eines Bereiches ergreifen kann, so ist jedoch weiter auch die Auswahl der Maßnahmen gebunden. In bezug auf die von den jeweiligen Gemeinschaftsorganen intendierten Umsetzungsmaßnahmen ist die in Art. 5 Abs. 3 EGV fixierte Ausprägung des Verhältnismäßigkeitsprinzips zu beachten. Der allgemeine Verhält-

---

94 Schwartz, EG-Kompetenzen für den Binnenmarkt, 1995, S. 38.

95 v. Borries, EuR 1994, 263 (278); Jarass, EuGZR 1994, 209 (211).

96 EuGH, C-280/93, Slg. 1994, I-4973 (5068 f.). - Blanke, in Hrbek, Das Subsidiaritätsprinzip in der Europäischen Union, 1994, S. 95 (112); Kahl, AöR 118 (1993), 414 (439); Schmidhuber/Hitzler, NVwZ 1992, 720 (725).

97 so Bieber, in Knörr/Oppermann, Subsidiarität: Idee und Wirklichkeit, 1997, S. 165(178).

nismäßigkeitsgrundsatz[98] besagt, daß die Rechtmäßigkeit belastender Maßnahmen von deren Geeignetheit und Erforderlichkeit für die Erreichung der zulässigerweise mit einer Regelung verfolgten Ziele abhängig ist, wobei dies die Wahl des mildesten Mittels ebenso wie die Überprüfung des Verhältnisses von Mittel und Zweck auf Angemessenheit hin impliziert.

Gemäß Art. 5 Abs. 3 EGV dürfen die Maßnahmen, die durch die Gemeinschaft ergriffen werden, nicht von höherer Intensität sein, als zur Zielerreichung erforderlich. Schutzobjekt ist hier nicht nur der einzelne, sondern - wie sich systematisch aus dem Zusammenhang mit Abs. 2 ergibt - auch die Mitgliedstaaten. An die Wahl der Mittel zu stellende Anforderung ist zunächst, daß es sich um ein für die Zielerreichung geeignetes Mittel handelt. Ein solches erfüllt nur dann das Erforderlichkeitskriterium, das Art. 5 Abs. 3 EGV aufstellt, wenn kein weniger eingriffsintensives Mittel mit den gleichen Erfolgschancen heranziehbar ist. Hier klingt nochmals das Subsidiaritätsprinzip an: Kompetenzen sollen nur in dem wirklich zur Zielerreichung erforderlichen Umfang der Ausübung durch die Gemeinschaft freigegeben werden[99]. Schließlich ist eine Abwägung zwischen dem Nutzen einer Maßnahme und deren beschränkenden Wirkungen vorzunehmen[100].
Das Subsidiaritätsprotokoll gibt in Nr. 6 und 7 Anhaltspunkte für die Beurteilung der Eingriffsintensität vor: Die Einhaltung des Verhältnismäßigkeitsgrundsatzes wird danach vor allem durch Formenwahl und Regelungsdichte bestimmt. Danach sind Richtlinien bei gleicher Eignung Verordnungen vorzuziehen und Rahmenrichtlinien wiederum den Detailregelungen. Außerdem soll den Mitgliedstaaten ein bis an die Grenzen der Zielsetzung auf Gemeinschaftsebene reichender Gestaltungsspielraum belassen werden.
Auch hier kommt den Gemeinschaftsorganen wieder ein der gerichtlichen Prüfung nur bezüglich der Grenzeinhaltung zugänglicher Beurteilungsspielraum zu[101].

Damit ist auch das Verhältnismäßigkeitsprinzip ein die Kompetenzausübung bestimmender Maßstab und als solcher von den Gemeinschaftsorganen zu beachten.

---

98 eine vollständige Übereinstimmung der Terminologie des EuGH mit etwa den deutschen Begrifflichkeiten gibt es nicht - Schwarze, Europäisches Verwaltungsrecht II, 1988, S. 830 f.; zu den Voraussetzungen des Prinzips in den Mitgliedstaaten: Kutscher, Der Grundsatz der Verhältnismäßigkeit in den europäischen Rechtsordnungen, 1985.

99 so auch Pieper, DVBl 1993, 705 (709).

100 damit ähneln die Voraussetzungen den im nationalen Recht zu prüfenden - so auch Calliess/Ruffert - Calliess, Rn. 46 zu Art. 5.

101 so z.B. EuGH Slg. 1996, I-5755, Rn. 55 ff.

3. Allgemeine Rechtsgrenzen

Einschränkungen können sich nicht nur aus der jeweils gewählten Rechtsgrundlage und dem Subsidiaritäts- und Verhältnismäßigkeitsprinzip ergeben. Begrenzungen und Bindungen der gemeinschaftlichen Regelungskompetenz können auch Grundrechte des einzelnen nach innen - also nicht im Verhältnis zu den Mitgliedstaaten[102] - bewirken. Im folgenden soll daher auf den Grundrechtsschutz in der Gemeinschaft eingegangen und Aspekte einer zukünftigen Entwicklung in Form der Grundrechtscharta skizziert werden.

a. Grundrechte

Bis zum vergangenen Jahr verfügte die Gemeinschaft zwar nicht über einen geschriebenen Grundrechtskatalog, trotzdem fanden Grundrechte des einzelnen als Ausdruck von Rechtsstaatlichkeit und als Mittel zur Legitimation gemeinschaftlicher Hoheitsgewalt[103] innerhalb der Rechtsgemeinschaft Berücksichtigung.

aa. Grundrechte in der Gemeinschaft

Grundrechtsschutz in der Gemeinschaft steht unter der Prämisse, daß Handlungen von Gemeinschaftsorganen bezüglich ihrer Gültigkeit nur nach Gemeinschaftsrecht überprüft werden, dagegen nicht durch den Einwand berührt sein können, Grundrechte nationaler Verfassungen seien in ihrer nationalen Ausprägung verletzt worden[104].
Von Bedeutung für die Rechtmäßigkeitsprüfung von Gemeinschaftsrecht konnten damit nur Gemeinschaftsgrundrechte sein. Solche sind vom Gerichtshof schon

---

[102] Niedobitek, EG-Vertrag und Kultur, 1992, S. 214.

[103] zu diesen Funktionen Maunz/Zippelius, Staatsrecht, 1999, S. 91; Pescatore, Schutz der Grundrechte, in Mosler u.a.: Grundrechtsschutz in Europa, 1977, S. 68; Schwarze, in: Kaufmann u.a.: Festschrift Maihofer, 1988, S. 529; Weidenfeld, in ders.: Der Schutz der Grundrechte in der Europäischen Gemeinschaft, 1992, S. 8 (9).

[104] EuGH, Rs. 234/85, (Keller), Slg. 1986, 2897 (2912); Kokott, AöR 121 (1996), 599 (601/602).

bald zu den allgemeinen Rechtsgrundsätzen[105] gezählt worden, deren Wahrung der Gerichtshof sichert[106].
Die gemeinschaftlichen Grundrechte gewinnt der EuGH zwar - da die Gemeinschaftsrechtsordnung eine solche eigener Art ist[107] - nicht direkt aus den nationalen Grundrechten, sie werden aber inhaltlich unter anderem von den nationalen Verfassungen getragen[108]. Dabei werden Grundrechtsstandards mittels wertender Rechtsvergleichung entwickelt, indem untersucht wird, ob sich die Grundrechtsposition in Struktur und Ziele der Gemeinschaft einpaßt[109].
Die zweite wichtige Quelle, aus der sich die Suche nach gemeinschaftlichen Grundrechten speist, stellen internationale Verträge über den Schutz der Menschenrechte[110], insbesondere die Europäische Menschenrechtskonvention[111] dar[112]. Die Judikatur des Gerichtshofes hat der EMRK keine unmittelbare Wirkung beigemessen, um die mitgliedstaatlichen Verfassungen bei der Interpretation der Grundrechte ebenfalls berücksichtigen zu können[113]. Trotzdem ist ein Bedeutungszuwachs der EMRK im Rahmen der Bestimmung des gemeinschaftlichen Grundrechtsstandards feststellbar[114], der sich an der Rechtsprechung des EuGH ablesen läßt[115].

---

105 dazu: Jacoby, Allgemeine Rechtsgrundsätze, 1997; Lecheler, Der Europäische Gerichtshof und die allgemeinen Rechtsgrundsätze, 1971; Schilling, EuGRZ 2000, 358 ff.; Wetter, Die Grundrechtscharta des Europäischen Gerichtshofes, 1998, S. 10 ff.

106 ihren Beginn nahm diese Grundrechtsrechtsprechung des EuGH 1969 mit: Rs. 29/69 (Stauder), Slg. 1969, 419; - siehe Chwolik-Lanfermann, Grundrechtsschutz in der Europäischen Union, 1994, S. 50 ff.; Gersdorf, AöR 1994, 400 (401/402); Philippi, ZEuS 2000, 97 ff.; Schwarze, in Kaufmann u.a., FS Maihofer, 1988, S. 529 (541); Wetter, Die Grundrechtscharta des Europäischen Gerichtshofes, 1998, S. 37 ff.

107 EuGH, Rs. 6/64 (Costa/ENEL), Slg. 1964, 1254 (1269).

108 EuGH, Rs. 11/70 (Handelsgesellschaft), Slg. 1970, 1125; EuGH, Rs. 44/79 (Hauer), Slg. 1979, 3727 (3746) - hierzu auch Notthoff, RIW 1995, 541 (541).

109 Pescatore in Mosler u.a., Grundrechtsschutz in Europa, 1977, S. 64 ff.; Zweigert, RabelsZ 1964, 601 (610).

110 EuGH, Rs. 4/73 (Nold), Slg. 1974, 491 (507).

111 EuGH, Rs. 44/79 (Hauer), Slg. 1970, 1125 (1135); EuGH, Rs. 46/87 und 277/88 (Hoechst), Slg. 1989, 2859 (2924); EuGH, Rs. 374/87 (Orkem), Slg.1989, 3283 (3350).

112 hierzu auch Wetter, Die Grundrechtscharta des Europäischen Gerichtshofes, 1998, S. 9.

113 Petersen, Rundfunkfreiheit und EG-Vertrag, 1994, S. 171.

114 Kokott, AöR 121 (1996), 599 (602); Kühling, EuGRZ 1997, 296 (297).

115 EuGH, Rs. 4/73 (Nold), Slg. 1974, 504, 507 Ziff. 13; EuGH, Rs. 222/84 (Johnston), Slg. 1986, 1676, 1682 Ziff. 18; EuGH, Rs. 46/87 und 227/88, (Hoechst AG/Kommission), Slg. 1989, 2919 (2924); EuGH, Rs. 374/87, Orkem SA/Kommission, Slg. 1989, 3343 (3350); - so auch Coppel/O'Neill, CMLR 1992, 669 ff.

bb. Europäische Menschenrechtskonvention

Das Verhältnis von EG und EMRK wird zunächst dadurch bestimmt, daß die EG - im Gegensatz zu denen in ihr zusammengeschlossenen Mitgliedstaaten - nicht Unterzeichner der Konvention ist[116]. Völkerrechtlich wurde dies daher schon als Frage der Anwendung aufeinander folgender Verträge über denselben Gegenstand gesehen (Art. 30 WVRK). Diese Regel, die zur Verdrängung des früheren durch den späteren Vertrag führt, soll dann eingreifen, wenn sowohl die jeweiligen Vertragsparteien[117], als auch die Gegenstände identisch sind[118]. Da die EMRK - die am 4. November 1950 und damit vor den Römischen Verträgen[119] unterzeichnet wurde[120] - Grund- und Menschenrechte regelt, das Regelungsziel der Verträge dagegen in der Vergemeinschaftung von Wirtschaftsbereichen bestand, ist von einer Identität der Gegenstände nicht auszugehen. Darüber hinaus waren auch die Vertragsparteien nicht identisch, da die EMRK von mehr als den sechs Vertragsparteien der Römischen Verträge unterzeichnet wurde[121].

Somit müssen die beiden Verträge als nebeneinander stehende institutionelle Systeme betrachtet werden[122].

Unabhängig nebeneinander stehen infolgedessen auch die beiden Gerichtshöfe: Eine Überprüfung der Rechtsprechung des EuGH durch den Europäischen Gerichtshof für Menschenrechte[123] findet nicht statt. Bei der Auslegung der EMRK, die durch beide Gerichtshöfe vorgenommen wird, können Divergenzen auftreten, die die Gefahr eines unterschiedlichen Grundrechtsschutzniveaus bergen[124]. Während für den EGMR die Gewährleistung der in der EMRK verbürgten Rechte alleiniger Maßstab ist, muß der EuGH Grundrechtsschutz gerade auf Gemein-

---

[116] Allerdings wird die Möglichkeit eines Beitritts diskutiert: EuGH, Gutachten 2/94 vom 28.3.1996, „Beitritt der Gemeinschaft zur Konvention zum Schutze der Menschenrechte und Grundfreiheiten“, Slg. 1996, I-1759; - z.B. auch Krüger/Polakiewicz, EuGRZ 2001, 92 (94).

[117] hieran anknüpfend auch Pescatores Sukzessionstheorie, die die Bindung an die EMRK mit der Identität der Mitgliedschaft begründet - Pescatore, in Mosler u.a., Grundrechtsschutz in Europa, 1977, S. 64 (71).

[118] Ress, ZEuS 1999, 471 (475).

[119] Vertrag zur Gründung der Europäischen Gemeinschaft vom 25.3.1957, in Kraft seit 1.1.1958; Vertrag zur Gründung der Europäischen Atomgemeinschaft vom 25.3.1957, in Kraft seit 1.1.1958.

[120] In Kraft getreten ist die EMRK erst 1953.

[121] Ress, ZEuS 1999, 471 (475).

[122] so auch bspw. Chwolik-Lanfermann, Grundrechtsschutz in der Europäischen Union, 1994, S. 60; Iglesias, in Beyerlin u.a.: Festschrift für R. Bernhardt, S. 1269 (1279).

[123] EGMR.

[124] Philippi, ZEuS 2000, 97 ff.

schaftsebene leisten[125] und damit auch die strukturellen Besonderheiten der Gemeinschaft als Integrationsgemeinschaft in seine Betrachtungen einbeziehen[126]. Als Lösungsmöglichkeit hierfür wurde daher auch immer wieder der Beitritt der Gemeinschaft zur EMRK benannt[127].

cc. Gemeinschaftsrechtliche Charta der Grundrechte

Die EU-Charta der Grundrechte[128] wurde während des Gipfels in Nizza am 7.12.2000 feierlich proklamiert, nachdem sie durch den Konvent, einer Arbeitsgruppe, die auf dem Gipfel im finnischen Tampere am 15. und 16. Oktober 1999[129] eingesetzt wurde, ausgearbeitet worden war.
Betrachtet man den rechtlichen Status der Charta, so ist zunächst zu sagen, daß diese die Mitgliedstaaten - mangels einer Kompetenz der Gemeinschaft für den allgemeinen Grundrechtsschutz[130] - von vornherein nur bei der Durchführung von Unionsrecht binden kann, was in Art. 51 der Charta auch zum Ausdruck kommt. Darüber hinaus erzeugt die Charta derzeit aber schon deshalb keine Bindungswirkung, weil sie trotz vielfacher Bemühungen[131] nicht in die Gründungsverträge aufgenommen werden konnte, sondern lediglich politische Erklärung bleibt. Das bedeutet, daß ein Berufen auf die Charta seitens der Bürger oder ein Heranziehen durch die Gerichte nicht in Betracht kommt[132]. Ebensowenig ist die Charta geeignet, neben der EMRK und den Verfassungsüberlieferungen der Mitglied-

---

125 Philippi, ZEuS 2000, 97 ff.

126 EuGH (Internationale Handelsgesellschaft) Slg. 1970, 1125 (1135); Ress, in Haller u.a.: FS für Günter Winkler, 1997, S. 897 (916); negativ bewerten dies Coppel/O`Neill, CMLR 1992, 669 (670/692).

127 siehe schon Langguth, in Weidenfeld, Der Schutz der Grundrechte in der Europäischen Gemeinschaft, 1992, S. 14 (15); zur Möglichkeit und Notwendigkeit eines Beitritts auch Busse, NJW 2000, 1074 ff.

128 Beispiele aus der umfangreichen Literatur hierzu sind: Baer, ZRP 2000, 361 ff.; Häfner/Strawe/Zuegg, ZRP 2000, 365 ff.; Kenntner, ZRP 2000, 423 ff.; Magiera, DÖV 2000, 1017 ff.; Pernice, DVBl 2000, 847 ff.; Schmitz, JZ 2001, 833 ff.

129 EuGRZ 1999, 615.

130 die Gefahr von Verschiebungen des Kompetenzgefüges im Zusammenhang mit der Grundrechtscharta sieht Sporn, ZUM 2000, 537 (538).

131 Stellungnahme der Kommission vom 11.10.2000, KOM (2000) 644 endg.; - Alber/Widmaier EuGRZ 2000, 497 (498); Däubler-Gmelin, EuZW 2000, 1; Mahlmann, ZEuS 2000, 419 (425).

132 Schmitz, JZ 2001, 833 (835); mißverständlich: Krüger/Polakiewicz, die den Rückgriff auf die Charta im Zusammenhang mit Art. 6 Abs. 2 EUV als bereits jetzt möglich darstellen.

staaten eine weitere Quelle zu bilden[133], aus der sich gemeinschaftliche Grundrechtsrechtsprechung speist. Hierfür fehlt es an einem entsprechenden gleichstellenden Hinweis in der Vorschrift des Art. 6 Abs. 2 EUV, der in Nizza abgelehnt wurde[134]. Daher muß sich die Rolle der Grundrechtscharta zwischenzeitlich wohl darin erschöpfen, als Orientierungshilfe für den Gerichtshof zu dienen[135]. Darüber hinaus wird sie im Prozeß der Sekundärrechtssetzung die rechtsetzenden Gemeinschaftsorgane, die die Charta proklamiert haben[136], im Wege der Selbstbindung verpflichten können[137].
Zu rechtlicher Wirksamkeit kann nur eine Aufnahme in den Vertrag verhelfen, wobei die stärkste Bindungswirkung mit einer Volltextaufnahme verbunden wäre, die den richterrechtlichen Grundrechtskatalog ersetzen würde. Eine weniger intensive Maßnahme wäre die Gleichstellung der Charta mit den in Art. 6 Abs. 2 EUV genannten Quellen, aus denen die Grundrechtssprechung des EUGH schöpft.
Entschieden werden soll über eine eventuelle Aufnahme der Charta in die Gründungsverträge frühestens auf einer weiteren Regierungskonferenz 2004[138].
Bis dahin ergibt sich für die Beurteilung der Grundrechtskonformität von gemeinschaftlichen Rechtsakten daher noch keine wesentlich neue Situation.

b. Prinzip der Gemeinschaftstreue in Verbindung mit nationalem Recht

Die Frage nach der Reichweite der Kompetenzen, die der Gemeinschaft zur Verfügung stehen, wird auch durch das Verhältnis der Gemeinschaft zu den Mitgliedstaaten bestimmt und beeinflußt.
Prägend ist hier das Prinzip der Gemeinschaftstreue, das sich Art. 10 EGV entnehmen läßt. Diese Verpflichtung sieht Art. 10 EGV nicht nur für die mitgliedstaatliche Seite vor, sondern auch die Gemeinschaft selbst steht in der Pflicht, loyale Zusammenarbeit zu gewährleisten[139]. Die nur funktionellen - also nicht sachgebietsbezogenen - Kompetenzen der Gemeinschaft bei gleichzeitig den

---

133 Alber, EuGRZ 2001, 349 (349).
134 Schmitz, JZ 2001, 833 (835).
135 Hierin sieht Alber, EuGRZ 2001, 349 (353) eine Chance, den Prozeß der nötigen Verbindlichkeitsmachung der Charta zu beschleunigen.
136 Rat, Parlament, Kommission.
137 Alber, EuGRZ 2001, 349 (350/351).
138 Stock, K&R 2001, 289 (289).
139 EuGH Rs. 230/81 (Luxemburg/Europäisches Parlament), EuR 1983, 261; EuGH Rs. C-2/88, Slg. 1990, I-3365 (3372).

Mitgliedstaaten verbleibenden Sonderordnungsbefugnissen deuten auf eine solche Dualität hin.
Wird die Gemeinschaft im Zuge der ihr primär obliegenden Aufgabe tätig, Hindernisse für den freien Binnenmarkt zu beseitigen, dann bedeutet das keine Konsumtion der mitgliedstaatlichen Regelungen. Diese bleiben statt dessen bestehen und werden dem ordnungspolitischen Regelungsbedarf gerecht, der vor dem Hintergrund entsteht, daß die Gemeinschaft nicht das gänzlich freie Spiel der Marktkräfte verfolgt[140], aber auch keine umfänglichen Kompetenzen zur Regelung solcher ordnungspolitischer Aspekte innehat. Daraus folgt schließlich, daß sich beide Kompetenzbereiche gegenseitig ergänzen, aber auch begrenzen[141]. Für die Konkretisierung des Prinzips der Gemeinschaftstreue aus Art. 10 EGV heißt das aber wiederum, daß die Gemeinschaft bei Erlaß ihrer Rechtsakte elementare Verfassungsprinzipien der Mitgliedstaaten berücksichtigen muß[142].
Als ein solcher Grundsatz ist der der Bundesstaatlichkeit wiederholt angeführt worden[143]. Dieser weist den deutschen Bundesländern eine eigene Kompetenzebene im Rahmen nationaler (innerstaatlicher) Kompetenzverteilung zu und stattet sie so mit Eigenstaatlichkeit aus, was Berührungspunkte mit den der Gemeinschaft zukommenden Kompetenzen aufweisen kann. Es stellt sich daher die Frage, ob und wann aus dem Prinzip der Gemeinschaftstreue eine Kompetenzausübungsschranke dahingehend erwächst, daß interne nationale Zuständigkeitsverteilungen innerhalb des Rechtsetzungsprozesses zu beachten wären[144]. Eine derart weitgehende Pflicht könnte dem Prinzip der Gemeinschaftstreue allenfalls entnommen werden[145], wenn ganze Politikbereiche wie Bildung oder Kultur als Gesamtheit auf die Gemeinschaft überzugehen drohten. Außerhalb dieser Grenzen kennzeichnet Neutralität gegenüber der inneren Organisation der Mitgliedstaaten den EG-Vertrag. Das beruht u.a. auf Praktikabilitätserwägungen: Die Berücksichtigung interner Zuständigkeitsverteilungen eines jeden Mitgliedstaates würde die Handlungsfähigkeit der Gemeinschaft unterlaufen[146]. Darüber hinaus wäre auch die Rechtseinheitlichkeit der EU gefährdet[147]. Damit kommt dem

---

140 Roth, Freier Warenverkehr in einem Gemeinsamen Markt, 1977, S. 44.
141 ähnlich auch Meinel, Grenzen europäischer Rundfunkrechtsetzung, 1993, S. 109-111.
142 so auch Hartstein/Ring/Kreile/Dörr/Stettner, Rundfunkstaatsvertrag, Kommentar, B 4 Rn. 10.
143 Memminger, DÖV 1989, 846 ff.
144 Epiney, EuR 1994, 301 (317); Hailbronner, JZ 1990, 149 (152); Memminger, DÖV 1989, 846 (847); Herdegen, CMLR 1995, 1369 (1370).
145 Everling, EuR 1990, 195 (221); Ress, EuGRZ 1986, 549 (551).
146 Everling, EuR 1990, 195 (220); Trautwein, ZUM 1995, 614 (616).
147 Everling, EuR 1990, 195 (220); EuGH (Internationale Handelsgesellschaft), Slg. 1970, 1125 (1135).

Grundsatz der Bundesstaatlichkeit vor allem innerstaatliche Bedeutung zu[148]. Hier beeinflußt er das Verhältnis der Bundesebene, als dem Akteur im Verhältnis zur Gemeinschaft, die Interessen der Länderebene dadurch zu wahren, daß Ländervertretern Mitwirkungsrechte an den relevanten Entscheidungsprozessen eingeräumt werden.
Ein Kompetenzausschluß kann über das Prinzip, das Art. 10 EGV fixiert, nicht hergeleitet werden[149].

Möglicherweise erfordert eine weitere Erwägung die Beachtung nationalen Rechts: Zwar haben die Mitgliedstaaten durch Übertragung von Hoheitsrechten ihrer Souveränität Grenzen gesetzt. Innerhalb solcher Grenzen gelten mitgliedstaatliche Souveränitätsvorbehalte aber fort. In der Bundesrepublik wird dieser Bereich durch Art. 23 GG bestimmt. Wie stark das nationale Recht als Prüfungsmaßstab hinter die gemeinschaftsrechtliche Rechtmäßigkeitsprüfung zurücktritt, läßt sich der Rechtsprechung des Bundesverfassungsgerichts im Zusammenhang mit dessen Zuständigkeit zur Überprüfung sekundären Gemeinschaftsrechts entnehmen[150]. Danach sieht sich das Gericht nachrangig zum EuGH nur noch dann als zuständig an, wenn es sich um die Überprüfung der Rechtmäßigkeit sekundären Gemeinschaftsrechts handelt, das den Mitgliedstaaten einen Spielraum bei der Umsetzung läßt und gerade die Ausfüllung dieses Spielraums in Frage steht. Als zuständig ist nationale Gerichtsbarkeit auch dort zu erachten, wo die Grenzen des Art. 23 GG überschritten wurden und eine wesentliche Verletzung der deutschen Verfassungsidentität zu befürchten steht[151]. Darüber hinausgehend haben mitgliedstaatliche Souveränitätsvorbehalte keinen beschränkenden Einfluß auf die Ausübung von Binnenmarktkompetenzen.
Damit ist nationales Recht in diesem Zusammenhang nicht geeignet, Kompetenzgrenzen zu setzen[152].

---

148 hierzu Kruis, in Merten/Schmidt/Stettner, FS für Knöpfle, 1996, S. 161 (161); Knothe/Wanckel, ZUM 1995, 20 (25); Lerche, AfP 1995, 632 (636); Winkelmann, DÖV 1996, 1 ff.

149 Epiney, EuR 1995, 301 (306); Everling, EuR 1987, 214 (220); Ipsen, FS Hallstein, 1966, S. 248 (256); anders in GS Geck, 1989, S. 339 (352); Zuleeg, Anm. zu BVerfG JZ 1995, 669.

150 BVerfGE 37, 271 (280 f.) „Solange I"; - BVerfGE 73, 339 (387) „Solange II"; - BVerfGE 89, 155 (188) „Maastricht".

151 siehe auch Meinel, Grenzen europäischer Rundfunkrechtsetzung, 1993, S. 132.

152 so auch Mestmäcker/Engel/Gabriel-Bräutigam/Hoffmann, Der Einfluß des europäischen Gemeinschaftsrechts auf die deutsche Rundfunkordnung, 1990, S. 56; Meinel, Grenzen europäischer Rundfunkrechtsetzung, S. 134/135; a.A. Dörr, ZUM 1995, 14 (19).

c. Internationale Rechtsgrenzen: Recht der WTO-GATT/GATS

Schließlich können gemeinschaftsrechtlichen Handlungsmöglichkeiten auch aufgrund internationaler Regelwerke, wie denen der Welthandelsorganisation[153], Grenzen gesetzt sein.
In diesem Problemkreis muß sich zunächst die Frage stellen, auf welcher Grundlage sich eine Bindungswirkung solcher Vorgaben ergibt.
Während die Gemeinschaft zunächst lediglich als de-facto-Mitglied im GATT angesehen wurde, ist sie neben allen ihren Mitgliedstaaten in der WTO[154] bei deren Gründung auch selbst Mitglied geworden[155]. Wenn Geltung und Vorrang des alten GATT-Rechts als „integrierender Bestandteil des Gemeinschaftsrechts"[156] nicht immer ganz klar formuliert waren, so wird mit dem Mitgliedsstatus der Gemeinschaft nunmehr über Art. 300 Abs. 7 EGV eine de-iure-Bindung von Gemeinschaftsorganen und Mitgliedstaaten an die Abkommen fixiert[157]. Damit ist der Vorrang des Welthandelsrechts bei der Gestaltung sekundären Gemeinschaftsrechts zwingend zu beachten[158].
Inhaltlich beziehen sich die Vorgaben dieser internationalen Abkommen auf den Handel mit Waren, der Regelungsgegenstand des GATT ist, sowie auf den Handel mit Dienstleistungen, der sich im GATS geregelt findet und ebenso auch auf handelsbezogene Aspekte des geistigen Eigentums (TRIPS).
Übergeordnetes Ziel solcher internationalen Handelsabkommen ist die Abschaffung bestehender bzw. die Verhinderung neuer regulatorischer Handelshemmnisse. Liberalisierung soll zur Spezialisierung aller am Markt beteiligten Kräfte führen, die wiederum zur Folge hat, daß ein Plus an Qualitäts- und Preiswettbewerb mit all den positiven Folgen für den Verbraucher - also einem umfassenden Wohlfahrtsgewinn für alle WTO-Mitgliedsländer[159] - erzielt werden kann[160].

---

153 GATT, GATS, TRIPS.

154 die Anfang 1995 als Nachfolgerin des GATT gegründet wurde.

155 Beschluß des Rates vom 22.12.1994, ABl. L 336 vom 23.12.1994, S. 1; zu all dem auch Oppermann, RIW 1995, 919 (922).

156 EuGH, Rs. 21-23/72 (International Fruit Company), Slg. 1972, 1219 ff.

157 Schweitzer/Hummer, Europarecht, 1996, S. 157.

158 zur allerdings mangelnden Umsetzungsbereitschaft dieser Vorgaben auf Gemeinschaftsebene: Petersmann, in Müller-Graff, Die Europäische Gemeinschaft in der Welthandelsorganisation, 2000, S. 81 (85); auch Hilf, in Müller-Graff: Die Europäische Gemeinschaft in der Welthandelsorganisation, 2000, S. 89 (90).

159 siehe zu dessen prognostiziertem Ausmaß im Zusammenhang mit der Uruguay-Runde: OECD, Results of a sucessful Uruguay Round , 1993; Heidensohn, Europe and World Trade, 1995, S. 167.

160 so Barth, ZEuS 2000, 273 ff.

Instrumente zur Durchsetzung eines möglichst offenen Handels, frei von Diskriminierungen, sind vor allem die Prinzipien der Meistbegünstigung und Inländergleichbehandlung, die sich zunächst nur in Bezug auf den Handel mit Waren im GATT fixiert fanden. Das Meistbegünstigungsprinzip verbietet es, Handelspartner unterschiedlich zu behandeln, die WTO-Mitglieder sind. Der Inländergleichbehandlungsgrundsatz fordert demgegenüber, daß Mitgliedsländer eine Behandlung erfahren müssen, die der im Inland entspricht. Ausnahmen hiervon können zum Schutz der öffentlichen Ordnung, des Lebens und der Gesundheit gerechtfertigt sein.

Mit der Verabschiedung des GATS am 15. April 1994 wurde der Anwendungsbereich der Grundsätze der Meistbegünstigung und Inländergleichbehandlung auf den Handel mit Dienstleistungen ausgeweitet[161]. Dieses Abkommen, das für Dienstleistungssektoren wie Banken, Versicherungen, Bauwirtschaft, Verkehr, Kommunikation, Tourismus und Computer Liberalisierungstendenzen verfolgt, überträgt die Anwendbarkeit von GATT-Grundsätzen[162] auf die genannten Bereiche[163] und basiert auf derselben wirtschaftlichen Annahme wie das GATT, daß Deregulierungspolitik vorteilhaft für die Wirtschaftsentwicklung ist[164]. Zusätzlich zu den allgemeinen Ausnahmen, die sich in beiden Vertragswerken finden, läßt das GATS allerdings weitere Bereiche von der Liberalisierung frei und ist daher in seiner Reichweite begrenzter: Während das GATT mit seinen Vorschriften zu Marktzugang und Inländerbehandlung Liberalisierungspflichten statuiert, bestand für die Unterzeichner im Rahmen des GATS die Möglichkeit, bestimmte Bereiche diesen Verpflichtungen zu unterstellen bzw. zu entziehen. Rechtstechnisch erfolgte dies dadurch, daß die Liberalisierungsverpflichtungen nicht bereits wie der Meistbegünstigungsgrundsatz durch das Übereinkommen selbst und unmittelbar entstehen konnten. Statt dessen bleibt die Liberalisierung des Dienstleistungssektors von sogenannten "specific commitments" abhängig[165], mit denen sich Mitglieder bilateral zur Liberalisierung auf einer Liste einzutragender Teilbereiche explizit verpflichteten[166]. Gemäß Art. II Abs. 2 GATS konnten Ausnahmen von der Meistbegünstigungspflicht angemeldet werden. Hiervon hat auch die Gemeinschaft Gebrauch gemacht. Die Anwendung des Prinzips der Inländergleichbehandlung dagegen ist beim Handel mit Dienstleistungen an die Abgabe

---

161 Emiliou, The European Union and World Trade Law, 1996, S. 92 ff; McDonald, The world trading system, 1999, S. 217 ff.

162 Als solche gelten v.a. Meistbegünstigung, Inländerbehandlung, Transparenz und Marktzugang.

163 Baumann, Die Dienstleistungsfreiheit auf dem Gebiet der audiovisuellen Medien, 1998, S. 86; Oppermann, RIW 1995, 919 (923).

164 Weiss, CMLR 1995, 1177 (1177).

165 Barth, EuZW 1994, 455 (459).

166 siehe Barth, EuZW 1994, 455 (458).

spezieller Verpflichtungserklärungen gebunden. Eingegangene Verpflichtungen bzw. Vorbehalte wurden im Rahmen der Uruguay-Runde 1994 auf Listen festgehalten, die Bestandteil des Regelungswerkes bilden (Art. XX GATS).
Im Zuge einer neuen WTO-Verhandlungsrunde, die in der Zeit vom 9.-13.12.2001 in Doha ihren Beginn nahm und bis 2005 abgeschlossen sein soll, wird über weitere Liberalisierungen im Rahmen des GATS verhandelt werden[167].

II. Instrumente zur Ausübung gemeinschaftlicher Kompetenzen

Einen Rahmen für gemeinschaftliches Handeln bilden schließlich solche Vorgaben, die der Vertrag hinsichtlich der Handlungsformen macht, derer sich die Gemeinschaft in Ausübung ihrer Kompetenzen bedienen darf. Anknüpfungspunkt diesbezüglicher Überlegungen bietet der Katalog solcherlei Handlungstypen in Art. 249 EGV, der eine Einteilung gemeinschaftlichen Handelns nach Verbindlichkeit und Geltung abstuft. Neben Regelungstypen, die in unterschiedlichem Maße und gegenüber verschiedenen Adressatenkreisen rechtliche Verbindlichkeit entfalten[168], enthält Art. 249 EGV auch solche Maßnahmen, die keine solche Verbindlichkeit äußern[169].

1. Rechtsangleichungsmaßnahmen

Rechtsangleichung zur Herstellung des Binnenmarktes im Bereich der Grundfreiheiten, wie sie für den audiovisuellen Bereich im Rahmen dieser Arbeit näher zu betrachten sein wird, bedient sich im Gemeinschaftsrecht Handlungsformen[170] wie der Verordnung bzw. der Richtlinie, Art. 249 Abs. 2 und 3 EGV.

---

167 WTO Pressemitteilung vom 7.2.2000 „WTO Services and Agriculture negotiations: meetings set for February and March".

168 Verordnung, Richtlinie und Entscheidung.

169 Empfehlungen und Stellungnahmen.

170 zum der Gemeinschaft insoweit zur Verfügung stehenden Instrumentarium vgl. etwa Herdegen, Europarecht, 2001, S. 140 ff.; Lecheler, Einführung in das Europarecht, 2000, S. 129 ff., Oppermann, Europarecht, 1999.

Im Gegensatz zu den Verordnungen, Art. 249, Abs. 2 EGV, die - dem innerstaatlichen Gesetz vergleichbar[171] - durch allgemeine Geltung und Verbindlichkeit in all ihren Teilen gekennzeichnet ist, entfalten Richtlinien, Art. 249 Abs. 2 EGV, keine Gültigkeit in den Mitgliedstaaten und sind daher grundsätzlich nicht unmittelbar anwendbar. Darüber hinaus erfaßt die Verbindlichkeit auch nicht alle Teile der jeweiligen Richtlinie, sondern bezieht sich nur auf deren Zielvorgaben. Um mitgliedstaatliche Souveränität zu wahren, wurde damit die Möglichkeit eines zweistufigen Gesetzgebungsverfahrens vorgesehen, in dem Mitgliedstaaten als Adressaten bezüglich der in den Richtlinien genannten Zielvorgaben gebunden, bezüglich der Durchführungsmodalitäten aber frei sein sollen[172]. Damit geben Richtlinien im Idealfall[173] lediglich einen Regelungsrahmen vor, dessen Ausfüllung den Mitgliedstaaten anheim gestellt wird - regulieren also indirekt über die Stufe mitgliedstaatlicher Umsetzung. Allerdings ist in der Gemeinschaftsrechtspraxis ein großzügiges Verständnis von der Beschränkung der Verbindlichkeit auf die Zielvorgaben vorherrschend: Angesichts der Heranziehung dieses Regelungsinstrumentes für die Koordinierung nationaler Rechtsmaterien werden detailliertere Zielvorgaben gewählt, um Rechtsvereinheitlichung in möglichst großem Umfang erreichen zu können[174]. Horizontal betrachtet bleibt Rechtsangleichung über Richtlinien aber „peace meal legislation“, also Regelung einzelner Segmente[175], wofür wiederum das Prinzip der begrenzten Einzelermächtigung verantwortlich ist.

2. Programme und Gemeinschaftsaktionen

Während, wie dahingehende Berichte der Europäischen Kommission dokumentieren[176], die Zahl der Rechtsetzungsvorschläge rückläufig ist, läßt sich für

---

171 siehe Herdegen, Europarecht, 2001, Rn. 176.

172 siehe auch Bleckmann, Europarecht, 1997, Rn. 417; Magiera, Jura 1989, 595 (600).

173 oftmals verfügen Richtlinienbestimmungen trotz des rahmenartigen Charakters über einige normative Dichte, was den Gestaltungsspielraum der Mitgliedstaaten wiederum reduziert - Calliess/Ruffert - Ruffert, Art. 249 Rn. 45.

174 Bleckmann, Europarecht, 1997, Rn. 456; Groeben/Thiesing/Ehlermann, EUV/EGV-Kommentar, Rn. 37 zu Art. 189; Oppermann, Europarecht, 1999, Rn. 547.

175 siehe auch Götz, NJW 1992, 1849 (1850).

176 z.B. „Eine bessere Rechtsetzung 1997“- Bericht der Kommission an den Europäischen Rat, KOM (97) 626 endg.; weitere Rechtssetzungsberichte: Bericht der Kommission „Eine bessere Rechtsetzung 1999“, KOM (99) 562 bzw. für 2000: KOM (2000) 772.

die Aktivitäten der Gemeinschaft im Rahmen von Förderprogrammen und Aktionen eine wachsende Tendenz beobachten[177].
Dabei finden sich „Programme“ und „Aktionen“ als Handlungsformen der Gemeinschaft zunächst nicht im Katalog des Art. 249 EGV[178]. Die Gemeinschaft zieht sie regelmäßig heran, um ihre Absicht zu bekunden, sich an deren jeweiligen Inhalt zu halten und auf zukünftige Rechtssetzungsmaßnahmen in dem betreffenden Bereich hinzuarbeiten[179].
Außerhalb des Kataloges des Art. 249 EGV sind weitere Formen gemeinschaftlichen Handelns[180] anerkannt, die rechtswidrig wären, betrachtete man Art. 249 EGV als abschließend[181]. Solche Handlungsformen werden u.a. „Akte sui generis“[182] bzw. „formal nicht bezeichnete Rechtsakte“[183] genannt. Aus dieser - primärrechtlich nicht ausdrücklich vorgesehenen - Einordnung resultieren Unsicherheiten bezüglich der Rechtswirkungen solcher Maßnahmen. Dabei liegt ein Vergleich zum sogenannten „soft law“- Begriff[184] des Völkerrechts nahe, mit dem solche Normen erfaßt werden sollen, die zwar nicht rechtsverbindlich, aber rechtswirksam sind bzw. denen eine besondere Rechtsnähe innewohnt, die darauf beruht, daß die an der Regelung Beteiligten die geschaffenen Regelungssätze gegen sich gelten lassen[185].
Ebenso können die Handlungsformen außerhalb des Art. 249 EGV im Gegensatz zu den dort genannten zwar keine rechtliche Verbindlichkeit gegenüber Individuen erzeugen, aber jedenfalls „Verpflichtungen“ des Rates oder der Kommission begründen[186].
Förder- und Aktionsprogrammen geht ein Beschluß des Europäischen Parlaments und des Rates im Verfahren der Mitentscheidung bzw. eine bloße Ratsentscheidung voraus. Für die Durchführung solcher Programme ist zumeist die Kommission zuständig, wobei ihr Unterstützung durch einen Ausschuß gewährt wird. Die Ausschüsse setzen sich aus Vertretern der Mitgliedstaaten zusammen und

---

177 Beekes, ZG 1998, 217 (217).
178 siehe auch Behrens, Kultur in der EU, 1999, S. 110.
179 Beutler/Bieber/Pipkorn/Streil, Die Europäische Union, 1993, S. 200.
180 Genannt seien hier Beschlüsse, Entschließungen, Mitteilungen, Erklärungen.
181 Magiera, Jura 1989, 595 (598); Niedobitek, Kultur und Europäisches Gemeinschaftsrecht, 1992, S. 258.
182 Bleckmann, Europarecht, 1997, Rn. 470 ff.
183 zu dem Begriff auch Calliess-Blanke, Rn. 16 zu Art. 151 EGV; Ipsen, EG-Recht, S. 462; Oppermann, Europarecht, Rn. 489.
184 Kraußer, Das Prinzip der begrenzten Ermächtigung, S. 82; Wägenbaur, EuR 1990, S. 135 (140).
185 Ehricke, NJW 1989, S. 1906 f (1907).
186 Bothe, FS für Schlochauer, 1981, S. 761 (768); Oppermann, Europarecht, 1999, Rn. 498.

werden von einem Kommissionsvertreter geleitet[187]. Die Beteiligung des Ausschusses kann von einer nur beratenden Funktion bis zu einer Mitwirkungsbefugnis dahingehend reichen, daß bei abschlägiger Entscheidung des Ausschusses über eine Kommissionsentscheidung die Durchführung der vorgesehenen Maßnahmen ausgesetzt und der Rat um eine Entscheidung ersucht wird[188].
In den zu den Förder- oder Aktionsprogrammen der Gemeinschaft beschlossenen Regelungen sind regelmäßig Finanzierungshöhe und -modalitäten angegeben[189]. Dabei werden die jährlichen Mittel von der Haushaltsbehörde bewilligt. Darüber hinaus gilt für die Förderung der im jeweiligen Programm genannten Projekte zumeist das Prinzip der Additionalität, das gemeinschaftliche Mittel lediglich zur Kofinanzierung vorsieht[190].
Schließlich beinhalten Programme in der Regel auch Vorschriften zur Durchführungskontrolle mit Hilfe von Zwischen- und Abschlußberichten, deren Ergebnisse wiederum zur Optimierung in die Programme einfließen sollen[191].

Damit ist festgestellt, daß die Gemeinschaft über Möglichkeiten unterschiedlicher rechtlicher Intensität verfügt, um in den ihr kompetenziell eröffneten Bereichen Regelungen zu treffen.
Im folgenden wird sich die Untersuchung denjenigen Maßnahmen zuwenden, derer sich die Gemeinschaft zur Regelung des audiovisuellen Sektors bedient hat bzw. deren Erlaß in Betracht gezogen wurde.

---

187 siehe Beekes, ZG 1998, 217 (226).

188 die unterschiedlichen Beteiligungsmöglichkeiten ergibt der Komitologiebeschluß, Beschluß Nr. 87/373/EWG des Rates vom 13.7.1987, ABl. Nr. L 197/87, S. 33.

189 so auch Beekes, ZG 1998, 217 (228).

190 Beekes, ZG 1998, 217 (228).

191 Beekes, ZG 1998, 217 (229).

3. Kapitel: Die rechtsangleichenden Maßnahmen im Rahmen audiovisueller Politik der Gemeinschaft

Zur Realisierung der beschriebenen allgemeinen Zielsetzungen europäischer audiovisueller Politik greift die Gemeinschaft auf komplementär funktionierende Instrumente zurück.
Zum einen sind dies rechtsangleichende Maßnahmen. Hierzu zählt die Richtlinie des Rates zur Koordinierung bestimmter Rechts- und Verwaltungsvorschriften der Mitgliedstaaten über die Ausübung der Fernsehtätigkeit[1], die mit der Intention erlassen wurde, einen ordnungspolitischen Rahmen für die Sendetätigkeit innerhalb der Gemeinschaft zu kreieren. Richtlinienvorhaben im Urheberrecht[2], in Bereichen der technischen Standardisierung[3] und der Medienkonzentration[4] sind ebenso Ausdruck gemeinschaftlicher Koordinierungsbestrebungen im audiovisuellen Bereich. Solcherlei gemeinschaftliche Maßnahmen sollen Gegenstand dieses Kapitels bilden.
Ergänzt werden solche rechtsangleichenden Maßnahmen durch Förderinstrumente im klassischen audiovisuellen Bereich zur Unterstützung der europäischen Programmindustrie, denen sich die Untersuchung im nächsten Kapitel zuwenden wird. Wichtigster Repräsentant hier ist das MEDIA-Programm[5].

---

1 Richtlinie 89/552/EWG des Rates zur Koordinierung bestimmter Rechts- und Verwaltungsvorschriften der Mitgliedstaaten über die Ausübung der Fernsehtätigkeit in der geänderten Fassung der Richtlinie 97/36/EG des Europäischen Parlaments und des Rates, ABl. 1997, L 202/60.

2 Richtlinie 93/83/EWG des Rates vom 27. September 1993 zur Koordinierung bestimmter urheber- und leistungsschutzrechtlicher Vorschriften betreffend Satellitenrundfunk und Kabelweiterverbreitung, ABl. 1993 L 248/15;
Richtlinie 92/100/EWG des Rates zum Vermiet- und Verleihrecht sowie zu bestimmten, dem Urheberrecht verwandten Schutzrechte im Bereich des geistigen Eigentums, ABl. 1992 L 346/61; Richtlinie 93/98/EWG des Rates zur Harmonisierung der Schutzdauer des Urheberrechtes und bestimmter verwandter Schutzrechte, ABl. 1993 L 290/9.

3 Richtlinie 95/47/EG des Europäischen Parlaments und des Rates über die Anwendung von Normen für die Übertragung von Fernsehsignalen, ABl. 1995, L 281/51.

4 Draft Directive on Media Pluralism, unveröffentlichter Vorschlag der Kommission, 1997.

5 MEDIA 1989-92;
abgelöst durch MEDIA I (1991-1995), Beschluß des Rates 90/685/EWG, ABl. 1990, L 380/37 und MEDIA II (1995-2000), Ratsbeschlüsse 95/563/EG, Abl 1995, L 321/25 und 95/564/EG, Abl 1995 L 321/33;
derzeit laufend: MEDIA Plus (2001-2005), Beschluß des Rates 2000/821/EG vom 20.12.2000 und Entscheidung 163/2001/EG des Europäischen Parlaments und des Rates vom 19.1.2001, ABl. 2001 L 26/1.

Im Zusammenhang mit dem audiovisuellen Sektor stehen auch Aktivitäten der Gemeinschaft zur Förderung der sich entwickelnden multimedialen Bereiche, die ebenso als rechtsangleichende Maßnahmen oder aber Förderprogramme ausgestaltet sind.

I. Förderung europäischer Programmproduktion und Gewährleistung von Verbraucher- bzw. Jugend- und Persönlichkeitsschutz

Als grundlegendes rahmenbildendes Regulierungsinstrument der Gemeinschaft soll die Richtlinie des Rates „Fernsehen ohne Grenzen" (89/552/EWG) vom 3.10.1989[6] Ausgangspunkt der Analyse audiovisueller Politik bilden, wobei der kompetenzrechtlichen Untersuchung inhaltliche Erläuterungen voranstehen, so vor allem bezüglich der 1997 vorgenommenen Änderungen an der urprünglichen Fassung, einschließlich bis dato vorliegender Berichte zu Umsetzung und Anwendung in den Mitgliedstaaten bzw. erster Stellungnahmen bezüglich einer neuerlichen Revision der Regelungen.

1. Ordnungspolitische Rahmenregelung: Richtlinie „Fernsehen ohne Grenzen"

Die ursprüngliche Richtlinie „Fernsehen ohne Grenzen" (89/552/EWG) gilt als Produkt eines langwierigen und diskussionsreichen Enstehungsprozesses. Dessen Beginn lag in einem Entschließungsantrag der Abgeordneten Hahn, Perdini u.a. im Kulturausschuß des Parlaments am 18.9.1980[7] und einer Entschließung des Europäischen Parlaments zu „Rundfunk und Fernsehen in der EG" vom 12.3.1982[8], mit der die Kommission zur Abgabe eines Medienberichts aufgefordert wurde. Hinter diesen Aktivitäten stand zunächst die Intention, ein „euro-

---

6 Richtlinie 89/552/EWG zur Koordinierung bestimmter Rechts- u. Verwaltungsvorschriften der Mitgliedstaaten über die Ausübung der Fernsehtätigkeit, ABl. 1989 L 298/23.

7 Dok. 1-409/80, zit. nach Betz, MP 1989, 677 (677/678).

8 ABl. 1982 C 87/112.

päisches Fernsehprogramm" ins Leben zu rufen, dem ein Beitrag zur kulturellen Identitätsbildung in Europa zu leisten angedacht war[9].
Die Antwort der Kommission erfolgte in Form eines „Zwischenberichts über Realität und Tendenzen des Fernsehens in Europa: Perspektiven und Optionen" vom 1.7.1983[10]. Im Anschluß hieran wurde das „Grünbuch über die Errichtung des Gemeinsamen Marktes für den Rundfunk, insbesondere über Satellit und Kabel" vom 14.6.1984[11] publiziert. Während im Zwischenbericht noch - wie vom Europäischen Parlament über die Schaffung eines europäischen Vollprogrammes angeregt - die kulturelle Dimension des Medienbereichs dominierte, geriet dieselbe im Grünbuch, das Grundlage aller darauffolgenden Aktivitäten der Kommission wurde, zugunsten wirtschaftlicher Aspekte in den Hintergrund: Als Zielsetzung stand nunmehr die Öffnung der innergemeinschaftlichen Grenzen für nationale Fernsehprogramme zur Schaffung eines innergemeinschaftlichen Marktes für audiovisuelle Medien im Mittelpunkt[12].
Die solchermaßen fixierte Zielrichtung bestimmte den Gesetzgebungsprozeß, der von einem ersten Richtlinienvorschlag am 29.4.1986[13] bis zur Verabschiedung der endgültigen Fassung der Richtlinie des Rates über die „Koordinierung bestimmter Rechts- und Verwaltungsvorschriften der Mitgliedstaaten über die Ausübung der Fernsehtätigkeit"[14] am 3.10.1989 währte. Allem voran erwiesen sich die kontroversen Auffassungen zur Quotenregelung[15], die europäische Werke zu fördern versucht, indem sie Mindestanteile für die Aussendung solcher Programme aufstellt, als retardierende Momente und führten letztlich beinahe zum Scheitern des gesamten Vorhabens, als zwei Tage vor Ablauf der verlängerten Ausschlußfrist über den Kompromiß zusätzlicher Protokollerklärungen zu einer abgemilderten Verbindlichkeit der Quotenregelung die erforderliche qualifizierte Mehrheit im Ministerrat noch herbeigeführt werden konnte[16].
Auch die 1995 durch Vorschlag der Kommission zur Neuregelung[17] in Gang gesetzte Novellierung der Richtlinie verlief alles andere als reibungslos[18]. Insgesamt

---

9 zu diesen ursprünglichen Vorhaben europäischer Medienpolitik auch Siebenhaar, RuF 1994, 49 (49); Stock, RuF 1989, 180 (184).

10 KOM (83) 229 endg.

11 KOM (84) 300 endg.

12 Farda, Europäische Medienpolitik, 2000, S. 73; Siebenhaar, Europa als audiovisueller Raum, 1994, S. 100.

13 KOM (86) 146 endg.

14 Abl 1989, L 298/23.

15 Art. 4 und 5 RL, Abl 1989, L 298/23.

16 Betz, MP 1989, 677 (678); Dauses-Engel/Seelmann-Eggebert, Handbuch des europäischen Wirtschaftsrechts, 9. EL 2000, E V, Rn. 84 ff, Holznagel, Rundfunk in Europa, 1996, S. 179; Martin-Pérez de Nanclares, Die EG-Fernsehrichtlinie, 1994, S. 83 f.

17 ABl. 1995 C 185/4.

18 siehe z.B. Dörr, IHB 2000/2001, 65 (73); Drijber, CMLR 1999, 87 (88).

dauerte das Verfahren zwei Jahre, wobei wiederum Kontroversen bezüglich der Quotenregelung und deren Verbindlichkeit bestimmenden Einfluß auf die Diskussion nahmen. Letztlich blieb allerdings der 1989 hierzu eingegangene Kompromiß in dem in Kraft getretenen Vorschlag vom 30.6.1997[19] unverändert bestehen.

a. Geltungsbereich und Regelungen der Richtlinie

Wie sich aus Art. 2 Abs. 1 iVm. Art. 1a der Richtlinie in ihrer novellierten Fassung ergibt, erfaßt sie - entgegen anfänglicher Vorschläge - Fernsehsendungen - also „Erstsendungen von Fernsehprogrammen, die zum Empfang durch die Allgemeinheit bestimmt sind"[20], wobei die technischen Komponenten der Übertragung solcher Fernsehsendungen keine Rolle spielen, so daß sowohl kabelgebundene, als auch terrestrisch bzw. über Satelliten erfolgende Direkteinstrahlungen erfaßt sind. Nicht in den Regelungsbereich fallen dagegen Hörfunk oder kommunikative Dienste. Unter die kommunikativen Dienste sind allerdings nur diejenigen zu fassen, die als Dienste der Informationsgesellschaft individuell abgerufen werden[21] - wie Fernkopierdienste oder elektronische Datenbanken[22] - und regelungstechnisch damit grundsätzlich den Bestimmungen zur Infrastruktur zufallen[23]. Dagegen erstreckt sich der Geltungsbereich der Richtlinie aber auf diejenigen neuen Dienste, die auf einer Point-to-many-point-Übertragung basieren, also Allgemeinheitsrichtung aufweisen und damit „öffentlichen Charakters sind"[24], so daß Teleshopping, Pay-TV, Pay-per-View und Near-video-on-demand vom Anwendungsbereich der Richtlinie erfaßt sind[25].
Änderungen der ursprünglichen Richtlinienfassung wurden nur durch Beifügen einiger klarstellender Begriffsbestimmungen im 1. Kapitel vorgenommen. So findet sich u.a. eine Definition des Adressatenkreises, der mit „Fernsehveranstaltern" diejenigen „natürlichen und juristischen Personen umfaßt, die die redaktionelle Verantwortung für die Zusammensetzung von Fernsehprogrammen tragen

---

19 ABl. 1997 L 202/60.
20 Art. 1a RL 89/552/EWG bzw. RL 97/36/EG.
21 Point-to-point-Übertragung.
22 Art. 1a RL 97/36/EG.
23 zu dieser Unterscheidungen siehe die Erläuterungen in Kapitel 1, II.2.
24 hierzu gehören: Near-video-on-demand, Pay-per-view, Pay-TV, Teleshopping, siehe dazu ebenso Kapitel 1 II 2. - außerdem: McGonagle, IrisPlus 2001-6, S. 3.
25 Mitteilung der Kommission an das Europäische Parlament vom 11.7.1996, SEK (96) 1292 endg. S. 5; - so auch Klotz, ZUM 1999, 443 (448); skeptisch Balda/Schmits, CR 1998, 421 (423).

und diese senden oder von Dritten senden lassen"[26]. Ebenso wurde in Art. 2 Abs. 2 RL 97/36/EG das Sendestaatsprinzip präzisiert, was bedeutet[27], daß die Rechtshoheit über einen Fernsehveranstalter dem Mitgliedstaat zukommt, in dem der Veranstalter niedergelassen ist und die Entscheidungen über das Programmangebot trifft.

Die Richtlinie, die mit der Zielvorstellung erlassen wurde, Barrieren des innergemeinschaftlichen Dienstleistungsverkehrs im Zusammenhang mit Fernsehtätigkeit zu beseitigen, normiert in diesem Bereich Mindeststandards bezüglich Werbung, Jugend- und Persönlichkeitsschutz und der Förderung europäischer Programme und beabsichtigt nicht, organisatorische, finanzielle bzw. inhaltliche Zuständigkeiten der Mitgliedstaaten zu tangieren[28]. Darüber hinaus verbleiben Bereiche des Zugangs und der Niederlassung, Konzentrationsprobleme und Probleme dualer Rundfunkordnungen ungeregelt.
Die Richtlinie ist in insgesamt sieben Kapitel gefaßt, wobei Kapitel I sich Begriffsbestimmungen zuwendet, Kapitel II allgemeine Bestimmungen trifft, Kapitel III die Förderung der Verbreitung und Herstellung von Fernsehprogrammen behandelt, Kapitel IV Regelungen zu Fernsehwerbung und Sponsoring enthält, Kapitel V mit dem Schutz von Minderjährigen befaßt ist, Kapitel VI das Recht auf Gegendarstellung regelt und Kapitel VII den Richtlinientext abschließt.

aa. Förderung der europäischen Programmproduktion

In Kapitel III - sowohl der ursprünglichen als auch novellierten Richtlinienfassung - finden sich die oftmals als deren Herzstück bezeichneten[29] und aus starken Kontroversen während deren Entstehungsprozesses hervorgegangenen Quotenregelungen. Diese fixieren zum einen den erstrebenswerten Mindestanteil europäischer Werke im Sinne der Definition des Art. 6 RL[30]. Auf der anderen Seite

---

26 Art. 1b RL 97/36/EG

27 Aubry, The „Television without Frontiers" Directive, Cornerstone of the European Broadcasting Policy, S. 5; Schmitt-Vockenhausen, ZUM 1998, 377 (378).

28 13. Erwägung der Begründung; - Drijber, CMLR 1999, 87 (89); Goldberg/Prosser/ Verhulst, EC media law and policy, 1998; Holznagel, Rundfunkrecht in Europa, 1996, S. 180; Kugelmann, Der Rundfunk und die Dienstleistungsfreiheit des EWGV, 1991; Martin-Pérez de Nanclares, Die EG-Fernsehrichtlinie, 1994, S. 89.

29 Dauses/Seelmann - Eggebert, Handbuch des EG-Wirtschaftsrechts, Rn. 91 zu Teil E V.

30 hierzu Art. 4 RL; - Da die Förderung europäischen Films und Theaters erklärtes Ziel ist, sind vom Hauptanteil, der sich aus solchen zusammensetzen soll, Nachrichten, Sportberichte, Spielshows, Werbung, Videotext und Teleshopping ausgenommen - s. Goldberg/ Prosser/Verhulst, EC Media Law and Policy 1998, S. 61.

soll via Quotenregelung auch ein Mindestanteil an Produktionen unabhängiger Produzenten erreicht werden, was in der Regelung des Art. 5 RL seinen Niederschlag gefunden hat. Flankiert werden die Quotenregelungen durch das in Art. 4 Abs. 3 und 4 RL normierte Vorhaben, Anwendung und Praktikabilität in regelmäßigen Abständen von zwei Jahren durch Kommissionsberichte hierüber zu kontrollieren und die Durchsetzung der Bestimmungen so zu begleiten, um sie nach fünf Jahren nochmals einer Überprüfung durch den Rat zuzuführen.
Im Novellierungsprozeß erfuhr die Quotenregelung keine Änderung - das, obwohl vom Europäischen Parlament, der Kommission und massiv auch von französischer Seite, die als Hauptinitiator hinsichtlich der Quotenfrage auch schon im urpründlichen Rechtssetzungsprozeß gilt[31], Forderungen dahingehend aufgestellt wurden, den Quoten einen rechtlich verbindlicheren, durchsetzbareren Status dadurch zu verleihen, daß vor allem die Formulierung, wonach „die Mitgliedstaaten im Rahmen des praktisch Durchführbaren Sorge tragen" ersetzt würde[32]: Fraglich war bereits im Zusammenhang mit der ursprünglichen Fassung, inwieweit der Quotenregelung Verbindlichkeit zukommen kann. Diese Frage mußte sich angesichts der gewählten Formulierung, wonach die Mitgliedstaaten „im Rahmen des praktisch Durchführbaren dafür Sorge zu tragen hätten", daß der Mindestanteil europäischer Werke durchgesetzt würde, vor allem aber angesichts einer hierzu ergangenen Protokollerklärung[33] stellen. Während nämlich der Normtext der Richtlinie die Verbindlichkeit der Quotenregelung indiziert, nimmt der protokollarische Zusatz dieselbe wieder zurück.
Eine solche Möglichkeit, Vorbehalte zu erklären, die die Verbindlichkeit ausschließen, besteht im Völkerrecht, wenn eine Willenseinigung nicht vollständig erreicht werden konnte[34]. Entscheidungen, die innerhalb des gemeinschaftsrechtlichen Rahmens ergehen, sind aber weder inhalts- noch adressatenbezogen durch Vorbehalte solcher Art einschränkbar[35]. Eine Abänderung des Richtlinieninhalts mittels einer außerhalb des gemeinschaftlichen Rechtssetzungsverfahrens liegenden Protokollerklärung würde das gemeinschaftliche Rechtsetzungsverfahren unterlaufen[36]. Für ein Ergebnis, das im Rahmen des ursprünglichen Rechtsetzungsverfahrens nur mit Einstimmigkeit erreichbar gewesen wäre, würde im Rahmen der Protokollabstimmung bereits eine qualifizierte Mehrheit genügen[37].

---

31 Blanke, Europa auf dem Weg zu einer Bildungs- und Kulturgemeinschaft, 1994, S. 95; Schmitt-Vockenhausen, ZUM 1998, 377 (379).
32 Goldberg/Prosser/Verhulst, EC Media Law and Policy, 1998, S. 63.
33 abgedruckt bei Mestmäcker/Engel/Gabriel-Bräutigam/Hoffmann, Der Einfluß des europäischen Gemeinschaftsrechts auf die deutsche Rundfunkordnung, 1990, S. 31.
34 Ipsen, Völkerrecht, 1999; § 14, S. 140.
35 EuGH, Rs. 38/69 (Kommission/Italien), Slg. 70, 47 (57).
36 v. Bogdandy, EuZW 1992, 9 (12).
37 Frese, Die Rechtmäßigkeit europäischer Programmquoten, 1998, S. 10.

Möglich wäre daher allenfalls, den protokollarischen Zusatz als Auslegungshilfe heranzuziehen. Während im Völkerrecht Protokollerklärungen als Hilfsmittel der Interpretation anerkanntermaßen Auslegungsmaßstäbe bilden können[38], ergeben sich für das Gemeinschaftsrecht insofern Schwierigkeiten, als die sich an den Vertragszielen orientierende, teleologische Interpretation primäre Auslegungsmethode darstellt[39]. Maßgeblich für die Beantwortung der sich damit ergebenden Frage, ob die Heranziehung der Protokollerklärung als Mittel der historischen Auslegung trotzdem erfolgen kann, ist die Rechtsprechung des EuGH, dem es nach Art. 220 EGV obliegt, Auslegungsfragen zu klären, woraus sich auch dessen Zuständigkeit für die Entscheidung darüber ergibt, welche Auslegungsmittel Verwendung finden sollen. Da der Gerichtshof in einigen Entscheidungen[40] auf im Zusammenhang mit den jeweiligen Rechtssachen stehende Protokollerklärungen rekurrierte, läßt sich sagen, daß solche zumindest ergänzend herangezogen werden können[41]. Aus dieser lediglich ergänzenden Funktion bei der Auslegung ergibt sich, daß sie jedenfalls dann nicht zu berücksichtigen sind, wenn sich aus dem Wortlaut bzw. Sinn und Zweck der fraglichen Bestimmungen anderes ergibt[42]. Hier stellt die Richtlinie - wie es dieser Handlungsform entspricht - Zielverpflichtungen auf, die von den Mitgliedstaaten angestrebt werden müssen. Zur unverbindlichen Festlegung solcher Quoten hätten der Gemeinschaft mit Stellungnahme bzw. Empfehlung, Art. 249 EGV, besser geeignete Handlungsinstrumente zur Verfügung gestanden[43].

Die Verbindlichkeit der Quotenregelung ist damit festgestellt[44].

Weitergehende Vorschläge für das Richtlinienkapitel zur Förderung europäischer Werke sahen vor, daß Spartensender für Filme und Dokumentarfilme ihre Verpflichtungen auch erfüllen können, indem sie 25% ihres Budgets in die Produk-

---

38 Ipsen, Völkerrecht, 1999, § 11, S. 119.

39 EuGH Rs. 26/62 (VanGend & Loos), Slg. 1963, 1 (24); Herdegen, Europarecht, 2001, S. 156.

40 EuGH Rs. 136/78 (Auer) Slg. 1979, 437 (450); EuGH, Rs. 324/82 (Kommission/ Belgien), Slg. 1984, 1861 (1883).

41 Herdegen, ZHR 155 (1991), 52 (53); Hoffmann in Mestmäcker, Kommunikation ohne Monopole II, 1995, S. 607 (620); Oppermann, Europarecht, 1999, Rn. 687.

42 EuGH Rs 429/85 (Kommission/Italien), Slg. 1988, 843 (851 f).

43 v. Bogdandy, EuZW 1992, 9 (19); Klute, AfP 1991, 595 (601); Mestmäcker/Engel/ Gabriel-Bräutigam/Hoffmann, Der Einfluß des europäischen Gemeinschaftsrechts auf die deutsche Rundfunkordnung, 1990, S. 33; a.A. Karl, JZ 1991, 593 (598); Schote, Die Rundfunkkompetenz des Bundes als Beispiel bundesstaatlicher Kulturkompetenz, 1999, S. 309.

44 so auch v. Bogdandy, in Bogdandy/Grabitz/Nettesheim, Europäisches Außenwirtschaftsrecht, 1994, S. 571 (583); Hoffmann, in Bullinger, Kommunikation ohne Monopole II, 1995, S. 607 (619); Hamann, in EMR-Dialog „Die Revision der Fernsehrichtlinie“, S. 20.

tion europäischer Werke investieren[45]. Im übrigen war eine Auslauffrist von 10 Jahren vorgesehen. Außerdem sollten die Quoten auf neue Dienste ausgedehnt werden und so auch Online-Anbieter der Verpflichtung unterworfen werden, die festgesetzte Anzahl europäischer Werke anzubieten[46].

Tatsächlich ausgedehnt wurde jedoch lediglich die Definition „europäischer Werke" in Art. 6 RL, dem ein neuer Absatz 3 beigefügt wurde, so daß als europäische Werke nunmehr auch solche Koproduktionen anzusehen sein sollen, deren Hauptanteil der Produktionskosten von den gemeinschaftlichen Produzenten getragen und deren Herstellung nicht von außerhalb der Gemeinschaft kontrolliert wird[47]. Darüber hinaus wurde die zweijährige Sperrfrist des Art. 7 RL 89/552/EWG für die Ausstrahlung von Kinofilmen im Fernsehen zugunsten vertraglicher Regelungen abgeschafft, genauso wie die Sprachklausel der ursprünglichen Fassung, die den Mitgliedstaaten strengere Regeln zur Ermöglichung einer aktiven Politik zugunsten einer bestimmten Sprache festzulegen anheimstellt, in der novellierten Fassung nicht mehr enthalten ist.

All dem läßt sich entnehmen, daß an den Regelungen zur Förderung europäischer Programme kaum tiefgreifende Veränderungen konstatiert werden können. Was die Quotenregelung angeht, so ist ihre Effizienz zwar nach wie vor Gegenstand von Diskussionen, wobei selbst ihr größter Fürstreiter Frankreich nicht mehr gänzlich ohne Zweifel hinsichtlich ihrer Effektivität erscheint[48]. Die Ziele der Art. 4 und 5 RL sind aber im allgemeinen erreicht worden[49], wie den regelmäßigen Berichten[50] der Kommission an Rat, Parlament und Wirtschafts- und Sozialausschuß zur Anwendung der Richtlinie 97/36/EG zu entnehmen ist. Der Anteil an europäischen Werken variiert zwar von Mitgliedstaat zu Mitgliedstaat, liegt aber mit zwischen 53,3% und 81,7% über der ausschlaggebenden Schwelle. In den Fällen, in denen die Verpflichtung, die zum Teil im nationalen Kontext sogar verschärft existiert[51], von Sendeanstalten nicht erfüllt wurde, werden als Gründe angeführt, die Kanäle seien zu neu und damit finanziell noch nicht stark genug gewesen. Für Spartenkanäle sei das Auffinden oder

---

[45] Abl 1995, C 185/4.

[46] Goldberg/Prosser/Verhulst, EC Media Law and Policy, 1998, S. 63.

[47] Aubry, The „Television without Frontiers" Directive, Cornerstone of the European Broadcasting Policy, S. 8; Drijber, CMLR 1999, 87 (106); Schmitt-Vockenhausen, ZUM 1998, 377 (379).

[48] Peltier, Communications & Strategies, no.35, 3eme trimestre 1999, p. 111 (152).

[49] NZZ v. 28.7.2000: „Europas Fernsehsender halten sich an die EU-Richtlinie".

[50] zuletzt: Fünfte Mitteilung an den Rat und das Parlament über die Durchführung der Art. 4 und 5 der Richtlinie 89/552/EWG vom 8.11.2002, KOM (2002) 612 endg.

[51] Diese Möglichkeit eröffnet Art. 3 I RL.

Produzieren europäischer Werke schwieriger. Der Erfüllung der Quotenverpflichtung abträglich sei ferner die Tatsache, daß bestimmte Kanäle Ableger von Sendern oder Organisationen außerhalb der EU sind und deshalb deren Programmangebot aufgreifen[52].

bb. Verbraucherschutz

Die Regelungen zu „Fernsehwerbung, Teleshopping und Sponsoring"[53] in Art. 10 bis 20 RL 97/36/EG haben zum Ziel, „die Interessen der Verbraucher als Zuschauer (...) zu schützen"[54], wofür die Festlegung von Mindeststandards als nötig angesehen wurde. Auch sollte mit einer Regelung der Schlüsselbedeutung der Fernsehwerbung für die grenzüberschreitende Vermarktung von Produkten Rechnung getragen werden[55].
Für den im Begriffskatalog des Art. 1 RL definierten Bereich der Werbung[56] werden in Art. 10 RL zunächst die allgemeinen Grundsätze der Trennung von Werbung und Programmteil und der Sendung von Werbung en bloc vorangestellt. Desweiteren enthält der Richtlinientext diverse Verbote wie das der Sublimal- oder der Schleichwerbung[57]. Weitere Werbebeschränkungen bzw. inhaltliche Vorgaben finden sich in den nach Produktgruppen Tabak, Alkohol und Arzneien unterteilten Artikeln 13 - 15 der Richtlinie.
Schließlich gilt unabhängig von der Produktgruppe, für die geworben werden soll, daß die Werbung keinen Verstoß gegen die Menschenwürde enthalten, religiöse oder politische Überzeugungen nicht tangieren, und kein gesundheits- oder umweltgefährdendes Verhalten auslösen darf, Art. 12 RL.
Schutzvorschriften im Zusammenhang mit Fernsehwerbesendungen fixiert Art. 16 RL auch zugunsten Minderjähriger. Hier soll verhindert werden, daß deren leichtere Beeinflußbarkeit nicht durch gezielt ansetzende Werbemaßnahmen ausgenutzt wird.
Intensive Reglementierungen für die einzelnen Werbeformen zum Werbeumfang finden sich schließlich in Art. 18 RL. Die maximal zulässige Dauer für Werbe-

---

52 KOM (2001) 9 endg., v. 15.1.2001, S. 10.
53 Kapitel IV der RL.
54 25. Erwägungsgrund zur Richtlinie.
55 Drijber, CMLR 1999, 87 (113); Klickermann, Europäisches Fernsehwerberecht im Wandel der neuen Medien, 2001, S. 48 ff.
56 Art. 1 c, d und e RL.
57 Schleichwerbung ist iSd. Art. 1c RL diejenige Darstellung von Produkten in Programmen, die geeignet ist, die Allgemeinheit hinsichtlich des eigentlichen Zweckes der Darstellung irrezuführen.

spots beträgt danach 20% bzw. 15% der Sendezeit pro Tag. Überdies wurde das Stundenlimit auf 20% festgelegt (Art. 18 Abs. 2 RL). Die Richtlinie 97/36/EG änderte diese Minimumstandards nicht, sondern dehnte deren Anwendungsbereich auf Teleshopping aus, wobei diesbezügliche Bestrebungen u.a. auch Anlaß für die Revision der Richtlinie boten[58].

cc. Jugend- und Persönlichkeitsschutz

Schon zu Beginn des Rechtsetzungsprozesses, der die RL 89/552/EWG zum Ergebnis haben sollte, wurde die Notwendigkeit erkannt, den wirtschaftlichen Regelungen zur Ermöglichung des freien Dienstleistungsverkehrs solche beizugeben, deren Zweck im Schutz allgemeiner Interessen der europäischen Bürger bestand[59]. Im Bereich des Jugendmedienschutzes wurde diesem Anliegen mit dem Verbot der Übertragung solcher Sendungen Rechnung getragen, die geeignet sind, „die körperliche, geistige oder sittliche Entwicklung von Kindern oder Jugendlichen schwerwiegend zu beeinträchtigen, insbesondere durch Pornographie und Gewaltdarstellung“, Art. 22 RL. Für andere, ebenso beeinträchtigende Programme war eine Zugriffserschwerung durch Sendezeitwahl oder technische Maßnahmen vorgeschrieben.
Die novellierte Fassung sucht diesen Schutz beispielsweise mit der in Art. 22 Abs. 3 vorgesehenen Verpflichtung zur akkustischen oder visuellen Kennzeichung bei unverschlüsselten jugendgefährdenden Programmen zu verstärken[60]. Außerdem sieht Art. 22 b RL vor, daß durch die Kommission binnen eines Jahres eine Studie[61] bezüglich der Kontrollmöglichkeit der Eltern hinsichtlich der Programmwahl vorzulegen ist[62]. Von besonderem Interesse war hier der Einsatz des

58 Schmitt -Vockenhausen, ZUM 1998, 377 (379).

59 Entschließung des Europäischen Parlaments zu Rundfunk und Fernsehen in der EG v. 12.03.1982, ABl. 1982 C 87/110 - 112; Mitteilung der Kommission: Grünbuch über den Jugendschutz und den Schutz der Menschenwürde in den audiovisuellen und den Informationsdiensten, KOM (1996) 483.

60 Schmitt -Vockenhausen, ZUM 1998, 377 (378).

61 Deren wichtigste Ergebnisse und Empfehlungen der Kommission wurden am 19.7.1999 präsentiert: Commission of the EC: Communication from the Commission to the Council, the EP and the Economic and Social Committee: Study on Parental Control of Television Broadcasting, Brussels 19.7.1999, COM (1999) 371 final.

62 Aubry, The „Television without Frontiers“ Directive, S. 12.

sogenannten V-Chips[63], dessen Aufnahme in die Richtlinie diskutiert wurde, aber nach genauerer Prüfung wieder verworfen wurde[64].
Das Recht auf Gegendarstellung, das die Interessen der EG-Bürger schützen will, die durch Sendeunternehmen in ihren Rechten verletzt worden sind[65], sieht für jede natürliche und juristische Person, die durch die Behauptung falscher Tatsachen[66] in Ehre und Ansehen berührt wird, ein Recht auf Gegendarstellung oder gleichwertige Maßnahmen vor, die durch die Mitgliedstaaten auszugestalten und verfahrensmäßig abzusichern sind (Art. 23 Abs. 3 RL). In der novellierten Fassung wurde Art. 23 Abs. 1 RL um eine Regelung ergänzt, die es den Mitgliedstaaten auferlegt, Sorge dafür zu tragen, daß die Ausübung des Gegendarstellungsrechts nicht durch Auslegung unbilliger Bestimmungen oder Bedingungen behindert wird und in einem angemessenen Verhältnis - sowohl zeitlich als auch inhaltlich - zu derjenigen Sendung steht, auf die sie sich bezieht. Auch bezüglich des Gegendarstellungsrechts wurde so mit der novellierten Fassung der Richtlinie eine Klarstellung und Ergänzung bewirkt.

dd. Berichterstattung über Großereignisse

Schließlich ist noch jene Regelung zu erwähnen, die in Art. 3a RL Eingang in die novellierte Fassung fand. Hiernach müssen Ereignisse von erheblicher gesellschaftlicher Bedeutung der Öffentlichkeit zugänglich gemacht werden und dürfen nicht auf Ausschließlichkeitsbasis verkauft werden. Aus Gründen der Transparenz sind jedoch vorab von jedem Mitgliedstaat, der von der Regelung Gebrauch machen will, Listen herauszugeben, die eine Aufstellung der Ereignisse enthalten, die auf diese Weise der Öffentlichkeit zugänglich gemacht werden sollen.

---

63 Der V-Chip bietet über die Möglichkeit vorher erfolgter Kodierung von Fernsehsendungen oder einzelner Szenen, die Option, das Bild im entsprechenden Moment am Einzelgerät, das mit dem Chip ausgestattet ist, unkenntlich zu machen. Diese Möglichkeit wurde in den Vereinigten Staaten entwickelt und dort 1996 dem Amerikanischen Kongreß vorgestellt. - hierzu Hasebrink, MP 1998, 454 (457).

64 Dies resultierte aus besagter Studie, die zu dem Ergebnis kam, daß sich die Einführung von V-Chips, die derzeit hauptsächlich im analogen Bereich angewendet werden, angesichts der Einführung des digitalen Fernsehens nicht empfiehlt. Statt dessen wird angeregt, über andere Möglichkeiten elterlicher Selbstkontrolle, wie beispielsweise einer Kategorisierung von Filmen nach transparenten und europaweit einheitlichen Kriterien, nachzudenken. - so auch Aubry, The „Television without Frontiers“ Directive, S. 13.

65 33. Erwägungsgrund der RL 97/36/EWG.

66 Es wurde hier in Anlehnung an die deutsche Unterscheidung zwischen Tatsachen und Meinungsäußerungen differenziert und nur erstere durch einen Gegendarstellungsanspruch sanktionierbar gemacht.

Art. 22 RL 97/36/EG sieht vom 31.12.2000 an eine regelmäßige Berichtspflicht im Abstand von zwei Jahren vor, wobei insbesondere im Lichte neuer technologischer Entwicklungen Anpassungsvorschläge gemacht werden sollen. Eine solche Anpassung wird für Dezember 2002 erwartet. Insbesondere der Ausbau zu einer europäischen „Content-Richtlinie" unter Einschluß aller neuen Medien wird dabei erwogen. Darüber hinaus werden beispielsweise Vereinfachungen der Werberegelungen und eine erneute Diskussion der Quotenregelung gefordert[67].

b. Kompetenzielles Fundament der Fernsehrichtlinie

Wie den einleitenden Sätzen zur revidierten Fassung der Fernsehrichtlinie 97/36/EG[68] entnommen werden kann, sind die vom Rat erlassenen Regelungen dieses Bereichs auf die Vertragsbestimmungen der Art. 66 und 57 Abs. 2 EGV (in der Fassung des nunmehr geltenden Vertrages von Nizza: Art. 55 iVm. 47 Abs. 2 EGV[69]) gestützt worden. Die damit herangezogenen vertraglichen Vorschriften bezwecken die Durchsetzung eines ungehinderten, freien Verkehrs von Dienstleistungen innerhalb der Gemeinschaft und korrespondieren so mit dem Vertragsziel des Art. 3 c EGV[70]. Weitere denkbare Möglichkeiten stellen Art. 151 EGV, Art. 94 bzw. 95 EGV oder Art. 308 EGV dar.

Die Frage der richtigen Rechtsgrundlage für die inhaltlich beschriebenen Regelungen der Richtlinie als des medienpolitischen Rahmeninstruments der Gemeinschaft soll im folgenden erörtert werden. In diesem Zusammenhang wird zu klären sein, inwieweit Fernsehen überhaupt als Regelungsgegenstand des Gemeinschaftsrechts angesehen werden kann und ob es darüber hinaus dem Dienstleistungsbegriff des Vertrages - mit der Folge der Anwendbarkeit der genannten Ermächtigungsgrundlage - unterstellt werden kann. Schließlich sollen Umfang und Intensität der Regelungen am Maßstab des Verhältnismäßigkeitsprinzips

---

67 Empfehlungen finden sich beispielsweise in Form einer Stellungnahme der Landesmedienanstalten zur Revision der Fernsehrichtlinie: http:// www.ulr.de.

68 RL 89/552/EWG des Rates vom 3.10.1989 zur Koordinierung bestimmter Rechts- und Verwaltungsvorschriften der Mitgliedstaaten über die Ausübung der Fernsehtätigkeit in der Fassung der Richtlinie 97/36/EG des Europäischen Parlaments und des Rates vom 30.6.1997, ABl. 1997 L 202/60.

69 Die im folgenden verwendete Zitierweise orientiert sich an den Vorschriften des seit 1. Februar 2003 gültigen Vertrags von Nizza.

70 Lenz-Hakenberg, EG-Kommentar, 1999, Rn. 7 zu Art. 49 EGV.

überprüft werden und andere Rechtsgrenzen, die eventuell zu beachten gewesen wären, benannt werden.

aa. Anwendbarkeit des Dienstleistungsrechts: Binnenmarkt- oder Kulturkompetenz?

Allem voran ist die Frage nach der Anwendbarkeit der Vorschriften zum freien Dienstleistungsverkehr zu stellen, deren positive Beantwortung zunächst voraussetzt, daß der Regelungsgegenstand der Richtlinie überhaupt den Verträgen unterworfen ist und sich darüber hinaus keine anderen einschlägigen Kompetenzgrundlagen hierfür auffinden lassen. Wie bereits dargestellt, umreißt Art. 1 RL mit seinen wesentlichen Begriffsbestimmungen Fernsehen als den relevanten Bereich beabsichtigter Harmonisierung diesbezüglicher Rechts- und Verwaltungsvorschriften der Mitgliedstaaten. Damit ist ein Teilbereich des Rundfunks angesprochen, der für Hörfunk und Fernsehen gleichermaßen den Oberbegriff bildet[71]. Eine primärrechtliche, ausdrückliche Grundlage für die Regelung einer Rundfunkordnung oder irgendwie geartete medienrechtliche Kompetenzen finden sich nicht. Nichtsdestotrotz wurde eine solche umfassende Kompetenz unter Heranziehung außervertraglicher Begründungsansätze angenommen[72]. So wurden als Argumente die integrierende Wirkung des Rundfunks für die Gemeinschaft als Kommunikationsgemeinschaft[73] bzw. die Ausformung der europäischen Gemeinschaft als Kulturgemeinschaft fruchtbar zu machen versucht. Rekurriert wurde auch auf das gemeinschaftliche Grundrecht der Meinungsfreiheit, das Grundlage für eine umfassende Kompetenz bilden sollte.

All diese Versuche, zu einer umfassenden Kompetenz der Gemeinschaft für eine Rundfunkordnung zu finden, können den Mangel an ausdrücklichen Bestimmungen der Verträge in medienrechtlichem Kontext nicht kompensieren. Teil der Legitimation der Gemeinschaft als staatenähnliches Gebilde im Verhältnis zu den Mitgliedstaaten ist die Tatsache, daß ihre Kompetenzen nur soweit reichen, wie es die Zuweisungen vorsehen, es dagegen keine Kompetenz-Kompetenz gibt[74]. Die Anerkennung einer Kompetenz lediglich aus den genannten ungeschriebenen

---

71 zur Einordnung von Rundfunk- und Fernsehdiensten: Kapitel 1, II.

72 Delbrück, Die Rundfunkhoheit der deutschen Bundesländer im Spannungsfeld zwischen Regelungsanspruch der Europäischen Gemeinschaft und nationalem Verfassungsrecht, 1986, S. 24.

73 Seidel, in Schwarze: Fernsehen ohne Grenzen, 1985, S. 121 (122).

74 hierzu bereits Kapitel 2, I.

Praktikabilitäts- oder Notwendigkeitserwägungen heraus, würde im Ergebnis aber zu einer Kompetenz-Kompetenz führen und kann daher nicht akzeptiert werden[75].

Allerdings könnte man im Kulturartikel Art. 151 EGV die hier heranzuziehende Kompetenznorm vermuten.
In den ursprünglichen Verträgen fanden sich keinerlei Normen in kulturpolitischen Zusammenhängen. Primäre Zielsetzung der Verträge ist die Schaffung eines einheitlichen europäischen Wirtschaftsraumes unter Beseitigung aller erdenklichen Hindernisse für den innergemeinschaftlichen Handel[76]. Daraus wurde z.T. geschlossen, daß kulturelle Bereiche gänzlich gemeinschaftlichem Tätigwerden entzogen seien[77].
Zunächst hätte eine solche Bereichsausnahme aber im Vertragstext Ausdruck finden müssen[78]. Eine Einschränkung des vertraglichen Geltungsbereichs nahm jedoch nur Art. 36 S. 1 EGV[79] vor, indem er Regelungen zum Schutz des Kulturgutes als Ausnahmen des Verbotes mengenmäßiger Beschränkungen akzeptiert, was überflüssig gewesen wäre, wenn der gesamte Bereich als vertraglicher Geltung entzogen gälte[80]. Die Annahme einer solchen kulturellen Bereichsausnahme stößt aber auch angesichts des Wesens der Gemeinschaftskompetenzen, die nicht sachbereichsbezogen, sondern funktionell-integrationsbezogen organisiert sind[81], an ihre Grenzen. Wenn dann - wie beim Rundfunk, der zwar als solcher Kulturgut und Träger von Kultur ist, aber zugleich als Wirtschaftsgut von kommerziellen Aspekten bestimmt wird - der eigentliche kulturelle Bereich gar nicht klar abgrenzbar ist, erscheint die gänzliche Herausnahme eines so bezeichneten kulturellen Bereichs kaum durchführbar. Und so verhält es sich heute für alle Formen

---

75 so auch Kugelmann, Der Rundfunk und die Dienstleistungsfreiheit, 1991, S. 60; Schote, Die Rundfunkkompetenz des Bundes als Beispiel bundesstaatlicher Kulturkompetenz, 1999, S. 284.

76 z.B. Art. 2 I EUV.

77 Berg, in Schwarze, Fernsehen ohne Grenzen, 1985, S. 197 (200).

78 Hailbronner/Weber, DÖV 1997, 561 (565); Magiera, in: Stern, Eine Rundfunkordnung für Europa-Chancen und Risiken, 1990, S. 51 (72); Niedobitek, Kultur und Europäisches Gemeinschaftsrecht 1992, S. 153; Schwarze, in ders.: Fernsehen ohne Grenzen, 1985, S. 25.

79 entspricht Art. 30 S. 1 EGV.

80 Blanke, Europa auf dem Weg zu einer Bildungs- und Kulturgemeinschaft, 1994, S. 99; Niedobitek, Kultur und Europäisches Gemeinschaftsrecht, 1992, S. 196; Schwarze, in: Schwarze/Becker: Geistiges Eigentum und Kultur im Spannungsfeld von nationaler Regelungskompetenz und europäischem Wirtschafts- und Wettbewerbsrecht, 1998, S. 125 (128).

81 Ress, ZfRV 1992, 434 (444); Stellungnahme von ARD und ZDF zu dem beim BVerfG anhängigen Verfahren der Bayrischen Landesregierung gegen die Bundesregierung zur EG-Rundfunkrichtlinie, in: MP-Dokumentation, 11/1989, S. 724.

- jedenfalls von kommerzieller- (Massen-) Kultur. Jede solchermaßen ausgeübte, kulturelle Tätigkeit hat zugleich eine entscheidende wirtschaftliche Komponente[82], die mit den kulturellen Aspekten verbunden bleibt und diese - im Falle von Massendarbietungen jedenfalls - immer stärker dominiert[83].

Ist - wie es die Einführung des Art. 128 EGV in den Maastrichter Vertrag dokumentiert[84] - der kulturelle Bereich also nicht gänzlich vom Vertrag ausgeschlossen, so muß sich die Frage der richtigen Einordnung von Rundfunk bzw. Fernsehen anschließen.
Art. 151 EGV weist der Gemeinschaft ein Aufgabenfeld zu, das die Wahrung kultureller Vielfalt in den Regionen einerseits und die Hervorhebung des gemeinsamen kulturellen Erbes im Sinne gemeinsamer europäischer Identitätsstiftung andererseits beinhaltet. Der Kulturbegriff[85] wird in Art. 151 EGV nicht legaldefiniert, sondern vorausgesetzt. Versuche, den Begriff „Kultur" zu fassen, führten dahin, unter Kultur alle Tatbestände zu subsumieren, die nicht-wirtschaftlicher Art sind[86]. Kultur wurde als die Gesamtheit derjenigen Lebenssphären begriffen „in denen es nicht in erster Linie um die Befriedigung materieller Lebensbedürfnisse, sondern statt dessen oder gleichzeitig um die Entfaltung des Menschen in einer Dimension geht, die ihn in seiner Ganzheit als geistig-moralisches Wesen umfasst"[87]. - Zielsetzung und Kennzeichen einer „europäischen Kultur" ist die Wahrung der Vielfalt nationaler Kulturen. Dahingehende Formulierungen im Rahmen des Art. 151 EGV wurden gewählt, um zu verdeutlichen, daß eine einheitliche „Eurokultur" gerade nicht geschaffen werden soll[88]. Die dynamische

---

82 Fiedler, in Magiera, Das Europa der Bürger, 1990, S. 147 (154); Tomuschat, in FIDE, 1988, S. 15 (17).

83 Greissinger, Vorgaben des EG-Vertrages für nationales Rundfunk- und Multimediarecht, 2001, S. 260.

84 Dörr, Europa als Rechtsgemeinschaft, 1997, S. 73.

85 Ausführliche Darstellungen zur Kulturkompetenz: Behrens, Kultur in der Europäischen Union, 1999; Berggreen-Merkel, Die rechtlichen Aspekte der Kulturpolitik nach dem Maastrichter Vertrag, 1995; Blanke, Europa auf dem Wege zu einer Bildungs- und Kulturgemeinschaft, 1994; Hochbaum, BayVBl 1997, 641 ff., 680 ff.; ders. DÖV 1992, 285 ff.; Loman/Mortelsman/Post/Watson, Culture and community Law, 1992; Niedobitek, EuR 1995, 349 ff; Ress, DÖV 1992, 944 ff; Schmahl, Die Kulturkompetenz der EG, 1996; Schwartz, AfP 1993, 409 ff.; Wemmer, Die neuen Kulturklauseln des EG-Vertrages, 1996.

86 EuGH, Rs. 7/61, Slg. 1961, 693 (720).

87 Tomuschat, in FIDE, Legal aspects of Community action in the field of culture, vol. 1, 1988, S. 15 (20).

88 Behrens, Kultur in der Europäischen Union, 1999, S. 32; Schwarze, in Schwarze/Becker, Geistiges Eigentum und Kultur im Spannungsfeld von nationaler Regelungskompetenz und europäischem Wirtschafts- und Wettbewerbsrecht, 1998, S. 125 (144); - für den medialen Zusammenhang: Meckel, Fernsehen ohne Grenzen?, 1994, S. 174/175.

Entwicklung des Gemeinschaftsrechts darf nicht soweit in den Kulturbereich eingreifen, daß kulturelle Besonderheiten nivelliert werden[89].
Der in Art. 151 Abs. 1 EGV enthaltene allgemeine Rahmen für den kulturellen Auftrag der Europäischen Union wird in den nachfolgenden Absätzen konkretisiert[90]. Die enumerative Aufzählung in Abs. 2 ist inhaltlich weit gefaßt und ermöglicht daher umfassende Gemeinschaftstätigkeit[91]: Spiegelstrich 1 legitimiert Aktionen, die auf den Kulturaustausch und die Verbesserung von äußeren Rahmenbedingungen für das kulturelle und historische Wirken gerichtet sind[92]. Aus Art. 151 Abs. 2, 2. Spiegelstrich EGV ergibt sich, daß der Erhalt kulturellen Erbes als Zielvorstellung gemeinschaftlicher Maßnahmen legitim ist. Allerdings wird dies dadurch eingeschränkt, daß es sich um kulturelles Erbe besonderer Bedeutung handeln muß, worüber die Gemeinschaftsorgane befinden müssen[93]. Art. 151 Abs. 2, 3. Spiegelstrich erfaßt den nichtkommerziellen Kulturaustausch und damit die Möglichkeit, Vorhaben zu unterstützen, die wirtschaftlich nicht rentabel sind[94]. In medienpolitischen Zusammenhängen ist vor allem aber Art. 151 Abs. 2, 4. Spiegelstrich EGV von Bedeutung, der die Förderung bzw. Ergänzung mitgliedstaatlicher Tätigkeit im Rahmen künstlerischen und literarischen Schaffens, einschließlich des audiovisuellen Bereichs, betrifft. Hierdurch wird zunächst die kulturpolitische Verankerung von Gegenständen wie dem Urheberrecht, Förderung des Buches und des Lesens[95] und Übersetzerprogrammen[96] ermöglicht[97]. Fokussiert werden Literatur und Kunst, die Erwähnung des audiovisuellen Bereichs erscheint dagegen wie ein Zusatz. Dieser Zusatz trägt jedoch der kulturellen Bedeutung des audiovisuellen Sektors als Instrument zur Ver-

---

89 Bekemans/Balodimos, RMC, no. 2, 1993, 99 (105); Bleckmann, DVBl 1992, 335 (338); Wemmer, Die neuen Kulturklauseln des EG-Vertrages, 1996, S. 19; siehe auch Nettesheim, JZ 2002, 157 ff.

90 so auch Behrens, Kultur in der EU, 1999, S. 34; Schmahl, Die Kulturkompetenz der EG, 1996, S. 202.

91 Fechner, RdJB 1996, 35 (40); Hochbaum, BayVBl 1997, 641 (649); als nahezu uferlos bezeichnet wird Abs. 2 von Bergreen-Merkel, Die rechtlichen Aspekte der Kulturpolitik nach Maastricht, 1995, S. 11; - Kritik auch von Bleckmann, DVBl 1992, 335 (338).

92 Schmahl, Die Kulturkompetenz der EG, 1996, S. 203; Wemmer, Die neuen Kulturklauseln des EG-Vertrages, 1996, S. 88.

93 Wemmer, Die neuen Kulturklauseln des EG-Vertrages, 1996, S. 90.

94 Schmahl, Die Kulturkompetenz der EG, 1996, S. 204.

95 ABl. 1993 C 42/182.

96 Entschließung des Rates über die Förderung der Übersetzung bedeutender Werke der europäischen Kultur, ABl. 1987 C 309/3.

97 Diese Beispiele finden sich bei Schmahl, die auch MEDIA I als Programm im audiovisuellen Bereich auf der Grundlage kulturpolitischer Kompetenzen sieht - in: Die Kulturkompetenz der Europäischen Gemeinschaft, 1996, S. 204.

breitung des Wissens über Kultur und als Feld künstlerischen Schaffens[98] Rechnung. Die Frage danach, inwieweit Rundfunk von Art. 151 Abs. 2 EGV erfaßt ist, ist grundsätzlich differenziert zu beantworten, angesichts der vielen Facetten, die den Rundfunk die unterschiedlichsten Bereiche berühren lassen. So spielen wirtschaftliche Gesichtspunkte eine tragende Rolle im Bereich der Werbetätigkeit oder im Zusammenhang mit Urheberrechtsfragen[99] bei der Sendetätigkeit. Inhaltliche Fragen, die den Programmbereich berühren, werden dagegen eher von kulturellen Gesichtspunkten dominiert. Die kulturellen Aspekte des Rundfunks lassen diesen damit jedenfalls von Art. 151 Abs. 2 EGV erfaßt sein[100]. Indem Art. 151 EGV das Handeln der Gemeinschaft in kulturellen Bereichen als das eines „Beitragleistens" hinsichtlich der Entfaltung der Kulturen der Mitgliedstaaten beschreibt, fixiert er kulturelle Pluralität und daraus folgend die Primärverantwortlichkeit der Mitgliedstaaten für diesen Bereich[101]. Hiermit korrespondiert die Beschränkung der den Gemeinschaftsorganen offenstehenden Handlungsform im Rahmen des Art. 151 EGV auf „Fördermaßnahmen"[102], bei einem ausdrücklichen Verbot der Harmonisierung, das sich Art. 151 Abs. 5 EGV ebenfalls entnehmen läßt.
Aus dieser Beschränkung auf Fördermaßnahmen aber muß für die hier relevante Frage nach der Möglichkeit, Art. 151 EGV allein als Kompetenzgrundlage fruchtbar zu machen, eine abschlägige Antwort erfolgen: Inhaltlich zielt die Fernsehrichtlinie darauf ab, Rechts- und Verwaltungsvorschriften der Mitgliedstaaten zu harmonisieren. Eine Harmonisierungsmöglichkeit im kulturellen Bereich ist von Art. 151 EGV aber gerade nicht vorgesehen. Gemeinschaftshandeln in Form der im vorangegangenen Teil beschriebenen Richtlinie kann Art. 151 EGV daher nicht stützen.

Ausschließen wird der festgestellte kulturelle Bezug die Möglichkeit des Tätigwerdens der Gemeinschaft aber genauso wenig. In seiner wirtschaftlichen Dimension ist Rundfunk von den Verträgen tangiert, so daß diejenigen Re-

---

98 „Neues Kulturkonzept der Gemeinschaft" - KOM (92) 149 endg.

99 EuGH Rs. 62/79 (Coditel), Slg. 1980, 881 (902), Rn. 2.

100 Eberle, AfP 1993, 422 (425); Wemmer, Die neuen Kulturklauseln im EG-Vertrag, 1996, S. 100.

101 Blanke, Europa auf dem Weg zu einer Bildungs- und Kulturgemeinschaft, 1994, S. 101; Delbrück, Die Rundfunkhoheit der deutschen Bundesländer im Spannungsfeld zwischen Regelungsanspruch der europäischen Gemeinschaft und nationalem Verfassungsrecht, 1986, S. 47; Koszuszeck, ZUM 1989, 541 (545 f.); Scholz, NJW 1990, 941 (942).

102 Blanke, Europa auf dem Weg zu einer Bildungs- und Kulturgemeinschaft, 1994, S. 102; Rosenthal, Die Kompetenz der Europäischen Gemeinschaft für den rechtlichen Rahmen der Informationsgesellschaft, 1998, S. 52; Schote, Die Rundfunkkompetenz des Bundes als Beispiel bundesstaatlicher Kulturkompetenz in der BRD, 1999, S. 256; Seelmann-Eggebert, Internationaler Rundfunkhandel, 1998, S. 147.

gelungen anzuwenden sind, die die Liberalisierung des grenzüberschreitenden Wirtschaftsverkehrs anstreben. Zwar wurde in diesem Zusammenhang vertreten, Rundfunk sei als primär kulturelles Phänomen einer Einordnung in wirtschaftliche Zusammenhänge gerade nicht zugänglich[103], statt dessen werde die wirtschaftliche Komponente von der kulturellen zurückgedrängt[104]. Der EuGH dagegen hat den Rundfunk als wirtschaftliches Phänomen betrachtet und folgerichtig dem EG-Vertrag unterstellt[105]. Dies paßt sich lückenlos in die Rechtsprechung des Gerichts in anderen Sachbereichen, so z.B. bildungspolitischer[106] oder sportbezogener[107] Natur ein, die grundsätzlich in der Zuständigkeit der Mitgliedstaaten verbleiben. Dort hatte der Gerichtshof bereits unterstrichen, daß es nicht darauf ankomme, ob eine Tätigkeit in erster Linie wirtschaftliche Ziele verfolgt, sondern ob sie überhaupt als wirtschaftliche Leistung aufgefaßt werden kann[108]. Dies ergibt sich letztlich als Konsequenz aus der Charakterisierung gemeinschaftsrechtlicher Kompetenznormen als funktionale Kompetenzen, die gerade nicht auf den Wirtschaftssektor begrenzt bleiben müssen - was sehr wahrscheinlich eine Handlungsunfähigkeit der Gemeinschaft zur Folge hätte - sondern sich darüber hinaus auf der Gemeinschaft nicht übertragene Bereiche ausdehnen können[109]. Auch der Präambel und Art. 2 EGV kann entnommen werden, daß außervertragliche Ziele ebenfalls verfolgt werden[110]. Bestätigt wird diese Annahme durch die Formulierung des Art. 151 Abs. 4 EGV[111] als Querschnittsklausel, der die Anwendbarkeit anderer Vertragsbestimmungen einräumt, aber für die Fälle, in denen kulturelle Aspekte berührt sind, ein Berücksichtigungsgebot statuiert. Dem läßt

---

103 Berg, in: Schwarze, Fernsehen ohne Grenzen, 1985, S. 197 (198).

104 Delbrück, in Hoffmann-Riem, Rundfunkrecht und Wettbewerbsrecht vor dem Forum des europäischen Gemeinschaftsrecht, 1988, S. 244 (247); - dagegen schon Bueckling, EuGRZ 1987, 97 (100), der darauf hinweist, daß im modernen Rundfunkbetrieb die kulturellen Konturen zugunsten der wirtschaftlichen immer schwächer werden.

105 EuGH Rs. 155/73 (Sacchi), Slg. 1974, S. 409; EuGH Rs. 52/79 (Debauve), Slg. 1980, 833; EuGH Rs. 352/85 (Bond van Adverteerders), Slg. 1988, 2085.

106 z.B. EuGH Rs. 9/74 (Casagrande), Slg. 1974, 773 (779); EuGH Rs. 242/87 (Kommission/Rat), Slg. 1989, 1425.

107 EuGH Rs. C-415/93 (Bosman), EuZW 1996, 82 (86/73).

108 so auch: Mestmäcker/Engel/Gabriel-Bräutigam/Hoffann, Der Einfluß des europäischen Gemeinschaftsrechts auf die deutsche Rundfunkordnung, 1990, S. 38; Roth, ZUM 1989, 101 (104); Schwartz, ZUM 1989, 381 (385); - Hesse, JZ 1993, 545 (546) sieht hierin die Gefahr einer de-facto-Allzuständigkeit der Gemeinschaft.

109 so auch: Dörr/Beucher/Eisenbeis/Jost, Die Einflüsse europarechtlicher Entwicklungen auf das Bund-Länder-Verhältnis im Rundfunkwesen, 1992, S. 12, Hartstein/Ring/Kreile/Dörr/Stettner, Rundfunkstaatsvertrag, 1999, Bd. I, B 5 Rn. 5-6; Holznagel, Rundfunkrecht in Europa, 1996, S. 129; Martin-Pérez de Nanclares, Die Fernsehrichtlinie, 1994, S. 35; Pechstein, DÖV 1991, 535 (539).

110 Grabitz/Hilf, Das Recht der Europäischen Union, Rn. 11 zu Art. 2 EGV.

111 als Art. 128 EGV neu in den Maastrichter Vertrag eingeführt.

sich entnehmen, daß Art. 151 Abs. 5 EGV solche Maßnahmen nicht sperrt, die Ziele der Union auf der Grundlage anderer vertraglicher Vorschriften verfolgen, sich aber zugleich auf den kulturellen Bereich auswirken[112].

Es sind daher im weiteren die Voraussetzungen der sonst in Frage kommenden Ermächtigungsgrundlagen zu prüfen.
Verbleibende Ermächtigungsgrundlagen, die hier in Betracht kommen, sind Art. 55 iVm. 47 Abs. 2 bzw. Art. 94 und 95 EGV bzw. Art. 308 EGV. Dabei stellt sich deren Rangverhältnis so dar, daß Art. 47 Abs. 2 EGV sowohl gegenüber Art. 94 bzw. 95 EGV als auch gegenüber Art. 308 EGV spezieller ist[113]. Damit ist deren Anwendung nur dann denkbar, wenn die Voraussetzungen des Art. 47 Abs. 2 EGV nicht schon gegeben sind. Diese zu untersuchen bildet den Gegenstand des folgenden Teils.

bb. Voraussetzungen für die Koordinierung, Art. 55, 47 Abs. 2 EGV

Art. 47 Abs. 2 EGV ermächtigt die Gemeinschaft zum Erlaß solcher Regelungen, die „die Aufnahme und Ausübung selbständiger Tätigkeiten in den Mitgliedstaaten“ durch Koordinierungsmaßnahmen mitgliedstaatlicher Rechts- und Verwaltungsvorschriften erleichtern.
Die Anwendbarkeit der Vorschriften bezüglich des freien Dienstleistungsverkehrs über Art. 55 EGV setzt voraus, daß es sich bei dem in Frage stehenden Regelungsgegenstand „Fernsehen“ um eine Dienstleistung iSd. Art. 49 ff. EGV handelt. Dabei sind Dienstleistungen im Sinne der vertraglichen Vorschriften solche „Leistungen, die in der Regel gegen Entgelt erbracht werden, soweit sie nicht den Vorschriften über den freien Waren- und Kapitalverkehr und über die Freizügigkeit der Personen unterliegen“. Inhalt und Reichweite der Tatbestandsmerkmale lassen sich in Anlehnung an die Auslegung des EuGH bestimmen, der in zahlreichen Urteilen Gelegenheit hatte, zur Dienstleistungsfreiheit im Zusammenhang mit Fernsehsendungen Stellung zu nehmen[114].

---

[112] Behrens, Kultur in der EU, 1999, S. 60; Schmahl, Die Kulturkompetenz der EG, 1996, S. 236.

[113] Crosby, ELR 1991, 451 (459); Groeben/Thiesing/Ehlermann - Bardenhewer/Pipkorn, Art. 100a, Rn. 1; Grabitz/Hilf-Langeheine, Kommentar zur EU, Art. 100a, Rn. 15; Müller-Graff, EuR 1989, 107 (130).

[114] wie z.B. in den Rechtssachen: EuGH Rs. 155/73 (Sacchi), Slg. 1974, 409; EuGH Rs. 52/79 (Debauve) Slg. 1980, 833; EuGH Rs. 62/79 (Coditel) Slg. 1980, 881; EuGH Rs. 262/81, Slg. 1982, 3381; EuGH Rs. 351/85 (Bond van Adverteerders) Slg. 1988, 2085; EuGH Rs. 260/89 (Mediawet I), Slg. 1991-I, 4007.

1) Kriterien für die Annahme von „Dienstleistungen" iSv. Art. 49 EGV

- Einen ersten wichtigen Schritt innerhalb der Auslegung von Inhalt und Reichweite der Dienstleistungsfreiheit im Zusammenhang mit fernsehbezogenen Produkten ging der Gerichtshof in der Rechtssache Sacchi[115], indem er die Körperlichkeit des Produkts als Indiz für das Vorliegen einer Ware, die Ausstrahlung einer Fernsehsendung dagegen als Dienstleistung wertete. Demnach muß sich der Handel mit körperlichen „Materialien, Tonträgern, Filmen und sonstigen Erzeugnissen, die für die (eigentliche) Ausstrahlung von Fernsehsendungen benutzt werden"[116], dem freien Warenverkehr, die Ausstrahlung von Fernsehsendungen dagegen dem Dienstleistungsverkehr zuordnen lassen. Dabei gilt die Qualifikation als Dienstleistung in Abgrenzung zu Ware sowohl für die terrestrische wie satellitengestützte Ausstrahlung, als auch für die Übermittlung durch Kabelnetze[117]. Aufgrund fehlender Körperlichkeit handelt es sich auch bei den neuen Übertragungsangeboten im Rahmen von Near-video-on-demand oder anderen von der Richtlinie erfaßten Formen von Zugriffsdiensten um Dienstleistungen[118].
Unter dem Gesichtspunkt der Abgrenzung stellt sich weiter die Frage, ob die Verweisung des Art. 55 EGV auch Vorschriften erfaßt, die sich auf die Aufnahme von dienstleistenden Tätigkeiten beziehen[119]. Eine Antwort findet sich unter Heranziehung des Art. 49 EGV, der als maßgebliches Abgrenzungskriterium zum Niederlassungsrecht das der Dauerhaftigkeit aufstellt. Hierin kann man den Indikator für die beabsichtigte längerfristige Integration sehen, die für eine Niederlassung kennzeichnend ist. Dienstleistungsfreiheit erfaßt also vor allem Ausübungsregelungen, Niederlassungsfreiheit dagegen Aufnahmeregelungen[120].
Das bedeutet für den hier zu betrachtenden Regelungsgegenstand Fernsehen bzw. diejenigen neuen Dienste, die dem Geltungsbereich der Richtlinie unterfallen[121], daß die bloße Übertragung auf das Gebiet eines anderen Mitgliedstaates die Vor-

---

[115] EuGH Rs. 155/73 (Sacchi), Slg. 1974, 409.

[116] EuGH Rs. 155/73 (Sacchi), Slg. 1974, 409.

[117] EuGH C-23/93 (TV 10) Slg. 1994, I-4794, Rn. 15; EuGH Rs. C-11/95 (Kommission/Belgien), EuZW 1996, 788.

[118] so auch Rosenthal, Die Kompetenz der Europäischen Gemeinschaft für den rechtlichen Rahmen der Informationsgesellschaft, 1998, S. 58 - für sowohl Zugriffs- als auch Abrufdienste.

[119] Dieser Ansicht sind v.a. Schwartz, ZUM 1989, 381 (384) und auch Schote, Die Rundfunkkompetenz des Bundes, 1999, S. 297, der die Richtlinie daher auf Art. 57 Abs 2 und Art. 66 iVm. Art. 57 Abs . 2 EGV gestützt sieht.

[120] Grabitz/Hilf-Randelzhofer, Kommentar zur EU, Rn. 7 zu Art. 66 EGV; Mestmäcker, Der Einfluß des europäischen Gemeinschaftsrechts auf die deutsche Rundfunkordnung, 1990, S. 46.

[121] siehe hierzu oben 1a.

schriften über die Niederlassungsfreiheit nicht tangiert. Um ein Problem der Niederlassungsfreiheit handelt es sich vielmehr dann, wenn Zusammenhänge in Frage stehen, die mit der Unternehmensverlegung in einen anderen Mitgliedstaat und Ausstrahlung der Sendungen oder Übertragung der neuen Dienste von dort einhergehen.
Spezifische Regelungen, die sich auf die Aufnahme der Sende- oder Übertragungstätigkeit beziehen, z.B. Voraussetzungen für die Errichtung und Organisation von Sendeanstalten, finden sich in der Richtlinie nicht. Die Richtlinie bewegt sich insoweit damit im Rahmen der Verweisungsnorm.

- Gekennzeichnet ist eine Dienstleistung iSd. Art. 50 EGV weiterhin dadurch, daß sie „in der Regel gegen Entgelt erbracht" wird. Damit ist klargestellt, daß eine irgendwie geartete Gegenleistung erbracht werden muß, was sich letztlich aus der Klassifizierung von Dienstleistungen als „Teile des Wirtschaftslebens im Sinne von Art. 2 EGV"[122] ergibt.
Im Falle von Fernsehdiensten wie dem Pay-TV oder anderen neuen, rundfunkähnlichen Diensten[123], für die im Rahmen von Abonnementverträgen zwischen Anbieter und Rezipient für einzelne Sendungen gezahlt wird, auf die der Rezipient zugreifen kann, stehen Leistungsbeziehungen klar im Gegenseitigkeitsverhältnis[124]. Im Hinblick auf Fernsehsendungen, die beispielsweise im Zusammenhang mit dem öffentlich-rechtlichen Rundfunk mittels Gebühren oder aber im Rahmen von Privatsendern über zwischengeschaltete Werbeunternehmen finanziert werden, ließe sich demgegenüber an der „Entgeltlichkeit der Dienstleistung" zweifeln. Was das Erfordernis der Entgeltlichkeit für das Verhältnis von Leistung und Gegenleistung bedeutet, ist im einzelnen umstritten:
Nach einer Auffassung, der eine enge Interpretation des Dienstleistungsbegriffs zugrundeliegt, ist es ein synallagmatisches Verhältnis, das zwischen Dienstleistung und Gegenleistung und damit zwischen Sendeunternehmen und Rezipient bestehen soll[125]. Da unter Synallagma ein Gegenseitigkeitsverhältnis zwischen

---

122 EuGH Rs. 13/76 (Dona) Slg. 1976, 1333 (1340); EuGH Rs. 36/74 (Walrave) Slg. 1974, 1405; EuGH Rs. 196/87 (Steymann), Slg. 1988, 6159 (6172); EuGH Rs. 415/93 (Bosman) EuZW 1996, 17 (23); EuGH Rs. 9/74 (Casagrande) Slg. 1974, 773 (779); EuGH Rs. 152/82 (Focheri) Slg. 1983, 2323 (2336); EuGH Rs. 293/87 (Gravier) Slg. 1985, 593/612; EuGH Rs. 242/87 (Kommission/Rat) Slg. 1989, 1425 (1457); EuGH Rs. 65/81 (Reina) Slg. 1982, 33 (44).

123 solche neuen Dienste, die von der FSR umfaßt sind - siehe oben, I.1.a.a.

124 so zumeist im Zusammenhang mit den neuen Diensten: Balda/Schmits, CR 1998, 421 (423); Rosenthal, Die Kompetenz der Europäischen Gemeinschaft für den rechtlichen Rahmen der Informationsgesellschaft, 1998, S. 64; Weisser, ZUM 1998, 877 (881).

125 Börner, ZUM 1985, 577 (578); Gulich, Rechtsfragen grenzüberschreitenden Rundfunks, 1990, S. 43; Koszuszeck, ZUM 1989, 541 (546); letztlich auch Kugelmann, Die Verwaltung 1992, 515 ff; Magiera, Entwicklungsperspektiven der EG, 1985, S. 147 (157).

Leistung und Gegenleistung zu verstehen ist, also die Gegenleistung zur Erfüllung gerade der Verbindlichkeit, die aus der Leistung entstand, erbracht wird, wären Fernsehsendungen des gebührenfinanzierten öffentlich-rechtlichen Rundfunks mangels eines solchen spezifischen Vertragsverhältnisses bereits begrifflich von einem so verstandenen Dienstleistungsbegriff ausgeschlossen.
Probleme ergäben sich aber auch im Zusammenhang mit Privatsendern dort, wo diese nicht in Form des Pay-TV vom Rezipienten innerhalb eines klassischen Leistungs-Gegenleistungsverhältnisses finanziert werden, die Finanzierung statt dessen über Dritte, nämlich Werbeunternehmen, sichergestellt wird.
Ein weiter gefaßtes Verständnis des Dienstleistungsbegriffs sieht den entscheidenden Faktor daher allein in der Entgeltlichkeit und unabhängig von den sonstigen Modalitäten, wie etwa rechtlicher oder wirtschaftlicher Gegenseitigkeit bzw. der Form der Leistungserbringung. Solch eine Interpretation des Entgeltlichkeitsmerkmals findet sich auch in der Rechtsprechung des EuGH, der in seinem Urteil vom 26.4.1988[126] postulierte, Art. 60 EWGV verlange nicht, daß die Dienstleistung von demjenigen bezahlt werde, dem sie zugute kommt.
Im Ergebnis ist derjenigen Auslegung des Entgeltmerkmals der Vorzug zu geben, die es ermöglicht, auch angesichts neuer technischer Möglichkeiten variierende Leistungsbeziehungen als Dienstleistungen zu berücksichtigen, sofern in einem beteiligten Leistungsverhältnis Entgeltlichkeit - egal welcher Form gegeben - ist[127]:
Dem Wortlaut des Art. 50 EGV ist nicht zu entnehmen, daß nur gegenseitige Leistungsverhältnisse erfaßt sein sollen. Im Gegenteil deutet die durch den Zusatz „in der Regel“ vorgenommene Relativierung darauf hin, daß ein weiter Anwendungsbereich eröffnet werden soll. So soll es im Einzelfall nicht ausschlaggebend sein, ob eine üblicherweise gegen Entgelt erbrachte Leistung ansonsten ausnahmsweise ohne Entgelt erbracht wird[128]. Auch dem Katalog des Art. 50 Abs. 1, a-d EGV ist eine andere Sichtweise nicht zu entnehmen[129].
Schließlich würde die Festlegung auf ein Synallagma und dem daraus resultierenden Ausschluß der öffentlich-rechtlichen Rundfunkanstalten bedeuten, daß nationale Gesetzgeber, indem sie die Qualität der Entgeltzahlung im Kontext des öffentlich-rechtlichen Rundfunks regeln, über die Reichweite der Dienstleistungsfreiheit in diesem Zusammenhang entscheiden[130]. Damit wären wichtige, der Ge-

---

126 EuGH Rs. 385/85 (Bond van Adverteerders) Slg. 1988, 2085 (2131).

127 so auch Großkopf, AfP 1995, 464 (467).

128 vgl. Börner, ZUM 1985, 577 (579).

129 so aber Schote, Die Rundfunkkompetenz des Bundes als Beispiel bundesstaatlicher Kulturkompetenz in der BRD, 1999, S. 264.

130 Kugelmann, Der Rundfunk und die Dienstleistungsfreiheit des EWG-Vertrages, 1991, S. 100-102; Petersen, Rundfunkfreiheit und EG-Vertrag, 1994, S. 52; Holznagel, Rundfunkrecht in Europa, 1996, S. 134.

meinschaft übertragene Bereiche an dieser Stelle nicht vorgesehenem mitgliedstaatlichen Einfluß preisgegeben.
Die Entscheidung muß auch angesichts der den Grundfreiheiten innewohnenden Zielvorstellung, die Hindernisse im innergemeinschaftlichen Handel zu beseitigen, zugunsten eines weiten Verständnisses des Dienstleistungsbegriffs ausfallen. Um dies zu gewährleisten, muß auf eine weite, die effektive Durchsetzung der Dienstleistungsfreiheit absichernde Auslegung zurückgegriffen werden, die Schutzlücken möglichst vermeidet[131].

Aus all dem folgt, daß sowohl die von der Richtlinie geregelten Fernsehsendungen, als auch die darüber hinaus erfaßten Zugriffsdienste die Voraussetzungen des Dienstleistungsbegriffs erfüllen.

2) Grenzüberschreitung

Um auf das Dienstleistungsrecht zurückgreifen zu können, muß es sich bei dem zu regelnden Sachbereich des Fernsehens um grenzüberschreitende Dienstleistungen handeln. Die Dienstleistungsvorschriften sind darauf ausgerichtet, die in Art. 2 EUV bzw. Art. 2 EGV statuierten Ziele umsetzen zu helfen und dazu innergemeinschaftliche Handelshemmnisse zu beseitigen, die im Wirtschaftsverkehr zwischen den Mitgliedstaaten bestehen können. Daher sind die Dienstleistungsvorschriften „nicht auf Betätigungen anwendbar, deren wesentliche Elemente sämtlich nicht über die Grenzen eines Mitgliedstaates hinausweisen“[132]. Grenzüberschreitende Zusammenhänge können alle drei denkbaren Dienstleistungsformen, nämlich aktive, passive oder Korrespondenzdienstleistungen aufweisen. Während dann bei aktiver und passiver Dienstleistung immer entweder Dienstleistender oder Rezipient die Grenze zwischen zwei Mitgliedstaaten überschreiten müssen, haftet das grenzüberschreitende Element im Fall der Korrespondenzdienstleistung der Dienstleistung selbst an[133], so daß - wie im Falle von Rundfunk- und Fernsehsendungen[134] - kein personeller Ortswechsel erfolgt. Derartige Korrespondenzdienstleistungen rücken aufgrund der Entwicklung hin zur Informationsgesellschaft und wachsender Telekommunikation immer mehr in den Mittelpunkt der Problematik des freien Dienstleistungsverkehrs[135] .

---

[131] Holznagel, Rundfunkrecht in Europa, 1996, S. 134.
[132] EuGH Rs. 52/79 (Debauve), Slg. 1980, 833 (855, Rn. 9).
[133] Großkopf, AfP 1995, 464 (465); Jarass, EuR 1995, 202 (205); Lenz - Hakenberg EGV, Rn. 17 zu Art. 50 EGV.
[134] Grabitz/Hilf - Randelzhofer, EGV, Rn. 12 zu Art. 60 EGV.
[135] Kort, JZ 1996, 132 (134).

In diesem Zusammenhang stellt sich auch die Frage, inwieweit die Grenzüberschreitung der Sendung beabsichtigt gewesen sein muß. Aufgrund der technisch bedingten Überstrahlung der Ländergrenzen (overspill) erfolgt faktisch in jedem Fall überregionaler Ausstrahlung eine Grenzüberschreitung, die aber nicht immer auch beabsichtigt ist[136].
Hier ließe sich annehmen, die Dienstleistungsfreiheit sei nur im Falle der Beschränkung zweckgerichteter „Überstrahlung" in andere Mitgliedstaaten tangiert, dann nämlich, wenn sie an „Angehörige anderer Mitgliedstaaten" gerichtet sei[137].
Die so herangezogene Wendung des Art. 49 Abs. 1 EGV bezieht sich jedoch nicht auf die Dienstleistung selbst, so daß sich dem Wortlaut keine Einschränkung der Anwendung nur auf zweckgerichtete Ausstrahlung und Grenzüberschreitung entnehmen läßt[138].
Daher sind zur Auslegung die Zielbestimmungen des Vertrages heranzuziehen. Im Sinne einer vom Vertrag angestrebten optimalen Herstellung des freien Wirtschaftsverkehrs muß die Dienstleistungsfreiheit in ihrem Anwendungsbereich weit verstanden werden, um Liberalisierungsdefizite zu verhindern[139]. Damit kommt den Fernsehsendungen, die in anderen Mitgliedstaaten nur aus Gründen dieser technischen overspill - Effekte empfangbar sind, trotzdem das für die Anwendung des vertraglichen Dienstleistungsrechts konstitutive grenzüberschreitende Element zu.

Eine ebenfalls zu erwähnende und vom EuGH behandelte Frage bezogen auf das grenzüberschreitende Element ist die der Leistungsbeziehungen im Falle der Ausstrahlung von Fernsehsendungen, wie sie schon im Zusammenhang mit der Entgeltlichkeit eine Rolle spielten.
Für das Pay-TV lassen sich Leistungsbeziehungen unproblematisch zwischen Sendeunternehmen und Rezipienten feststellen, so daß grenzüberschreitende Elemente dann zu bejahen sind, wenn die so bestimmten Vertragspartner aus unterschiedlichen Mitgliedstaaten stammen.

---

[136] Im Zusammenhang mit dem sogenannten overspill läßt sich zwischen sendekegelbedingtem, sendeenergiebedingtem und intended overspill unterscheiden, wobei nur beim intended overspill die Grenzüberschreitung auch bewußt erfolgt.

[137] Gulich, Rechtsfragen grenzüberschreitender Rundfunksendungen, 1990, S. 52; Jarass, EuR 1986, 75 (79); Reinert, Grenzüberschreitender Rundfunk im Spannungsfeld von staatlicher Souveränität und transnationaler Rundfunkfreiheit, 1990, S. 172 ff.

[138] Kugelmann, Der Rundfunk und die Dienstleistungsfreiheit des EWG-Vertrages, 1991, S. 82; Petersen, Rundfunkfreiheit und EG-Vertrag, 1994, S. 60; Rosenthal, Die Kompetenz der Europäischen Gemeinschaft für den rechtlichen Rahmen der Informationsgesellschaft, 1998, S. 61.

[139] so auch Petersen, Rundfunkfreiheit und EG-Vertrag, 1994, S. 60; Rosenthal, Die Kompetenz der Europäischen Gemeinschaft für den rechtlichen Rahmen der Informationsgesellschaft, 1998, S. 61.

Weniger einfach läßt sich die Antwort allerdings dann finden, wenn ein werbetreibendes Unternehmen beteiligt ist, über das die Finanzierung gewährleistet wird und das obendrein seinen Sitz im Mitgliedstaat des Senders hat. Dann nämlich überschreitet zwar die Sendung und damit die Leistung die Grenze. Der Gegenleistung, die in dem vom Werbeunternehmen gezahlten Entgelt besteht, haftet dagegen kein grenzüberschreitender Zug an. Auch hier wird aber nicht davon auszugehen sein, daß Entgeltlichkeit und Grenzüberschreitung in jedem Fall zusammen gehen müssen[140]. Zu diesem Ergebnis gelangt man zunächst mit einem Blick auf den Wortlaut von Art. 49 und 50 EGV, dem ein solcher Zusammenhang nicht zu entnehmen ist. Wie bereits dargestellt, erfordert Art. 50 EGV nur, daß überhaupt ein Entgelt gezahlt wird, so daß auch ein im Inland gezahltes Entgelt diese Qualifikation erfüllen kann. Schließlich gelangt man hierzu aber auch teleologisch unter Rückgriff auf die andernfalls entstehenden und vor dem Hintergrund des Zieles einer umfassend zu verwirklichenden Binnenmarktfreiheit[141] nicht zu billigenden Schutzlücken, die eine weite Interpretation des Dienstleistungsbegriffs rechtfertigen[142].

Besonderheiten ergeben sich schließlich in dem bezüglich der feststellbaren Leistungsbeziehungen noch komplexer erscheinenden Fall der Weiterverbreitung über Kabel, bei der in der Regel durch ein Kabelunternehmen Sendungen, die auf konventionelle Weise ausgestrahlt wurden, in das Kabelnetz eingespeist und an die Rezipienten weitergeleitet werden. Diesbezüglich stellte der EuGH in seiner Entscheidung in der Rechtssache „Bond van Adverteerders“[143] vor allem zwei relevante Leistungsverhältnisse fest, wobei die erste Dienstleistung durch die Kabelnetzbetreiber in Form der Weiterleitung zugunsten der ausländischen Sendeunternehmen erbracht werde. Die zweite Dienstleistung bestehe in der Verbreitung von Werbesendungen durch die Sendeunternehmen zugunsten - inländischer - Werbeunternehmen[144].

---

140 so aber Heringer, Die Problematik des grenzüberschreitenden Satellitenfernsehens in Europa unter besonderer Berücksichtigung und verfassungsrechtlicher Würdigung des Grünbuchs der EG-Kommission „Fernsehen ohne Grenzen“, 1988, S. 127; Jarass, EuR 1986, 75 (80); Kugelmann, Die Verwaltung 1992, 515 (523).

141 Art. 2 EGV.

142 so auch Holznagel, Rundfunkrecht in Europa, 1996, S. 137/138; Petersen, Rundfunkfreiheit und EG-Vertrag, 1994, S. 63.

143 EuGH Rs. 352/85 (Bond van Adverteerders), Slg. 1988, 2085 (2131, Rn. 14).

144 EuGH Rs. 352/85 (Bond van Adverteerders), Slg. 1988, 2085 (2131, Rn. 14).

3) Ergebnis

Die seitens der Gemeinschaft gewählte Rechtsgrundlage erfaßt die im Bereich des Fernsehens erbrachten Dienstleistungen sowie neuartige Dienstleistungen wie Teleshopping, Pay-TV, Pay-per-View und Near-video-on-demand, unabhängig von Übertragungsweise oder Finanzierungsmodus.
Damit treten Art. 94 und 95 EGV bzw. Art. 308 EGV, die als Ermächtigungsgrundlagen ebenfalls in Betracht zu ziehen waren, aus Gründen der Subsidiarität zurück[145].

cc. Ausnahmen von der Dienstleistungsfreiheit und zulässige Beschränkungen des freien Dienstleistungsverkehrs

Ist insoweit festgestellt, daß Fernsehsendungen den Vorschriften über den freien Dienstleistungsverkehr unterliegen, so bedeutet dies nach der Vorrangregel[146], daß die Dienstleistungsvorschriften des Vertrages bzw. hierauf beruhendes Sekundärrecht anderslautenden mitgliedstaatlichen Regelungen zur Fernsehtätigkeit vorgehen, wenn nicht Ausnahmen hiervon vertraglich statuiert sind, die sich hier wiederum aus den Art. 55 EGV iVm. Art. 45 EGV ergeben können.
Indem Art. 55 EGV auf die Vorschriften zur Niederlassungsfreiheit verweist, gerät die Ausnahmevorschrift des Art. 45 EGV ins Blickfeld, die die Anwendbarkeit der Niederlassungs- bzw. Dienstleistungsvorschriften dann ausschließt, wenn es sich bei der betreffenden Tätigkeit um die Ausübung öffentlicher Gewalt handelt. Inhaltlich ausgefüllt hat der EuGH diese Ausnahme in seiner Entscheidung „Reyners“[147]: Vom Dienstleistungs- und Niederlassungsrecht sollen diejenigen Tätigkeiten ausgenommen sein, die durch „unmittelbare und spezifische Teilnahme an der Ausübung öffentlicher Gewalt“ gekennzeichnet sind[148].
Im Bereich der Sendetätigkeit erlangt diese Fragestellung mit Blick auf die öffentlich-rechtlichen Sender Bedeutung, die laut der Rechtsprechung des Bundesverfassungsgerichts mit ihrer Programmtätigkeit einer „Aufgabe der öffentlichen Verwaltung“[149] nachgehen. Man wird die Erfüllung dieser öffentlichen Aufgabe

---

[145] Mestmäcker/Engel/Gabriel-Bräutigam, Einfluß des Europäischen Gemeinschaftsrechts auf die deutsche Rundfunkordnung, 1990, S. 41; - allgemein zum Verhältnis von Art. 95 f. bzw. 308 EGV zu anderen vertraglichen Ermächtigungsgrundlagen: Grabitz/Hilf-Langeheine, EGV, Rn. 15/16 zu Art. 100a.
[146] EuGH Rs. 6/64 (Costa/ENEL), Slg. 1964, 1251 (1269).
[147] EuGH Rs. 2/74 (Reyners), Slg. 1974, 631 (654).
[148] EuGH Rs. 2/74 (Reyners), Slg. 1974, 631 (654).
[149] BVerfGE 12, 205 (246).

dennoch nicht als „unmittelbare und spezifische Teilhabe“ an der Ausübung öffentlicher Gewalt im Sinne der Reyners-Entscheidung bezeichnen können, da den öffentlich-rechtlichen Sendern im Rahmen ihrer Rundfunkprogrammtätigkeit keine Hoheitsbefugnisse übertragen sind[150]. Daher ist der Bereich der öffentlichen Sendeanstalten nicht unter die Ausnahmebestimmung subsumierbar[151]. Private Sendeunternehmen kommen bei der Ausübung ihrer Programm- und Sendetätigkeit an sich schon nicht mit der Ausübung hoheitlicher Tätigkeit in Berührung, so daß jene Bestimmung in diesem Zusammenhang nicht relevant wird.
Mit diesen Ausnahmen ist gleichzeitig der Bereich abgesteckt, bezüglich dessen auch Koordinierungsmaßnahmen der Gemeinschaft nicht gerechtfertigt wären.

Schließlich beläßt das Gemeinschaftsrecht im Bereich der Grundfreiheiten Mitgliedstaaten in engen Grenzen die Möglichkeit, einschränkende Regelungen zu treffen - so auch im Bereich der Dienstleistungsfreiheit, Art. 55 EGV iVm. Art. 46 Abs. 1 EGV. Dabei ist zwischen diskriminierenden und unterschiedslos anwendbaren Regelungen zu differenzieren.
Innerstaatliche Rechts- und Verwaltungsvorschriften, „die nicht unterschiedslos auf alle Dienstleistungen ohne Rücksicht auf ihren Ursprung anwendbar“[152], also diskriminierender Natur sind, können über Art. 55 EGV durch die ordre-public-Klausel des Art. 46 Abs. 1 EGV gerechtfertigt sein, wenn sie einer „tatsächlichen und hinreichend schweren Gefährdung“ entgegentreten, die - über wirtschaftliche Motive hinausgehend[153]- „ein Grundinteresse der Gemeinschaft berühren“[154].
Zulässigerweise beschränken läßt sich die Dienstleistungsfreiheit auch durch gerechtfertigte, unterschiedslose Regelungen, die Dienstleistungen ohne Rücksicht auf Ursprung oder Ansässigkeit gleichbehandeln[155]. Zunächst waren solche Regelungen einschränkungslos möglich, da der Anwendungsbereich der Dienstleistungsfreiheit nicht als über das Verbot diskriminierender Regelungen hinausgehend betrachtet wurde. Jedoch entwickelte der EuGH parallel zur Dassonville - Rechtsprechung für die Warenverkehrsfreiheit[156] einen auch für die unterschiedslose Beschränkung der Dienstleistungsfreiheit notwendigen Rechtfertigungstat-

---

150 Petersen, Rundfunkfreiheit und EG-Vertrag, 1994, S. 79.
151 so auch Petersen, Rundfunkfreiheit und EG-Vertrag, 1994, S. 78 f.
152 EuGH Rs. 352/85 (Bond van Adverteerders), Slg. 1988, 2085 (2134); EuGH Rs. C-288/89 (Gouda), Slg. I-1991, 4007 (4040).
153 EuGH Rs. 352/85 (Bond van Adverteerders), Slg. 1988, 2085 (2135); EuGH Rs. C-288/89 (Stichting Collectieve Antennevoorziening Gouda), Slg. I-1991, 4007 (4040).
154 EuGH Rs. 30/77 (Bouchereau), Slg. 1977, 1999; EuGH Rs. 48/75 (Royer), Slg. 1976, 487 (518); EuGH Rs. 118/ 75, (Watson u. Belman), Slg. 1976, 1185.
155 EuGH Rs. 52/79 (Debauve), Slg. 1980, 833 (857); EuGH Rs 352/85 (Bond van Adverteerders), Slg. 1988, 2085 (2136).
156 EuGH Rs 8/74 (Dassonville), Slg. 1974, 837 ff.

bestand. Danach muß es zwingende Gründe des Allgemeinwohls geben, die eine Einschränkung der Dienstleistungsfreiheit erforderlich machen[157], es dürfen aber nicht bereits ähnliche Bestimmungen im Heimatstaat der betreffenden Dienstleistung getroffen worden sein.
Inhaltlich beschreiben läßt sich der Terminus der „zwingenden Gründe des Allgemeinwohls“ anhand der Beispiele aus der Rechtsprechung des EuGH, der u.a. in Berufs- und Standesregeln[158], Verbraucherschutz[159] und Schutz des geistigen Eigentums[160] solche Allgemeinwohlgründe erblickte. Speziell für den hier interessierenden medienbezogenen Bereich erkennt der EuGH Kulturpolitik zur Aufrechterhaltung eines pluralistischen Rundfunkwesens als zwingendes Allgemeininteresse an[161]. Jedoch müssen sich die beschränkenden Regelungen seitens der Mitgliedstaaten auf Geeignetheit und Erforderlichkeit hin überprüfen und damit am Maßstab des Verhältnismäßigkeitsprinzips messen lassen.
Die Möglichkeit beschränkender Regelungen wird den Mitgliedstaaten dann entzogen, wenn die Gemeinschaft koordinierende Maßnahmen innerhalb eines ihr kompetenzrechtlich eröffneten Sachbereichs getroffen hat.

dd. Notwendigkeit der Koordinierung nationaler Vorschriften - Rolle des Art. 151 Abs. 4 EGV für die inhaltliche Ausgestaltung des Richtlinientextes

Rechtsharmonisierung bildet einen zentralen Gegenstand der Gemeinschaftspolitik. Dabei sah ihre ursprüngliche Konzeption vordergründig die Beseitigung von Wettbewerbsverzerrungen vor. Mittlerweile sieht sich diese Funktion durch den Zweck der Verwirklichung der Grundfreiheiten überlagert[162].
Als auslösendes Moment gesetzgeberischen Tätigwerdens der Gemeinschaft muß sich ein Koordinierungsbedürfnis feststellen lassen[163], das vor allem dort entstehen kann, wo die Durchgriffswirkung der Grundfreiheiten eingeschränkt ist und Mitgliedstaaten dezentrale Entscheidungszuständigkeiten eingeräumt sind. Folge der auch im Rahmen von Art. 55 iVm. 46 Abs. 1 EGV möglichen Be-

---

157 Kort, JZ 1996, 132 (135).
158 EuGH Rs. 33/74 (van Binsbergen), Slg. 1974, 1299 (1309).
159 EuGH Rs. 205/84 (Kommission/Deutschland), Slg.1986, 755 (3803).
160 EuGH Rs. 62/79 (Coditel I), Slg. 1980, 881 (903).
161 EuGH Rs. C-288/89 (Stichting Collective), Slg. 1991, 4007 (4043).
162 Everling/Roth, Mindestharmonisierung im Europäischen Binnenmarkt, 1997, S. 7; Pernice, in: Harmonization of Legislation in Federal Systems, 1996, S. 27; Seidel, in FS Steindorff, 1990, S. 1455; Seidel, EuR 1979, 171 ff.
163 Everling, EuR 1990, 195 (218).

schränkbarkeit des freien Dienstleistungsverkehrs[164] ist eine Fülle divergierender nationaler Regelungen, die aufgrund ihrer Unterschiedlichkeiten hinderlich für den innergemeinschaftlichen Dienstleistungsverkehr sein können[165]. Eine solche Divergenz, die den Wirtschaftsverkehr erschwert, bildet in der Regel Ausgangspunkt für Überlegungen, Harmonisierung durch Rechtsangleichung vorzunehmen[166]. Art. 47 Abs. 2 EGV, auf den Art. 55 EGV verweist, ermächtigt die Gemeinschaft zur „Koordinierung von mitgliedstaatlichen Rechts- und Verwaltungsvorschriften". Dabei ist der Begriff „Koordinierung" inhaltlich dekkungsgleich mit den anderswo im Vertrag vorzufindenden Bezeichnungen „Harmonisierung" oder „Angleichung"[167], worauf vor allem auch die uneinheitlichen Übersetzungen der besagten Begriffe in den jeweiligen amtlichen Fassungen anderer Mitgliedstaaten hindeuten[168]. Jene terminologischen Unterschiede haben daher keine Bedeutung für die Feststellung gemeinschaftsrechtlichen Koordinierungsbedarfs[169].
Harmonisierung bezweckt, bestehende divergierende Rechtsregeln zur optimalen Realisierung der Grundfreiheiten aufeinander auszurichten. Sie soll dagegen keine neue, überlagernde Rechtsordnung schaffen[170]. Harmonisierung ist also nicht Selbstzweck, sondern dient der Erreichung von im Vertrag vorgegebenen Zielen - vordergründig desjenigen der Herstellung des Binnenmarktes[171].
Rechtsangleichung ist ein integrationsvervollständigendes Instrument. Koordination soll Funktionsstörungen, d.h. Hindernisse für die Grundfreiheiten bzw. Wettbewerbsverzerrungen, beseitigen helfen, die sich im Integrationsprozeß einstellen können[172]. Das bedeutet gleichzeitig, daß nicht allein auf wettbewerbs-

---

164 hier in analoger Anwendung von Art. 30 EGV bzw. durch zwingende Allgemeinwohlgründe.

165 Everling, EuR 1990, 195 (217).

166 EuGH Rs. 52/79 (Debauve), Slg. 1980, 833 (880); EuGH Rs. 352/85 (Bond van Adverteerders), Slg. 1988, 2085 (2136).

167 so auch Streinz in Everling/Roth, Mindestharmonisierung im Europäischen Binnenmarkt, 1997, S. 9 (17).

168 siehe insoweit die vergleichende Untersuchung Lochners: Zeitschrift für die gesamte Staatswissenschaft 118 (1962), 35 (61).

169 so auch Meinel, Grenzen europäischen Rundfunkrechts, 1993, S. 136; Mestmäcker/Engel/Gabriel-Bräutigam/Hoffmann, Der Einfluß europäischen Gemeinschaftsrechts auf die deutsche Rundfunkordnung, 1990, S. 44.

170 Calliess/Ruffert-Kahl, Rn. 7 zu Art. 95 EGV; Groeben/Thiesing/Ehlermann, Rn. 5 zu Art. 57 EGV; Pernice, in: Harmonization of Legislation in Federal Systems, 1996, S. 9 (10).

171 Ehlermann, Integration 1995, 11 (12); Streinz, in Everling/Roth: Mindestharmonisierung im Binnenmarkt, 1997, S. 9 (21).

172 Beutler/Bieber/Pipkorn/Streil, Die Europäische Gemeinschaft, 1993, S. 378; Dauses, EuZW 1990, 8 (8); Ehlermann, Integration 1995, 11 (12); Streinz, in Everling/Roth: Mindestharmonisierung im Binnenmarkt, 1997, S. 9 (22).

fördernde Effekte vertraut, sondern eigene gemeinschaftsrechtliche Standards geschaffen werden sollen - neben Marktöffnung damit auch die Umsetzung von Schutzzielen anzustreben ist[173].
Im Zusammenhang mit der Richtlinie „Fernsehen ohne Grenzen“ sah man vor allem vor dem Hintergrund der technischen Entwicklung, die Ende der achtziger, Anfang der neunziger Jahre mit der Satellitentechnik Ländergrenzen deutlich überschritt, im Vorfeld des Erlasses der Richtlinie genügend Anlaß zu Harmonisierungsbestrebungen[174]. Im Zuge dieser Rechtsangleichung, deren Umfang vor kompetenzrechtlichem Hintergrund im folgenden noch untersucht werden wird, sollten Mindeststandards geschaffen und so aufgrund divergierender Regelungen hervorgerufene Hemmnisse für den innergemeinschaftlichen Handel ausgeräumt werden. Das entspricht dem Vertragsziel der Errichtung eines Gemeinsamen Marktes, das einerseits über die Abschaffung der Hindernisse für den freien Personen-, Dienstleistungs- und Kapitalverkehr zwischen den Mitgliedstaaten und andererseits über die Errichtung eines Systems, das Wettbewerbsverzerrungen zu vermeiden hilft, erreicht werden soll.

Während mitgliedstaatliche Regelungen aus Gründen des Allgemeininteresses - so z.B. aus Gründen des Verbraucherschutzes - harmonisiert werden können, wenn sie aufgrund ihrer Unterschiedlichkeit die Zirkulation von Fernsehprogrammen behindern, wird für die Quotenregelung des Art. 4 und 5 RL das Vorliegen eines solchen Harmonisierungsbedürfnisses allerdings bestritten:

- Nur Regelungen, die die Dienstleistungsfreiheit in den Mitgliedstaaten erlaubterweise beschränken, böten Anlaß für Harmonisierungsmaßnahmen. Für die Quotenregelung, deren Anwendung nicht zwischen Ausländern und Inländern differenziert und die daher als unterschiedslose Beschränkung anzusehen ist, sei damit als Rechtfertigung ein „schützenswertes Allgemeininteresse“ zu fordern. Hierunter fielen aber, wie der Rechtsprechung des EuGH entnommen werden kann[175], keinesfalls wirtschaftspolitische Motive. Indem die Erwägungsgründe der Fernsehrichtlinie die hinter der Quotenregelung stehende Intention aber als in der Stärkung der europäischen Programmindustrie und Förderung kleiner und mittelständischer Unternehmen liegend bezeichneten, seien zur Rechtfertigung

---

[173] Everling, in FS Mestmäcker, 1996, S. 365 (366); Reich, EuZW 1991, 203 (206).

[174] Bullinger AfP 1985, 257 (263); Engel, RuF 1989, 203 (209/210); Niedobitek, Kultur und Europäisches Gemeinschaftsrecht 1992, S. 162; Schwarze in Schwarze/Becker, Geistiges Eigentum und Kultur im Spannungsfeld von nationaler Regelungskompetenz und europäischem Wirtschafts- und Wettbewerbsrecht, 1998, S. 125 (136); Schwarze, Rundfunk und Fernsehen, 1985, S. 38.

[175] EuGH Kommission/Niederlande, Slg. 1991, 4069 (4097); EuGH Rs. C-288/89 (Gouda), Slg. 1991, 4007.

rein wirtschaftspolitische Gründe herangezogen, die für nationale Quoten einen unzulässigen Normzweck im Rahmen der Beschränkung der Dienstleistungsfreiheit darstellten. Da insoweit also divergierende nationale Quotenregelungen durch Art. 49 EGV in unmittelbarer Anwendung verdrängt würden, bestehe schon gar kein Koordinierungsbedarf[176]. Eine die Quoten als „allgemeines Interesse" rechtfertigende kulturpolitische Begründung könne aber nicht nachgeschoben werden, um die Richtlinienwirksamkeit zu erhalten[177].
Dem ist zu entgegnen[178], daß die Anforderungen, die an die Rechtfertigung einer die Dienstleistungsfreiheit zulässigerweise beschränkenden mitgliedstaatlichen Regelung zu stellen sind, nicht ganz und gar identisch mit den Voraussetzungen für eine Harmonisierung seitens der Gemeinschaft sind. Während nämlich durch die Mitgliedstaaten wirtschaftspolitische Motive nicht angeführt werden dürfen, widerspräche es dem in der Koordinierung liegenden Zweck fortschreitender Integration, solche auch auf gemeinschaftlicher Ebene auszuschließen. Statt dessen sind die Herstellung des Binnenmarktes und eines Systems unverfälschten Wettbewerbs gerade Motor für gemeinschaftliche Rechtsangleichung mit dem Ziel immer fortschreitender Integration[179].

In diesem Zusammenhang stellt sich weiter aber die Frage, inwieweit trotzdem eine kulturpolitische Begründung und Rechtfertigung der Quotenregelung möglich und erforderlich gewesen wäre - und damit zugleich die Frage nach der Bedeutung des Art. 151 Abs. 4 EGV im Zusammenhang mit - insbesondere der Quotenregelung - der Fernsehrichtlinie. Wie bereits festgestellt[180] weist der Rundfunk sowohl solche Teilbereiche auf, die wie Fragen der Werbung etc. wirtschaftlicher Natur sind, als auch solche, die kulturelles Gewicht haben, indem sie beispielsweise Fragen der Programmgestaltung und -inhalte betreffen[181]. Indem die Quotenregelung die Programmzusammenstellung von Sendeunternehmen dahingehend beeinflussen will, daß ein höherer Anteil von Werken europäischen Ursprungs ausgestrahlt wird, betrifft sie ebenso programmgestaltende Fragen mit kulturpolitischem Bezug. Die wirtschaftspolitische Begründung und die kulturpolitischen Effekte, die der Regelung ebenso innewohnen, liegen insofern dicht beieinander: Im Anwachsen der möglichen Fernsehkanäle aufgrund der neuen technischen Möglichkeiten[182] wurde die Gefahr eines stärkeren Rückgriffs auf die

---

176 Everling, EuR 1990, 195 (218); Frese, Die Rechtmäßigkeit europäischer Programmquoten, 1998, S. 65.
177 Everling, EuR 1990, 195 (218).
178 Bullinger/Mestmäcker, Multimediadienste, 1997, S. 126.
179 Bullinger/Mestmäcker, Multimediadienste, 1997, S. 126.
180 siehe oben, I.1.b.aa.
181 Eberle, AfP 1993, 425; Wemmer, Die neuen Kulturklauseln, 1996, S. 99.
182 zu all dem Kapitel 1.

kostengünstigeren US-amerikanischen zu Lasten der teureren europäischen Programme gesehen. Europäisches audiovisuelles Schaffen ist aber von unersetzbarer Bedeutung für die europäischen Gesellschaften und die Wahrung kultureller Identitäten in Europa[183]. - Zu einer generellen Verschiebung des Regelungsgegenstandes in den Bereich kulturpolitischer Zuständigkeiten kann diese Feststellung allerdings nicht führen: Da Art. 151 Abs. 5 EGV ein Harmonisierungsverbot für den kulturellen Bereich formuliert, konnte eine alleinige Abstützung der Richtlinie auf Art. 151 EGV nicht erfolgen[184]. Das bedeutet jedoch gerade nicht, das kulturelle Aspekte ganz aus dem binnenmarktbezogenen Regelungswerk herauszuhalten gewesen wären. Statt dessen verpflichtet Art. 151 Abs. 4 EGV die Gemeinschaft zur Beachtung kultureller Gegebenheiten im Rahmen jedes Tätigwerdens auf der Grundlage anderer vertraglicher Vorschriften. Diese Verpflichtung lädt die Bedeutung von Art. 151 EGV in dem Bereich auf, der nicht in das eng umgrenzte Feld reiner gemeinschaftsrechtlicher Kulturzuständigkeit fällt und verlangt den Gemeinschaftsorganen ab, der kulturellen Dimension im Abwägungsprozeß ein stärkeres Gewicht einzuräumen[185]. Daher hätte die Quotenregelung im Sinne der Querschnittskompetenz des Art. 151 Abs. 4 EGV zumindest ergänzend kulturpolitisch begründet werden müssen.

- Desweiteren wurde Harmonisierungsbestrebungen im Fernsehbereich, vor allem aber der Quotenregelung, entgegengehalten, sie werde denjenigen Anforderungen des Art. 47 Abs. 2 EGV nicht gerecht, die die Wirkung einer Koordinierungsmaßnahme in diesem Zusammenhang als „Erleichterung der Aufnahme und Ausübung selbständiger Tätigkeiten“ bestimmen. Die Regelung beschränke sich gerade nicht auf Deregulierung[186].
In Hinblick auf Art. 47 Abs. 2 EGV ist jedoch zu erwidern[187], daß die Dienstleistungsfreiheit auch für unterschiedslos anwendbare nationale Regelungen gilt, so daß Koordinierungen in diesem Bereich neben den Marktöffnungseffekten also auch zum Ziel haben, die Normen zu harmonisieren, die die öffentlichen Interessen schützen, zugunsten derer die Dienstleistungsfreiheit einschränkbar ist[188]. Damit bedeutet „Erleichtern“ also nicht, daß an die liberalste mitgliedstaat-

---

183 de Witte, Yearbook of Media and Entertainment Law 1995, 101 (108); Hahn, ZfaöRV 1996, 313 (344).

184 siehe auch schon I.1.b.aa.

185 Niedobitek, EuR 1995, 349 (374).

186 Frohne, ZUM 1989, 390 (394); Niedobitek, Kultur und Europäisches Gemeinschaftsrecht, 1992, S. 164/165; Schote, Die Rundfunkkompetenz des Bundes, 1999, S. 305.

187 Meinel, Grenzen europäischen Rundfunkrechts, 1993, S. 138; Mestmäcker/Engel/Gabriel-Bräutigam/Hoffmann, Der Einfluß des europäischen Gemeinschaftsrechts auf die deutsche Rundfunkordnung, 1990, S. 46; Schwartz, ZUM 1989, 381 (387).

188 v. Bogdandy, EuZW 1992, 9 (14).

liche Regelung angeglichen werden müßte. Statt dessen muß gerade den Besonderheiten des zu regelnden Bereiches Rechnung getragen werden[189].

Die Existenz eines Koordinierungsbedürfnisses steht damit nicht in Frage und die Gemeinschaft hat ein solches richtigerweise für alle Regelungsbereiche der Richtlinie als gegeben betrachtet.

ee. Grenzen der Koordinierungsmöglichkeit der Gemeinschaft

Ein grundsätzlich gegebener Koordinierungsbedarf, der sich aus der Existenz verschiedenartiger mitgliedstaatlicher Regelungen ergibt, bildet jedoch keinesfalls auch alleinige Rechtfertigung für Art und Ausmaß der Rechtsangleichung. Koordinierungsmaßnahmen sind statt dessen auch auf ihre Vereinbarkeit mit den Grenzen zu überprüfen, die gemeinschaftlichem Recht gesetzt sind[190].

1) Gemeinschaftsrechtliche Kompetenzausübungsschranken

Als gemeinschaftsrechtliche Kompetenzausübungsschranken sind solche in Betracht zu ziehen, die sich aus dem Primärrecht selbst ableiten lassen. Der Vertrag gibt sowohl Form, als auch Aufgabenbereich hinsichtlich der Koordinierungsmaßnahme vor[191]. Einen Maßstab für gemeinschaftliches Handeln bilden auch die Gemeinschaftsgrundrechte[192].

(a) Subsidiarität und Verhältnismäßigkeit, Art. 5 EGV

Art. 5 EGV stellt Maßstäbe für die gemeinschaftsrechtliche Kompetenzausübung auf, an denen sich gemeinschaftliches Handeln messen lassen muß.
Die Anforderungen, die das Subsidiaritätsprinzip an die Ausübung konkurrierender Kompetenzen stellt, finden sich in konkretisierter Form im Subsidiaritäts-

---

189 Calliess/Ruffert-Kahl, Rn. 10 zu Art. 95 EGV; Reich, EuZW 1991, 203 (207/208); Schwartz, ZUM 1989, 381 (388); kritisch bezüglich der damit verbundenen Kompetenzausdehnungsmöglichkeiten: Vollmer, in Kruse/Stockmann/Vollmer, Festschrift für Ingo Schmidt, 1997, S. 289 ff.

190 allgemein hierzu Kapitel 2, I.4.

191 Beutler/Bieber/Pipkorn/Streil, Die Europäische Gemeinschaft, Rechtsordnung und Politik, 1993, S. 192; Ipsen, EG-Recht, 1972, S. 426.

192 hierzu bereits Kapitel 2, I.4.a.

protokoll zum Amsterdamer Vertrag, das diejenigen Prüfungsaspekte zusammenfaßt, die von Gemeinschaftsorganen bzw. Mitgliedstaaten in Hinblick auf die Anwendung des Prinzips bisher herangezogen wurden[193]. Danach deuten etwa grenzüberschreitender Charakter der Regelungsmaterie und des Regelungszieles oder die Gefahr weiterer Wettbewerbsbeschränkungen durch nationale Regelungen darauf hin, daß mitgliedstaatliche Maßnahmen nicht ausreichend und gemeinschaftliche Aktivitäten besser geeignet sein werden, den angestrebten Regelungszweck zu erreichen. Hintergrund einer gemeinschaftsweiten Regelung der Sendetätigkeit bildet das Vorhaben, einen übergreifenden europäischen audiovisuellen Raum zu schaffen und dazu eine europäische audiovisuelle Industriebranche zu installieren bzw. zu stützen, die parallel zu den mitgliedstaatlichen Programmindustrien bestehen kann, die lediglich nationales Programmmaterial produzieren. Hierin zeigt sich aber gerade der transnationale Ansatz, den die Gemeinschaft mit der besagten Regelung verfolgt. Daher kann von der Einhaltung von Subsidiaritätsaspekten insoweit ausgegangen werden[194].

Auch für das Verhältnismäßigkeitsprinzip finden sich in Nr. 6 und 7 Amsterdamer Protokoll Anhaltspunkte zu dessen Anwendung[195]. Danach beeinflußt das Erforderlichkeitskriterium die Rechtsform einer geeigneten Maßnahme dahingehend, daß nach Möglichkeit Richtlinien Verordnungen vorzuziehen sind. Außerdem müssen mitgliedstaatliche Gestaltungsräume verbleiben, um die Eingriffsintensität einer Harmonisierungsmaßnahme herabzusetzen:

- Die Werberegelungen in Art. 10 ff. RL[196] stellen Mindeststandards auf, um die Zirkulation von Sendungen, deren Bestandteil sie bilden, gemeinschaftsweit zu erleichtern und Verbraucherinteressen zu schützen. Für Veranstalter bedeutet dies Rechtssicherheit und die Gewißheit, daß ihren Veranstaltungen beim Ausstrahlen in andere Länder keine gänzlich unerwarteten, weiteren Hindernisse entgegengestellt werden. Die Verbote und Quantitätsregelungen beugen Kommerzialisierungstendenzen vor und sind damit geeignet, das Ziel des Verbraucherschutzes zu gewährleisten. Für ihr Hoheitsgebiet und die ihnen unterstehenden Veranstalter können die einzelnen Mitgliedstaaten die Bestimmungen intensivieren. Die so gefundene Regelung beläßt den Mitgliedstaaten genügend Handlungsspielräume, so daß die Gemeinschaft ihren kompetenzrechtlichen Rahmen

---

193 ausführlicher zu den Anforderungen, die Subsidiaritäts- und Verhältnismäßigkeitsprinzip aufstellen: Kapitel 2, I.3.a. bzw.b.

194 so auch Salvatore, CMLR 1992, 967 (975).

195 hierzu auch Kapitel 2.

196 RL 97/36/EG, Abl 1997 L 202/60; zu deren Inhalt genauer: I.1.a.bb.

hinsichtlich der Werberegelungen und im Zusammenhang mit der Ermächtigungsgrundlage nicht verlassen hat[197].

- Auch die Regelungen zu Jugend- und Persönlichkeitsschutz verankern Mindeststandards, die dem Erforderlichkeitskriterium Rechnung tragen: Indem sie einen Rahmen bezüglich des erlaubten Inhalts von Sendungen und Programmen vorgeben, sind sie geeignet, die Zirkulation innerhalb der Gemeinschaft zu erleichtern[198].

- Bedenken werden allerdings der Quotenregelung der Art. 4 und 5 RL[199] entgegengebracht. Indem diese das Verhalten der Sendeunternehmen und Produzenten beeinflußt, nimmt sie eine Marktintervention vor, die sich vor dem Hintergrund des Ziels eines freien Dienstleistungsverkehrs ganz besonders am Maßstab der Verhältnismäßigkeit messen lassen muß. Voraussetzung für die Feststellung der Verhältnismäßigkeit auch der Quotenregelung ist, daß die fragliche Regelung zur Erreichung des angestrebten Zieles geeignet ist, das die zweite Erwägung als „gegenseitige Öffnung und Stärkung der europäischen Märkte" bezeichnet.
In diesem Zusammenhang wird - vor allem unter Bezugnahme auf die Erfahrungen, die man in Kanada mit Programmquoten machte[200] - auf die generelle Ineffizienz derartiger Quotenregelungen verwiesen[201]. In der Ausprägung, die die Quotenregelung mit Art. 4 der Fernsehrichtlinie gefunden hat, komme hinzu, daß die Ermittlung europäischer Programme angesichts der verschiedensten Kooperationsformen durch einen hohen Aufwand gekennzeichnet ist. Darüber hinaus bestehe die Möglichkeit - mangels detaillierter Regelungen - europäische Werke innerhalb der Gesamtsendezeit unattraktiven Sendeplätzen zuzuweisen[202]. Schließlich führe die Quote zu Werbemindereinnahmen aufgrund verringerter

---

[197] so auch Heinze, Fernsehen ohne Grenzen, 1993, S. 132; Kugelmann, Der Rundfunk und die Dienstleistungsfreiheit des EWG-Vertrages, 1991, S. 153; Kreile/Straßer, ZUM 1990, 174 (175); - a.A: Delbrück, Die Rundfunkhoheit der deutschen Bundesländer im Spannungsfeld zwischen Regelungsanspruch der Europäischem Gemeinschaft und nationalem Verfassungsrecht, 1986, S. 62.

[198] Heinze, Fernsehen ohne Grenzen, 1993, S. 132.

[199] RL 97/36/EG, ABl. 1997 L 202/60; siehe oben I.a.cc.

[200] Matte/Jakhu, in Mestmäcker: The Law and Economics of Transborder Telecommunication, 1987, S. 89 ff.; hierzu auch Dirkers, Europäischer Fernsehmarkt zwischen wirtschaftlichen Imperativen und kulturellem Auftrag, S. 139; Hoffmann, in Bullinger, Kommunikation ohne Monopole II, 1995, S. 607 (614).

[201] so auch Dörr, IRIS-SH 1995, S. 15 f., der alternativ eine Stärkung der öffentlich-rechtlichen Rundfunkanstalten vorschlägt; aA. Eichler, ZUM 1995, 599 (603).

[202] Hoffmann, in Mestmäcker, Kommunikation ohne Monopole II, 1995, S. 607 (614); Keller, Yearbook of Media and Entertainment Law 1997/98, S. 177 (183).

Einschaltquoten, die deshalb zustande kommen, weil die Publikumsakzeptanz für europäische Werke[203] nicht so hoch ist oder aufgrund eines Mangels an ausreichend Programmaterial auf wenig publikumsattraktive Wiederholungen zurückgegriffen werden muß[204]. All das könne aber nicht dazu gereichen, dem Ziel der Stärkung der Programmindustrie näherzukommen.
Es finden sich allerdings auch andere Interpretationen der Erfahrungen mit den Quoten in Kanada, wenn nämlich darauf verwiesen wird, daß zwar das Publikum weiterhin US-amerikanische Programme präferieren mag, aber durch die Quoten der bedrohten nationalen Kulturindustrie Rückhalt gegeben werden konnte, womit letztlich auch Arbeitsplätze erhalten werden konnten. Deshalb seien Quoten als einziges Mittel zu betrachten, "kommerziellen Produzenten außerhalb der USA hohe Eigenproduktionen abzutrotzen"[205].
Und in der Tat würde auch die hiesige Quotenregelung - wenn denn europäische Werke tatsächlich ausschließlich unattraktiven Sendeplätzen zugewiesen würden - kulturpolitisch wünschenswerte Zielsetzungen zwar nicht in größtmöglichem Umfang gewährleisten, jedoch erfüllte sie dann trotzdem die industriepolitischen Maßgaben, die erklärtes Regelungsziel[206] bilden. Einer generellen Eignung der Quote zur Stützung der Programmindustrie kann auch der mit der Ermittlung von Kooperationen verbundene Aufwand nicht entgegengehalten werden.
Mangelnde Eignung läßt sich der Quotenregelung in Hinblick auf die Förderung der audiovisuellen Industrie Europas also nicht nachweisen.
Angesichts ihres interventionistischen Charakters erscheint es allerdings fraglich, inwieweit die Regelung dem Erforderlichkeitskriterium genügen kann. Mildere Mittel sind denkbar und werden - z.B. über die finanzielle Förderung der europäischen audiovisuellen Industrie - bereits zum Einsatz gebracht[207]. Allerdings können diese Maßnahmen nicht als gleich geeignet gelten, da der Rückgriff auf einheimische Produktionen selbst bei intensivster Produktionsförderung jedenfalls nicht sichergestellt werden kann[208].

---

203 siehe Hoffmann in Mestmäcker, Kommunikation ohne Monopole, 1995, S. 621; Mestmäcker/Engel/Gabriel-Bräutigam/Hoffmann, Der Einfluß des europäischen Gemeinschaftsrechts auf die deutsche Rundfunkordnung, 1990, S. 20.

204 Peltier, Communication & Strategies, 1999, no. 35, S. 111 (129).

205 Kleinsteuber in Roß/Wilke, Umbruch in der Medienlandschaft, 1991, S. 137 (151); auch Kleinsteuber/Wiesner, RuF 1988, 329 (343).

206 siehe beispielsweise 19. EG.

207 so auch: Dauses/Seelmann - Eggebert, Handbuch des EG-Wirtschaftsrechts I, 2001, Rn. 96; Dolmans, Entertainment Law Review 1995, 329 (331).

208 so Eichler, ZUM 1995, 599 (603).

Jene Faktoren unterliegen nun aber einem weiten Prognosespielraum, den die Gemeinschaft im Rechtsetzungsprozeß beanspruchen kann[209], so daß ein Verhältnismäßigkeitsverstoß nicht festgestellt werden kann. Gestützt wird die von der Gemeinschaft angestellte Prognose durch die Ergebnisse der Anwendung der Quote, wie sie sich den Mitteilungen der Kommission entnehmen lassen[210]. Hiernach ist für den untersuchten Zeitraum festgestellt worden, daß die Richtlinienziele erreicht wurden und ein Anwachsen der Programmindustrie Europas konstatiert werden kann[211].
Aus all dem folgt, daß die Regelung im Bereich der Ermächtigungsgrundlage keinen Bedenken ausgesetzt ist[212].

(b) Gemeinschaftsgrundrechte

Grenzziehung in Hinblick auf Gemeinschaftshandeln nehmen auch die Gemeinschaftsgrundrechte vor.
Wie bereits dargestellt[213], orientieren sich die vom EuGH berücksichtigten Grundrechte inhaltlich an den Verfassungen der Mitgliedstaaten und den internationalen Verträgen zum Schutz der Menschenrechte, insbesondere der EMRK. Aufgrund der Tatsache, daß der rundfunkrelevanten Rechtsprechung des EuGH - bis auf den gelegentlichen Verweis auf Art. 10 EMRK und die dort garantierte Meinungsfreiheit - ein Grundrecht auf Rundfunkfreiheit nicht entnehmbar ist[214] und eine inhaltliche Strukturierung bzw. ein Rückgriff auf die Auslegung anhand mitgliedstaatlicher Verfassungstraditionen noch aussteht, liegt es nahe, auf Art. 10 EMRK als Prüfungsmaßstab Bezug zu nehmen[215].

---

209 Dauses/Seelmann - Eggebert, Handbuch des EG-Wirtschaftsrechts I, 2001, Rn. 96; Frese, Die Rechtmäßigkeit europäischer Quoten, 1998, S. 102.

210 für den Zeitraum 1997/98: Vierte Mitteilung der Kommission an den Rat und das Europäische Parlament über die Durchführung der Art. 4 und 5 der Richtlinie „Fernsehen ohne Grenzen" - KOM (2000) 442 endg. v.17.7.2000; für den darauffolgenden Zeitraum: Fünfte Mitteilung über die Durchführung der Art. 4 und 5 der Richtlinie vom 8.11.2002 - KOM (2002) 612 endg.

211 KOM (2000) 442, S. 4.

212 so auch Kugelmann, Der Rundfunk und die Dienstleistungsfreiheit des EWG-Vertrages, 1991, S. 151; - aA. Mestmäcker/Engel/Gabriel-Bräutigam/Hoffmann, Der Einfluß des europäischen Gemeinschaftsrechts auf die deutsche Rundfunkordnung, 1990, S. 20.

213 2. Kapitel, I. 4.a.

214 EuGH Rs. C-299/89 (Gouda), Slg. I-1991, 4007 (4043); Kugelmann, Der Rundfunk und die Dienstleistungsfreiheit des EWG-Vertrages, 1991, S. 209.

215 Bröhmer, in Dörr/Kopp, Europäisches Medienrecht - Fernsehen und seine gemeinschaftsrechtliche Regelung, 1998, S. 79 (80); Holznagel, Rundfunkrecht in Europa, 1996; Rosenthal, Die Kompetenz der Gemeinschaft für den rechtlichen Rahmen der Informationsgesellschaft, 1998, S. 78.

Art. 10 EMRK gewährt die Freiheit der Meinungen und schließt das Recht eines jeden zur freien Äußerung ein.
Ein Rundfunkgrundrecht beinhalten Art. 10 Abs. 1, S. 1 u. 2 EMRK nach ihrem Wortlaut nicht, jedoch ist unter Heranziehung von Art. 10 Abs. 1, S. 3 EMRK davon auszugehen[216], daß die in Art. 10 EMRK geschützte Meinungsäußerungsfreiheit auch die Verbreitung von Rundfunkprogrammen erfaßt[217], also eine umfassende Meinungsäußerungsfreiheit verbürgt ist[218]. Dabei werden neben Substanz und Inhalt alle denkbaren Kommunikationsformen mit jedem möglichen Hilfsmittel geschützt[219].
Die durch die Richtlinie geregelten Fernsehprogramme[220] fallen daher also in den Schutzbereich des Art. 10 EMRK.

Gehalt des gemeinschaftsrechtlichen Grundrechts der Meinungsfreiheit ist einerseits das Recht des Rundfunkveranstalters, sein Programm inhaltlich nach seinen Vorstellungen zu gestalten. Für die Seite des Rezipienten bedeutet es andererseits umfassende Empfangsfreiheit[221]. Keine Rolle spielt dabei die Form der Übertragung. Statt dessen werden die entwickelten Grundsätze auf neue Übertragungstechniken ausgedehnt, so daß auch neue digitale oder verschlüsselte Inhalte erfaßt sind[222].
Damit wäre ein Kompetenzverstoß dann zu konstatieren, wenn sich die fraglichen Regelungen der Richtlinie zu Werbung, Jugendschutz und Programmförderung nicht mehr im Rahmen der so gewährleisteten Rundfunkfreiheit hielten. Dies festzustellen, bedarf es zunächst der Antwort auf die Frage, ob die Richtlinienvorschriften in Art. 10 EMRK eingreifen.

- Die Werberegelungen, die Anzahl und Maximaldauer möglicher Werbeunterbrechungen vorgeben, berühren die Gestaltungsfreiheit des Veranstalters bezüglich des Programms und wirken sich zudem auf dessen Einnahmesituation aus.

---

216 Villiger, Handbuch EMRK 1999, Rn. 626.

217 EGMR (Groppera) Ser. A 173, 22, § 55; EGMR (Infoverein Lentia), Ser. 276, 13, § 27.

218 Petersen, Rundfunkfreiheit und EG-Vertrag, 1994, S. 255.

219 Überblick zur Rechtsprechung des EGMR: Hoffmeister, EuGRZ 2000, 358 ff.; neuere Urteile zur Meinungsfreiheit: EGMR (Erogdu), IRIS 7/2000, S. 2/3; EGMR (Constantinesco), IRIS 7/2000, S. 2/3.

220 siehe die Umschreibung des Anwendungsbereichs in Art. 1 FSR.

221 Bogdandy, EuZW 1992, 9; Engel, Privater Rundfunk vor der EMRK, 1993, S. 330; Heinze, Fernsehen ohne Grenzen, 1993, S. 115 und 128; Vormann, Kulturelle Souveränität, 1993, S. 226.

222 siehe auch Klickermann, Europäisches Fernsehwerberecht, 2001, S. 144.

- Vorgaben, die die Regelungen zu Jugend- und Persönlichkeitsschutz machen, beeinflussen die Auswahlmöglichkeit des Veranstalters bezüglich der Zusammenstellung des Programms ebenso.
- Ein Eingriff in Art. 10 EMRK ist in den Programmquoten schließlich deshalb zu sehen, weil sie den Programmveranstaltern mit der Herkunft anstelle von Programminhalten, die unter kommerziellen Gesichtspunkten ausschlaggebend sind, das Auswahlkriterium für dessen Programmbestandteile vorgeben[223]. Finanzielle Auswirkungen zieht diese Vorgabe vor allem dann nach sich, wenn geringere Einschaltquoten auf die Attraktivität der Werbeplätze durchschlagen[224]. Indem die Quote die Informationsquelle inhaltlich im Vorfeld und entgegen möglicherweise anderer Zuschauerpräferenzen[225] beeinflußt[226], ist mittelbar auch die Informationsfreiheit der Empfänger und Anbieter von Programmen aus Drittländern betroffen[227].

Die Eingriffsqualität wurde allerdings mit dem Argument in Zweifel gezogen, daß die Quoten nicht inhalts- sondern quantitätsbezogen seien und daher nicht das „ob" sondern lediglich das „wann" der Ausstrahlung beträfen[228]. Aber auch der zeitliche Aspekt kann sich auf die Programmveranstalterfreiheit auswirken, da es Programme gibt, die typischerweise an bestimmte „Jahreszeiten" gebunden sind und nicht in Abhängigkeit vom Kontingent einfach verschoben werden können[229]. Damit ist solchen Einwänden erst auf der Ebene der Rechtfertigung Rechnung zu tragen.

Als gerechtfertigt zu betrachten sind Eingriffe in die Rundfunkfreiheit gemäß der in Art. 10 Abs. 2 EMRK statuierten Schrankenregelung, wenn sie dem Gesetzesvorbehalt genügen, einem der in Art. 10 Abs. 2 EMRK aufgeführten Ziele dienen und als für ein demokratisches Staatswesen notwendig erscheinen[230]. Aus Art. 10 Abs. 1 S. 3 EMRK, der die Einrichtung eines hoheitlichen Genehmigungsverfahrens bei Aufnahme einer Rundfunktätigkeit gestattet, soll sich dagegen keine Rechtfertigungsmöglichkeit für Eingriffe in die inhaltliche Gestaltung von Rundfunk- bzw. Fernsehprogrammen ergeben, da dieser Bestimmung die Aufgabe zukommt, technische Regelungsbereiche abzudecken[231].

---

223 so auch v. Bogdandy, in v. Bogdandy/Grabitz/Nettesheim, Europäisches Außenwirtschaftsrecht, 1994, S. 571 (587).

224 Hoffmann, in Bullinger, Kommunikation ohne Monopole II, 1995, S. 607 (623).

225 Helling, Die Programmstandards der EG-Fernsehrichtlinie, 1999, S. 84.

226 so auch Engel, Privater Rundfunk vor der EMRK, 1993, S. 95.

227 Engel, Privater Rundfunk vor der EMRK, 1993, S. 95.

228 Schwartz, ZUM 1989, 381 (388); - dagegen Frohne, ZUM 1989, 390 (395/96).

229 Frese, Die Rechtmäßigkeit europäischer Programmquoten, 1998, S. 116.

230 zur Ausgestaltung dieser Voraussetzungen: EGMR (Fressoz und Raire/Frankreich), AfP 1999, 251 f.; EGMR (Janowski/Polen), AfP 1999, 253 f.

231 EGMR (Groppera Radio AG) EuGRZ 1990, 255 (257).

An das Erfordernis des Gesetzesvorbehalts in Art. 10 Abs. 2 EMRK stellt der EGMR keine allzu großen Anforderungen. So soll neben dem Gesetzesrecht auch ungeschriebenes Recht erfaßt sein[232]. Die Richtlinie erfüllt diesen Gesetzesvorbehalt[233] daher.

Desweiteren müssen die Richtlinienvorschriften einem der in Art. 10 Abs. 2 EMRK genannten Ziele genügen. Dabei ist zunächst klärungsbedürftig, welche Ziele unter die weit formulierten und daher ausfüllungsbedürftigen, rechtfertigenden Tatbestandsmerkmale des Abs. 2 fallen. Neben den genannten Beschränkungsmöglichkeiten zugunsten des Gesundheitsschutzes, der öffentlichen Sicherheit und Ordnung, der Rechte anderer oder des Schutzes der Moral hat der EGMR Maßnahmen zur Sicherung des kulturellen Pluralismus als Rechtfertigungsgrund im Rahmen von Art. 10 Abs. 2 EMRK[234] anerkannt[235]. Zieht man hierzu die Rechtsprechung des EuGH heran, so ergibt sich, daß auch jener vielfaltsichernde Bestimmungen als mit Art. 10 EMRK vereinbar sieht[236]. Hierfür spricht vor allem der Umstand, daß die Wahrung von Meinungsvielfalt und Meinungsäußerungsfreiheit zu sichern, gerade von diesem Artikel der Konvention bezweckt wird[237]. Zum Teil wird deshalb in pluralismussichernden Maßnahmen schon gar kein Eingriff gesehen. Infolgedessen wäre eine Verhältnismäßigkeitsprüfung verzichtbar[238]. Das käme aber einer erheblichen

---

232 EGMR (Sunday Times) Ser. A 30, 31, § 49; EGMR (Silver), Ser. A 61, 33 f.,§ 86 ff.; EGMR (Gillow), Ser. A 109, 20 f., §§ 49 ff; EGMR (Leander) Ser. A 116, 23 f., §§ 50.

233 aA. Mestmäcker/Engel/Gabriel-Bräutigam/Hoffmann, Der Einfluß des europäischen Gemeinschaftsrechts auf die deutsche Rundfunkordnung, 1990, S. 91, - der den Gesetzesvorbehalt trotz der eigentlich entgegenstehenden generellen Unbestimmtheit von Richtlinien zwar bejaht, hier jedoch verneint. Die Richtlinie lasse den Mitgliedstaaten im Rahmen des Art. 4 II zwar keinen Freiraum mehr, mache aber nicht klar, ob Bezugsgröße für den Sendeanteil der gesamte Mitgliedstaat oder nur jeweils ein einzelner Veranstalter ist .

234 so auch de Witte, Yearbook of Media and Entertainment Law 1995, 101 (116), der darauf verweist, daß bisher auch noch keine der vielen bestehenden nationalen Quotenregelungen als Verstoß gegen Art. 10 Abs. 2 EMRK angegriffen worden sei.

235 etwa EGMR (Informationsverein Lentia), EuGRZ 1994, 549.

236 EuGH Rs C-288/89 (Gouda), Slg. 1991, 4007 (4043); EuGH (Kommission/ Niederlande), Slg. 1991, 4069 (4096); EuGH Rs C-23/93 (TV 10 SA) Slg, 1994, I-4794, EuGH Slg. 1997, I-3689 (Familiapress); - hierzu (und allgemein zu den gemeinschaftsrechtlichen Grundrechtsschranken): Schildknecht, Grundrechtsschranken in der Europäischen Gemeinschaft, 2000, S. 181 ff. (196); als positiven Schritt in Richtung einer weniger ökonomisch geprägten Sichtweise der Rundfunkfreiheit sieht das auch Stock, ZUM 2000, 533 (537); ähnlich: Stock, K&R 2001, 292 (294).

237 EuGH Rs. C-23/93 (TV 10) Slg. 1994, I-4795, Rn. 25.

238 Kühling, EuGRZ 1997, 296 (301); so wohl auch Salvatore, CMLR 1992, 967 (986), der aufgrund dieses pluralismussichernden und kulturfördernden Aspekts Art. 10 EMRK gerade geschützt sieht.

Einschränkung des differenzierten Schutzes dieses Rechts gleich, der aufgrund der besonderen Bedeutung des Grundrechts der Meinungsäußerungsfreiheit zu gewährleisten ist. Daher kann auf eine Verhältnismäßigkeitsprüfung nicht verzichtet werden, auch wenn es sich um Maßnahmen mit pluralismussichernder Grundtendenz handelt[239].

- Die Regelungen zur Beschränkung von Werbung verfolgen das Ziel erhöhter Verkehrsfähigkeit und des Schutzes von Verbraucherinteressen. Vor allem das Trennungsverbot, das Product Placement ausschließt und so verhindert, daß Zuschauer unbewußt zu bestimmtem Kaufverhalten angeregt werden oder auch die Werbeunterbrechungen, die das Informationsinteresse des Rezipienten schützen wollen, dienen daher den Rechten anderer, so daß sie als durch Art. 10 Abs. 2 EMRK gerechtfertigt erscheinen[240].
- Auch die Regelungen von Persönlichkeits- und Minderjährigenschutz bewegen sich im Rahmen möglicher Rechtfertigung durch Art. 10 Abs. 2 EMRK, indem sie grundlegenden Schutzanliegen der Allgemeinheit Rechnung tragen[241].
- Schließlich ist die Frage nach der Rechtfertigung im Zusammenhang mit den Programmquoten zu stellen, deren positive Beantwortung am problematischsten erscheint. Mit der 20. Erwägung im Vorfeld des Richtlinientextes unterstreicht die Gemeinschaft ihre Zielvorstellung dahingehend, einen europäischen audiovisuellen Markt zu unterstützen, der stark genug ist, getätigte Investitionen zu amortisieren. Ein derartiges wirtschaftspolitisches Ziel ist im Katalog des Art. 10 Abs. 2 EMRK nicht aufgeführt. Aus dem Grund erscheint eine Aufnahme in die Rechtfertigungsziele auch nur über eine dahingehende Auslegung möglich. Voraussetzung ist dann zunächst, daß der Katalog des Art. 10 Abs. 2 EMRK nicht abschließend ist. Sein abschließender Charakter läßt sich aber vor allem Art. 18 EMRK entnehmen, der Einschränkungen von in der Konvention genannten Rechten und Freiheiten nur zu den vorgesehenen Zwecken gestattet, also gerade keine weitergehenden als die explizit genannten Motive anerkennt[242]. Daraus ergibt sich, daß eine erweiternde Auslegung der einschlägigen Vorschrift nicht vorgenommen werden darf. Gestützt wird diese Sichtweise zudem durch ein systematisches Argument, das sich aus Art. 8 Abs. 1 und 2 EMRK ergibt. Hier werden wirtschaftspolitische Gründe ausdrücklich aufgeführt, die zur Recht-

---

239 Das ergibt auch die Rechtsprechung des EuGH: Rs C-368/95 vom 26.6.1997, EuGRZ 1997, 344 ff - siehe die Besprechung von Kühling, EuGRZ 1997, 296 (301).

240 hierzu im Detail Klickermann, Europäisches Fernsehwerberecht im Wandel der neuen Medien, 2001, S. 159 ff.

241 Schwartz, ZUM 1989, 381 (388).

242 Astheimer, Rundfunkrecht, ein europäisches Grundrecht, 1990, S. 140; Hoffmann-Remy, Die Möglichkeit der Grundrechtseinschränkung, 1976, S. 30/31 und 52; Partsch, Die Rechte und Freiheiten der EMRK, 1966, S. 70.

fertigung eines Eingriffs geeignet sind. Einem Umkehrschluß hierzu läßt sich damit entnehmen, daß mangels ausdrücklicher Erwähnung solche wirtschaftspolitischen Gründe im Rahmen des Art. 10 Abs. 2 EMRK auch keine Rolle spielen sollten[243].
Zu denken wäre noch an das kulturpolitische Argument, das sich hinter dem Bestreben verbirgt, mit der Förderung über Quoten die amerikanische Dominanz im audiovisuellen Sektor und damit kultureller Amerikanisierung vorzubeugen. Daß den kulturellen Pluralismus sichernde Maßnahmen im Rahmen von Art. 10 Abs. 2 EMRK gerechtfertigt sind[244], ist seit der Autronic-Entscheidung des EGMR[245] anerkannt[246]. Zwar ist der EuGH an die durch den EGMR erfolgte Auslegung nicht ohne weiteres gebunden, aber auch der EuGH hat pluralismussichernde Maßnahmen als mit Art. 10 EMRK konform gehend angesehen[247]. Hierauf zurückzugreifen ist aber vielmehr deshalb zweifelhaft, weil das Argument nicht ausdrücklich in den Erwägungsgründen Erwähnung fand, wo statt dessen - mit dem wirtschaftspolitischen - ein nicht gerechtfertigtes Ziel aufgeführt ist. Bei Unvereinbarkeit des ausdrücklich genannten Grundes mit der Konvention können aber keine ungeschriebenen Gründe nachgeschoben werden[248], so daß eine Rechtfertigungsmöglichkeit insoweit ausgeschlossen ist[249].
Diese Feststellung führt nunmehr dazu, die Quotenregelung der Art. 4 und 5 RL mangels eines legitimen Ziels, das einen Eingriff in Art. 10 EMRK zu rechtfertigen geeignet wäre, als mit dieser Bestimmung nicht vereinbar zu bewerten.

---

243 v. Bogdandy, EuZW 1992, 9 (15).

244 so auch de Witte, Yearbook of Media and Entertainment Law 1995, 101 (116), der darauf verweist, daß bisher auch noch keine der vielen bestehenden nationalen Quotenregelungen als Verstoß gegen Art. 10 Abs. 2 EMRK angegriffen worden sei.

245 EGMR (Autronic) EuGRZ 1990, 261.

246 dabei tendiert der EGMR dazu, Freiheitsbetätigungen im wirtschaftlichen Bereich graduell geringeren Schutz angedeihen zu lassen, als solchen im politischen Bereich - hierzu Calliess, EuGRZ 1996, 293 (297).

247 EuGH Rs. C-288/89 (Gouda), Slg. 1991, 4007 (4043); EuGH (Kommission/ Niederlande), Slg. 1991, 4069 (4096); EuGH Rs C-23/93 (TV 10 SA) Slg. 1994, I-4794, EuGH Slg. 1997, I-3689 (Familiapress); - hierzu (und allgemein zu den gemeinschaftsrechtlichen Grundrechtsschranken): Schildknecht, Grundrechtsschranken in der Europäischen Gemeinschaft, S. 181 ff (196).

248 EGMR, Ser. A 165, 1, 18, § 28; - Engel in Mestmäcker/Engel/Gabriel-Bräutigam/ Hoffmann, Der Einfluß des europäischen Gemeinschaftsrechts auf die deutsche Rundfunkordnung, 1990, S. 92; Engel, Privater Rundfunk vor der Menschenrechtskonvention, 1993, S. 334; Hoffmann, in Bullinger, Kommunikation ohne Monopole II, 1995, S. 607 (623); v. Bogdandy in v. Bogdandy/Grabitz/Nettesheim, Europäisches Außenwirtschaftsrecht, 1994, S. 571 (588).

249 so im Ergebnis auch Hoffmann-Riem, Rundfunkrecht neben Wirtschaftsrecht, 1991, S. 194/195.

Für die Frage der Vereinbarkeit der Richtlinie mit grundrechtlichen Positionen in Form der Gemeinschaftsgrundrechte ergibt sich daher, daß zwar die Regelungen zu Werbung und Jugendschutz das sich aus Art. 10 EMRK ergebende Rundfunkgrundrecht gerechtfertigterweise einschränken, daß sich für die derzeitige Verankerung der Quotenregelung jedoch keine Rechtfertigungsgründe finden.

2) Kompetenzbegrenzung durch internationale Regelungen

Die Beurteilung der kompetenzrechtlichen Möglichkeiten der Gemeinschaft, in Gestalt der Fernsehrichtlinie regulatorisch auf den Bereich audiovisueller Medien zuzugreifen, bliebe unvollständig, ließe man die Vorgaben international gesetzten Rechts und damit vor allem der WTO außer acht. Die so angesprochene internationale Dimension der Fernsehrichtlinie eröffnet sich, wenn man sich verdeutlicht, wie deren Vorgaben sich auf den internationalen Filmhandel auswirken müssen.
Die durch weltweiten Freihandel gekennzeichnete Handelsliberalisierung führt - so besagt es die Theorie der klassischen Wohlfahrtsökonomie[250]- weltweit zu vermehrtem Wohlstand. Unter dieser Prämisse ergibt sich, daß alle Handelshemmnisse, wie beispielsweise Handelsbeschränkungen und Zölle, zu vermeiden sind. Insbesondere die in den Art. 4 und 5 RL begründete Quotierungspolitik der Gemeinschaft zielt auf einen effektiven Schutz heimischer Produktion des audiovisuellen Sektors vor weltwirtschaftlichem Wettbewerb. Das ist zum einen mit dem Wunsch der Europäer nach Erhalt der eigenen kulturellen Infrastruktur und dem Widerspiegeln europäischer Identität in den Fernsehproduktionen zu begründen[251], geht aber eben auch auf industriepolitische Zielsetzungen zurück[252], die eine Stärkung des europäischen audiovisuellen Sektors beispielsweise aus Gründen des Beschäftigungswachstums verfolgen[253]. Indem die Sendung von außereuropäischen Programmen dadurch beschränkt wird, daß der Anteil zu sendender innereuropäischer Programme festgelegt wird, werden die von außer-

---

[250] Samuelson/ Nordhaus, Volkswirtschaftslehre, 1998, S. 778.
[251] Hahn, ZfaöRV 1996, 315 (344).
[252] so auch Kilian, in: Dittmann/Fechner/Sander, Der Rundfunkbegriff im Wandel der Medien, 1997, S. 71 (90).
[253] zu alldem bereits Kapitel 1.

halb der Gemeinschaft stammenden Programme behindert[254]. Damit entfalten Teile der Richtlinienvorschriften - so vor allem jene Vorschriften, die die Förderung europäischer Programme betreffen - protektionistische Wirkung, so daß kompetenzrechtliche Grenzen auch im internationalen Kontext der WTO gesucht werden müssen.
Solche Rechtsgrenzen können sich aus dem GATT ergeben, das den Welthandel mit Waren betrifft. Hier finden sich mit Art. III Abs. 10 und Art. IV GATT zunächst Sonderregelungen nur für Kinofilme, wonach mengenmäßige Beschränkungen in Form von Spielzeitkontingenten hierfür zulässig sind. Keine speziellen Bestimmungen lassen sich dem Regelungswerk allerdings im Zusammenhang mit Fernsehprogrammen entnehmen.
Bereits vor der Uruguay-Runde 1994[255] wurde die Vereinbarkeit der Quotenregelung mit den allgemeinen Vorgaben des GATT aber angezweifelt[256].
Mit Beschluß des GATS existiert nunmehr auch ein Regelwerk, das den weltweiten Handel mit Dienstleistungen zum Gegenstand hat. Jedoch ist es in seiner Reichweite begrenzter als das GATT. Während das GATT mit seinen Vorschriften zu Marktzugang und Inländerbehandlung Liberalisierungspflichten statuiert, bestand für die Unterzeichner im Rahmen des GATS die Möglichkeit, bestimmte Bereiche diesen Verpflichtungen zu unterstellen bzw. zu entziehen[257].

Zu klären ist daher zunächst, ob die fragliche protektionistische Regelung der Richtlinie an einer Dienstleistung oder Ware in der Terminologie des GATS bzw. GATT anknüpft.
Keinen Aufschluß über die Abgrenzung können die Regelungswerke selbst geben. Weder sind ihnen Definitionen zu entnehmen, die eine Einordnung der rele-

---

[254] Das sehen als Verstoß gegen welthandelsrechtliche Vorgaben - ganz unabhängig von der Frage der Verbindlichkeit der Quotenregelung -: Giffard, California Western Law Review 1990, S. 159 (168); Kaplan, Emory International Law Review 1994, S. 255 (285); Lupinacci, Vanderbilt Journal of Transnational Law 1991, S. 113 (152); Smith, International Tax and Business Lawyer 1993, 97 (123); Schwarz, North Carolina Journal of International Law and Commerce Regulation, 1990/91, 351 (359/366).

[255] Diese 8 Jahre dauernde Verhandlungsrunde fand am 15.12.1993 ihren Abschluß. Bestandteil der Schlußakte bildete das GATT 1994, das mit den ihm zugeordneten multilateralen Handelsabkommen weiterhin den Warenhandel regelt, während das neu beschlossene GATS Dienstleistungen - auch kultureller Natur - erfaßt. - zum Abschluß der Uruguay-Runde und GATS: Barth, EuZW 1994, 455 ff.; Jansen, EuZW 1994, 65 ff.; Oppermann, RIW 1995, 919 ff.; - außerdem bereits Kapitel 2, I.4.

[256] Baumann, Die Dienstleistungsfreiheit auf dem Gebiet der audiovisuellen Medien, 1998, S. 76; v. Bogdandy, EuZW 1992, 9 (16/17) - der, um dem Warenbegriff (Dienstleistungen sind vom GATT nicht erfaßt) gerecht zu werden, auf die Film - bzw. Tonträger abstellt.

[257] hierzu bereits Kapitel 2.

vanten Sachverhalte ermöglichen würden, noch wurden diejenigen Vorschriften des GATT, die sich auf Kinofilme beziehen[258], klarstellend aus dem Vertragstext gestrichen oder in das GATS transferiert.
Generell heranzuziehendes Kriterium für die Abgrenzung bildet daher das der Körperlichkeit oder Gegenständlichkeit von Waren im Vergleich zu Dienstleistungen, bei denen Verbrauch und Produkt gewissermaßen zusammenfallen[259].
Die Programmindustrie nun, auf deren Stärkung die Quotenregelung abzielt, wurde während der Uruguay-Verhandlungen komplett der Verhandlungsgruppe für Dienstleistungen zugewiesen[260], womit der Einheit des Bereichs als industriellem Sektor Rechnung getragen werden sollte.
Auf Schwierigkeiten stößt eine solche Betrachtungsweise jedoch dann, wenn man sich verdeutlicht, daß der (Kino-)Spielfilm, als „auf einem Träger gespeicherte Bild- und Tonfolge“ und damit als körperlicher Gegenstand, „product“ iSd. Art. IV GATT-Übereinkommen ist[261]. Dagegen stellt sich die Vorführung eines solchen Filmes wiederum als Dienstleistung dar. Im umgekehrten Fall sind TV-Produktionen, werden sie ausgestrahlt, Dienstleistungen. Im Falle ihrer Speicherung auf Trägern könnten sie jedoch wiederum als Produkte zu betrachten sein, die folglich dem GATT unterliegen müßten[262].
Dessen ungeachtet ist die Gemeinschaft der Ansicht, der gesamte audiovisuelle Bereich sei der Geltung von GATT-Regeln entzogen und statt dessen dem GATS unterstellt. In dessen Kontext hat sie sich allerdings nicht zur Liberalisierung verpflichtet und darüber hinaus auf der Negativliste für den audiovisuellen Sektor eine Ausnahme von der Geltung des Meistbegünstigungsgrundsatzes bewirkt. Damit sollte der nötige Freiraum geschaffen werden, die auf den Plan gerufenen

---

258 Das sind Art. III Abs. 10 und Art. IV GATT, der Sonderbestimmungen für Kinofilme schafft und sie damit den strengen Liberalisierungsverpflichtungen des GATT entzieht. So dürfen unter bestimmten in Art. IV GATT genannten Voraussetzungen über Spielzeitkontingentierungen mengenmäßige Beschränkungen zugunsten der einheimischen Filmindustrie erhoben werden. - hierzu auch Smith, Int. Tax & Business Lawyer 1993, 97 (116).

259 Lenz - Lux, EG-Kommentar, 1999, Rn. 19 zu Art. 28 EGV; Sander, in Dittmann u.a. Der Rundfunkbegriff im Wandel der Medien, 1997, S. 179; Senti, GATT-System der Welthandelsordnung, 1986, S. 110.

260 Hahn, ZfaöRV 1996, 315 (328).

261 Daß es sich bei Filmträgern und Tonbändern um Waren handelt, hat auch der EuGH festgestellt - siehe nur EuGH Rs. 155/73 (Sacchi), Slg. 1974, 409 (432).

262 Die Abgrenzungsproblematik im Detail verdeutlicht Hahn, ZfaöRV 1996, 315 (330); etwas weniger detailreich: Sander, in Dittmann/Fechner/Sander: Der Rundfunkbegriff im Wandel der Medien, 1997, S. 179 ff.

Maßnahmen zur Stärkung der europäischen Programmindustrie, vor allem die Quotenregelung, fortführen zu können[263].
Kritisieren läßt sich an dieser Sichtweise, daß sie die de facto bestehenden Abgrenzungsschwierigkeiten ignoriert bzw. Unterschiede zwischen Kino- und TV-Produktion bzw. jeweiliger Ausstrahlung nivelliert. Die Entscheidung darüber, inwieweit die Quotenregelung GATT-verträglich ist, ist letztlich eine diffizilere und nicht lediglich an der Gesamtbetrachtung des audiovisuellen Bereichs als „service sector" festzumachen. Trotzdem ist die Zielvorstellung richtig, unterschiedliche rechtliche Strukturen in einem per se zusammengehörenden Bereich aus Praktikabilitätserwägungen heraus zu überwinden.
Die Zugehörigkeit des Bereichs der Übertragung und Ausstrahlung von Fernsehprogrammen zum Dienstleistungssektor läßt sich aber mit der typischen Geschäftsgestaltung in diesem Bereich begründen, die den Fernsehveranstaltern nicht die vollen Rechte an den von anderen hergestellten Programmen gewährt, sondern nur die Erlaubnis, diese unter bestimmten vereinbarten Konditionen zu senden. Inhalt der vertraglichen Beziehungen ist daher keine Ware, sondern ein Recht. Auf dieser Annahme basiert auch der hin und wieder gezogene Vergleich zum Leasing[264] von Waren, dem die Vertragsgestaltung im Bereich der Fernsehprogramme gleicht und das ebenso als Dienstleistung eingeordnet wird. Die Sonderregelung des Art. IV GATT ergibt nichts Gegenteiliges: Sie bezieht sich eben nur auf Kinofilme und nicht auf die Ausstrahlung von Fernsehprogrammen.
Diese Einstufung[265] führt welthandelsrechtlich betrachtet zu einer grundsätzlichen Anwendbarkeit des GATS. Dessen Gültigkeit für audiovisuelle Dienstleistungen ist soweit auch nicht durch eine kulturelle Bereichsausnahme gesperrt[266], obwohl die Aufnahme einer solchen Klausel bzw. die eigenständige Regelung des hochsensiblen Bereichs audiovisueller Dienstleistungen[267] in der nächsten GATT-Runde jedoch verschiedentlich gefordert wird[268]. Eine Möglichkeit hierzu soll sich daraus ergeben, daß die GATS-Vertragsparteien auf wirtschaftsrechtliche

---

263 KOM (94), 96 endg.; Cottier, ZUM 1994, 749 (755); Hahn, ZfaöRV 1996, 315 (333); Kruse, RuF 1994, 184 (192).

264 Helling, Die Programmstandards der EG-Fernsehrichtlinie, 1999, S. 101.

265 dagegen v. Bogdandy, EuZW 1992, 9 (16); Cottier, ZUM-SH 1994, 749 (750); Frohne, ZUM 1989, 390 (395); Grabitz/Bogdandy/Nettesheim, Europäisches Außenwirtschaftsrecht, 1994, S. 590; Sandberg, Unzulässiger Protektionismus in der europäischen Medienpolitik, 1998, S. 166.

266 Hahn, ZfaöRV 1996, 315 (342); zur Idee einer kulturellen Bereichsausnahme auch Tinel, RMC 2000, 78 ff.

267 Cottier, ZUM-SH 1994, 749 (759); Sander, in Dittmann/Fechner/Sander, Der Rundfunkbegriff im Wandel der Medien, 1997, S. 177 (185).

268 so z.B. von Baumann, Die Dienstleistungsfreiheit auf dem Gebiet der audiovisuellen Medien, 1998, S. 166; Hahn, ZfaöRV 1996, 315 (344 ff.); Seelmann-Eggebert, Internationaler Rundfunkhandel, 1998, S. 102.

Regelungsbefugnisse, nicht aber auf solche außerwirtschaftlicher Natur verzichtet haben[269]. In diesem Zusammenhang ausschlaggebend wird damit sein, inwieweit die Quoten tatsächlich lediglich außerökonomischen Zielsetzungen dienen. Dies ist den Stellungnahmen der Gemeinschaft allerdings nicht klar zu entnehmen: Während Frankreich sich eher vor dem Hintergrund europäischer Kulturwahrung für die Quote engagierte, lassen sich den Erwägungen der Kommission auch im Rahmen der Richtlinie stärker ökonomische Intentionen entnehmen. Deshalb muß darauf abgestellt werden, inwieweit die Quoten die Funktion erfüllen können, diejenige Vielfalt zu gewährleisten, die für das sich aus kleineren kulturellen Einheiten zusammensetzende Europa[270] so wichtig ist.

Da eine kulturelle Bereichsausnahme derzeit nicht existiert, sind für Regelungen wie die Quote, die vor einem protektionistischen Hintergrund erfolgen, die Vorschriften des GATS maßgeblich.
Art. II Abs. 1 GATS statuiert das Meistbegünstigungsprinzip, das vorschreibt, daß Dienstleistern eines Mitgliedstaates dieselben Vergünstigungen einzuräumen sind, wie sie Dienstleistern anderer Mitglieder durch einen Staat gewährt werden. Damit verbieten sich jegliche Diskriminierungen in bezug auf Marktzugang und -bedingungen. Indem die Quote aber eine Situation schaffen soll, in der europäische Fernsehprogramme außereuropäischen vorgezogen werden, behandelt sie europäische und außereuropäische Programme unterschiedlich.
Als Verstoß gegen Art. II Abs. 1 GATS muß das jedoch nur dann beurteilt werden, wenn Art. II Abs. 2 GATS nicht herangezogen werden kann. Diese Vorschrift eröffnet die Möglichkeit für Mitglieder, bestimmte Bereiche auf einer Negativliste im Anhang von Art. II zu fixieren und so vom Meistbegünstigungsprinzip auszunehmen. Da die Gemeinschaft von dieser - allerdings zeitlich begrenzten - Möglichkeit für den audiovisuellen Sektor Gebrauch gemacht hat[271], ist der Meistbegünstigungsgrundsatz durch die Quoten nicht verletzt[272].
Ein weiteres im Rahmen des GATT angesiedeltes und für die Fortschreitung der Liberalisierung entscheidendes Prinzip ist das der Inländergleichbehandlung, das zur Gleichbehandlung von inländischen und ausländischen Waren verpflichtet. Dieses Prinzip findet im GATS jedoch nur insoweit Erwähnung, als Teil III GATS in dieser Hinsicht zu Liberalisierungen auf binationalem Wege anregt. Dabei muß eine GATS-Vertragspartei Inländergleichbehandlung nur gewähren,

---

269 Hahn, ZfaöRV 1996, 315 (344).
270 Kilian, in Dittmann/Fechner/Sander, Der Rundfunkbegriff im Wandel der Medien, 1997, S. 71 (89).
271 siehe auch 2. Kapitel.
272 so auch Drijber, CMLR 1999, 87 (112).

wenn sie spezielle Verpflichtungen hierzu für den jeweiligen Bereich eingegangen ist[273]. Den Mitgliedern ist also die Möglichkeit eingeräumt, sich den Regelungen des Abkommens temporär zu entziehen. Hiervon hat die Gemeinschaft hinsichtlich des Prinzips der Inländerbehandlung im Zusammenhang mit der europäischen Programmindustrie Gebrauch gemacht.

Die Feststellung eines grundsätzlich anzunehmenden Verstoßes gegen GATS-Grundsätze wirkt sich daher zunächst nicht auf die Kompetenzfrage bezüglich des Erlasses der Richtlinie in ihrer ursprünglichen bzw. geänderten Form aus: Sowohl für den Grundsatz der Inländerbehandlung als auch für den Meistbegünstigungsgrundsatz hat die Gemeinschaft von der jeweiligen Möglichkeit Gebrauch gemacht, die Geltung vorerst einzuschränken. Im Umfeld einer neuen Verhandlungsrunde, die im Dezember 2001 in Doha ihren Ausgang nahm[274], sollen die Liberalisierungen im Rahmen des GATS - wie es auch Art. XIX GATS erfordert - allerdings weiter vorangetrieben werden. Dabei kommt vor allem auch den Liberalisierungen im Rahmen des audiovisuellen Sektors einige Bedeutung zu, was nicht zuletzt auf die dürftigen Ergebnisse der Uruguay-Runde in diesem Bereich zurückzuführen ist[275]. Von der EU allerdings liegen in bezug auf den audiovisuellen Sektor noch keine Verhandlungsvorschläge vor.

c. Zusammenfassung zum kompetenzrechtlichen Hintergrund

Die untersuchten Regelungen der Fernsehrichtlinie können weitgehend als kompetenzrechtlich unbedenklich eingeordnet werden. Schwierigkeiten bereiten lediglich die Bestimmungen der Art. 4 und 5 RL zu den Mindestanteilen europäischer Werke am Gesamtprogramm der Sendeunternehmen in den Mitgliedstaaten. Deren Integration in das Regelungswerk hatte zwar letztlich sowohl wirtschafts- als auch kulturpolitische Gründe. Die Aufnahme in eine koordinierende Regelung erforderte jedoch eine Abstützung auf die zunächst rein wirtschaftlich ausgerichteten Binnenmarktkompetenzen.
Gerade dieses stark ökonomisierte Rundfunkverständnis, das die Ausgangssituation der möglichen Rechtsgrundlagen der Gemeinschaft forciert, bewirkt einen verstärkten Deregulierungsdruck, der dazu führen kann, daß die Programmindustrie dazu gezwungen ist, aus Gründen der Wettbewerbsfähigkeit Programme

---

[273] Sogenannte „specific commitments" - siehe Teil III GATS.
[274] hierzu schon 2. Kapitel.
[275] siehe auch König, ZUM 2002, 271 (271).

einer möglichst weiten Verbreitung zugänglich zu machen, was wiederum die unter kulturellen Aspekten unerwünschten Verflachung der Inhalte zur Folge haben wird[276]. Hierin ist schließlich auch die Ursache für die Kollisionen der Richtlinie mit Art. 10 EMRK bzw. dem Welthandelsrecht[277] zu sehen, die kulturpolitisch motiviert aufgelöst werden könnten.
Eine Alternative zu der Aufnahme in die Fernsehrichtlinie wäre die Formulierung als rechtlich unverbindliche Empfehlung gewesen. Eine rein kulturpolitisch motivierte Selbstverpflichtung durch die Mitgliedstaaten könnte - im Fall der Implementierung einer kulturellen Bereichsausnahme in den nächsten GATT-/ GATS-Verhandlungen - die welthandelsrechtliche Problemlage entschärfen, allerdings mit dem Effekt, daß die durch die Fernsehrichtlinie erreichte flächendeckende Einhaltung der Quotenregelung und damit der umfangreiche Rückgriff auf europäische Programme gestört würde.
Die Beurteilung der Quotenbestimmungen bekäme jedoch auch dann einen anderen Charakter, wenn sie - einem ihrer Motivationsstränge - entsprechend stärker kulturpolitisch begründet und ausgelegt wäre. Dann ließe sich die Regelung auch in Hinblick auf den Maßstab des Art. 10 EMRK rechtfertigen und würde zugleich die welthandelsrechtliche Situation in anderem Licht erscheinen lassen. Die Möglichkeit hierfür blieb und bleibt der Gemeinschaft nicht verschlossen. Berechtigt und darüber hinaus auch verpflichtet, kulturpolitische Erwägung in den Abwägungs- und Rechtssetzungsprozeß einzubeziehen, sind die Gemeinschaftsorgane über Art. 151 Abs. 4 EGV. Diese Möglichkeit, bei der Rechtsangleichung zur Herstellung des Binnenmarktes, kulturpolitischen Erwägungen ebenso Ausdruck zu verleihen, hat die Gemeinschaft im Zusammenhang mit der Fernsehrichtlinie allerdings nicht wahrgenommen.

2. Medienpolitische Parameter und Dienste der Informationsgesellschaft

Rechtsangleichung, die - allerdings nur punktuell - Zielsetzungen audiovisueller Politik der Gemeinschaft[278] widerspiegelt, findet sich für den Bereich der neuen Dienste vor allem in Form der „Richtlinie über den elektronischen Geschäftsver-

---

276 so Heinze, Fernsehen ohne Grenzen, 1993, S. 117 f.
277 so auch Kleinsteuber in Roß/Wilke, Umbruch in der Medienlandschaft, 1991, S. 137 (152).
278 siehe oben, 1. Kapitel.

kehr“[279]. Als die audiovisuelle Politik betreffend werden aber auch die hiermit zusammenhängende Signaturrichtlinie[280] bzw. die Richtlinie über ein Informationsverfahren auf dem Gebiet der Normen und technischen Vorschriften für Dienste der Informationsgesellschaft[281] betrachtet[282]. Jene beiden Regelungswerke beziehen sich allerdings nicht mehr direkt auf den Inhalt audiovisueller Werke in traditionellen oder neuen Medien, sondern betreffen Fragen technischer bzw. organisatorischer Natur: Während die Signaturrichtlinie einen Rahmen für die Werkzeuge schafft, die für eine sichere und vertrauensvolle Kommunikation in den Datennetzen benötigt werden, ist es Anliegen der Richtlinie über Informationsverfahren für Dienste der Informationsgesellschaft über eben solche Informationsverfahren die gesetzgeberischen Maßnahmen der Mitgliedstaaten in Bezug auf die Informationsgesellschaft aufeinander auszurichten und zugleich Gesichtspunkte des Binnenmarktes im Blick zu behalten.

Vorschriften, die sich dem gemeinschaftlichen Politikfeld „Audiovisuelle Politik“ insofern zuordnen lassen, als sie öffentlichen Interessen dienen, enthält die „Richtlinie über bestimmte rechtliche Aspekte der Dienste der Informationsgesellschaft“ dort, wo sie sich des Verbraucherschutzes annimmt[283], den die Europäische Gemeinschaft - obwohl die Positionen der Verbraucher im Zuge der größeren Transparenz der Märkte gestärkt werden - dennoch nicht dem freien Spiel des Marktes überläßt[284]:
Die Richtlinie zum elektronischen Geschäftsverkehr regelt horizontal für alle Dienste der Informationsgesellschaft Probleme der Niederlassung bzw. Zulassung von Diensteanbietern, der kommerziellen Kommunikation, dem elektronischen Vertragsschluß und der Verantwortlichkeit der Vermittler. Dabei bestimmt sich die sachliche Zugehörigkeit zu den Diensten der Informationsgesellschaft wieder-

---

279 Richtlinie 2000/31/EG des Europäischen Parlaments und des Rates vom 8. Juni 2000 über bestimmte rechtliche Aspekte der Dienste der Informationsgesellschaft, insbesondere des elektronischen Geschäftsverkehrs im Binnenmarkt, ABl. L 178/1 vom 17.7.2000 - zum Entstehen eines Europäischen Multimediarechts: Roßnagel, in Kloepfer: Kommunikation-Technik-Recht, 2002, S. 139 ff.

280 Richtlinie 1999/93/EG des Europäischen Parlaments und des Rates vom 13. Dezember 1999 über gemeinschaftliche Rahmenbedingungen für elektronische Signaturen, ABl. 2000 L 13/12.

281 RL 98/34/EG über ein Informationsverfahren auf dem Gebiet der Normen und technischen Vorschriften für Dienste der Informationsgesellschaft, ABl. 1998, L 204/37.

282 so z.B. Silver, in Roßnagel, Fernsehen und Neue Medien in Europa, 2001, S. 23 (28).

283 siehe auch Maennel, MMR 1999, 187 (187).

284 so auch Boehme-Neßler, EWS 2001, 149 (150).

um nach der im Rahmen der RL 98/34/EG erstmals erfolgten Definition[285], wonach Dienste der Informationsgesellschaft diejenigen Dienstleistungen sind, die auf „individuellen Abruf" erbracht werden[286].
In Art. 3 Abs. 1 greift diese Richtlinie das bereits im Rahmen der Fernsehrichtlinie für die herkömmlichen Medien tragende Herkunfts - bzw. Sendestaatsprinzip auf, das den Mitgliedstaat, in dem ein Dienstleistungsanbieter ansässig ist, verpflichtet, dafür zu sorgen, daß die innerstaatlichen Vorschriften im koordinierten Bereich auf diesen Dienstleistungsanbieter angewendet werden. Der wichtigste Grundsatz für die Anbieter von Diensten der Informationsgesellschaft ist der der Zulassungsfreiheit, der in Art. 4 verankert ist. Weiter stellt die Richtlinie Regeln für die kommerzielle Kommunikation auf. Diese bestehen hauptsächlich aus Informationspflichten, die dem Verbraucher ermöglichen sollen, Werbung sofort zu identifizieren und den eigentlichen Inhalt so besser bewerten zu können. Außerdem verlangt die Richtlinie, daß der elektronische Vertragsabschluß dem konventionellen Vertragsschluß gleichgestellt wird (Art. 9) und seitens des Diensteanbieters ein Minimum an Informationen über die Art und Weise des Vertragsschlusses bereitgestellt werden (Art. 10). Einen weiteren Schwerpunkt der Richtlinie stellen die Regelungen zur Verantwortlichkeit der Vermittler dar, Art. 12 - 15 RL, mit denen durch Einschränkungen der Vermittlerverantwortlichkeit der Bereich abgesteckt wird, innerhalb dessen die innerstaatlichen Vorschriften für die Verantwortlichkeit dann letztlich gelten sollen. So soll z.B. grundsätzlich keine Verantwortlichkeit für die reine Durchleitung von Inhalten bzw. das Bereitstellen von Speicherplatz bestehen, es sei denn der Diensteanbieter hat auf die Übermittlung in irgendeiner Form Einfluß bzw. von den rechtswidrigen Inhalten Kenntnis.
Gestützt wurde die Regelung auf die Art. 47 Abs. 2, 55 und 95 EGV und damit wiederum auf die Rechtsangleichungskompetenzen der Gemeinschaft hinsichtlich des freien Dienstleistungsverkehrs und des Binnenmarktes. Bei den Diensten der Informationsgesellschaft handelt es sich um solche, die in entgeltlichen Vertragsbeziehungen und grenzüberschreitend, d.h. weltweit, von den Anbietern erbracht werden, so daß der Rückgriff auf die Vorschriften zur Verwirklichung des freien Dienstleistungsverkehrs[287] einfacher zu begründen ist, als im Zusammenhang mit den Rundfunkdiensten, die in Form des Free-TV bestehen[288]. Regelungsbedarf

---

285 Art. 1 RL 98/34/EG über ein Informationsverfahren auf dem Gebiet der Normen und technischen Vorschriften für die Dienste der Informationsgesellschaft, Abl 1998, L 204/37.

286 hierzu auch Spindler, MMR - Beilage, 7/2000, 4 (5); Brisch, CR 1999, 235 (236); Maennel, MMR 1999, 187 (188).

287 zu den Voraussetzungen ausführlich bereits Kapitel 1.

288 so für alle Abrufdienste auch Rosenthal, Die Kompetenz der Europäischen Gemeinschaft für den rechtlichen Rahmen der Informationsgesellschaft, 1998, S. 60/61.

ergab sich vor allem aus der Tatsache, daß die in den Mitgliedstaaten existierenden unterschiedlichen Regelungen zum Online-Geschäftsverkehr Rechtsunsicherheiten und Hindernisse für den freien Verkehr der Dienste vor allem dort schaffen[289], wo der Diensteanbieter gar keine Informationsmöglichkeiten über das in anderen Ländern geltende Recht hat und überdies nicht in der Lage ist vorherzusehen, in welchen Ländern seine Dienste abgerufen werden[290].
Angsichts des globalen Charakters solcher Dienstleistungen kann auch an der Notwendigkeit hiermit zusammenhängende Dienstleistungen übernational zu regeln, nicht gezweifelt werden. Da es sich nicht um Rundfunkdienste, sondern um die wesentlich stärker an wirtschaftlichen Interessen ausgerichteten Dienste der Informationsgesellschaft handelt, treten Bedenken im Hinblick auf die kulturpolitische Kompetenzwahrung der Mitgliedstaaten ebenso in den Hintergrund. Auch aus Sicht der Kompetenzgrenzen ergeben sich daher keine Bedenken gegenüber dieser Teilregelung in bezug auf die Dienste der Informationsgesellschaft.

3. Verbleibender Regelungsbedarf und die Möglichkeit der Erweiterung der Fernsehrichtlinie zur „Content - Richtlinie"

Getreu der Leitvorstellung Point-to-Point-Dienste im Rahmen eines Systems abgestufter Regelungsdichte wegen ihres geringen Einflusses auf die Meinungsbildung vornehmlich dem Wettbewerb zu überlassen[291], enthalten bisherige Regelungen zu den Diensten der Informationsgesellschaft Vorschriften, die den betreffenden Industriezweigen zu günstigeren Ausgangspositionen verhelfen sollen, indem sie z.B. über die Gewährleistung von Verbraucherschutz die Akzeptanz bei den Nutzern fördern und so eventuelle Vorbehalte gegenüber solchen neuen Dienstleistungen abbauen. Über die so betroffene wirtschaftliche Seite audiovisueller Politik hinaus existieren aber keine Vorschriften, die - parallel etwa zu den Bestimmungen der Fernsehrichtlinie - den Schutz von öffentlichen Interessen wie Jugendschutz oder kultureller Vielfalt zu verfolgen geeignet wären.

---

[289] so auch Erwägungsgrund 5 bzw. 40 der RL.
[290] siehe auch Maennel, MMR 1999, 187 (189).
[291] siehe 1. Kapitel.

Für einen Revisionsprozeß in Hinblick auf die Regelungen der Fernsehrichtlinie[292] wird diskutiert, inwieweit die dort getroffenen Regelungen zu Jugend- und Persönlichkeitsschutz bzw. der Förderung kultureller Vielfalt auf die vom Geltungsbereich derzeit noch nicht erfaßten neuen Dienste[293] erweitert und die Richtlinie so in Richtung einer „Content-Richtlinie" fortentwickelt werden soll[294]. Kompetenzrechtlich stünde die Beurteilung einer solchen Erweiterung wiederum in Abhängigkeit eines möglichen Rückgriffs auf Koordinierungskompetenzen der Gemeinschaft. Auch hier läßt sich wiederum das Dienstleistungsrecht und damit Handlungsbefugnisse auf der Grundlage von Art. 49, 55 iVm Art. 47 Abs. 2 EGV heranziehen: Die bisher nicht erfaßten Abrufdienste[295] werden in unkörperlicher Form[296] im Rahmen von vertraglichen Beziehungen angeboten, die das Entgelterfordernis[297] und damit insgesamt eine Einordnung solcher Dienste als Dienstleistungen ermöglichen[298]. Angesichts der Tatsache, daß in verschiedenen Mitgliedstaaten bereits Regelungsbestrebungen - beispielsweise für neue Werbeformen verfolgt werden[299] - deren unterschiedlichen Regelungsansätzen die Gefahr einer hierdurch hervorgerufenen heterogenen Marktentwicklung anhaftet, läßt sich auch ein Koordinierungsbedürfnis feststellen. Eine Erweiterung der Regelungen im Rahmen der Fernsehrichtlinie auf bisher noch nicht erfaßte Dienste wäre darüber hinaus wiederum an die Grundsätze von Subsidiarität und Verhältnismäßigkeit, Art. 5 EGV, sowie diejenigen Rechtsgrenzen gebunden, die ge-

---

292 hierzu und zu diversen Stellungnahmen nationaler Einrichtungen: König, ZUM 2002, 803 ff.

293 siehe dazu oben I.1.a.

294 Dieses Vorhaben wurde schließlich auch von den privaten Fernsehanbietern unterstützt, die sich ursprünglich im Sinne einer „kleinen Revision" und damit für Abschaffung v.a. der Quotenregelung und eine generelle Deregulierung ausgesprochen hatten. - vgl. die Pressemitteilung VPRT vom 17. 4. 2002: „Keine Revision der EG-Fernsehrichtlinie". Allerdings dürfte spätestens seit dem Vierten Bericht der Kommission an den Europäischen Rat, das Europäische Parlament, den Wirtschafts- und Sozialausschuß und den Ausschuß der Regionen über die Anwendung der Richtlinie (KOM (2002) 778 endg. vom 6.1.2003) feststehen, daß sich derartige Überlegungen noch über einen längeren Zeitraum erstrecken werden. - Im Anhang zu diesem Bericht findet sich ein Arbeitsprogramm der Kommission, das - ergebnisoffen - eine Debatte über eine Anpassung der ordnungspolitischen Rahmenbedingungen aufgrund der marktlichen und technologischen Entwicklungen erneut in Gang setzen soll.

295 „Dienste der Informationsgesellschaft".

296 hierzu siehe I.1.b.bb.1.

297 I.1.b.bb.2.

298 hierzu siehe Rosenthal, Die Kompetenz der Gemeinschaft für den rechtlichen Rahmen der Informationsgesellschaft, 1998, S. 60/61.

299 hierzu ausführlich: Klickermann, Europäisches Fernsehwerberecht im Wandel der neuen Medien, 2001, S. 228.

meinschaftliches Handeln aus der EMRK[300] bzw. internationalen Verträgen[301] beachten muß.

Allerdings erscheint es nicht notwendig und darüber hinaus auch nicht praktikabel, alle gegenwärtigen Vorschriften der Fernsehrichtlinie auf die bisher noch nicht erfaßten Abrufdienste auszudehnen.

- Für die Regelung zu den Mindestanteilen europäischen Programmaterials ergibt sich dies schon daraus, daß sowohl Effekt als auch rechtliche Haltbarkeit bereits im Rahmen der derzeit gültigen Fassung zweifelhaft sind[302]. Aus diesem Grund wird in verschiedenen Stellungnahmen zur Revision der Richtlinie auch die Abschaffung der Quotenregelung gefordert[303]. Im übrigen sei die Quotierung mittlerweile auch überflüssig, wie die Einhaltung und zum Teil sogar Übererfüllung der Anteile europäischer Werke in den einzelnen Mitgliedstaaten demonstriere[304]. Die Sender hielten die Regelung aber nicht um ihrer selbst willen in dem Maße ein, sondern verhielten sich nur marktkonform und orientierten sich an den Zuschauerpräferenzen hin zum nationalen Fernsehprogramm, die den Marktanteil amerikanischer Fernsehprogramme in den letzten Jahren hätten sinken lassen[305]. Die Quotenregelung ließe sich in der Novelle nur halten, wenn ihr ein stärkeres kulturpolitisches Gewicht verliehen würde[306]. Aber selbst dann müßte regelungstechnisch noch differenziert werden zwischen der Anwendung solcher Mindestanteilsregelungen auf Rundfunk- und andere Zugriffsdienste auf der einen und Abrufdienste auf der anderen Seite. Für letztere erscheint eine Quotenregelung vor allem faktisch nicht durchführbar[307]: So ist eine quotengebundene Regulierung in computergesteuerten Abrufsystemen nicht denkbar und würde

---

300 im audiovisuellen Bereich hier besonders Art. 10 EMRK, s.o. I.1.b.bb.1.b.

301 insbesondere GATT/GATS - siehe I.1.b.bb.2.

302 siehe I.2.ee.

303 Entschließung des Bundesrates zur Revision der Richtlinie des Rates 89/552/EWG v. 3.10.1989 in der Fassung der Änderungsrichtlinie vom 19. Juni 1997 zur Koordinierung bestimmter Rechts- und Verwaltungsvorschriften der Mitgliedstaaten über die Ausübung der Fernsehtätigkeit, Drucksache 116/02.

304 hierzu: Dritter Bericht der Kommission an Rat, Parlament und Wirtschafts- und Sozialausschuß über die Anwendung der Richtlinie 97/36/EG, KOM (2001) 9 endg. vom 15.1.2001.

305 Stellungnahme VPRT zu Art. 4, 5 und 6 der Richtlinie „Fernsehen ohne Grenzen", S. 2.

306 siehe oben I.1.b.dd.

307 so auch McGonagle, IRISplus 2001-6, S. 7; Stellungnahme des VPRT zu Art. 4, 5 und 6 der Richtlinie „Fernsehen ohne Grenzen" im Rahmen der Anhörung der GD Bildung und Kultur zu einer Studie gem. Art. 25a RL durchgeführt von Kanzlei Uyttendaele, Gerard & Doutrelepont.

darüber hinaus auch im Falle individueller Abrufmöglichkeiten ihrem (kulturpolitischen) Zweck nicht gerecht werden[308].

- Auch das System der Werberegelungen, die die Fernsehrichtlinie aus Gründen des Verbraucherschutzes aufstellt, ist auf traditionelle Werbeformen und Programmschemata[309] zugeschnitten und bedarf daher Anpassungen. So lassen sich beispielsweise die quantitativen Vorgaben des Art. 18 RL[310] für Abrufdienste nicht rechtfertigen, weil aufgrund der im Zuge der Digitalisierung erhöhten Angebotsvielfalt das Informationsinteresse des Rezipienten nicht mehr auf eine Weise gefährdet ist, wie im Zusammenhang mit den herkömmlichen Rundfunkdiensten[311]. Statt dessen liegt es in der Natur von Abrufdiensten, daß grundsätzlich nur die Informationen erscheinen, die der Nutzer angefordert hat. Darüber hinaus entstehen auch stetig neue Werbeformen unter Einsatz digitaler Bildverarbeitungstechniken[312], für die geklärt werden muß, inwieweit sie bereits unter herkömmliche Bestimmungen der Fernsehrichtlinie subsumiert werden können bzw. zusätzliche Regelungen erfordern.
Im Zuge der Vorbereitungen zum Novellierungsprozeß werden daher vor allem wesentliche Vereinfachungen und Deregulierung gefordert[313]. In der Tat bestünde in der Festschreibung von lediglich einzelnen grundlegenden Vorgaben für die Werberegulierung eine Möglichkeit der Erweiterung der Richtlinie hin zu einer „Content-Regulierung" auch für Abrufdienste[314].
Eine andere Möglichkeit wäre eine zwischen Rundfunkdiensten und Abrufdiensten differenzierende Regelung getreu dem Ansatz einer „nach der Meinungs-

---

308 so auch Bullinger/Mestmäcker, Multimediadienste, 1997, S. 133; Holznagel, ZUM 1996, 16 (20).

309 McGonagle, IRISplus 2001-6, S. 7.

310 siehe hierzu oben I.1.a.bb.

311 Klickermann, Europäisches Fernsehwerberecht im Wandel der neuen Medien, 2001, S. 263/273.

312 einen Überblick gibt Klickermann, Europäisches Fernsehwerberecht im Wandel der neuen Medien, 2001, S. 224 ff.

313 Stellungnahme der Landesmedienanstalten zur Revision der Fernsehrichtlinie; - nicht weit genug gehen die Forderungen der LMA dem VPRT: Pressemeldung vom 7.2.2002, s.auch: Positionspapier des VPRT zur Revision der EG-Fernsehrichtlinie: „kleine Revision" oder Fortentwicklung zu einer „Content-Richtlinie" vom 15.11.2001; - v.a. müßten die Deregulierungen der Werberegeln der Verabschiedung einer Content-Richtlinie, die nicht vor 2005 zu erwarten sei, zeitlich vorgezogen werden - so Pressemitteilung des VPRT vom 17.4.2002.

314 so auch Klickermann, der diese Variante präferiert, da sie die kompliziertere abgestufte Regelung nach der Meinungsrelevanz der Dienste obsolet macht, - Europäisches Fernsehwerberecht im Wandel der neuen Medien, 2001, S. 260.

bildungsrelevanz abgestuften Regulierungsdichte“[315], die demgemäß für Rundfunk- und Abrufdienste auf einer Stufe geringerer Regelungsintensität Vorgaben beispielsweise nur zu Trennungsgebot, Schleichwerbeverbot oder qualitativen Vorgaben im Zusammenhang mit den gesundheitspolitischen und Jugendschutzbestimmungen enthielte. An dieser Stelle wäre dann zu prüfen, inwieweit auch digitale Werbeformen bereits von diesen Grundsätzen erfaßt werden oder gegebenenfalls zusätzliche Grundsätze für solche neue Werbeformen, die sowohl in Rundfunk- als auch in Abrufdiensten verwendet werden können, gefunden werden müßten. - Hierzu gehört z.B. die unter Gesichtspunkten des Verbraucherschutzes bedenkliche virtuelle Werbung, die über digitale Verfahren die Manipulation von Filmen oder anderen Programmen ermöglicht, indem Werbebotschaften zielgruppengenau und veränderlich digital eingearbeitet werden, die weder in der Realität noch den ausgestrahlten Filmen enthalten sind[316]. Als Form von Product Placement ist diese Werbeform bereits nicht mit dem Trennungsgebot vereinbar[317]. - Nur für Rundfunkdienste zusätzlich würden dann die derzeit gültigen und kompetenzrechtlich nicht zu beanstandenen Regelungen im Zusammenhang mit den zeitlichen Beschränkungen fortgelten.

- Die Bestimmungen zu Jugendschutz und Persönlichkeitsrecht demgegenüber stellen Mindeststandards dar, die auch für die neuen Medien in Form von Abrufdiensten Gültigkeit behalten müssen[318].

II. Urheberrechtliche Aspekte im Rahmen audiovisueller Politik

Der Schaffung eines europäischen audiovisuellen Raumes unter Einhaltung medienpolitischer Parameter[319] sowie den Zielsetzungen hinsichtlich der Wettbewerbsfähigkeit des audiovisuellen Sektors sind auch urheberrechtliche Regelungen der Gemeinschaft verpflichtet. Der Schutz geistigen Eigentums, der

---

315 siehe hierzu 1. Kapitel.

316 zu diesem Problemkreis und anderen neuen elektronischen Werbeformen Klickermann, Europäisches Fernsehwerberecht im Wandel der neuen Medien, 2001, S. 224.

317 siehe auch Klickermann, Europäisches Fernsehwerberecht im Wandel der neuen Medien, 2001, S. 229.

318 so auch McGonagle, IRISplus 2001 - 10, S. 4.

319 siehe 1. Kapitel: die zu wahrenden öffentlichen Interessen sieht die Gemeinschaft in kultureller und sprachlicher Vielfalt, Jugendschutz, Verbraucherschutz, Pluralismus und Schutz von Urheberinteressen - KOM (98) 446 endg.; KOM (99) 657; KOM 2001 (534).

sich in Regelungen über die angemessene Vergütung von Rechteinhabern niederschlägt, bedeutet für Produzenten oder Diensteanbieter eine Absicherung hinsichtlich von ihnen getätigter hoher Investitionen[320]. Solche Absicherung eröffnet wiederum die Möglichkeit, qualitativ anspruchsvolle Inhalte zu produzieren. Urheberrecht und verwandte Schutzrechte sind daher von der Kommission auch als die „wirtschaftliche Substanz der audiovisuellen Industrie und der Filmschaffenden“[321] bezeichnet worden und bilden so Bestandteil gemeinschaftlicher audiovisueller Politik[322].

Erste Anstöße für gemeinschaftliche Rechtsetzungstätigkeit in diesem Bereich finden sich in der Mitteilung des Parlaments vom 13.5.1974 mit der Aufforderung an die Kommission, Harmonisierungsmaßnahmen für das Urheberrecht vorzuschlagen[323] bzw. den Überlegungen zu Harmonisierungsvorhaben im Weißbuch „Vollendung des Binnenmarktes“[324]. Mit dem „Grünbuch über Urheberrecht und die technologische Herausforderung“[325] schließlich konkretisierte die Kommission ihre Vorstellungen über die Harmonisierung urheberrechtlicher Materien. Auch urheberrechtliche Rechtsentwicklung war dabei mit wechselndem Gewicht industrie-[326] bzw. kulturpolitisch[327] geprägt - im weiteren Verlauf aber vor allem durch die Bestrebungen zur Herstellung des Binnenmarktes bestimmt[328]. Hier wird erneut das Spannungsverhältnis zwischen kulturpolitischen Erwägungen und Zielsetzungen einerseits und den wirtschaftlichen Aspekten andererseits deutlich, das die gesamte Materie europäischer Medienpolitik durchzieht.

---

320 siehe EG 10, RL 2001/29/EG des Europäischen Parlaments und des Rates vom 22. Mai 2001 zur Harmonisierung bestimmter Aspekte des Urheberrechts und der verwandten Schutzrechte in der Informationsgesellschaft, Abl 2001, L 167/10.

321 Mitteilung der Kommission „Die Politik der Gemeinschaft im audiovisuellen Bereich - Künftiges Vorgehen“, KOM (98) 446 endg, v. 14.7.1998, S. 18.

322 Mitteilung der Kommission über Grundsätze und Leitlinien audiovisueller Politik, KOM (99) 657.

323 Entschließung zum Schutz des europäischen Kulturgutes, ABl. 1974, C 62/6.

324 Weißbuch der Kommission an den Europäischen Rat, KOM (85) 510 endg. S. 92.

325 Grünbuch über Urheberrecht und die technologische Herausforderung- Urheberrechtsfragen, die sofortiges Handeln erfordern“, KOM (88) 172 endg.

326 „Grünbuch über Urheberrecht und die technologische Herausforderung- Urheberrechtsfragen, die sofortiges Handeln erfordern“, KOM (88) 172 endg.

327 Initiativen zum Grünbuch - Arbeitsprogramm der Kommission auf dem Gebiet des Urheberrechts und der verwandten Schutzrechte, KOM (90) 584 endg.

328 siehe die detaillierten Beschreibungen zur Entwicklung europäischer Aktivitäten im Urheberrecht bei Ellins, Copy Right Law, Urheberrecht und ihre Harmonisierung in der Europäischen Gemeinschaft, 1997, S. 242; Würtenberger, Der Schutz der Filmurheber und Filmhersteller im französischen und europäischen Recht, 1999, S. 224 ff.; Röttinger, UFITA 2001/I, 9 (31).

Nicht nur die Richtlinie 93/83/EWG des Rates zur Koordinierung bestimmter urheber- und leistungsschutzrechtlicher Vorschriften betreffend Satellitenrundfunk und Kabelweiterverbreitung[329], die den grenzüberschreitenden Sendeverkehr in Ergänzung des bereits durch die Fernsehrichtlinie 89/552/EWG gesetzten Rahmen verbessern sollte[330], bezieht sich auf den audiovisuellen Bereich und versucht so, die Schaffung jenes europäischen audiovisuellen Raumes weiter voranzutreiben[331]. Auch die Richtlinie 92/100/EWG des Rates zum Vermiet- und Verleihrecht sowie zu bestimmten dem Urheberrecht verwandten Schutzrechten im Bereich des geistigen Eigentums[332] wirkt sich mit ihren Bestimmungen für Filmhersteller und Produzenten auf den audiovisuellen Bereich aus, indem sie durch Harmonisierung von Ausschließlichkeitsrechten auf hohem Schutzniveau die Herstellung europäischer Werke und deren Verwertung fördern will. Von Einfluß auf den audiovisuellen Bereich ist auch die Richtlinie 93/98/EWG des Rates zur Harmonisierung der Schutzdauer des Urheberrechts und bestimmter verwandter Schutzrechte[333], die den zeitlichen Rahmen solcher Ausschließlichkeitsrechte behandelt.
Im durch die technologischen Prozesse der Digitalisierung eröffneten Regelungsfeld findet sich eine Richtlinie zum Schutz von verschlüsselten Diensten vor Piraterieakten[334], die sich dem urheberrechtlichen Aspekt audiovisueller Politik zuordnen läßt. Das jüngste Regelungswerk mit Auswirkungen auf den audiovisuellen Bereich schließlich stellt die Richtlinie zur Harmonisierung bestimmter Aspekte des Urheberrechts und der verwandten Schutzrechte in der Informationsgesellschaft 2001/29/EG dar.

Im folgenden sollen daher die die Inhalteregulierung im audiovisuellen Bereich tangierenden Regeln der genannten Richtlinien skizziert werden und in den kompetenzrechtlichen Rahmen der Gemeinschaft eingeordnet werden.

---

329 Kabel- und SatellitenRL, ABl. 1993, L 248/15.

330 Erwägungsgrund 12 .

331 so Dörr, IHB 2000/2001, 75 (76); Kreile/Becker, ZUM 1992, 581 (588).

332 Vermiet- und VerleihRL, ABl. 1992 L 346/61.

333 SchutzdauerRL, ABl. 1993 L 290/9.

334 Richtlinie 98/84/EG des Europäischen Parlaments und des Rates vom 20. November 1998 über den rechtlichen Schutz von zugangskontrollierten Diensten und von Zugangskontrolldiensten, ABl. 1998 L 320/54.

1. Regulierung im klassischen audiovisuellen Bereich

a. Medienpolitischer Gehalt urheberrechtlicher Regelungswerke

In Ergänzung der Fernsehrichtlinie[335], in die nach ursprünglichen Vorstellungen das für den Sendebereich relevante Urheberrecht integriert werden sollte[336], bildet die „Kabel- und Satellitenrichtlinie" (93/83/EWG)[337] diejenige urheberrechtliche Regulierung mit dem wohl engsten Bezug zum audiovisuellen Bereich. Sie bezweckt eine Angleichung der Regelungen zur Rechteinhaberschaft bezüglich urheberrechtlicher Schutzgegenstände im Zusammenhang mit den unterschiedlichen technischen Übertragungsmöglichkeiten der Satellitenübertragung[338] bzw. Kabelweiterverbreitung. Damit soll den bei Satellitenrundfunk und Kabelweiterverbreitung Beteiligten Rechtssicherheit gewährt und die grenzüberschreitende Sendetätigkeit, auch über Satellit, im europäischen audiovisuellen Raum erleichtert werden.
In Hinblick auf Satellitenübertragungen räumt sie dem Urheber ein, über die öffentliche Wiedergabe zu bestimmen (Art. 2 RL) bzw. dieses Recht vertraglich zu übertragen. Bei der Übertragung über Satellit soll nur das Urheberrecht des Sendestaates, nicht auch das der Empfangsländer betroffen sein[339]. Damit wird die Sendelandtheorie im Urheberrecht verankert, die die Situation für Verwerter insofern vereinfacht, als diese nicht von allen Mitgliedsstaaten, in die der Satellit überträgt, Rechte für die Sendung erwerben müssen, sondern eben nur für das Ursprungsland.
Art. 9 RL gewährt Urhebern ein Verbotsrecht bezüglich der Kabelweiterverbreitung, dessen Geltendmachung aber nur durch Verwertungsgesellschaften, also solche Organisationen, die Urheber- oder verwandte Schutzrechte als Hauptziele wahrnehmen oder verwalten, erfolgen soll, Art. 1 Abs. 4 RL. Damit soll Kabelunternehmen der Erwerb von Weiterleitungsrechten erleichtert werden.
Keine Regelung findet sich für Probleme der Rechteinhaberschaft in bezug auf digitale Übertragungsformen. Auch eine zunächst angedachte Einbeziehung von Regelungen zum Schutz kodierter Signale gegen unerlaubte Dekodierung wurde

---

335 Richtlinie 97/36/EG über die Koordinierung mitgliedstaatlicher Rechts- und Verwaltungsvorschriften über die Ausübung der Fernsehtätigkeit, ABl. 1997, L 202/60.

336 siehe hierzu Walter-Dreier, Kommentar Europäisches Urheberrecht, 2001, Satelliten-RL, Rn 8 vor Art. 1.

337 ABl. 1993 L 248/15; vgl. hierzu den neuerlichen Bericht der Kommission, KOM (2002) 430 endg. vm 26.7.2002.

338 Direkt- oder Fernmeldesatellitenübertragung.

339 Art. 1 Abs. 2 a und b RL.

nicht realisiert, sondern bis zu einer einheitlichen Lösung für digitale Verbreitung aufgeschoben[340].

Stimulierende Effekte für die Produktion audiovisuellen Materials kann den hierzu ergangenen Regelungen im Rahmen der „Vermiet- und Verleihrichtlinie“ (92/100/EWG)[341] beigemessen werden, deren Zweck darin besteht, diejenigen Personen zu bezeichnen, denen das Recht zukommt, Originale und andere Schutzgegenstände zeitlich begrenzt zum wirtschaftlichen oder kommerziellen Nutzen[342] bzw. zu solchem Gebrauch zu überlassen, der nicht wirtschaftlichem oder kommerziellem Nutzen dient[343]. Den Herstellern audiovisuellen Materials und anderen in Art. 2 benannten Rechteinhabern ermöglicht die Regelung, Dritte daran zu hindern, Kopien ihrer Filme ohne ihre Einwilligung zu vermieten oder zu verleihen. Das bedeutet eine Verbesserung der Partizipation an der wirtschaftlichen Verwertung von Filmmaterial und unter Umständen neben neuen Verwertungsmöglichkeiten auch die Eröffnung neuer Einkommensquellen.
Bedeutung für den audiovisuellen Bereich kommt auch Art. 4 dieser Richtlinie zu, der die Position von Urhebern und ausübenden Künstlern dadurch stärkt, daß er ihnen im Falle der Übertragung ihrer Rechte auf einen Filmproduzenten einen unverzichtbaren Anspruch auf angemessene Vergütung gewährt. Damit werden die Urheber solcher Werke an der wirtschaftlichen Verwertung durch einen direkten Anspruch gegenüber dem jeweiligen Vermieter angemessen beteiligt[344], der auch im Falle einer Übertragung oder Abtretung des ausschließlichen Vermietrechts fortbesteht. Die Höhe der Vergütung bemißt sich laut der 17. Erwägung nach dem Umfang des Beitrags des Rechteinhabers zum Film bzw. anderem urheberrechtlich geschützten Werk.
Kapitel II schließlich wendet sich verwandten Schutzrechten zu und regelt Aufzeichnung, Vervielfältigung, öffentliche Sendung, Wiedergabe und Verbreitung. Bedeutsam für die im audiovisuellen Bereich tätigen Personen sind vor allem die Zuordnung des Aufzeichnungsrechts für ihre Sendungen an die jeweiligen Sendeunternehmen, Art. 6 Abs. 2 und 3 RL, die Zuweisung des Vervielfältigungsrechts durch Art. 7 Abs. 2 RL an die Filmhersteller der ersten Aufzeichnung sowie die Regelungen über die öffentliche Sendung und Wiedergabe, Art. 8 RL, die die Entscheidung darüber ebenfalls den bereits in Art. 2 RL bezeichneten Rechteinhabern überläßt. All diese Regelungen wirken sich im audiovisuellen Bereich als Stärkung der Position derjenigen aus, die an der Herstellung europäischen

---

340 KOM 96, 76 - RL 98/48/EG über den rechtlichen Schutz von zugangskontrollierten Diensten, ABl. 1998, L 320/54.
341 ABl. 1993 L 346/61.
342 Vermietung, Art. 1 Abs. 2 RL, ABl. 1993, L 346/61.
343 Verleihen, Art. 1 ABl. 3 RL, ABl. 1993, L 346/61.
344 Rehbinder, ZUM 1996, 349 (353).

audiovisuellen Materials beteiligt sind und können damit der europäischen audiovisuellen Industrie letztlich zu mehr Wettbewerbsfähigkeit verhelfen.
Keine Regelung trifft die Richtlinie zu Vermiet- und Verleihmöglichkeiten im Wege der elektronischen Datenübermittlung, also On-Demand-Nutzung von Filmen oder Musik. Dabei hatte sich die Kommission in der Begründung zum Richtlinienvorschlag bereits auf diese zu jener Zeit noch wenig bekannten Übermittlungsform bezogen, aber vor allem von einer Subsumtion unter die Nutzung als „Vermieten und Verleihen“ abgesehen[345] und ein Befassen mit diesen Fragen als ingesamt zu früh bewertet.
Bedeutung für die wirtschaftliche Verwertung audiovisuellen Materials und damit für den audiovisuellen Sektor kommt schließlich den Regelungen des Art. 2 und 3 der „Schutzdauer-Richtlinie“ (93/98/EWG)[346] zu. Art. 2 dieser Richtlinie, der in Abs. 1 nochmals die Urheberschaft an Filmen oder audiovisuellen Werken bestimmt[347], legt die Dauer solcher Rechtsinhaberschaft auf 70 Jahre nach dem Tode des längstlebenden (Mit-)Urhebers fest. Verwandte Schutzrechte wie Aufzeichnung und öffentliche Wiedergabe sind für Filmhersteller (Art. 3 Abs. 3) und Sendeunternehmen (Abs. 4) auf 50 Jahre begrenzt.

b. Kompetenzrechtliche Beurteilung urheberrechtlicher Regelungen im audiovisuellen Bereich

Kompetenzrechtlich wurden die Richtlinienvorhaben im urheberrechtlichen Bereich vom Rat vornehmlich im Dienstleistungsrecht verortet und auf die Rechtsangleichungskompetenzen der Art. 55 und 47 Abs. 2 EGV bzw. Art. 95 EGV gestützt. Analog zur im Rahmen der Fernsehrichtlinie vorgenommenen Prüfung wird auch im Zusammenhang mit den urheberrechtlichen Regelungen im audiovisuellen Bereich wiederum festzustellen sein, inwieweit die Voraussetzung dieser dienstleistungsrechtlichen Koordinierungskompetenzen hier gegeben sind.

---

345 Vorschlag für eine Richtlinie des Rates zum Vermietrecht, Verleihrecht und zu bestimmten verwandten Schutzrechten vom 13.12.1990, KOM (90) 586 endg., ABl. 1991, C 53/35; siehe auch Walter - v. Lewinski, Kommentar Europäisches Urheberrecht, Vermiet- und VerleihRL, 2001, Art. 1 Rn. 20.

346 ABl. 1993 L 290/9.

347 die schon in Art. 1 Vermiet- und VerleihRL fixiert wurde.

aa. Kompetenzgrundlage: Art. 55, 47 Abs. 2 EGV bzw. Art. 95 EGV

Bezug auf geistiges Eigentum als Regelungsgegenstand nimmt der Vertrag nur im Rahmen der Kompetenzzuweisung für internationale Verhandlungen zu Gegenständen des geistigen Eigentums in Art. 133 Abs. 5 EGV und in Art. 30 EGV bzw. 95 Abs. 4 und 10 EGV, wo für das gewerbliche Eigentum[348] eine Ausnahme vom freien Warenverkehr geregelt ist. Ausdrückliche urheberrechtliche Kompetenznormen fehlen dagegen.
Für alle drei erstgenannten Richtlinien zieht der Rat als das gesetzgebende Organ daher die Rechtsangleichungskompetenzen, die sich aus den vertraglichen Dienstleistungsvorschriften ergeben bzw. die allgemeine Harmonisierungskompetenz des Art. 95 EGV heran.

1) Voraussetzungen der herangezogenen Rechtsgrundlagen

Grundlegende Voraussetzung der Abstützung auf die vertraglichen Harmonisierungskompetenzen im Bereich des Dienstleistungsrechts ist zunächst wieder der Dienstleistungsbezug der fraglichen Regelungsmaterie[349].
Bedenken grundsätzlicher Natur gegenüber der Einordnung urheberrechtlicher Schutzgegenstände wie Bücher, Filme, Tonträger u.ä. in die wirtschaftlich motivierten Regelungszusammenhänge des Vertrages ließen sich in ähnlicher Weise wie zur Fernsehrichtlinie[350] wiederum aus den kulturpolitischen Bezügen der Materie ableiten[351]. Deutlich werden solche vor allem unter Verweis auf die kontinentaleuropäischen Tradition des Urheberrechts: Im Gegensatz zum angelsächsischen Copyright-Ansatz, der die Funktion des Urheberrechts im wirtschaftlichen Ausgleich der Bemühungen des Urhebers sieht, will die kontinentaleuropäische Urheberrechtstradition in erster Linie nicht-wirtschaftlich motiviert den Schutz des geistigen Eigentums gewährleisten[352].

---

348 Urheberrecht wurde vom EuGH ausdrücklich als Eigentum anerkannt: EuGH Rs 341/87 (EMI Electrola), Slg. 1989, 79.

349 Die kompetenzrechtliche Überprüfung verläuft insoweit analog zu der im Rahmen der Fernsehrichtlinie vorgenommenen, siehe oben I.

350 siehe I.1.b.aa.

351 Auf der Maur, UFITA 1992/118, 87 (127); Ferid, in FS für Ulmer, 1973, S. 79, siehe die Literaturhinweise zum Streitstand bei Niedobitek, Kultur und Europäisches Gemeinschaftsrecht, 1992, S. 188 ff.

352 Reinbothe, ZEuP 2000, 5 (6); Schricker, GRUR 1992, 242 (242).

Auch hier[353] ist der funktionell-integrationsbezogene Charakter der Gemeinschaftskompetenzen und darüber hinaus Art. 151 Abs. 4 EGV einem auf der kulturellen Bedeutung beruhenden Ausschlußargument aber entgegenzuhalten: Funktionale Kompetenzen müssen gerade nicht auf den Wirtschaftssektor begrenzt bleiben, sondern können sich auch in der Gemeinschaft nicht explizit übertragenen Bereichen auswirken. Entscheidend ist dann, daß der betreffende Bereich überhaupt als Ausdruck wirtschaftlicher Betätigung angesehen werden kann[354]. Urheberrechtsfragen sind nun aber in einer Weise von wirtschaftlichen Interessen bestimmt, die eine alleinige Betrachtung unter kulturellen Aspekten ausschließt und zur grundsätzlichen Möglichkeit des Heranziehens von Binnenmarktkompetenzen führen muß[355].

Deshalb bleibt im folgenden die Frage zu beantworten, inwieweit die durch die Richtlinien geregelten Gegenstände auch gerade Dienstleistungen iSd. Art. 49 EGV sind, wie es Rechtsangleichung nach Art. 47 Abs. 2, 55 EGV voraussetzt, bzw. Niederlassungsfragen betreffen, wie es für Art. 47 EGV erforderlich wäre.
Statt Dienstleistungen stünden Waren in Frage, wenn sich die Regelung auf den Handel mit körperlichen Materialien, wie z.B. Tonträger, Filmrollen etc. bezöge[356]. Die „unkörperliche" Ausstrahlung von Sendungen dagegen ist in Abgrenzung zur Ware dem Dienstleistungsbegriff unterzuordnen. Niederlassungsrechtliche Vorschriften müßten statt des Dienstleistungsrechts herangezogen werden, wenn die Ausübung einer Tätigkeit in einem anderen Mitgliedstaat von einiger zeitlicher Dauer wäre[357].

- Die „Satelliten-Richtlinie" (93/83/EWG)[358] regelt die Rechteausübung bezüglich der Wiedergabe von Sendungen via Satellit[359] bzw. Kabel. In Ergänzung zur Fernsehrichtlinie werden damit Fragen der Ausstrahlung von Sendungen urheber-

---

353 wie schon in der Diskussion um die Regelungsmaterie, die die Fernsehrichtlinie abdeckt: siehe I. 1.b.aa.

354 dazu die Rechtsprechung des EuGH z.B. in: EuGH Rs 9/74 (Casagrande), Slg. 1974, 773 (779); EuGH Rs. 242/87 (Kommission/Rat), Slg, 1989, 1425; EuGH Rs. C-415/93 (Bosman), EuZW 1996, 82 (73/86).

355 das entspricht der Rechtsprechung des EuGH zu urheberrechtlichen Problemen, z.B: EuGH, Urt. v. 20.10.1993 (Phil Collins), GRUR Int 1994, 55 ff.; - Dietz, GRUR Int 1978, 101 (105); Kreile/Becker, GRUR Int. 1994, 901 (901); dies., ZUM 1992, 581 (582).

356 EuGH Rs. 155/79, Slg. 74, 409 - zu dieser Abgrenzung bereits I. 1. b.a.

357 EuGH Rs C-221/89 (Factortame), Slg. 91, I-3905; EuGH Rs 70/95, Slg. 97, I-3395; - siehe auch Calliess/Ruffert - Bröhmer, Rn. 11 zu Art. 43 EGV.

358 ABl. 1993, L 248/15.

359 Art. 2 RL 93/83/EWG, ABl. 1993, L 248/15.

rechtlich behandelt, so daß in Abgrenzung zum Warenverkehr oder zur Niederlassungsfreiheit tatsächlich Dienstleistungen betroffen sind[360].

- Die Vermiet- und Verleihrichtlinie (92/100/EWG)[361] behandelt Fragen der Überlassung von urheberrechtlich geschützten Werken zur (kommerziellen) Verwertung durch die Rechteinhaber, die Erwägungsgrund 9 aufgrund der Qualifikation der künstlerischen Betätigungen als selbständige Tätigkeiten dem Bereich der Niederlassungsfreiheit, nur zweitrangig dem Dienstleistungsrecht[362] zuweist. Daß Fragen der Rechteinhaberschaft in bezug auf die kommerzielle Verwertung von literarischen oder audiovisuellen Werken die Niederlassungsfreiheit betreffen, ist dort denkbar, wo Rechteinhaber ihren gesamten Tätigkeitsschwerpunkt verlagern wollen. Solange es jedoch nur um die Frage der Überlassung von einzelnen Werken zur (kommerziellen) Verwertung geht, treten Niederlassungsfragen mangels zeitlicher Dauerhaftigkeit zurück. Schwierigkeiten ergeben sich aber auch in der Einordnung der fraglichen kommerziellen Verwertungsmöglichkeit als Ware oder Dienstleistung anhand des Körperlichkeitskriteriums. Tonträger, Film(rollen), Bücher etc. als Gegenstände vertraglicher Beziehungen müßten nach dem Körperlichkeitskriterium als Waren einzuordnen sein. Infolgedessen wäre nicht die richtige Kompetenzgrundlage herangezogen worden. - Jedoch legt ein Blick auf die Geschäftsgestaltung bei der Überlassung in Form des Vermietens oder Verleihens eine Einordnung dieser Aspekte wirtschaftlicher Betätigung des Rechteinhabers die Annahme nahe, daß es sich um Dienstleistungen handelt. Gegenstand der Vertragsbeziehungen ist nicht die volle Übertragung der Rechte, sondern eben nur die Erlaubnis, das Werk unter bestimmten Umständen zu verwerten. Damit sind vordergründig Rechte zur Verwertung Inhalt der vertraglichen Beziehungen, weniger die Gegenstände selbst, mit deren Hilfe eine Rechtsausübung schließlich stattfinden wird.
Die Heranziehung dienstleistungsrechtlicher Vorschriften auch für die „Vermiet- und Verleihrichtlinie“ war daher angezeigt[363].

- Die „Schutzdauer-Richtlinie“ (93/98/EWG)[364] schließlich sollte ebenfalls von den Art. 47 Abs. 2 und 55 EGV gestützt werden. Da sie letztlich zusammenfassend den zeitlichen Aspekt der in den anderen Richtlinien behandelten und als dienstleistungsbezogen qualifizierten Regelungsgegenstände betrifft, läßt sich

360 so der EuGH in der Rundfunksendungen betreffenden Entscheidung zum Urheberrechtsschutz: EuGH Rs. 62/79 (Coditel/Ciné Vog), Slg. 1980, 881.
361 ABl. 1992, L 346/61.
362 ABl. 1992 L 346/61: Erwägungsgrund 10.
363 so im Ergebnis auch Schippan, Die Harmonisierung des Urheberrechts in Europa im Zeitalter von Internet und digitaler Technologie, 1999, S. 64.
364 ABl. 1993, L 290/9.

auch hierfür insoweit feststellen, daß die sich aus den dienstleistungsbezogenen Vorschriften des Vertrages ergebenden Harmonisierungskompetenzen grundsätzlich - in Abgrenzung zu den parallelen Rechtsangleichungsmöglichkeiten im Bereich der anderen Grundfreiheiten - in Betracht kamen.
Die Einordnung als Dienstleistung erschöpft sich aber nicht in der negativen Feststellung, daß andere Grundfreiheiten nicht in Betracht kamen, sondern erfordert desweiteren, daß es sich bei der betreffenden Leistung um eine entgeltliche handelt[365]. Das Entgeltlichkeitserfordernis verlangt, daß die Erbringung der Leistung eine Gegenleistung nach sich zieht, da es sich bei Dienstleistungen um Teile des Wirtschaftslebens handelt. Dabei soll abweichend vom strengen Synallagma unerheblich sein, in welcher Vertragsbeziehung diese Gegenleistung erbracht wird[366].
Sowohl die Ausstrahlung von Sendungen via Satellit oder Kabel, als auch die Überlassung von Filmen zur Verwertung sind Gegenstand von Vertragsbeziehungen, die die Unternehmen, welche vom Rechteinhaber derlei Verwertungsrechte erhalten, zu Gegenleistungen verpflichten. Daher kann bei allen der drei Richtliniengegenstände davon ausgegangen werden, daß das Entgeltlichkeitserfordernis erfüllt wurde.

Damit war es möglich, die sich aus den Art. 47 Abs. 2, 56 EGV ergebenden Kompetenzen zur Rechtsangleichung im Rahmen der Dienstleistungsfreiheit für die Regulierung der dargestellten urheberrechtlichen Aspekte des audiovisuellen Bereichs heranzuziehen.

2) Harmonisierungsbedürfnis und Reichweite der Harmonisierung vor dem Hintergrund von Binnenmarkt und Kulturkompetenz, Art. 151 Abs. 4 EGV

Rechtsangleichungsmaßnahmen, wie sie unter anderem in dem hier fraglichen Art. 47 Abs. 2 EGV vorgesehen sind, dienen der Herstellung des Binnenmarktes in den Bereichen, in denen sich solche nationale Rechtsetzung hinderlich für den Binnenmarkt auswirkt, die Grundfreiheiten erlaubterweise beschränkt[367]. Harmonisierung soll nur dort erfolgen, wo sich unterschiedliche nationale Regelungen dergestalt auswirken, daß Waren, Dienstleistungen, Kapital bzw. Personen nicht frei zirkulieren können oder Wettbewerbsverzerrungen drohen. Art. 95 EGV spricht daher von der Verwirklichung der Zielvorgabe der Errichtung und des

---

365 genauer zu diesem Definitionselement bereits die Ausführungen oben I.1.b.bb.
366 zu den damit verbundenen Problemen oben I.1.b.bb.
367 Es wird auf die Ausführungen im Zusammenhang mit der soeben beschriebenen Fernsehrichtlinie verwiesen. - I.1.b.bb.

Funktionierens des Binnenmarktes, Art. 47 Abs. 2 EGV ermöglicht dementsprechend Koordinierung mit dem Ziel der „Erleichterung der Aufnahme und Ausübung selbständiger Tätigkeiten".
Hiermit wird jedoch nicht zugleich auch die mögliche Reichweite solcher Koordinierungsmaßnahmen festgelegt. So bedeutet gemeinschaftsrechtliche Koordinierung keine unbedingte Festlegung auf die liberalste mitgliedstaatliche Regelung[368]. Die Harmonisierung muß statt dessen den Besonderheiten des zu regelnden Bereichs gerecht werden und kann daher auf höherem Schutzniveau erfolgen[369]. Die Einführung von höheren Schutzstandards liegt dann noch insofern innerhalb gemeinschaftsrechtlicher Kompetenzen, als auch diesbezügliche Regelungsdefizite die homogene, ungehinderte Verwertung innerhalb der Gemeinschaft erschweren können[370]. Überdies bleibt Raum für die Einbeziehung und Mitberücksichtigung kulturpolitischer Erwägungen, die durch die binnenmarktbezogenen Kompetenzen und damit wirtschaftspolitischen Begründungen zunächst nicht repräsentiert werden[371]. Die Möglichkeit eines solchen Einbeziehens ergibt sich seit der Einführung des Kulturartikels in den Vertrag aus Art. 151 EGV. Eine dahingehende Berücksichtigungspflicht seitens der Gemeinschaft besteht über Art. 151 Abs. 4 EGV für den Abwägungsprozeß zum jeweiligen Rechtssetzungsvorhaben[372].

Die Erwägungsgründe zur Satelliten-Richtlinie[373] weisen auf Rechtsunsicherheiten bei der grenzüberschreitenden Programmverbreitung über Satelliten bzw. Kabel hin, die den freien Verkehr von Programmen in der Gemeinschaft behindern[374]. Die wirtschaftliche Verwertungsmöglichkeit ist dann beeinträchtigt, wenn unterschiedliche nationale Regelungen hierzu die Rechteinhaber der Gefahr aussetzen, daß ihre Werke ohne Vergütung verwertet werden oder eine solche Verwertung blockiert wird[375] bzw. für Kabelbetreiber undurchsichtig sein lassen, ob alle Rechte erworben werden konnten[376]. Hinderlich ist es außerdem, wenn Verwertungsrechte nach nationalem Urheberrecht in Anlehnung an die in einem Mitgliedstaat geltenden Regeln erteilt werden, diese Regelungen aber nicht mit

---

368 Schwartz, ZUM 1989, 381 (388); Reich, EuZW 1991, 203 (207/208).
369 Art. 95 EGV sieht diese Möglichkeit ausdrücklich in Abs. 3 vor; - ansonsten: Schwartz, ZUM 1989, 381 (388).
370 Schricker, Konturen eines europäischen Urheberrechts, 1996, S. 103.
371 hierzu bereits 3. Kapitel. I. 1. b.dd.
372 Niedobitek, EuR 1995, 349 (373).
373 ABl. 1993, L 248/15.
374 so auch Walter-Dreier, Kommentar Europäisches Urheberrecht, SatellitenRL, 2001, Rn. 4 vor Art. 1.
375 5. EG, ABl. 1993 L 248/15.
376 10. EG, ABl. 1993 L 248/15.

denen anderer Mitgliedstaaten in Einklang zu bringen sind. Schließlich sollen mit der Harmonisierung auch eventuelle Schutzgefälle vermieden werden, die von Sendeunternehmen ausgenutzt werden könnten, indem sie Standortverlagerungen in solche Mitgliedstaaten mit niedrigen Anforderungen betreiben[377]. Auf kulturpolitische Aspekte rekurriert nur der 3. Erwägungsgrund der Richtlinie, indem er grenzüberschreitende Rundfunksendungen - zu deren erleichterter Verbreitung das Regelungswerk einen Beitrag leisten soll - als bedeutsam auch für kulturelle Zielvorstellungen der Gemeinschaft bezeichnet.

Das Harmonisierungsbedürfnis für die Vermiet- und Verleihrichtlinie[378] dagegen soll sich aufgrund von Handelsschranken und Wettbewerbsverzerrungen ergeben, die die unterschiedlichen Regelungen in Hinblick auf den Schutz der Rechteinhaber bezüglich der Verbreitung von Werken nach sich ziehen[379]. So hatte der EuGH bezogen auf unterschiedliche Regelungen des Vermietrechts für Videokassetten in der Rechtssache „Warner Brothers/Christiansen"[380] das Vorliegen von Handelsbeschränkungen festgestellt, die er jedoch über Art. 36 EGV als gerechtfertigt betrachtete. Binnenmarktrelevanz zeigt in diesem Bereich vor allem der Zusammenhang mit den unterschiedlichen Regelungen der Rechteinhaberschaft auf: Handelshemmnisse sind dort nachzuweisen, wo beispielsweise in einem Mitgliedstaat gesetzliche Schranken für die freie vertragliche Verfügungsmöglichkeit für den Werkvertreter bestehen, während in einem anderen Mitgliedstaat die Werkvertreter als originäre Urheberrechteinhaber betrachtet werden und so über Inhalt und Umfang der vertraglichen Übertragung von Nutzungsrechten frei entscheiden[381].

Eine positive Berücksichtigung kultureller Aspekte findet sich etwa im 7. Erwägungsgrund, wo die Verabschiedung der Richtlinie damit begründet wird, daß Urheber und ausübende Künstler eines angemessenen Einkommens als Grundlage weiteren schöpferischen Arbeitens bedürfen.

Erwägungsgrund 2 der Schutzdauer-Richtlinie[382] bezeichnet die in unterschiedlicher Länge geregelten Schutzdauervorschriften der Mitgliedstaaten als hinderlich für die Zirkulation von urheberrechtlich geschützten Werken im Binnenmarkt und sieht hierin zudem die Gefahr der Verfälschung von Wettbewerbsbedingungen[383]. In der Tat müssen unterschiedliche Geltungszeiträume für die

---

377 siehe 24. EG der RL 93/83/EWG, ABl. 1993, L 248/15.

378 ABl. 1992, L 346/61.

379 so die 1. Erwägung der RL 92/100/EWG, ABl. 1992 L 346/61.

380 EuGH Rs. 158/86, Slg. 1988, S. 2605.

381 zu diesen Beispielen: Ellins, Copyright Law, Urheberrecht und ihre Harmonisierung in der Europäischen Gemeinschaft, 1997, S. 273.

382 ABl. 1993, L 290/9.

383 so auch Dietz, GRUR Int 1995, 670 (670).

Rechte, die im Zusammenhang mit der Verwertung von Werken stehen, Erschwernisse für den Binnenmarkt bilden. Letztlich kann das dazu führen, daß die Vergütung für Werke aus Ländern mit langer Schutzfrist, für die im Falle der Verbreitung vor Fristablauf üblicherweise Lizenzen zu zahlen wären, bei der Verbreitung in Mitgliedstaaten mit kurzen Schutzfristen ganz wegfällt[384]. In der Annahme von ihr zustehenden Kompetenzen zur Regelung dieser Frage bestätigt, sah sich die Gemeinschaft insbesondere durch die Rechtsprechung des EuGH in der Entscheidung „EMI Electrola/Patricia"[385]. Hier verweist der EuGH darauf, daß die Frage der Schutzdauer „beim gegenwärtigen Stand des Gemeinschaftsrechts, das durch eine fehlende Harmonisierung oder Angleichung der Rechtsvorschriften über den Schutz des Eigentums an literarischen und künstlerischen Werken gekennzeichnet ist", mitgliedstaatlicher Regelung unterliegt und die Verwirklichung des Binnenmarktes damit von Harmonisierungsmaßnahmen abhängig ist[386].
Kulturpolitische Erwägungen, die den kulturellen Aspekten urheberrechtlicher Regelungen im audiovisuellen Bereich zugrundeliegen, finden sich in der 10. Erwägung der Richtlinie angesprochen. Hier wird die Notwendigkeit für eine Harmonisierung der Urheberrechte als Grundlage geistigen Schaffens auf hohem Schutzniveau damit begründet, daß ein rechtliches Umfeld erforderlich sei, das die harmonische Entwicklung der literarischen und künstlerischen Kreativität in der Gemeinschaft fördert.

Für alle genannten Teilregelungen im Bereich geistigen Eigentums, deren Festlegungen den audiovisuellen Bereich tangieren, kann Binnenmarktrelevanz festgestellt und daher das erforderliche Harmonisierungsbedürfnis aufgrund der sich für den Binnenmarkt hinderlich auswirkenden nationalen Bestimmungen bejaht werden[387].
Der Pflicht zur Berücksichtigung der dem Urheberrecht innewohnenden kulturbezogenen Aspekte[388], die sich aus Art. 151 Abs. 4 EGV ergibt, wurde in unterschiedlichem Maße nachgekommen. Einen nur ansatzweisen Rückgriff auf kulturpolitische Erwägungen findet sich in der Kabel- und Satellitenrichtlinie 93/83/EWG. Eine stärkere Betonung kulturpolitischer Begründungen zeigt sich dagegen im Rahmen der Vermiet- und Verleihrichtlinie bzw. der Schutzdauer-Richtlinie.

---

384 siehe die Beispiele bei Juranek, Harmonisierung der urheberrechtlichen Schutzfristen im Urheber- und Leistungsschutzrecht, 1994, S. 20.

385 EuGH Rs. 341/87, Slg. 1989, 79.

386 siehe hierzu auch Silvestro, Entertainment Law Review 1993, 73 (73).

387 so auch Becker, in: Schwarze, Rechtsschutz gegen Urheberrechtsverletzungen, 2000, S. 29; Buck, EWS 1991, 329 (330).

388 Schricker, GRUR 1992, 242 (242); Reinbothe, ZEuP 2000, 5 (6).

bb. Kompetenzgrenzen

Konnte auf diese Weise festgestellt werden, daß grundsätzlich die Möglichkeit besteht, den audiovisuellen Bereich berührende urheberrechtliche Vorschriften auf die Kompetenzen aus Art. 55 EGV iVm. 47 Abs. 2 EGV zu stützen, so ist gemeinschaftliches Handeln nunmehr noch hinsichtlich der Einhaltung von Kompetenzgrenzen zu untersuchen.

1) Subsidiaritäts- und Verhältnismäßigkeitsprinzip

Die Kompetenzausübung ist zunächst anhand der Vorgaben zu überprüfen, die Subsidiaritäts- und Verhältnismäßigkeit beinhalten, Art. 5 Abs. 2 und 3 EGV[389]. Geltung entfaltet das Subsidiaritätsprinzip nur in den Bereichen, die nicht in die ausschließliche Kompetenz der Gemeinschaft fallen. Wie bereits festgestellt, handelt es sich bei den Kompetenzen zur Verwirklichung des Binnenmarktes nicht um solche ausschließlichen Gemeinschaftskompetenzen[390], so daß auch hier konkurrierende Zuständigkeiten in Frage stehen. Was die mangelnden Möglichkeiten der Zielverwirklichung auf mitgliedstaatlicher Ebene und die höhere Effizienz gemeinschaftlichen Handelns angeht, so ist in jedem der genannten Bereiche festzustellen, daß mitgliedsstaatliche Maßnahmen die Gefahr bergen, Unterschiede zu verstärken und so eine zunehmende Fragmentierung des Binnenmarktes zu bewirken. Dieser Gefahr ist nur mit einer Maßnahme auf gemeinschaftlicher Ebene entgegenzuwirken[391].

Die Verhältnismäßigkeit einer Regulierungsmaßnahme läßt sich sowohl anhand der Wahl der Handlungsform, als auch in bezug auf die inhaltliche Regelungsdichte nachweisen[392].
Zur Regelung der Teilaspekte europäischen Urheberrechts wurden Richtlinien als

---

389 Hinsichtlich inhaltlicher Beschreibungen zum Gehalt dieser Vorgaben soll auf die ausführliche Darstellung in Kapitel 2 verwiesen werden. - Kapitel 2, I. 3.

390 siehe Kapitel 2, I.3.

391 siehe auch Kreile/Becker, GRUR Int 1994, 901 (902).

392 siehe Subsidiaritätsprotokoll, Nr. 6 und 7; hierzu ausführlicher Kapitel 2, I.3.

Handlungsinstrumente gewählt, da - wie sich den Erwägungsgründen[393] bzw. dem „Grünbuch zum Urheberrecht“[394] entnehmen läßt - die Zielsetzung nicht in einer gesamteuropäischen Urheberrechtsordnung, sondern in einer Angleichung solcher Aspekte gesehen wurde, deren unterschiedliche nationale Regelung sich als Binnenmarkthindernis auswirkt. Für die Angleichung dieser Einzelaspekte waren die Richtlinien im Vergleich zu dem regelungsintensiveren Instrument der Verordnung das mildere Mittel, so daß Verhältnismäßigkeitserwägungen bei der Wahl der Handlungsform Rechnung getragen wurde[395].
Der Umfang gemeinschaftlichen Handelns ist durch den Grundsatz der Verhältnismäßigkeit dahingehend bestimmt, daß Maßnahmen der Gemeinschaft soviel Raum für mitgliedsstaatliche Erwägungen belassen sollen, wie es Ziel und Zweck des Vorhabens eben noch erlauben[396]. Die Richtlinien stellen Mindeststandards auf. Gestaltungsspielräume gewähren deshalb Art. 6 Abs. 1 Satelliten-Richtlinie[397], wenn er die Möglichkeit weitergehender nationaler Regelungen zu verwandten Schutzrechten beinhaltet oder Erwägungsgrund 22 der Vermiet-Richtlinie[398], der genau diese Möglichkeit auch im Zusammenhang mit der Angleichung von Vermiet- und Verleihrecht vorsieht. Ausdruck genügend großer Gestaltungsspielräume, die bei den Mitgliedstaaten verbleiben, sind beispielsweise auch Art. 4 Abs. 4 und Art. 5 Abs. 1 Vermiet-Richtlinie, die Regelungs- und Ausnahmemöglichkeiten für das öffentliche Verleihrecht in die Hände der

---

393 EG 2, RL 93/98/EWG („Schutzdauer-RL“) spricht von der Harmonisierung der Rechtsvorschriften bezüglich der Schutzdauer und einiger derer Modalitäten; EG 21, RL 93/98/EWG („Schutzdauer-RL“) nimmt Fragen des Urheberrechts, die auch sonst noch nicht gemeinschaftsweit geregelt sind, aus dem Anwendungsbereich aus, ABl. 1993 L 290/9;
11. EG, RL 92/100/EWG („Vermiet-und VerleihRL“) besagt, daß sich der rechtliche Rahmen in Bezug auf das Vermiet- und Verleihrecht auf bestimmte Aspekte beschränken kann; 32. - 34. EG stellen klar, daß nur ein Teilbereich geregelt werden sollte, ABl. 1992 L 346/61.

394 Grünbuch über Urheberrecht und die technologische Herausforderung, KOM (88) 172 endg., vom 23.8.1988, UFITA 110 (1989), S. 113 ff.

395 so auch Würtenberger, Der Schutz der Filmurheber und Filmhersteller in französischem und europäischem Recht, 1999, S. 228, die allerdings nicht zwischen Verhältnismäßigkeits- und Subsidiaritätsprinzip differenziert und die Wahl der Richtlinie als Handlungsform daher als Indiz für die Einhaltung des Subsidiaritätsprinzips wertet. - Als nicht ausreichend geeignet zur Erreichung des Binnenmarktziels befindet Buck, EWS 1991, 329 (331) die Harmonisierung durch Richtlinien und fordert daher ein umfassendes, im Verhältnis zu nationalem Recht „koexistierendes“ Schutzrecht in Form einer Verordnung oder eines Übereinkommens.

396 siehe auch Nr. 7 Subsidiaritätsprotokoll.

397 RL 93/83/EWG, ABl. 1993, L 248/15.

398 RL 92/100/EWG, ABl. 1992, L 346/61.

Mitgliedstaaten geben[399]. Auch die Regelung, die die Schutzdauer-Richtlinie in bezug auf audiovisuelle Werke trifft[400], steht für gewahrte Verhältnismäßigkeit: Hier wird für die Berechnung des Schutzzeitraums der Tod des Längstlebenden von vier ausgewählten typischen Urhebern[401] herangezogen und damit auf die - insoweit auch nicht erforderliche - Regelung der Inhaberschaft des Urheberrechts an Filmwerken verzichtet[402].
Aus all dem ergibt sich für die Beurteilung der Einhaltung der Kompetenzgrenzen, die das Verhältnismäßigkeitsprinzip zieht, ebenfalls eine positive Bewertung.
Subsidiaritäts- und Verhältnismäßigkeitsgrundsatz sind im Zusammenhang mit der urheberrechtlichen Regulierung auf Gemeinschaftsebene daher eingehalten worden.

2) Mitgliedstaatliche Eigentumsordnung, Art. 295 EGV

Kompetenzrechtliche Bedenken gegenüber den urheberrechtlichen Regelungswerken könnten sich aber aus Art. 295 EGV ergeben. Durch diese Vorschrift ist der Bereich der „Eigentumsordnungen" von vornherein gemeinschaftlicher Regelung entzogen[403]. Es handelt sich daher um eine Kompetenzausübungsnorm, die der Gemeinschaft auferlegt, auch dort mitgliedstaatliche Eigentumsordnungen regelungstechnisch zu verschonen, wo sie ihr zugewiesene Kompetenzen wahrnimmt[404].
Die Probleme, die die Vorschrift aufwirft, sind auf den engen, untrennbaren Zusammenhang zwischen den mitgliedstaatlichen Eigentumsordnungen und der vordergründigen Gemeinschaftsaufgabe, der wirtschaftlichen Integration, zurückzuführen. Auch bei den Immaterialgüterrechten, die zur Regelungsmaterie der genannten urheberrechtlichen Richtlinien gehören, handelt es sich um Rechte, die

---

399 was sich auch in unterschiedlichster Umsetzung niedergeschlagen hat: v. Lewinski, in: Gorton u.a. Festskrift Karnell, 1999, S. 439 (444).
400 Art. 2 Abs. 2 RL 93/98/EWG, ABl. 1993, L 290/9.
401 Hauptregisseur, Drehbuchautor, Urheber der Dialoge, Komponist.
402 siehe auch Schippan, Die Harmonisierung des Urheberrechts in Europa im Zeitalter von Internet und digitaler Technologie, 1999, S. 70; Walter - Walter: Kommentar, Europäisches Urheberrecht, 2001, Rn. 7 zu Art. 2 (Schutzdauer-RL); - inwieweit sich droit` auteur- bzw. copyright-Ansatz hier unterschiedlich auswirken: Dworkin, E.I.P.R. 1993, 151 (152).
403 Calliess/Ruffert-Kingreen, EU-/EGV-Kommentar, Rn. 1 zu Art. 295.
404 Calliess/Ruffert-Kingreen, EU-/EGV- Kommentar, Rn. 3 zu Art. 295.

dem Eigentumsbegriff unterfallen[405]. Daß damit aber noch nicht festgestellt sein kann, daß urheberrechtliche Regelungen wegen Art. 295 EGV vom Vertrag ausgenommen sind, deutet schon Art. 36 EGV an, der - indem er für gewerbliches und kommerzielles Eigentum die Möglichkeit von nationalen Vorschriften als Ausnahmen von der Warenverkehrsfreiheit vorsieht - diesen eigentumsrechtlichen Bereich eben doch behandelt. Aufgrund dessen wird eine Abgrenzung vorgenommen, die zwischen Bestand und Ausübung von Eigentumsrechten unterscheidet[406]. Während die Zuordnung zum Eigentum - vor allem aber Fragen der Privatisierung oder Sozialisierung - bei den Mitgliedstaaten verbleibt, unterliegt seine organisatorische Gestaltung den vertraglichen Vorschriften.

Daher ist der EuGH[407] in der Phil-Collins-Entscheidung[408], die die Schutzfristendauer urheberrechtlicher Werke betraf, von einer systematischen Zusammenschau mit anderen vertraglichen Normen ausgegangen und hat die Immaterialgüterrechte aufgrund ihrer wirtschaftlichen Bedeutung als vom Anwendungsbereich des Vertrages erfaßt gesehen[409]. Das bedeutet zugleich, daß die Gemeinschaft Rechtsakte erlassen kann, die der Harmonisierung der Rechtsordnungen mit dem Ziel der Verwirklichung des Binnenmarktes dienen, auch wenn diese nationale Eigentumsordnungen tangieren[410].
Daraus ergibt sich, daß Art. 295 EGV nichts an der bereits festgestellten Zuständigkeit der Gemeinschaft ändern kann[411].

---

405 EuGH Rs. 78/70 (Deutsche Grammophon) Slg. 1971, 487 ff.; EuGH (Polydor) Slg. 1982, 329 ff; Lenz-Röttinger, EG-Kommentar, 1999, Rn. 2 zu Art. 295.

406 Calliess/Ruffert-Kingreen, Rn. 9 zu Art. 295; Groeben/Thiesing/Ehlermann-Müller-Graff, EUV/EGV-Kommentar, Rn. 77 zu Art. 36; Groeben/Thiesing/Ehlermann-Hochbaum, EUV/EGV-Kommentar, Rn. 6 zu Art. 222; hierzu auch Beining, Der Schutz ausübender Künstler, 2000, S. 130.

407 der sich ansonsten selten mit Art. 295 EGV auseinandersetzt und in den meisten Fällen um die Ausübung des Eigentums, sich statt auf Art. 295 (bzw. 222 EGV) auf die allgemeinen Grundrechtsprinzipien in den Mitgliedstaaten berufen hat - so Groeben/Thiesing/Ehlermann-Hochbaum, EUV/EGV- Kommentar, Art. 222, Rn 10 mit Beispielen aus der Rechtsprechung; auch Calliess/Ruffert-Kingreen, Rn. 7 zu Art. 295.

408 EuGH verb. Rs 292/92 und C-326/92 (Phil Collins), Slg. 1993, I-5145.

409 EuGH Rs. 292/92 und C-326/92 (Phil Collins), Slg. 1993, I-5145, Rn 18/22 - auch schon in EuGH Rs. 78/70 (Deutsche Grammophon) Slg. 71, 487 bzw. GRUR Int. 1971, 450.

410 Asendorf in FS für Nirk, 1992, S. 13 (17); Lenz-Röttinger, EG-Kommentar, Rn. 3 zu Art. 295.

411 Calliess/Ruffert-Kingreen, Rn. 8 zu Art. 295 mit Verweis auf GA Cosmas, Schlußanträge zu EuGH, Rs C 309/96 (Annibaldi) Slg. 1997, I-7493, Ziff 21; auch Röttinger, UFITA 2001/I, 9 (24).

3) Internationale Vorgaben

Die internationale Bedeutung des Urheberrechts zeigt sich im Zusammenhang mit den vielzähligen Konventionen zur Schaffung von Mindestschutzstandards, wie sie beispielsweise in der RBÜ[412] und dem ROM-Abkommen[413] oder den WIPO-Verträgen[414], die als die Wegbereiter einer „globalen digitalen Rechtsordnung" gelten[415], festgelegt wurden.
Welthandelsrechtliche Maßstäbe - und damit auch Anhaltspunkte für die Beurteilung der Konformität gemeinschaftsrechtlicher Harmonisierungsmaßnahmen - lassen sich dem Übereinkommen über handelsbezogene Aspekte der Rechte des geistigen Eigentums (TRIPS)[416] entnehmen, das insofern an die anderen internationalen Konventionen anknüpft, als die Mitglieder verpflichtet werden[417], die materiellen Vorschriften der Pariser Verbandsübereinkunft und der Berner Übereinkunft (1971), bis auf das Urheberpersönlichkeitsrecht, zu beachten.
In seiner Zielsetzung geht das Abkommen mit dem Gedanken konform, der auch GATT und WTO-Übereinkommen prägt[418]: Durch den Abbau von Handelshemmnissen und der Beseitigung von Diskriminierungen soll eine Liberalisierung des internationalen Handels erreicht werden, um zu einer globalen Anhebung des Wohlstands beizutragen. TRIPS will auch auf die Behinderung reagieren, die aus mangelndem Schutz geistigen Eigentums und des Urheberrechts in einzelnen Staaten für den internationalen Handel erwachsen kann[419]. Dabei soll das Abkommen die geistigen Eigentumsrechte in den Staaten fördern und auf einem hohen Schutzniveau harmonisieren[420]. Damit verdeutlicht das Abkommen, daß der Schutz des geistigen Eigentums sowohl handelsbeschränkende, als auch handelsfördernde Wirkungen innehat, denen man Rechnung tragen wollte.

---

412 Berner Übereinkunft zum Schutz von Werken der Literatur und Kunst vom 9.9.1886.

413 Internationales Abkommen über den Schutz der ausübenden Künstler, der Hersteller von Tonträgern und der Sendeunternehmen vom 26. Oktober 1961.

414 Wipo Copyright Treaty (WCT) und WIPO Performances and Phonogram Treaty (WPPT) - Beitritt der Gemeinschaft, siehe Beschluß des Rates über die Zustimmung im Namen der Gemeinschaft zum WIPO-Urheberrechtsvertrag und zum WIPO-Vertrag über Darbietungen und Tonträger, v. 16.3.2000, Abl L 2000, 89 v. 11.4.2000, S. 6.

415 so Schippan, Die Harmonisierung des Urheberrechts in Europa im Zeitalter von Internet und digitaler Technologie, 1999, S. 131.

416 Multilaterales Übereinkommen zu den Rechten des geistigen Eigentums (Anhang 1c zum WTO-Abkommen), vom 15.4. 1994, ABl. 1994, L 336/213; - hierzu Beier/Schricker: From GATT to TRIPS, 1996.

417 Art. 2 Abs. 1 und 9 Abs. 1 TRIPS.

418 siehe Abs. 2 und 3 der Präambel des GATT und Präambel zum WTO-Übereinkommen.

419 Drexl, GRUR Int.1999, 1 (1); Katzenberger, GRUR Int. 1995, 447 (448).

420 Gutachten des EuGH 1/94 GRUR Int 1995, 239/240/248 - TRIPS-Kompetenz; Röttinger, UFITA 2001/I, 9 (89).

Die wichtigsten Instrumente dieses urheberrechtlichen Schutzes bilden Art. 3 und 4 TRIPS, die die Grundsätze der Inländerbehandlung und Meistbegünstigung fixieren und damit die Diskriminierung ausländischer Urheber und ihrer Leistungen im Vergleich zu inländischen verhindern bzw. die Gleichbehandlung verschiedener Vertragsstaaten sichern sollen. Im Rahmen des Abkommens werden diese Vorgaben allerdings dadurch relativiert, daß in Art. 3 Abs. 1 bzw. 4 a-d Vorbehaltsregelungen aufgestellt worden sind, über die Grundsätze aus anderen internationalen Abkommen[421] Einzug halten, die geeignet sind, die Wirkung von Inländergleichbehandlung und Meistbegünstigungsgrundsatz unter bestimmten Umständen herabzusetzen. So wird die Meistbegünstigungsklausel durch die Einführung der materiellen Gegenseitigkeit[422] begrenzt, die zwischen den Vertragsstaaten materielle Urheberrechtspositionen nur gewähren läßt, wenn der jeweils andere Vertragsstaat dasselbe Recht vorsieht. Allerdings gelten diese Durchbrechungen nicht zwischen den EU-Mitgliedsstaaten. Dort ist vom EuGH die Geltung des Diskriminierungsverbotes Art. 6 EGV für das Urheberrecht bestätigt und damit die bedingungslose Geltung des Grundsatzes der Inländerbehandlung angeordnet worden[423].
Keine der hier betrachteten Richtlinien enthält Regelungen, die im Widerspruch mit den genannten welthandelsrechtlichen Grundsätzen oder den übrigen zwischenstaatlichen Übereinkommen im Bereich des Urheberrechts steht. Statt dessen unternehmen die Richtlinien den Versuch, solche zwischenstaatlich vereinbarten Regelungen aufzugreifen[424]. Indem gemeinschaftsweit die Einschränkungen für den Grundsatz der Inländergleichbehandlung aus Art. 3 Abs. 4 a-d TRIPS nicht angewendet werden dürfen, wird auf Gemeinschaftsebene sogar ein besserer und lückenloserer Schutz gewährleistet[425]. Aus internationalen Vorgaben ergeben sich daher keine Bedenken gegenüber denjenigen urheberrechtlichen Harmonisierungsmaßnahmen der Gemeinschaft, die sich im audiovisuellen Bereich auswirken[426].

---

421 z.B. der Berner Übereinkunft zum Schutz von Werken der Literatur und Kunst.

422 so z.B. der Reziprozitätsgrundsatz, der materielle Gegenseitigkeit des Schutzes in den Vertragsstaaten dadurch zu erreichen sucht, daß er den Schutz für Angehörige anderer Vertragsstaaten davon abhängig macht, wieviel Schutz den eigenen Staatsangehörigen in diesem Vertragsstaat gewährt wird - siehe Beining, Der Schutz ausübender Künstler, 2000, S. 64.

423 EuGH Rs. 92/92 (Phil Collins), GRUR Int. 1994, 53; hierzu Karnell, GRUR Int. 1994, 733 (737); Katzenberger, GRUR Int. 1995, 462; Reinbothe, in FS Fikentscher, 1998, S. 695 (712).

424 so auch Schippan, Die Harmonisierung des Urheberrechts in Europa im Zeitalter des Internets und digitaler Technologie, 1999, S. 115.

425 siehe auch Beining, Der Schutz der ausübenden Künstler, 2000, S. 251.

426 so auch Beseler, ZUM 1995, 437 (438); Reinbothe, ZUM 1996, 735 ff.

Für die ursprünglichen Regulierungsmaßnahmen kann daher festgestellt werden, daß sie im Rahmen der der Gemeinschaft zugewiesenen Kompetenzen vorgenommen wurden.

2. Reaktionen auf die technologische Entwicklung

Urheberrechtliche Antworten auf die technologischen Veränderungen, die das „Informationszeitalter“ kennzeichnen und den daraus resultierenden Regelungsbedarf finden sich zum einen in der „Richtlinie über den rechtlichen Schutz von zugangskontrollierten Diensten und Zugangskontrolldiensten“ (98/84/EG)[427] und zum anderen in der „Richtlinie zur Harmonisierung bestimmter Aspekte des Urheberrechts und verwandter Schutzrechte in der Informationsgesellschaft“ (2001/29/EG)[428].
Während die Richtlinie zum „Schutz zugangskontrollierter Dienste“ sich vor allem auch aus Gründen des Verbraucherschutzes[429] gegen Piraterieakte im Zusammenhang mit verschlüsselten Pay-TV-Diensten wendet, will die Richtlinie zur „Harmonisierung des Urheberrechts in der Informationsgesellschaft“ Entwicklung und Vertrieb neuer Produkte und Dienstleistungen stimulieren, indem sie Schaffung und Verwertung schöpferischer Inhalte auf hohem Niveau schützt und fördert[430] und damit substantielle Investitionen in Kreativität und Innovation einschließlich der Netzinfrastruktur ermöglicht. Dies soll letztlich wieder zu Wachstum und erhöhter Wettbewerbsfähigkeit der europäischen Industrie beitragen[431]. - Hier zeigt sich deutlich ein Gleichklang mit den aus der Mitteilung der Kommission „Die Politik der Gemeinschaft im audiovisuellen Bereich - Künftiges

---

427 Richtlinie 98/84/EG des Europäischen Parlaments und des Rates vom 20. November 1998 über den rechtlichen Schutz von zugangskontrollierten Diensten und von Zugangskontrolldiensten, ABl. 1998 L 320/54.

428 Richtlinie 2001/29/EG des Europäischen Parlaments und des Rates vom 22. Mai 2001 zur Harmonisierung bestimmter Aspekte des Urheberrechts und der verwandten Schutzrechte in der Informationsgesellschaft, ABl. L 167/10; aus der vielzähligen Lit. hierzu: Dietz, ZUM 1998, 438 ff.; Flechsig, ZUM 2002, 1 ff.; ders. ZUM 1998, 139 ff.; ders. CR 1998, 225 ff.; Reinbothe, GRUR Int 2001, 733 ff.; ders., ZUM 1998, 429 ff.; ders. in Prütting, Die Entwicklung des Urheberrechts im europäischen Rahmen, 1999, S. 1 ff.; Spindler, GRUR 2002, 105 ff.

429 EG 15 ABl. L 320/54.

430 Erwägungsgrund 2, ABl. 2001 L 167/10.

431 Erwägungsgrund 4, ABl. 2001 L 167/10.

Vorgehen“[432] bekannten Zielsetzungen für ein audiovisuelles Europa. Die Bedeutung der Richtlinie für den audiovisuellen Raum Europa erschließt sich vor dem Hintergrund, daß der Stellenwert des Schutzes geistigen Eigentums für die Absicherung von Investitionen der Produzenten oder Diensteanbieter[433], im Informationszeitalter noch verstärkt wird[434], was die Kommission mit der Bezeichnung des Urheberrechts als „Währung des Informationszeitalters“ zum Ausdruck gebracht hat[435]. Die Richtlinie ist aber nicht nur als Reaktion auf technologische Neuerungen zu sehen, sondern nimmt sich - horizontal regelnd - Kernbereichen des klassischen Urheberrechts an, wie beispielsweise dem Vervielfältigungsrecht bzw. der Öffentlichen Wiedergabe[436].

a. Rechtsschutz gegen Piraterieakte - Schutz zugangskontrollierter Dienste

Dem Schutz vor allem wirtschaftlicher Interessen von Sendeunternehmen bei der Verwertung audiovisuellen Materials dient die Richtlinie zu den zugangskontrollierten Diensten[437]. Nachdem Piraterieakte im Zusammenhang mit verschlüsselten Diensten bereits vom Europarat[438] und im Rahmen der WIPO[439] thematisiert worden waren, nahm sich die Kommission der Frage zunächst im Rahmen des Grünbuchs „Europas Weg in die Informationsgesellschaft - Ein Aktionsplan“[440] an, in dem die Möglichkeit einer Regelung mittels Richtlinie oder Verordnung bereits angedacht wurde.
Mit der schließlich zur Verabschiedung gelangten Richtlinie sollen solche Rechtsvorschriften der Mitgliedstaaten harmonisiert werden[441], die Maßnahmen gegen illegale Vorrichtungen vorsehen, mit denen unerlaubt Zugang zu geschützten

---

432 KOM (98) 446 endg.

433 siehe EG 10; ABl. 2001 L 167/10.

434 Mitteilung der Kommission über Grundsätze und Leitlinien einer audiovisuellen Politik der Gemeinschaft im digitalen Zeitalter, KOM (99) 657, S. 19.

435 Mitteilung der Kommission „Die Politik der Gemeinschaft im audiovisuellen Bereich - Künftiges Vorgehen“, KOM (98) 446 endg, v. 14.7.1998, S. 18.

436 Röttinger, UFITA 2001/II, 9 (58); Schippan, Die Harmonisierung des Urheberrechts in Europa im Zeitalter von Internet und digitaler Technologie, 1999, S. 78 f.

437 Richtlinie 98/84/EG des Europäischen Parlaments und des Rates vom 20.11.1998 über den rechtlichen Schutz von zugangskontrollierten Diensten und von Zugangskontrolldiensten, ABl. 1999 L 320/54.

438 Empfehlung Nr. R (91) 14 des Ministerkomitees an die Mitgliedstaaten über den rechtlichen Schutz verschlüsselter Fernsehdienste, 1991.

439 World Intellectual Property Organization.

440 KOM (94) 347 endg.

441 siehe die Zielsetzung in Art. 1 RL.

Diensten wie verschlüsselten Fernseh- oder Radiosendungen bzw. Diensten der Informationsgesellschaft möglich ist[442]. Dadurch werde eine Ergänzung des durch die Richtlinie „Fernsehen ohne Grenzen“ gesetzten rechtlichen Rahmens für einen gemeinsamen audiovisuellen Raum[443] vorgenommen.
Die Richtlinie stellt die Verpflichtung auf, Herstellung, Einfuhr und Vertrieb sowie alle hiermit zusammenhängenden Tätigkeiten in bezug auf illegale Vorrichtungen zum Conditional Access[444] zu verbieten (Art. 3 und 4 RL) und zugleich Sanktionen und Rechtsschutzmöglichkeiten (Art. 5 RL) bei Verletzung dieses Verbotes zu schaffen.

Die Regelung soll ihre kompetenzrechtliche Grundlage wiederum in dienstleistungs- und niederlassungsrechtlichen Koordinierungskompetenzen bzw. der Binnenmarktkompetenz des Art. 95 EGV[445] finden.

Die in Art. 2 a) RL als „geschützte Dienste“ bezeichneten Fernseh- oder Radiosendungen bzw. neuen Dienste[446], stellen sich als unkörperliche, gegen Entgelt erbrachte Leistungen dar, so daß sie als „Dienstleistungen“ im Sinne der Art. 55 iVm. 47 Abs. 2 EGV charakterisiert werden können[447]. Ebenso verhält es sich auch für diejenigen Tätigkeiten, die die Zugangskontrolle bzw. Verschlüsselung von Rundfunkdiensten oder Diensten der Informationsgesellschaft für die Sendeunternehmen beinhalten, die nicht selbst verschlüsseln. Mit der Verschlüsselung von Sendungen und der zugehörigen Abonnentenverwaltung ist ebenfalls eine unkörperliche Leistung Gegenstand entgeltlicher, vertraglicher Beziehungen zwischen Sendeunternehmen und Conditional-Access-Anbieter[448].
Der für das eigentliche Entfalten gesetzgeberischer Aktivitäten auf Grundlage der bestehenden Angleichungskompetenzen nötige Koordinierungsbedarf erklärt sich aus den unterschiedlichen Gewährleistungen von Rechtsschutz gegen Piraterieakte[449], die sich als Behinderung des freien Dienstleistungsverkehrs auswirkten[450].

---

442 siehe die Begriffsbestimmungen in Art. 2 RL.
443 so Erwägungsgrund 16, RL 98/84/EG.
444 siehe die Erläuterungen hierzu in Kapitel 1.
445 im RL-Text: Art. 100 a EGV.
446 "Dienste der Informationsgesellschaft“ iSv. Art. 1 Nr. 2 RL 98/34/EG über ein Informationsverfahren auf dem Gebiet der technischen Normen und technischen Vorschriften und der Vorschriften für die Dienste der Informationsgesellschaft, ABl. 1998 L 204/37.
447 hierzu siehe die Prüfung in Kapitel 2, I. für die von der Fernsehrichtlinie erfaßten Bereiche erfolgte Prüfung des Dienstleistungscharakters dieser Tätigkeiten.
448 Holznagel/Danfeldt, CR 1998, 151 (155).
449 hierzu ausführlich in Gegenüberstellung der Regelungen in Großbritannien, Frankreich und Deutschland: Beucher/Engels, CR 1998, 101 (102ff).
450 so auch EG 11 und 12 RL 98/84/EG.

Schließlich mußte eine solche Regelung in europäischem Rahmen erfolgen, weil sie insbesondere auch auf die europaweit ausgestrahlten und verschlüsselten Satellitenprogramme zugeschnitten ist[451].
Die Intensität der Sanktionen in Art. 5 Abs. 1 RL bleibt im Rahmen der Richtlinie generalklauselhaft geregelt. Darüber hinaus erklärt Erwägungsgrund 23, daß die Mitgliedstaaten nicht zur Regelung strafrechtlicher Sanktionen verpflichtet sein sollen und bestätigt so, daß für die Art und Weise der mitgliedstaatlichen Regelung keine Vorgaben gemacht werden. Das ermöglicht die Feststellung, daß die Richtlinie den Mitgliedstaaten genügend Gestaltungsspielraum beläßt, so daß auch unter dem Gesichtspunkt der Einhaltung des Verhältnismäßigkeitsprinzips hier keine Bedenken bestehen.

Aus kompetenzrechtlicher Sicht ordnet sich das Regelungswerk daher in den der Gemeinschaft zur Verfügung stehenden Rahmen ein.

b. Richtlinie zum Urheberrecht in der Informationsgesellschaft

aa. Inhaltliche Ergänzungen der vorangegangenen urheberrechtlichen Richtlinien

Inwieweit die Richtlinie zur Harmonisierung bestimmter Aspekte des Urheberrechts und der verwandten Schutzrechte in der Informationsgesellschaft[452] für die inhaltlichen Erwägungen, die audiovisueller Politik zugrundeliegen, ein regulatives Befassen mit den neuen Diensten in Form eines Teilstücks zu einem neuen inhalte-orientierten Regelungsrahmen bedeuten kann, soll im folgenden untersucht werden.

Die Richtlinie zum Urheberrecht in der Informationsgesellschaft beinhaltet in vier Kapiteln Regelungen des Vervielfältigungsrechts, des Rechts der öffentlichen Wiedergabe einschließlich des Rechts der öffentlichen Zugänglichmachung und des Verbreitungsrechts.
Dabei wird zum einen herkömmliches Ausschließlichkeitsrecht - wie z.B. für Teilaspekte in Art. 2 der Satelliten- und Kabelrichtlinie 93/83/EWG bereits geregelt - bezüglich der öffentlichen Wiedergabe „weiterharmonisiert“[453]. Auf der

---

[451] Beucher/Engels, CR 1998, 101 (108).
[452] RL 2001/29/EG, ABl. 2001 L 167/10.
[453] EG 23; ABl. 2001 L 167/10.

anderen Seite wird auch die Online-Zugänglichmachung in Form eines Ausschließlichkeitsrechts[454] gestaltet, so daß für Urheber und die in Art. 3 Abs. 2a-d genannten Leistungsschutzberechtigten nunmehr das Recht besteht, „interaktive Übertragungen auf Abruf für die Öffentlichkeit zugänglich zu machen“[455]. Dieses Recht bleibt allerdings auf solche interaktiven Vorgänge beschränkt[456]. Andere neue Dienste, die über die Digitaltechnik möglich werden, wie Video-on-demand z.B., beurteilen sich also nach Abs. 1 des Art. 3 RL[457]. Für solche Rechte der Leistungsschutzberechtigten, die in Art. 3 Abs. 1 RL nicht explizit geregelt sind, muß auf die Vermiet-Richtlinie zurückgegriffen werden[458].
Weiter sind Verpflichtungen bezüglich technischer Sicherungsmaßnahmen und solcher in Hinblick auf Informationen für die Rechtewahrnehmung aufgestellt.
Was Ausnahmen und Beschränkungen von Vervielfältigungs-, Verbreitungs- und Wiedergaberecht anbelangt, so sind sie in Art. 5 der Richtlinie zum Urheberrecht in der Informationsgesellschaft[459] in Listenform niedergelegt. Dabei stellt Abs. 1, der die kurzzeitige Speicherung im Rahmen von Übertragungsvorgängen betrifft, die einzige durch die Mitgliedstaaten zwingend einzuführende Ausnahme vom Vervielfältigungsrecht des Art. 2 der besagten Richtlinie dar. Die Möglichkeit weiterer Ausnahmebestimmungen von den dem Rechteinhaber gewährten Rechten sieht die Listenregelung in Art. 5 RL beispielsweise im Zusammenhang mit dem privaten Gebrauch oder aber der nicht-kommerziellen Nutzung in öffentlichen Bibliotheken bzw. Archiven oder sozialen Einrichtungen vor. Die Einführung solcher Ausnahmen von den in den vorhergehenden Bestimmungen gewährten Rechten - sei es zugunsten des einzelnen Nutzers[460] oder der Allgemeinheit[461] - steht den Mitgliedstaaten im Rahmen der insoweit geschlossenen Listen frei.
Schließlich enthält die Richtlinie allgemeine Bestimmungen zu zeitlicher Anwendbarkeit und Sanktionsmöglichkeiten.

---

454 „Öffentliche Zugänglichmachung“
455 EG 25, ABl. 2001, L 167/10.
456 Reinbothe, GRUR Int. 2001, 733 (736).
457 so auch Dreier, ZUM 2002, 28 (30); Reinbothe, GRUR 2001, 733 (736).
458 und dort Art. 8; so auch Spindler, GRUR 2002, 105 (107).
459 ABl. 2001, L 167/10.
460 Art. 5 Abs. 2 RL 2001/29/EG, ABl. 2001, L 167/10.
461 Art. 5 Abs. 3 RL 2001/29/EG, ABl. 2001, L 167/10.

bb. Kompetenzrechtliche Beurteilung

Als Kompetenzgrundlagen, die die Regelungen der Richtlinie zum Urheberrecht in der Informationsgesellschaft stützen sollen, sind Art. 47 Abs. 2, 55 und schließlich 95 EGV benannt.
Damit setzt die Kompetenzgemäßheit des fraglichen Regelungswerkes wiederum voraus, daß Dienstleistungen in Frage stehen, deren freier Verkehr innerhalb der Gemeinschaft aufgrund divergierender nationaler Ausnahmeregelungen eingeschränkt ist (Art. 47 Abs. 2, 55 EGV) bzw. daß es ansonsten einen Binnenmarktbezug der fraglichen Materie gibt (Art. 95 EGV).
Wie bereits in anderem Zusammenhang[462] festgestellt werden konnte, können auch die sogenannten neuen Dienste als Dienstleistungen qualifiziert werden.
Technologische Entwicklungen, die z.B. immer hochwertigere Kopier- und erweiterte Nutzungsmöglichkeiten[463] von urheberrechtlich geschützten Werken - beispielsweise online - bergen neue Gefahren für die Rechteinhaber, die sich in empfindlicher Weise wirtschaftlich auswirken können, wenn für die neu hinzukommenden Nutzungs- bzw. Vervielfältigungsmöglichkeiten keine angemessenen Vergütungspflichten installiert werden[464]. Wenn solche neuen Regelungssituationen zudem auf unterschiedliche Weise in den Mitgliedstaaten bewältigt werden[465], und den Rechteinhabern so z.B. Gewißheit hinsichtlich ihrer Rechtsschutzmöglichkeiten verwehrt wird, dann liegt nahe, daß diese nur zögerlich zur Verwertung im Rahmen neuer Dienste bereit sein werden[466]. Auch auf Seiten der Nutzer kann sich mangelnde Rechtssicherheit und -einheitlichkeit negativ auf die Akzeptanz der Nutzung der neuen Medien auswirken[467].
Auf diese Probleme der Informationsgesellschaft, die in urheberrechtlichem Kontext aus den hinzugekommenen Vervielfältigungs- und Nutzungsmöglichkeiten für Rechteinhaber erwachsen, will die Richtlinie daher erklärtermaßen reagieren[468] und durch deren Überwindung für ein Klima sorgen, das substantielle Investitionen in Kreativität und Innovation fördert und auf diese Weise zu Wachs-

---

462 siehe oben I 1.b.bb.

463 zu all dem ausführlicher: Flechsig in Becker/Dreier, Urheberrecht und digitale Technologie, 1994, S. 27 ff., bzw. Schwarz, ebda. S. 105 ff.

464 so auch schon Cook, EuZW 1994, 7 (8).

465 so Schippan, Die Harmonisierung des Urheberrechts in Europa im Zeitalter von Internet und digitaler Technologie, 1999, S. 152.

466 so Flechsig, ZUM 1998, 139 (141); ders. CR 1998, 225 (226); Gaster, ZUM 1995, 740 (741); Schippan, ZUM 2002, 117 (124).

467 Flechsig, in Schwarze, Rechtsschutz gegen Urheberrechtsverletzungen und Wettbewerbsverstöße in grenzüberschreitenden Medien, 2000, S. 53 (54/55).

468 siehe die Aussage von Art. 1 zum Anwendungsbereich.

tum und erhöhter Wettbewerbsfähigkeit der europäischen Industrie beiträgt[469]. Zwar waren nach Meinung der Kommission auch in den ursprünglichen Richtlinien bereits Regelungen für digitale Dienste zu finden - so sollte beispielsweise die Vermiet- und Verleihrichtlinie auch schon auf die elektronische Vermietung auf Basis einer Punkt-zu-Punkt-Übertragung (z.B. Video-on-demand) bzw. den elektronischen Verleih anwendbar gewesen sein[470] - allerdings geht die Qualität der neuen Richtlinie über eine bloße Reaktion auf technologische Veränderungen insofern hinaus, als sie große Teile des Urheberrechts und der verwandten Schutzrechte - also auch für analoge Übertragungswege[471] - einer horizontalen Regelung zuführt[472] und Präzisierungen vornimmt[473]. Überdies will die Richtlinie internationale Verpflichtungen umsetzen, die sich aus WCT[474] und WPPT[475] ergeben[476].

Kompetenzgrenzen, die die Gemeinschaft beachten mußte, sind auch hier wieder durch Subsidiaritäts- und Verhältnismäßigkeitsprinzip[477] gesetzt.
Gesetzgebungsinitiativen auf mitgliedsstaatlicher Ebene, die die technologischen Neuerungen angemessen in urheberrechtliche Regelungswerke aufnehmen wollen, erscheinen angesichts des mit einer gemeinschaftsweiten Regelung verfolgten Zieles der Förderung einer europäischen, also transnationalen Informationsgesellschaft als nicht ausreichend und bergen die Gefahr der fortschreitenden Zersplitterung des Marktes[478].
Unterschiedliche kulturelle Gesichtspunkte in den einzelnen Mitgliedsstaaten sollen sich in der Regelung der Schranken und Ausnahmebestimmungen berücksichtigt finden[479]. Wenn diese in Art. 5 der Richtlinie in Listenform[480] angelegt sind, so bedeutet das, daß den Mitgliedstaaten für die eigentliche Ausgestaltung

---

469 4. EG - zu all dem Flechsig, ZUM 2002, 1 (3).
470 Kommission, Grünbuch „Urheberrecht und verwandte Schutzrechte in der Informationsgesellschaft", KOM (95) 382 endg.
471 so auch Jehoram, IIC Vol 32 (2001), 532 - 545.
472 Reinbothe, ZUM 1998, 429 (430); Spindler, GRUR 2002, 105 (105).
473 Erwägungsgrund 5 RL; siehe auch Walter - v. Lewinski/Walter, Kommentar Europäisches Urheberrecht, Rn. 14 zum I. Kap. Info-RL; v. Lewinski, GRUR Int 1995, 831 (835).
474 WIPO Copyright Treaty.
475 WIPO Performances and Phonograms Treaty.
476 Reinbothe, GRUR Int 2001, 733 (735).
477 zu deren Anforderungen bereits Kapitel 2 bzw. 3 I, b.ee.
478 so auch die Einschätzung in Erwägungsgrund 6; Schippan, ZUM 2001, 116 (126); ders.: Die Harmonisierung des Urheberrechts in Europa im Zeitalter von Internet und digitaler Technologie, 1999, S. 179.
479 so auch 32. EG.
480 siehe Abs. 2 Buchstabe a - e) und Abs. 3 Buchstabe a - o).

Spielraum verbleibt[481], indem sie unter mehreren Optionen wählen oder auch ganz auf die Schaffung von Ausnahmeregelungen verzichten könnten, wie sich aus dem Charakter des Art. 5 als Kann-Bestimmung ergeben muß. Diese Vorschrift bietet allerdings auch Ansatzpunkt für kritische Stimmen[482], die aufgrund der Liste, deren Umfang im Verlauf des Gesetzgebungsprozesses deutlich zugenommen hat[483], das Grundanliegen der Harmonisierung gefährdet sehen[484]. Da die Richtlinie ebenso aber die kohärente Anwendung dieser Schrankenregelungen durch die Mitgliedstaaten vorgibt[485] und zudem mit Erwägungsgrund 44 eine enge Auslegung solcher Bestimmungen vor allem in bezug auf das elektronische Umfeld fordert, wird die Balance zwischen der Beseitigung von Hindernissen für den Binnenmarkt und einem angesichts der kulturellen Bedeutung des Regelungsgegenstandes notwendigerweise bei den Mitgliedstaaten verbleibenden Gestaltungsspielraum gewahrt und damit gleichzeitig Aspekten des Verhältnismäßigkeitsgrundsatzes Rechnung getragen[486].
Subsidiaritäts- und Verhältnismäßigkeitsprinzip sind so ausreichend berücksichtigt worden.
Internationale Bedeutung kommt dem Regelungswerk zu, weil es wie bereits erwähnt, im Rahmen der WIPO eingegangene Verpflichtungen umzusetzen versucht. Von internationalen Vorgaben weicht die Richtlinie in diesem Bemühen nicht ab[487].

---

481 Schippan, Die Harmonisierung des Urheberrechts in Europa im Zeitalter von Internet und digitaler Technologie, 1999, S. 177; - Reinbothe will dabei nicht ausschließen, daß dieser Freiraum, der aus Gründen der Subsidiarität und Verhältnismäßigkeit derart ausgefallen ist, sich nicht als praxisgerecht erweisen wird und daher bald angepaßt werden muß - GRUR Int 2001, 733 (744).

482 v.a. Hugenholtz, E.I.P.R. 2000, 499 (500).

483 von ursprünglich 9 im ersten Vorschlag auf 22 in der Richtlinie selbst - kritisch hierzu Schippan, ZUM 2001, 116 (117).

484 v.a. im Zusammenhang mit dem „Sammelbecken für alle bisher bestehenden Schranken der Mitgliedstaaten" Zit.: Spindler, GRUR 2002, 105 (115); - Hoeren, MMR 2001, 515 (519); Linnenborn, K&R 2001, 394 (396); Schippan, ZUM 2001, 116 (127 f.); ders. NJW 2001, 2682 (2683).

485 EG 32, Abl 2001, L 167/10.

486 so im Ergebnis auch Reinbothe, GRUR Int 2001, 733 (737).

487 hierzu insgesamt Schippan, Die Harmonisierung des Urheberrechts in Europa im Zeitalter von Internet und digitaler Technologie, 1999, S. 143 ff.

3. Ergebnis

Die genannten Richtlinien erleichtern die grenzüberschreitende Verwertung audiovisueller Produkte und wirken sich daher positiv auf die Entwicklung eines europäischen Marktes für Fernsehdienste aus[488].
Geregelt werden verschiedenste Einzelbereiche des Urheberrechts[489], in denen sich die ausgewiesenen Schnittstellen zum audiovisuellen Bereich ergeben. Der punktuelle Charakter, der so schon den urheberrechtlichen Regelungsversuchen anhaftet und dort zunehmend zu Ungereimtheiten und Widersprüchen geführt hat[490], prägt damit auch die Regelung solcher Aspekte im audiovisuellen Bereich.

Kompetenzrechtlicher Prüfung können sowohl die untersuchten ursprünglichen Richtlinien[491] im Urheberrecht als auch die im multimedialen Umfeld geschaffene neue Richtlinie[492] standhalten. Die richtigerweise herangezogenen Rechtsgrundlagen sind solche des Dienstleistungsrechts. Die Koordinierung nationaler Vorschriften zur Verbreitung von Rundfunksendungen über Kabel und Satellit bzw. zu urheberrechtlichen Ausschließlichkeitsrechten und deren Schutzdauer wurde erforderlich, weil die Unterschiedlichkeit mitgliedstaatlicher Regelung als hinderlich für den Binnenmarkt zu beurteilen war. Für den audiovisuellen Bereich ließ sich mit den Regelungen zu diesen Rechten, die die Position der Urheber und Produzenten audiovisuellen Materials stärkten, an der Zielverwirklichung einer wettbewerbsfähigen audiovisuellen Industrie arbeiten und ein weiterer Schritt in Richtung eines europäischen audiovisuellen Raumes zurücklegen.

---

488 Smulders, in Jehoram/Keuchenius/Seignette, Audiovisual Media and Copyright in Europe, 1994, S. 75 ff.

489 Schippan, Die Harmonisierung des Urheberrechts in Europa im Zeitalter von Internet und digitaler Technologie, 1999, S. 75.

490 Boehme-Neßler, EWS 2001, 149 (150).

491 Richtlinie 93/83/EWG des Rates zur Koordinierung bestimmter urheber- und leistungsschutzrechtlicher Vorschriften betreffend Satellitenrundfunk und Kabelweiterverbreitung, ABl. 1993, L 248/15; Richtlinie 92/100/EWG des Rates zum Vermiet - und Verleihrecht sowie zu bestimmten, dem Urheberrecht verwandten Schutzrechten im Bereich des geistigen Eigentums, ABl. 1992, L 346/61; Richtlinie 93/98/EWG zur Harmonisierung der Schutzdauer des Urheberrechts und bestimmter verwandter Schutzrechte, ABl. 1993, L 290/9.

492 Richtlinie 98/84/EG des Europäischen Parlaments und des Rates vom 20.11.1998 über den rechtlichen Schutz von zugangskontrollierten Diensten und von Zugangskontrolldiensten, ABl. 1999 L 320/54 bzw. Richtlinie 2001/29/EG des Europäischen Parlaments und des Rates zur Harmonisierung bestimmter Aspekte des Urheberrechts und verwandter Schutzrechte in der Informationsgesellschaft, ABl. 2001 L 167/10.

Die Richtlinie zur Harmonisierung bestimmter Aspekte des Urheberrechts und verwandter Schutzrechte in der Informationsgesellschaft weist zwar Schwachpunkte auf, wie sie beispielsweise der Listenregelung des Art. 5 innewohnen, in dem mittels der vielzähligen fakultativen Ausnahmebestimmungen für den Binnenmarkt bestehende Hindernisse überleben. Der Richtlinie gelingt es aber, die unterschiedlichen mitgliedstaatlichen Vorstellungen über die Reichweite und Ausgestaltung von Urheberrecht näher zusammenzubringen. Ein Harmonisierungsvorhaben wie dieses kann aufgrund von Subsidiaritäts- und Verhältnismäßigkeitsvorgaben für die Rechtssetzung auf Gemeinschaftsebene und aufgrund der fortlaufenden technologischen Entwicklungen in diesem Bereich nicht umfassend erfolgen[493]. In Hinblick auf die neuen Medien sind neue Regelungen vor allem für interaktive Abrufdienste geschaffen worden, während Dienste in analogen Übertragungswegen sowie andere Digitaldienste in Präzisierung der vorhergehenden Richtlinien im urheberrechtlichem Bereich einheitlich geregelt wurden.

Für den audiovisuellen Bereich bringt die so erfolgte Regelung der urheberrechtlichen Verwertungsrechte allerdings dort Probleme mit sich, wo es um die Verwertung von Archivmaterial geht, für das vor allem im Zusammenhang mit älterem Material die Ermittlung der Rechteinhaber als tatsächlicher Voraussetzung für die Ermittlung von in den Richtlinien geregelten Vergütungsansprüchen schwierig werden kann. Hier wird darüber nachgedacht, Transparenz mit Hilfe eines europäischen Registers audiovisuellen Materials zu fördern und eine solche Regelung in eine überarbeitete Fernsehrichtlinie aufzunehmen[494].
Wenn man sich aber dazu entschlösse, solche medienspezifische Urheberrechtsfragen im Rahmen einer neuen Fernsehrichtlinie zu behandeln, dann sollte zugleich versucht werden, diejenigen urheberrechtlichen Regelungen im audiovisuellen Umfeld, die jetzt noch von den rein urheberrechtlichen Regelungswerken mitgeregelt werden - nochmals an die Bedürfnisse der Politik im audiovisuellen Bereich angepaßt - ebenso in das geplante Regelungswerk aufzunehmen und so eine wirklich homogene Regelung für medienspezifische Urheberrechtsfragen zu schaffen.

---

493 siehe auch Art. 12 I RL, der die Kommission zur Beobachtung solcher weiteren Entwicklungen und ggf. zur Unterbreitung von Änderungsvorschlägen verpflichtet.

494 Mitteilung der Kommission zu bestimmten Rechtsfragen im Zusammenhang mit Kinofilmen und anderen audiovisuellen Werken, KOM (2001), 534, S. 15.

III. Schnittstelle zwischen Infrastrukturregelung und audiovisueller Inhalteregelung: Technische Standardisierung der Übertragung von Fernsehsignalen

Ebenfalls dem Bereich „audiovisueller Politik" zugeordnet[495] worden sind die Maßnahmen der Gemeinschaft, die mit dem Schlagwort HDTV[496] bzw. „16:9 - Breitbildfernsehen" die technische Seite europäischer medienpolitischer Bemühungen[497] bilden[498] und sich damit im Grenzbereich zwischen der - im Rahmen dieser Arbeit vordergründigen - Regulierung von Inhalten und der Regulierung der Infrastruktur bewegten, für die nunmehr ein getrennter Ansatz verfolgt wird[499]. Die Bedeutung derartiger gemeinschaftlicher Aktivitäten für die Zielsetzungen audiovisueller Politik wurde von der Kommission in ihrem letzten „Jahresbericht über die Durchführung des Aktionsplanes zur Einführung fortgeschrittener Fernsehdienste in Europa"[500] dahingehend festgehalten, daß der Zuwachs an Qualität, der durch das Breitbildfernsehen erreicht werde, sich positiv auf die Programmproduktion auswirke. Aus der Verwendung gemeinsamer Standards erwachse zudem die Möglichkeit, Programmkataloge zu erstellen, die die Verwertung auf anderen als den jeweiligen heimischen Märkten, also die Entwicklung einer europäischen audiovisuellen Dimension bewirken können[501].

Geprägt waren die seitens der Gemeinschaft ergriffenen Maßnahmen in diesem Bereich von der Zielsetzung der Entwicklung einer eigenen europäischen Norm

---

[495] etwa Collins, JCMS 1994, 89 (93); Gruber, Medienpolitik der EG, 1995; Harrison/ Woods, JMCS 2000, 471 (480); Hirsch/Petersen in Siune/McQuail, Media Policy. Convergence, Concentration and Commerce, S. 207 (214/15); Levy, Europe`s digital revolution, S. 40 ff; Blick nach Brüssel AfP 2000, 149.

[496] High Definition Television.

[497] Als zur audiovisuellen Politik der Gemeinschaft gehörig stuft diese Bemühungen z.B. der 2. Erwägungsgrund der RL 95/47/EG des Europäischen Parlamentes und des Rates vom 24.10.1995 über die Anwendung von Normen für die Übertragung von Fernsehsignalen, ABl. 1995, L 281/51 ein.

[498] siehe auch Mitteilung der Kommission „Grundsätze und Leitlinien audiovisueller Politik", KOM (99) 657.

[499] s.o. Kapitel 1.

[500] KOM (1998) 441 endg. v. 13. 7.1998.

[501] KOM (1998) 441 endg. , S. 31/32.

für das hochauflösende Fernsehen[502]: „HDTV“[503] bezeichnet ein elektronisches Medium für Sendungen in Kinoqualität[504]. Hinter den Bestrebungen zur Schaffung einer eigenen Norm stand insbesondere der prognostizierte Wirtschaftszuwachs[505] v.a. in den mit HDTV eng verbundenen Bereichen Telekommunikation, Unterhaltungselektronik und Ausrüstungs- und Komponentenindustrie. So sollte HDTV die technologische Antwort auf den wachsenden Import amerikanischer Produkte darstellen[506] und zur Möglichkeit der Marktkontrolle verhelfen[507]. Für den Fernsehzuschauer dagegen erschienen die Vorteile der Normierung auf Breitbildniveau nicht gar so offensichtlich[508]: Vor allem die Ausgabenerwartungen für die kostspieligen Dekoder relativierten die eventuellen Vorteile dieser technologischen Neuerungen für private Nutzer wieder[509].

Ausgangspunkt gemeinschaftlicher Bemühungen in diesem Bereich bildeten die Richtlinie über Normen für die direkte Fernsehausstrahlung per Satellit 86/529/EWG bzw. die Richtlinie über die Satellitenausstrahlung von Fernsehsignalen 92/38/EWG („Mehrnormen- oder MAC-Richtlinie“)[510]. Letztere sollte HD-MAC (Multiplexed Analogue Components[511]) als die eigene europäische Norm für hochauflösendes Fernsehen verankern. Die Situation bis dahin war

---

[502] v. Bogdandy in: Bogdandy/Grabitz/Nettesheim, Europäisches Außenwirtschaftsrecht, 1994, S. 593.

[503] zu den technischen und wirtschaftlichen Hintergründen: Prentiss, HDTV - High Definition Television, 1994; Niblock, The future of HDTV in Europe, 1991; neben den technologischen und wirtschaftlichen Gesichtspunkten betont die kulturellen und sozialen Aspekte: Kommission der Europäischen Gemeinschaften, Informations- und Kommunikationstechnologien, S. 27.

[504] Dai/Cawson/Holmes, JCMS 1996, 149 (151).

[505] Dirkes, Europäischer Fernsehmarkt zwischen wirtschaftlichen Imperativen und kulturellem Auftrag: unter Berücksichtigung der bundesdeutschen Medienentwicklung, 1995, S. 164/165.

[506] Dauses/Seelmann-Eggebert, Handbuch des EG-Wirtschaftsrechts, Band I, E V. Rn. 114; Siebenhaar, Europa als audiovisueller Raum, 1994, S. 204 f.

[507] Cawson/Holmes, Journal of European Public Policy 1995, S. 650 (653/654).

[508] Bischoff, Die politische Ökonomie von HDTV, 1993, S. 24/25; Simmering, MP 1989, 400 (402); Zielinski, MP 1989, S. 389 (398).

[509] hierauf verweisen auch Cawson/Holmes, Journal of European Public Policy, 1995, 650 (666).

[510] zum Gang europäischer Politik bezüglich des HDTV: Gruber, Medienpolitik in der EG, 1995, S. 175; Trappel in Frankfurter, Offene Bilder, 1995, 177 (188); Watson, IRIS-SH 1995, 20 (22).

[511] MAC steht damit für die getrennte Aufzeichnung und Übertragung der einzelnen Komponenten eines Farbfernsehsignals, d.h. der Helligkeitssignale, Farbsignale und die Ton- und Datensignale. - Bischoff, Die politische Ökonomie von HDTV, 1993, S. 17.

durch das Vorhandensein zweier miteinander inkompatibler Standards - „PAL"[512] und „SECAM"[513] - gekennzeichnet, die die Richtlinie nicht änderte. Statt dessen sollte der Weg zum einheitlichen Standard über die Zwischenstufe einer Anwendungspflicht der D2-MAC-Norm für alle neuen Dienste und Satelliten ab Datum des Inkrafttretens der Richtlinie geebnet werden[514]. Es war vorgesehen, die Mehrkosten, die beispielsweise aufgrund der Notwendigkeit zusätzlicher Dekoder erwartet wurden, durch ein Übereinkommen[515] von Programmindustrie, Rundfunkveranstaltern und Elektronikindustrie abzufedern, das Subventionen zur Förderung der Norm vorsah[516]. Diese sollte die Kommission mit dem „Aktionsplan zur Einführung fortgeschrittener Fernsehdienste" konkretisieren, der die schnelle Einführung von fortgeschrittenen Satelliten- und Kabelfernsehdiensten erstrebte, die die D2-MAC-Norm bzw. die HD-MAC-Norm benutzen. Sowohl Richtlinie als auch Aktionsplan wurden kritisch aufgenommen und blockiert[517]. Ihre Hauptschwächen sah man darin, daß sie analoge Normen diktieren, obwohl sich bereits eine Entwicklung zum Digitalfernsehen deutlich abzeichnete[518].
Daher wurde die Festlegung auf die Verwendung einer einzigen Norm schließlich zurückgestellt und statt dessen ein Aktionsplan zur Einführung fortgeschrittener Fernsehdienste in Europa[519] implementiert, der lediglich die Förderung des Breitbildformats - unabhängig von der verwendeten europäischen Fernsehnorm und der Übertragungstechnik - vorsah. Ein wesentlicher Vorteil dieses Formates, das eine Verbesserung des Fernsehbildes durch Verdoppelung der Zeilen des Bildschirms auf ein Format von 16:9 bewirkt, liegt in der Möglichkeit, dieses sowohl über analoge also auch digitale Technologien zu senden.
Auch der Verwendung von Fernsehsignalen und zusätzlich der Frage der Zugangsberechtigung im Bereich des Digitalfernsehens nahm man sich in Form der „16:9 - Richtlinie"[520] schließlich noch einmal an, die die beschleunigte Entwicklung fortgeschrittener Fernsehdienste fördern sollte[521] und hierzu besagtes

---

512 Phase Alternation Line.
513 Sequence Coleur à Mémoire.
514 Siebenhaar, Europa als audiovisueller Raum, 1994, S. 208.
515 Memorandum of Understanding, Brussels, 15th June 1992, in epd/Kirche und Rundfunk 49 (1992), v. 24.6.1995, S. 25 - 28.
516 siehe Dirkers, Europäischer Fernsehmarkt zwischen wirtschaftlichen Imperativen und kulturellem Auftrag, 1995, S. 65.
517 Siebenhaar, Europa als audiovisueller Raum, 1994, S. 215.
518 siehe Siebenhaar, Europa als audiovisueller Raum, 1994, S. 215.
519 Beschluß des Rates vom 22.7.1993 über einen Aktionsplan zur Einführung fortgeschrittener Fernsehdienste in Europa (93/424/EWG), ABl. 1993 L 196/48.
520 Richtlinie 95/47/EG des Europäischen Parlaments und des Rates vom 24. Oktober 1995 über die Anwendung von Normen für die Übertragung von Fernsehsignalen, ABl. 1995 L 281/51.
521 siehe die Zielsetzung in Art. 1 RL 95/47/EG, ABl. 1995 L 281/51.

Bildschirmformat 16:9 zur Bezugsgröße erhob, zu dem alle anderen Übertragungssysteme - ob digital oder analog - kompatibel sein sollten[522]. Ein zweiter Regelungsbereich[523] statuierte allgemeine Vorgaben für die Frage der Zugangsberechtigung zu digitalen Fernsehdiensten, um so über die Verpflichtung angemessener, nicht diskriminierender Bedingungen für die Rundfunkveranstalter Chancengleichheit zu gewährleisten.

Zwar verzeichnet der Bericht der Kommission zur „Entwicklung des Marktes für digitales Fernsehen in der Europäischen Union"[524] einige positive Effekte besagter Richtlinie[525] für die Entwicklung des audiovisuellen Sektors, wie z.B. ein Anwachsen der Rechtssicherheit auf den Pay-TV-Märkten. Trotzdem ist es der Richtlinie in bezug auf die technologischen Entwicklungen nur teilweise gelungen, ihren medienpolitischen Zielsetzungen gerecht zu werden und so das Vorhaben „audiovisuelle Politik" der Gemeinschaft voranzutreiben.

Das größte inhaltliche Versäumnis besteht wohl darin, daß sie - obwohl in einer Zeit wachsender Aufmerksamkeit für Probleme und Chancen von Digitalisierungsprozessen erlassen - technologische Fragen des Zugangs zu digitalen Fernsehprogrammen nur ganz im Ansatz und jedenfalls unzureichend bedenkt. Zwar regelt sie die Frage der Übertragungsstandards, die hiermit in Zusammenhang stehende Schaffung von Standards für den Zugang wird jedoch nicht vorgenommen. Der Empfang von Fernsehübertragungen in den durch die Richtlinie vorgesehenen Standards setzt für jeden Rezipienten die richtige Ausstattung bezüglich der digitalen Dekoder voraus. Indem nennenswerte Zugangsregeln aber gerade nicht aufgestellt wurden, sind die Effekte, die die Standardisierung der Signale für die Fernsehübertragungen für die Verwirklichung des Binnenmarktes im audiovisuellen Bereich hätte haben können, ein Stück weit wieder zurückgenommen worden[526]. Aus wettbewerbsbezogener Sicht ist dieses Versäumnis zudem problematisch: Solche den Zugang ermöglichende Technologien lassen sich auch dazu verwenden, Konkurrenten vom Markt fernzuhalten. Der Richtlinie gelang es daher nicht, den europäischen Binnenmarkt bezüglich des Digitalfernsehens weiter zu entwickeln[527].

---

522 Art. 2a und b.

523 Art. 4 RL.

524 Kommission der EG: „Die Entwicklung des Marktes für digitales Fernsehen in der Europäischen Union", Bericht im Zusammenhang mit der Richtlinie 95/47/EG des Europäischen Parlaments und des Rates vom 24.10.1995 über die Anwendung von Normen für die Übertragung von Fernsehsignalen, Mitteilung der Kommission an das Europäische Parlament, den Rat, Wirtschafts- und Sozialausschuß und Ausschuß der Regionen, KOM (1999) 540 endg., S. ii bzw. S. 34.

525 RL 94/47/EG.

526 Levy, Europe`s digital revolution, 1999, S. 63 (65).

527 so auch Levy, Europe`s digital revolution, 1999, S. 63 ff (S. 64).

Aufgegriffen wurden diese Defizite im Rahmen des Kommunikationsberichts[528], der Bestrebungen entwickelte, die Richtlinie zu überarbeiten, soweit sie hinter der Entwicklung der Digitalfernsehmärkte und Digitaltechnologien zurückgeblieben ist[529]. Mit Verabschiedung des Rechtsrahmens für elektronische Kommunikationsnetze und -dienste und der hierzu gehörenden „Richtlinie über den Zugang zu elektronischen Kommunikationsnetzen und zugehörigen Einrichtungen sowie der Zusammenschaltung“[530] ist dieses Vorhaben umgesetzt worden. Der Regelungsbereich der Richtlinie 95/47/EG vor allem bezüglich der Frage der Zugangsberechtigung im Zusammenhang mit digitalen Diensten wurde in das Feld der Infrastrukturregelungen überführt[531] und bildet daher nicht länger Bestandteil des Politikfeldes der Gemeinschaft, das hier unter dem Begriff der „audiovisuellen Politik“ untersucht wird.

IV. Sicherung von Meinungsvielfalt in den Medien: Richtlinienvorschlag zu Medienkonzentration und Pluralismussicherung

Einer der wichtigsten medienpolitischen Parameter, der insofern auch im Prozeß einer Veränderung der Medienlandschaft[532] bestehen bleibt, ist der der Sicherung von Pluralismus und Meinungsvielfalt[533].
Vielfalt nimmt eine dienende Funktion im Prozeß der demokratischen Meinungsbildung ein[534] und erfordert primär die inhaltliche Unterscheidung der Medienangebote. Damit soll Pluralität gewährleistet und mit Hilfe der Massenmedien als Forum ein Ausgleich zwischen den in jeder Gesellschaft existenten verschiedenartigen - auch entgegengesetzten - Interessen geschaffen werden[535].
Pluralismus schließlich ist ein - rechtlich nicht fixierter - Begriff aus dem Kontext der Meinungsäußerungsfreiheit[536], den insbesondere zwei Merkmale kenn-

---

528 KOM (1999) 539 endg.
529 KOM (1999) 540 endg., S. 34.
530 Richtlinie 2002/19/EG, ABl. 2002 L 108/7.
531 hierzu Helberger, IRIS 2001-2, S. 5; Eckert, Wie sich die EU-Kommission die Regulierung der Medien-Infrastruktur vorstellt, 2001.
532 zu diesem oben Kapitel 1.
533 siehe Holznagel/Grünwald, Meinungsvielfalt im kommerziellen Fernsehen, 2001, S. 15.
534 Rager/Weber, MP 1992, 357 (357).
535 siehe auch: Barendt, Broadcasting Law, 1993, S. 4 ff.; Kresse, ZUM 1995, 178 (181).
536 Schellenberg, AöR 119 (1994), 427 (448).

zeichnen[537]: Einerseits schränkt das Pluralismuskonzept das Prinzip der freien Meinungsäußerung ein, auf der anderen Seite will es aber eben hierdurch eine möglichst optimale Informationsvielfalt für die Öffentlichkeit erreichen[538].
Vor diesem Hintergrund ist die Gewährleistung publizistischer Vielfalt eine primäre politische Zielvorstellung in bezug auf Mediensysteme[539].

Auch gemeinschaftliche audiovisuelle Politik ist daher auf die Gewährleistung von Pluralismus gerichtet[540]. Allerdings stehen gültige Maßnahmen der Gemeinschaft in diesem essentiellen Feld der Medienpolitik bisher aus[541] und das, obwohl die Ursachen eines europäischen Bedeutungsgewinns der Problematik nicht zuletzt auf die Anfänge europäischer audiovisueller Politik zurückgehen: Mit der Fernsehrichtlinie[542], die das audiovisuelle Regelungsfeld der Gemeinschaft eröffnete, wurde eine Situation geschaffen, die die Liberalisierung des Medienmarktes nach sich zog[543]. Nicht zuletzt hierdurch wurden Fusionsprozesse in transnationalem Rahmen hervorgerufen und gleichzeitig dahingehende vielfaltsichernde Regelungen der Mitgliedstaaten ihrer Schlagkraft beraubt[544].
Wenn im folgenden der Prozeß des Versuchs des Erlasses einer Antikonzentrationsrichtlinie aus kompetenzrechtlicher Perspektive nachgezeichnet wird, soll zugleich das aktuelle Bedürfnis[545] einer solchen Antikonzentrationsregelung gefaßt und festgestellt werden, ob die Umstände, die die Implementierung dieser medienpolitischen Maßnahme bestimmen und bis dato verhinderten, mittlerweile günstiger stünden[546].

---

537 siehe auch Kommission, Grünbuch „Pluralismus und Medienkonzentration im Binnenmarkt - Bewertung der Notwendigkeit einer Gemeinschaftsaktion", KOM (92) 480 endg.

538 siehe auch v. Wallenberg, WuW 1993, 910 (912).

539 Denniger, Menschenrechte und GG, 1994, S. 41; Henn, Die Sicherung von Meinungs- und Informationsvielfalt in neueren Rundfunkordnungen, 1993, S. 57.

540 siehe KOM (99) 657.

541 was immer wieder von beteiligten Kreisen bemängelt wird: so z.B. im Rahmen des Europäischen Fernseh- und Filmforums, siehe epd medien 96/2001 vom 5.12.2001, S. 2, „Antikonzentration: eine unendliche Geschichte".

542 RL 97/36/EWG, siehe hierzu I.

543 siehe oben, 3. Kapitel I.1.c.

544 so auch Beltrame, in Craig/Harlow, Lawmaking in the EU, 1998, S. 343 (344).

545 hierzu Schmittmann, AfP 2002, 393 ff.

546 neuerliche Forderungen, sich der Materie auf gemeinschaftlicher Ebene anzunehmen: Stellungnahme des Wirtschafts- und Sozialausschusses zum Thema „Pluralismus und Medienkonzentration" (Initiativstellungnahme) v. 29.3.2000, Abl 2000, C 140/19.

1. Regelungsprobleme im klassischen audiovisuellen Bereich

a. Hintergrund und Stationen antikonzentrationsrechtlicher Bemühungen der Gemeinschaft

Charakteristisch für Medienunternehmen ist deren starke Tendenz zu internem Unternehmenswachstum[547], d.h. der Ausdehnung nicht in Form des Erwerbs anderer Unternehmen, sondern vornehmlich durch Gründung von Tochterunternehmen. Als Ursache hierfür kann die ökonomische Besonderheit des Produkts gesehen werden, das diese Unternehmen produzieren und verkaufen: Medien sind immaterielle Güter, d.h. solche, die durch Konsum nicht verbraucht werden. Zudem sind sie durch mangelnde Konsumrivalität gekennzeichnet. Dahinter verbirgt sich das Phänomen, daß die Nutzung medialer Inhalte durch eine Person andere nicht von der Nutzung desselben Inhalts ausschließt[548]. Diese Besonderheiten ihrerseits spiegeln sich wider in hohen Produktionskosten bei gleichzeitig niedrigen Grenzkosten für jeden zusätzlichen Konsumenten. Dabei fallen die hohen Fixkosten für die Produktion unabhängig von der Zahl späterer Konsumenten an. Daraus folgt, daß die anteiligen Kosten pro Konsument bei wachsender Anzahl von Konsumenten sinken[549].
In Zusammenhang damit ist der stetige Versuch von Medienunternehmen zu sehen, Publikum zu maximieren[550].

Konzentration wird üblicherweise als Häufung von Merkmalen, insbesondere Umsatz, Marktanteil oder anderer Outputmaße auf Merkmalsträger, d.h. Unternehmen verstanden[551]. Dementsprechend muß Konzentration im Mediensektor durch die Häufung der relevanten medialen Merkmale, in dem Zusammenhang z.B. Einschaltquoten oder Umsätze, auf Medienunternehmen gekennzeichnet sein[552].
Konzentration findet auf unterschiedliche Weise in horizontaler, vertikaler und intermedialer Form statt. Horizontale Konzentration beschreibt die Verringerung

---

547 Kiefer, MP 1995, 58 (59).

548 Friedrichsen/Never, in Donges: Globalisierung der Medien, 1999, S. 107 (117); Kiefer, MP 1995, 58 (59).

549 Den wirtschaftswissenschaftlichen Hintergrund erläutert Kiefer, MP 1995, 58 (60); zu all dem auch Zerdick u.a., Die Internetökonomie, 1999, S. 36.

550 siehe auch Hoffmann-Riem, in Haas, Mediensysteme, 1990, S. 29 (31).

551 siehe Kruse, Publizistische Vielfalt und Medienkonzentration, 1995, S. 4, Fn. 1; Niewarra, ZUM 1993, 2 (3).

552 Kruse, Publizistische Vielfalt und Medienkonzentration, 1995, S. 4; Trettenbein, in Bruck, Medienmanager Staat, 1994, S. 183 (185).

von Unternehmen derselben Produktionsebene. Im Medienbereich kann dies beispielsweise die gemeinsame Nutzung von Informationsquellen nach sich ziehen und auf die Weise zu einer Reduktion der Angebotsvielfalt führen[553]. Vertikale Konzentration, worunter die Einbeziehung vor- oder nachgelagerter Produktions - bzw. Vertriebsstufen[554] zu verstehen ist, wirkt sich als Marktzutrittsbarriere aus[555]. Die - vielfaltsgefährdende - Häufung der fraglichen Merkmale bei Unternehmen, die in verschiedenen Medien tätig sind, wird unter dem Begriff „intermediale Konzentration“ zusammengefaßt[556].
Mit Blick auf die Informationsvielfalt lassen sich dann jedenfalls größere Gefahren konstatieren, wenn die Kontrolle des Zugangs zu den Medien auf wenige Eigentümer oder Programme beschränkt ist[557].

Im Zuge der beschriebenen[558] technologischen und strukturellen Veränderungen des Mediensektors kam es zu umfänglichen Deregulierungsprozessen und Kommerialisierungserscheinungen, die die Anbieter unter den ständigen Druck stellen, billiger zu produzieren und so die Effizienz zu steigern[559]. Solche Bemühungen münden in horizontale Integrationsformen von Unternehmen, durch die Größenvorteile erworben und genutzt werden sollen. Vertikale Integration verhilft zu einer Senkung der Transaktionskosten und der unternehmerischen Kontrolle von komplexen Wertschöpfungsketten. Auch die Ausweitung auf andersartige Sektoren und die damit verbundene Erschließung ganz neuer Märkte stellt eine mögliche Reaktion auf Kommerzialisierungserscheinungen[560] dar.
Hinzu kam die Internationalisierung im Medienbereich, die - im nationalen Rahmen betrachtet - durch die Verfügbarkeit ausländischer Programme scheinbar größere Vielfalt bewirkte, insgesamt das Angebot jedoch gleichförmiger werden ließ[561].

---

553 Ablasser, Medienmarkt und Fusionskontrolle, 1998, S. 46; siehe auch Farda, Europäische Medienpolitik, 2000, S. 236.

554 Kübler, MP1995, 48 (52).

555 Herdzina, Wettbewerbspolitik, 1993, S. 87; Kiefer, MP 1995, 58 (61).

556 siehe Kübler, in Hübner u.a., Rechtsprobleme der privaten Rundfunkordnung, 1992, S. 43 (44); Kübler, MP 1994, 48 (53).

557 Weber, Medienkonzentration und Meinungspluralismus, 1995, S. 11.

558 Kapitel 1.

559 Harcourt, Utlities Law Review 1996, 202 (202); Humphreys, Regulating for Pluralism in the era of digital convergence: the issues fo media concentration, S. 7; Humphreys, Mass Media and Media Policy in Western Europe, 1996, S. 199 (202); Pätzold/Röper, MP 1998, 278 (278).

560 siehe Jarren/Meier, in Donges/Jarren/Schatz, Globalisierung der Medien?, 1999, S. 231 (237).

561 Schulz, in Hoffmann, Gestern begann die Zukunft, 1994, S. 122 (123).

Auch die neuen technischen Möglichkeiten, die zu einer Vervielfachung der Kanäle führen, wirken sich kaum vielfaltsfördernd aus[562], da sie eine so große Nachfrage nach Programmaterial induzieren, wie sie im Rahmen von Unternehmensverbindungen letztlich nur durch Wiederverwertungen und Billigproduktionen[563] zu befriedigen sein wird. Vor allem für den werbefinanzierten Rundfunk ist zu erwarten, daß der Druck bestehen bleibt, massenattraktive Programme anzubieten, um so genügend hohe Werbeeinnahmen zu erzielen[564]. Hierin besteht aber ein entscheidendes Hemmnis für die Bereitstellung eines ausdifferenzierten und vielfaltsfördernden Programms. Positive Implikationen sind allenfalls für den entgeltfinanzierten Rundfunk denkbar, wo das Streben nach Gewinnmaximierung nicht durch die Massenattraktivität der angebotenen Programme erreicht werden kann, sondern durch den Zuschnitt auf spezielle Rezipientengruppen, sofern diese bereit sind, das jeweilig anfallende Entgelt zu tragen. Damit läßt sich zwar eine Ausdifferenzierung im Angebot erzielen[565], allerdings wird die so scheinbar zu erreichende Vielfalt in ihrer Bedeutung für die Meinungsbildung wiederum dadurch relativiert, daß sie nur denen offensteht, die in der Lage sind, die entsprechenden Entgelte zu zahlen[566].
Darüber hinaus birgt die veränderte Form der Dienstleistungserbringung[567] im audiovisuellen Bereich zusätzliches Gefährdungspotential für die Meinungsvielfalt durch vertikale Konzentration[568]. Dieses manifestiert sich in der Möglichkeit, Schlüsselpositionen bei der Kontrolle von Distributionswegen zu erlangen[569]

---

562 hierauf weisen auch Kresse, Pluralismus, Markt und Medienkonzentration, 1995, S. 15 f. und Kleinsteuber/Rosenbach, RuF 1998, 24 (51) hin; ebenso jüngst: Danwitz, ZUM 2002, 769 f.

563 Ein Beispiel hierfür führt Markus Theurer, „Ein bißchen Spaß muß sein", FAZ v. 27.11.2001, S. 53 an, wonach RTL „inzwischen das Kunststück fertig bringt, mit zwölf Stunden Programm einen ganzen Sendetag zu bestreiten. Wiederholungen und ausufernde Teleshoppingsendungen machen es möglich." - auch Farda, Europäische Medienpolitik, 2000, S. 247; Hege, AfP 1995, 537 (540); Hoffmann-Riem, in Hoffmann, Gestern begann die Zukunft, 1994, S. 274 (286); Humphreys, Mass Media and Media Policy in Western Europe, 1996, chapter 7, S. 199 (202).

564 so Roider, Perspektiven einer europäischen Rundfunkordnung, 2001, S. 249.

565 so auch Holznagel, ZUM 1996, 16 (17); König, Die Einführung des digitalen Fernsehens, 1997, S. 82 f.

566 siehe Roider, Perspektiven einer europäischen Rundfunkordnung, 2001, S. 252; - zu den schlechten Prognosen für die Akzeptanz von Pay-TV in Deutschland: Paukens/ Schümchen, Digitales Fernsehen in Deutschland, 2000, S. 11.

567 hierzu 1. Kapitel.

568 Levy, Europe`s digital Revolution, 1999, S. 3 (13), Paukens/Schümchen, Digitales Fernsehen in Deutschland, 2000, S. 28.

569 Beispiel hierfür liefert die versuchte Fusion von Media Service GmbH und Nordic Satellite Distribution - MSG Media Service, Entscheidung der Kommission vom 9.11.1994, IV/M.469, ABl. 1994 L 364/1.

und so andere Wettbewerber im Vertrieb ihrer Programme zu behindern[570]. Diese Möglichkeit ergibt sich beispielsweise im Zusammenhang mit dem Multiplexing[571]: Jeder Programmveranstalter, der seine Inhalte im digitalen Fernsehen verbreiten will, ist auf den Zugang zu einem Multiplex angewiesen, was im Gegenzug bedeutet, daß der Multiplexanbieter die Möglichkeit hat, darüber zu entscheiden, welche Inhalte er für das digitale Fernsehen nutzbar macht. Einfluß auf die inhaltliche Zusammenstellung können Netzwerkbetreiber auch im Bereich von Vertrieb und Vermarktung ausüben, wo sie beispielsweise Abonnementangebote für Rezipienten zusammenstellen und deren Auswahl auf diese Weise vorbestimmen bzw. einschränken (sogenanntes Packaging) oder im Rahmen von Navigationssystemen über Präsentationsformen die Aufmerksamkeit der Zuschauer steuern[572].

Insgesamt läßt sich feststellen, daß der Wandel im Medienbereich neben der möglichen verstärkten wirtschaftlichen Aktivität im audiovisuellen Sektor auch die Gefahr der Ansammlung von Meinungsmacht bei einzelnen Unternehmen, hervorgerufen durch Konzentrationsprozesse, vergrößert[573].

So erzeugte bzw. verstärkte Konzentrationsprozesse im Medienbereich können sowohl in ökonomischer als auch in publizistischer Hinsicht relevant werden.
Eine ökonomische Betrachtung von Konzentrationsprozessen zielt auf Tatbestände ab, in denen wirtschaftliche Macht den Wettbewerb als Koordinationsinstanz beeinflußt und beschränkt[574].
Medienrechtlich besehen sind Konzentrationstendenzen eine Gefahr für den publizistischen Wettbewerb, der auf die qualitative Verbreitung von Meinungen, Information, Kultur und Unterhaltung gerichtet ist und den eigentlichen Gradmesser für die Gewährleistung echter Meinungs- und Informationsvielfalt bildet[575]. Hieraus erklärt sich auch das Bedürfnis, Regelungen zu schaffen, „die

---

[570] siehe dazu Holznagel, ZUM 1996, 16 (19); König, Die Einführung des digitalen Fernsehens, 1997, S. 34 ff. (41).

[571] hierzu bereits die Einführung im 1. Kapitel.

[572] König, Die Einführung des digitalen Fernsehens, 1997, S. 42 ff.; Paukens/Schümchen, Digitales Fernsehen in Deutschland, 2000, S. 30.

[573] so Frey, ZUM 1998, 985 (985); Heinrich, RuF 1996, 165 (180); Holznagel/Grünwald, Meinungsvielfalt im kommerziellen Fernsehen, 2001, S. 85; Keidel, in Donges, Globalisierung der Medien?, 1999, S. 171 (171).

[574] Heinrich, MP 1992, S. 338 (336); Kiefer, MP 1995, S. 58 (59).

[575] die unterschiedlichen Zielrichtungen hinsichtlich der Konzentrationsbekämpfung beschreibt auch Jarren, in: Altmeppen, Ökonomie der Medien und des Mediensystems, 1996, S. 203 (206); Muradian, Konzentrationstendenzen und Wettbewerb im Bereich des privaten kommerziellen Rundfunks und Rechtsprobleme staatlicher Rundfunkaufsicht, 1998, S. 83.

Einseitigkeit in den Medien verhindern, Staatsfreiheit garantieren und möglichst weitgehend Vielfalt gewährleisten“[576].
Vielfaltsicherndes Instrumentarium findet sich in Gestalt zweier Konzeptionen[577]: Das interventionistische Konzept des Binnenpluralismus sieht vor, durch Regelungen, die den Inhalt von Programmen betreffen, Vielfalt zu gewährleisten. Außenpluralismus, der auf Vielfaltsförderung durch gestreutes Medieneigentum abzielt, kann dagegen schon durch Wettbewerbspolitik aufrechterhalten werden, wenn man sich vergegenwärtigt, daß über den Markt als Regulativ eine Vielzahl auch publizistisch miteinander konkurrierender Medien erhalten werden können[578] und publizistischer Wettbewerb somit wesentlich aus dem ökonomischen Wettbewerb angetrieben wird[579]. Hier konkurriert wiederum ein Ansatz, der generelle Konzentrationsregelungen als ausreichend auch für die Aufrechterhaltung des publizistischen Pluralismus ansieht[580] mit einem solchen, der darüber hinaus medienspezifische Konzentrationsregelungen als erforderlich betrachtet, um den Besonderheiten publizistischer Konzentration Rechnung zu tragen[581].

In regulatorischen Aktivitäten kann sich ein Bedürfnis nach Maßnahmen zur Vielfaltsicherung aber nur dann konkretisieren, wenn überhaupt Konzentrationen erfaßbar sind, von denen tatsächlich negative Effekte für den Pluralismus ausgehen. Die Messung publizistischer Konzentration zielt auf den Anteil ab, den Meinungen am Gesamtmeinungsmarkt haben und kann daher durch vergleichende Inhaltsanalyse, Analyse der Unabhängigkeit einzelner Teile der Medienproduktion oder aber durch Analyse der Konzentration des Eigentums an Medienunternehmen vorgenommen werden[582].
Negative Auswirkungen haften Konzentrationsprozessen nicht von vornherein und in jedem Fall an. Ökonomische Gründe sollen gar nahelegen, daß höhere

---

576 Schellenberg, AöR 119 (1994), 427 (448).

577 siehe auch Gibbons, in Marsden/Verhulst, Convergence in European Digital TV Regulation, 2000, S. 155 (157).

578 siehe Ablasser, Medienmarkt und Fusionskontrolle, 1998, S. 48.

579 Clausen-Muradian, Konzentrationstendenzen und Wettbewerb im Bereich des privaten kommerziellen Rundfunks und Rechtsprobleme staatlicher Rundfunkaufsicht, 1998, S.87.

580 siehe auch Preuss Neudorf, Grundversorgung und Wettbewerb im dualen Rundfunksystem, 1993, S. 104; Rager/Weber, MP 1992, 357 (359); - gegen diese Annahme: Hoffmann-Riem, in: Haas - Mediensysteme, 1990, S. 29 (32).

581 so beispielsweise Clausen-Muradian, Konzentrationstendenzen und Wettbewerb im Bereich des privaten kommerziellen Rundfunks und Rechtsprobleme staatlicher Rundfunkaufsicht, 1998, S. 93; Preuss Neudorf, Grundversorgung und Wettbewerb in dualen Rundfunksystem, 1993, S. 123; Roider, Perspektiven einer europäischen Rundfunkordnung, 2001, S. 247; - ablehnend: Engel, Medienordnungsrecht, 1996, S. 48/49.

582 Heinrich, MP 1992, 338 (342).

Konzentrationen schneller zu differenzierten und qualitätsorientierteren Programmen führen. Wenn der gewinnbringende Massenmarkt gesättigt ist, müßten die Programmveranstalter entweder besonders attraktive Programme für den Massengeschmack anbieten oder auf andere Zielgruppen ausweichen. Ähnlich soll sich die Situation darstellen, wenn ein Anbieter mehrere Kanäle bestimmt und sich nicht selbst Konkurrenz machen will, sondern statt dessen einen der Kanäle besonders attraktiv gestaltet[583].

Dann aber, wenn Konzentrationstendenzen durch Wegfall von Programmen die Informationsvielfalt für die Rezipienten verkleinern[584], wirken sie sich unter dem Gesichtspunkt des Pluralismuserfordernisses negativ aus[585].

Solche negativen Tendenzen von Konzentrationsprozessen festzustellen[586] und zu kontrollieren gibt es verschiedene Modelle[587].

Das sogenannte Anbieter-/Beteiligungsmodell will über die Vorgabe von Anbietergemeinschaften verhindern, daß ein Unternehmer alleiniger Eigentümer eines Programmes sein kann[588].

Auch eine Bemessung nach dem Marktanteil auf dem Zuschauermarkt[589] ist denkbar. Auf dieses Modell, das gewissermaßen eine wettbewerbsbezogene Sicht einführt, die am besten die eigentliche Marktsituation berücksichtigen können soll[590], nimmt auch das Grünbuch der Kommission zu „Pluralismus und Medienkonzentration im Binnenmarkt“ Bezug[591].

Möglich ist schließlich, Konzentrationsprozesse nach dem Gesamtumsatz[592] oder dem Werbemarktanteil zu beurteilen. Hier werden nicht Einschaltquoten, sondern die Werbeerlöse zum Bezugspunkt gemacht, was vor allem deshalb als vorteil-

---

583 Engel, in: LMA - Die Sicherung der Meinungsvielfalt, 1995, S. 221 (230).

584 Weber, Medienkonzentration und Meinungspluralismus, 1995, S. 11.

585 Empirisch nachgewiesen werden konnte ein zwingender Schluß von ökonomischer Vorherrschaft auf Meinungsdominanz nicht, es wird jedoch davon ausgegangen, daß die Marktstellung auf das publizistische Ergebnis Einfluß nimmt. - so Mailänder, Konzentrationskontrolle zur Sicherung von Meinungsvielfalt, 2000, S. 176.

586 zu den grundsätzlichen Voraussetzungen der Konzentrationskontrolle: Dörr, MP 1995, S. 42 ff. - zu den mit der Messung publizistischer Vielfalt wegen ihrer Mehrdimensionalität verbundenen grundsätzlichen Problemen: Knoche, in Klaue/Knoche/Zerdick: Probleme der Pressekonzentrationsforschung, 1980, S. 127 ff.

587 Weber, Medienkonzentration und Meinungspluralismus, 1995, S. 11 f.

588 Clausen-Muradian, ZUM 1996, 934 (936).

589 hierzu Kuch, ZUM 1997, 12 (14); Clausen-Muradian, ZUM 1996, 934 (936).

590 siehe Kresse, Pluralismus, Markt und Medienkonzentration, 1995, S. 43; - anderer Ansicht sind: Clausen-Muradian, ZUM 1996, 934 (943); Knothe, ZUM 1996, 132 (132).

591 Grünbuch der Kommission „Pluralismus und Medienkonzentration im Binnenmarkt - Bewertung der Notwendigkeit einer Gemeinschaftsaktion“, KOM (92)480 endg.

592 Kiefer, MP 1995, 58 (63).

haft[593] angesehen wird, weil die Ermittlung des Werbemarktanteils im Vergleich zur Einschaltquote einfacher und weniger kostenintensiv sei bzw. Formen des Cross-ownership, also derjenigen Konzentrationsform, die zur Vereinigung von verschiedenen Medien auf einen Unternehmer führt, ebenfalls erfaßt seien[594].

Mit der Notwendigkeit, auf Konzentrationsprozesse medienpolitisch zu reagieren, sah sich auch europäische audiovisuelle Politik konfrontiert[595].
Bereits in den achtziger Jahren klangen in wettbewerbsrechtlichen Zusammenhängen Forderungen des Europäischen Parlaments an, Konzentrationstendenzen im Medienbereich mehr Beachtung zu schenken[596]. Ausdrücklich erging eine solche Aufforderung zum Tätigwerden an die Kommission in Gestalt der Entschließung des Parlaments zur „Konzentration im Medienbereich" vom 15.2.1990[597]. Konkrete Maßnahmen regte das Parlament in einer Entschließung zu „Medienkonzentration und Meinungsvielfalt" vom 16. September 1992[598] an, die auch auf die Möglichkeit des Erlasses einer Antikonzentrationsrichtlinie hinweist[599].
Die Kommission reagierte mit dem Vorhaben eines Grünbuchs[600], das sich im wesentlichen mit der Notwendigkeit einer Gemeinschaftsaktion befaßt[601]. Daß darin zwar Optionen, den beobachteten Konzentrationsprozessen grundsätzlich zu begegnen, dagegen aber nicht das aktuelle Bedürfnis für eine gemeinschaftliche Aktion festgestellt wurden, veranlaßte das Parlament zu neuerlichen Ent-

---

593 teilweise vorteilhafter als das Zuschauermarktanteilsmodell: Kübler, MP 1995, S. 48 ff.

594 Kübler, MP 1995, 48 (55); hierzu ausführlich: Tschon, Cross-Ownership und publizistische Gewaltenteilung, 2002.

595 Den politischen Prozeß des Wahrnehmens solcher Konzentrationstendenzen und des Bedürfnisses, darauf zu reagieren, beschreiben: Farda, Medienpolitik der EU, 2000, S. 259 ff.; Hitchens, MLR 1994, 585 (586); Trappel, in: Frankfurter, Offene Bilder, 1995, S. 191 ff.

596 so z.B. in seiner Entschließung zum 15. Bericht der Kommission der Europäischen Gemeinschaften über die Wettbewerbspolitik vom 14.11.1986, S. 446.

597 Europäisches Parlament, Entschließung zur Konzentration im Medienbereich vom 15.2.1990, ABl. 1990 C 68/137.

598 Europäisches Parlament, Entschließung zur Medienkonzentration und Meinungsvielfalt vom 16.9.1992, ABl. 1992 C 284/44.

599 ABl. 1992 C 284/44, Punkt 27.

600 Das Grünbuch „Pluralismus und Medienkonzentration im Binnenmarkt - Bewertung der Notwendigkeit einer Gemeinschaftsaktion" wurde am 23. Dezember 1992 vorgelegt - KOM (92)480.

601 hierzu Schellenberg, DZWiR 1994, S. 410 ff. ; v. Wallenberg, WuW 1993, S. 910 ff.

schließungen zu „Pluralismus und Medienkonzentration im Binnenmarkt"[602]. Hierin betonte man die Notwendigkeit einer gesetzlichen Regelung sowohl aus Gesichtspunkten der Binnenmarktsverwirklichung als auch aus kulturellen Gründen und forderte die Regulierung und Harmonisierung auf hohem Schutzniveau. Mittlerweile war auch die Kommission in Auswertung eines ersten Konsultationsverfahrens[603] der Feststellung des Bedürfnisses einer gemeinschaftsweiten Aktion näher gekommen. Einem weiteren Konsultationsverfahren sollten die genauen Regelungsbereiche und die Frage der Erfassung der Konzentration vorbehalten bleiben. Im Zuge dessen wurde für Anfang 1996 angekündigt, einen Richtlinienvorschlag vorzulegen[604]. Im Herbst 1996 legte die Kommission einen ersten inoffiziellen Entwurf für eine solche Richtlinie vor, der allerdings in kommissionsinternen Diskussionen abgelehnt wurde. Daraufhin folgte im März 1997 ein zweiter, ebenfalls inoffizieller Entwurf, der die erste Fassung abänderte[605]. Aber auch dieser Entwurf konnte sich nicht durchsetzen, so daß die medienkonzentrationsrechtliche Materie bis dato ohne gemeinschaftliche Regelung bleibt[606]. Erst die Initiativstellungnahme zum Thema „Pluralismus und Medienkonzentration" vom 29.3.2000[607] lenkte wieder Aufmerksamkeit auf die medienkonzentrationsrechtliche Problematik - nunmehr allerdings lediglich mit Forderungen, sich dieses Sachbereichs in Form einer Mitteilung anzunehmen.

b. Geplanter Inhalt einer antikonzentrationsrechtlichen Regelung

Mit dem Richtlinienvorschlag zu Medieneigentum und Pluralismussicherung sollte das Feld audiovisueller Politik - d.h. die bisher ergangenen Regelungen zur

---

602 Entschließung „Pluralismus und Medienkonzentration im Binnenmarkt" vom 20.1.1994 ABl. 1994 C 44/177 und Entschließung zu „Pluralismus und Medienkonzentration im Binnenmarkt" vom 15.6.1995, ABl. 1995 C 166/133.

603 Auswertung in: Mitteilung an den Rat und an das Europäische Parlament über die Reaktionen auf den Konsultationsprozeß v. 5.10.1994, KOM (94) 353.

604 Bericht der Kommission „Der Binnenmarkt 1995", KOM (96) 51 endg. vom 20.2.1996, S. 58.

605 Schwartze, ZUM 2000, 779 (798/99).

606 Tettenborn, MMR 1998, 18 (20); - Die Probleme im politischen Entscheidungsfindungsprozeß beschreibt genauer: Harcourt, Journal of Common Market Studies Vol 36, No. 3 (1998), S. 369 ff.

607 Stellungnahme des Wirtschafts- und Sozialausschusses zum Thema „Pluralismus und Medienkonzentration" (Initiativstellungnahme) v. 29.3.2000, ABl. 2000, C 140/19.

Erleichterung des freien Sendeverkehrs[608] und zur Harmonisierung urheberrechtlicher Aspekte dieses Sendeverkehrs[609] - um die noch ausstehende regulatorische Maßnahme zur Koordinierung der Regelungen zur Beschränkung der Niederlassungsfreiheit von Medienunternehmen aus Gründen der Gewährleistung von Meinungsvielfalt ergänzt werden[610].

Gegenstandsbereich des Richtlinienentwurfs sind Fernseh- bzw. Hörfunkdienste in allen denkbaren Verbreitungsformen sowie Tageszeitungen[611]. Nicht erfaßt dagegen sind Dienste der Informationsgesellschaft[612]: Die Grenzlinie soll - identisch mit der in der Fernsehrichtlinie gewählten[613] - so verlaufen, daß neben den klassischen Rundfunkdiensten auch die rundfunkähnlichen neuen Dienste[614] unter den Richtlinienvorschlag fallen, interaktive Dienste aber ganz ausgeschlossen bleiben[615].
Zielsetzung des Vorhabens ist die Harmonisierung nationaler Regelungen zur Konzentration von Medieneigentum. Damit soll der Zugang zum Medienbereich bei gleichzeitiger Sicherstellung einer großen Zahl von Medienanbietern gewährleistet werden, um so vielfaltsgefährdende Konzentrationen zu verhindern[616].
Hierfür sieht die Richtlinie den Erlaß solcher mitgliedstaatlicher Bestimmungen vor, die die Kontrolle über Fernsehdienste beschränken und vorsehen, daß sogenannte Medienkontrolleure an der Ausdehnung ihres Einflusses auf weitere - bereits bestehende, neu einzurichtende oder wieder zuzulassende - Fernsehdienste dann gehindert werden, wenn sie bereits einen Anteil von 30% oder mehr Zuschauern auf sich vereinigen[617]. Bezugsgröße bilden also zum einen quantitativ der Zuschaueranteil und zum anderen qualitativ der Begriff des „Medienkontrolleurs". Hierunter soll jede natürliche oder juristische Person zu fassen sein, die allein oder zusammen mit anderen natürlichen oder juristischen Personen, direkt oder indirekt, die Möglichkeit hat, einen entscheidenden Einfluß auf die Aktivität des Fernsehveranstalters auszuüben, von dem ein Rundfunkdienst abhängt. Dieselbe Regelung trifft Art. 3 auch für Hörfunkdienste. Außerdem stellt

---

608 siehe oben unter I.
609 siehe oben unter II.
610 so auch in der Begründung zum Richtlinienvorschlag, S. 39 erklärt.
611 dementsprechende Begriffsbestimmungen finden sich in Art. 1 des RL-Vorschlags; - siehe die inhaltlichen Hinweise bei Ress/Bröhmer, Europäische Gemeinschaft und Medienvielfalt, 1998, S. 20 ff.
612 zu der Einteilung, siehe 1. Kapitel.
613 Art. 1 RL 89/552/EG, geä. durch RL 97/36/EG.
614 „Point-to-many-point": Near-video-on-demand und Pay-per-view etc. - zu der Einteilung auf Gemeinschaftsebene siehe Kapitel 1.
615 siehe Begründung zum RL-Entwurf, S. 18.
616 Brühann, ZUM 1993, 600 (600).
617 Art. 3 Abs. 1 RL-Vorschlag.

Art. 3 RL-Vorschlag Anteilsgrenzen von 10% für Fälle multimedialer Konzentration auf. Das Modell des Publikumsanteils soll die Wahrung des Pluralismus angesichts neuer Technologien und der damit verbundenen Vervielfachung der Kanäle besser gewährleisten als Schwellenwerte, die sich auf die Anzahl der Rundfunkdienste oder Kapitalbeteiligungen beziehen[618].
Art. 4 des Entwurfs regelt die Möglichkeiten zur Bestimmung des Medienkontrolleurs, indem er Kriterien wie die Beteiligung am Gesellschaftskapital, Wahlrechte in den Entscheidungsorganen, Finanzierung sowie Direktionsbefugnisse über das Redaktionspersonal benennt[619].
Art. 5 schließlich sieht Voraussetzungen vor, unter denen die Mitgliedstaaten Ausnahmebestimmungen treffen können. Solche sind u.a. für lokale Rundfunkdienste möglich, die andernfalls in ihrer Existenz gefährdet wären oder für solche Rundfunkanstalten, deren Struktur binnenpluralistischen Grundsätzen entspricht.

Meinungsverschiedenheiten inhaltlicher Art innerhalb der Kommission, sowie grundsätzliche Zweifel an einer Kompetenz der Gemeinschaft für medienkonzentrationsrechtliche Regelungen, die vor allem auch von den Verlegerverbänden[620] angebracht wurden, führten dazu, daß bisher keine offiziellen Entwürfe in diesem Themenbereich vorgelegt worden sind[621], sondern statt dessen die Verabschiedung des Entwurfs zugunsten weiterer Beratungen zurückgestellt wurde[622]. Die kompetenzrechtliche Möglichkeit des Erlasses inhaltlich derartig ausgestalteter Medienkonzentrationsvorschriften bildet Gegenstand des folgenden Abschnitts.

---

618 EG 14 zum RL-Vorschlag.

619 Diese Kriterien für die Messung des Einflusses stellte eine Studie des Europäischen Medieninstituts auf; Institut Européen de la Communication, La Transparence dans le Controle des Medias, Düsseldorf, 1994.

620 z.B. Bund Deutscher Zeitungsverleger, z.B. BDZV intern, 8/1997, S. 1.

621 siehe auch Farda, Medienpolitik der EU, S. 324 ff.; Uwer, Medienkonzentration und Pluralismussicherung im Lichte des europäischen Menschenrechts der Pressefreiheit, 1998, S. 59.

622 so auch Hess, AfP 1997, 680 (681); Kritik hieran übt Trappel, in Frankfurter, Offene Bilder, 1995, S. 177 (193), indem er darauf hinweist, daß die Verzögerung der eigentlichen Entscheidung bewirkt, daß die Marktkonsolidierung auf europäischem Niveau womöglich früher eintritt, als eine entsprechende Gemeinschaftsmaßnahme.

c. Kompetenzrechtliche Problemlage

Das Prinzip der begrenzten Einzelermächtigung verlangt auch hier die Existenz einer primärrechtlichen Norm, die die Gemeinschaft autorisiert, im Bereich der medienspezifischen Konzentrationsverhinderung und Pluralismussicherung legislatorisch tätig zu werden. - Nicht ausreichend können daher wiederum allgemeine Grundsätze, an die die Gemeinschaft gebunden ist[623] oder etwa generell die „Politik der Gemeinschaft im audiovisuellen Bereich"[624] sein[625].

Die Kommission konzentrierte ihre kompetenzrechtlichen Überlegungen bezüglich der Regelung von Medieneigentum bzw. grenzüberschreitender Veranstaltung von Rundfunk und Fernsehen auf die in Art. 43 ff. EGV verankerte Niederlassungs- bzw. Dienstleistungsfreiheit, wie sich dem Grünbuch der Kommission entnehmen läßt[626].
Für die Regelungen des Richtlinienentwurfs, die die Tagespresse[627] betreffen, sollte Art. 95 EGV als Kompetenzgrundlage fungieren.

aa. Art. 47 Abs. 2 EGV als Grundlage für die Regelung von Medieneigentum

Im Problemkreis der Koordinierung nationaler Vorschriften zur Bekämpfung von Konzentrationstendenzen im Medienbereich ist zunächst Art. 47 Abs. 2 EGV in Betracht zu ziehen, der die Möglichkeit der Angleichung von Bestimmungen über die Aufnahme selbständiger Tätigkeit vorsieht. Als binnenmarktbezogene Kompetenz will diese Vorschrift Freiheiten verwirklichen, soweit sie sich nicht aus unmittelbar anwendbarem Primärrecht ergeben[628], und darüber hinaus einen Raum

---

623 wie z.B. der Grundsatz des audiovisuellen Pluralismus: Frey, Fernsehen und audiovisueller Pluralismus im Binnenmarkt der EG, 1999, S. 43 ff.

624 hierauf will aber Hitchens rekurrieren, MLR 1994, 585 (591).

625 siehe hierzu bereits für die Analyse der Fernsehrichtlinie, I.b.aa.

626 Europäische Kommission: Grünbuch über Pluralismus und Medienkonzentration im Binnenmarkt, KOM (92) 480 endg.

627 Diese Regelungen werden im Rahmen der Analyse audiovisueller Medien nicht explizit untersucht.

628 zur Binnenmarktkonzeption siehe Steindorff, Grenzen der EG-Kompetenzen, 1990, S. 85 f.

ohne Wettbewerbsbeschränkungen gewährleisten[629], indem sie bestehende Rechtsregeln aufeinander ausrichtet[630].

1) Richtlinieninhalt vor dem Hintergrund der Niederlassungsfreiheit, Art. 43 EGV

(a) Binnenmarktkompetenzen und die Bestimmungen zur Medienkonzentration

Die der Gemeinschaft mit Art. 47 Abs. 2 EGV zur Verfügung stehende binnenmarktbezogene Kompetenz setzt zunächst voraus, daß solche Sachverhalte Regelungsgegenstand der geplanten Koordinierung bilden, die die Niederlassungsfreiheit, Art. 43 EGV, betreffen.
Art. 43 EGV will die Freizügigkeit von Selbständigen bzw. Unternehmen gewährleisten[631]. Sein sachlicher Schutzbereich umfaßt die Niederlassung einer natürlichen oder juristischen Person in einem anderen Mitgliedstaat zum Zwecke der Ausübung bzw. Aufnahme selbständiger Erwerbstätigkeit. Der EuGH fordert dafür die tatsächliche Ausübung einer wirtschaftlichen Tätigkeit mittels einer festen Einrichtung in einem anderen Mitgliedstaat auf unbestimmte Zeit[632].
Die geplante Richtlinie will Medienunternehmen dort untersagen, weitere Unternehmen zu gründen, wo der in der Richtlinie höchstzulässige Zuschaueranteil bereits erreicht ist. Der Regelungsgegenstand der geplanten Richtlinie wirkt sich also auf die Möglichkeit aus, eine selbständige Tätigkeit in einem anderen Mitgliedstaat aufzunehmen und betrifft daher Fragen der Niederlassungsfreiheit, Art. 43 EGV. Keine andere Beurteilung ergäbe sich, wenn Anbieter aus dem Bereich der neuen Medien solchen Zulassungsvorschriften unterworfen würden.

Kompetenzrechtlich steht die Möglichkeit harmonisierender Regelungen auf gemeinschaftlicher Ebene in Abhängigkeit zu einem festgestellten Bedarf an solchen koordinierenden Regelungen, der sich dort ergibt, wo infolge unterschiedlicher mitgliedstaatlicher Regelungen Einschränkungen der Grundfreiheiten bzw. Wettbewerbsverzerrungen zu Tage treten.

---

629 Ress, Kultur und Europäischer Binnenmarkt, 1991, S. 59; Schwartz, AfP 1993, 409 (415).
630 Groeben/Thiesing/Ehlermann, Rn. 5 zu Art. 57 EGV; Lenz, EuGRZ 1993, 57 (60); Grabitz/Hilf-Randelzhofer, Art. 57, Rn. 13.
631 Calliess/Ruffert - Bröhmer, EUV/EGV-Kommentar, 1999, Rn 1 zu Art. 43 EGV.
632 EuGH Rs. C-221/89, Slg. 1991-3905 Rn. 20.

Divergierende mitgliedstaatliche Regelungen resultieren aus der in Art. 46 EGV vorgesehenen Möglichkeit des Erlasses von Regelungen durch die Mitgliedstaaten, die - sofern sie aus Gründen der öffentlichen Ordnung, Sicherheit oder Gesundheit bestehen - zulässigerweise die Niederlassungsfreiheit beschränken[633]. Im Bereich der Medientätigkeit stellt die Sicherung der Meinungsvielfalt ein solches Erfordernis des Allgemeinwohls im Sinne von Art. 46 EGV dar, aufgrund dessen die Beschränkung der Niederlassungsfreiheit durch mitgliedstaatliche Vielfaltsregelungen gerechtfertigt sein kann. Der kulturpolitische Charakter mitgliedstaatlicher Ausnahmeregelungen entfaltet dabei keine Sperrwirkung für die ökonomisch motivierte Rechtsangleichung nach dem Binnenmarktkonzept[634]. Sonst bestünden in keinem denkbaren Fall Harmonisierungskompetenzen der Gemeinschaft in den Bereichen, die die Mitgliedstaaten von der unmittelbaren Geltung der Grundfreiheiten des Vertrages ausnehmen können, da jeder gerechtfertigte Eingriff auf nicht-wirtschaftlichen Erwägungen beruhen muß[635].

Nationale Regelungen zur Medienkonzentration sind durch unterschiedliche Regelungsansätze bzw. -modelle sowie durch verschiedene Schutzstandards[636] gekennzeichnet. Diese Unterschiede für sich genommen reichen allerdings noch nicht aus, um ein Koordinierungsbedürfnis vor dem Hintergrund der Verwirklichung des Binnenmarktes zu bejahen[637]. Hinzukommen müssen Hindernisse für das Funktionieren des Binnenmarktes, die sich gerade aus den Unterschieden ergeben[638].

Divergierende nationale Regelungen vor allem im Zusammenhang mit den Beteiligungsobergrenzen führen zu Wettbewerbsverzerrungen, da Investitionen weniger nach den Marktaussichten als vielmehr nach der Regelungsintensität der nationalen Rechtsvorschriften v.a. bezüglich des Zugangs zum Medienmarkt getätigt werden[639]. Darüber hinaus sind starke Wettbewerbspositionen solcher Unternehmen zu befürchten, die aus schwach regulierten Ländern stammen. Umgekehrt bedeutet die starke nationale Regulierung in manchen Mitgliedstaaten für

---

633 insoweit schon I.1.b.cc. bzw. dd.

634 siehe bereits die Parallelproblematik im Rahmen der Analyse zur Fernsehrichtlinie, oben I.1.b.

635 Steindorff, Grenzen der EG-Kompetenzen, 1990, S. 87.

636 Grünbuch der Kommission, KOM (92) 480 endg.; Frey, Fernsehen und audiovisueller Pluralismus, 1998, S. 100.

637 so auch Ress/Bröhmer, Europäische Gemeinschaft und Medienvielfalt, 1998, S. 37-39, die solche Hindernisse für den Binnenmarkt von den unterschiedlichen nationalen Regelungen nicht ausgehen sehen.

638 Brühann, ZUM 1993, 600 (601).

639 Crabit, IRIS-SH 1995, 12 (13); Begründung zum RL-Vorschlag, S. 10.

deren Programmveranstalter wiederum Schutz vor Wettbewerbern aus anderen Mitgliedstaaten und hat daher einen wettbewerbsbeschränkenden Effekt[640].
Beschränkungen der Niederlassungsfreiheit entstehen dort, wo nationale Zulassungskriterien so ausgestaltet sind, daß dem Niederlassungswilligen aus dem Nachbarstaat dessen dort ausgestrahlte, aber via Satellitentechnik auch im Inland empfangbaren Programme berechnet werden und zur Nichtzulassung im Inland führen[641].
Zudem sind mitgliedstaatliche Regelungen zur Gewährleistung der Meinungsvielfalt oftmals als Ermessensvorschriften ausgestaltet und führen damit zu Rechtsunsicherheit, die investitionshindernde Effekte haben kann[642].
Aus den festgestellten Behinderungen für den Binnenmarkt ergibt sich daher das Bedürfnis nach Harmonisierung dieser Regelungen[643]. Dabei bedeutet Harmonisierung nicht zwangsläufig Deregulierung[644] sondern unter Umständen sogar Re-Regulierung[645], und damit Schaffung eines bestimmten, erwünschten Schutzniveaus[646].

Allerdings ließe sich am Koordinierungsbedürfnis für eine solche harmonisierende Regelung angesichts dessen zweifeln, daß in Gestalt der Fusionskontrollverordnung bereits konzentrationsrechtliche Vorschriften im Bereich des Wettbewerbsrechts existieren. Die Frage der Eignung des Wettbewerbsrechts zur Konzentrationsbekämpfung im Medienbereich beeinflußt jedoch den inhaltlichen Umfang einer eventuellen Koordinierung und damit verbundene Abgrenzungsschwierigkeiten beider Materien[647], wirkt sich aber nicht schon auf die Feststellung eines Koordinierungsbedürfnisses aus.

Im Ergebnis kann daher sowohl die Möglichkeit des Heranziehens von Art. 47 Abs. 2 EGV für die Abstützung der Regelungen zur Medienkonzentration, als auch das darüber hinaus zu fordernde Harmonisierungsbedürfnis bejaht werden.

---

640 Brühann, ZUM 1993, 600 (602).
641 Bsp. ebenfalls bei Brühann, ZUM 1993, 600 (602).
642 Begründung zum RL-Entwurf, S. 8.
643 siehe auch Brühann, in Dörr/Hümmerich, Fusionskontrolle in der Sackgasse, 1994, 63 ff. (68); Brühann, ZUM 1993, 600 (602/03); Heinrich, MP 1994, 297 (302).
644 so aber Steindorff, Grenzen der EG-Kompetenzen, 1990, S. 81.
645 Frey, Fernsehen und audiovisueller Pluralismus, 1998, S. 226; Everling in FS Mestmäcker, 1996, S. 365 (373); - aA. Liehr, Niederlassungsfreiheit zum Zwecke der Rundfunkveranstaltung, 1995, S. 250; Ress/Bröhmer, Europäische Gemeinschaft und Medienvielfalt, S. 40; Steindorff, Grenzen der EG-Kompetenzen, 1990, S. 81.
646 siehe schon oben Kapitel 3, I.1.b.dd. bzw. II.1.b.aa.2.; - Ress/Bröhmer, Europäische Gemeinschaft und Medienvielfalt, 1998, S. 38/39.
647 Brühann, EMR-Dialog 1995, S. 54 (56).

(b) Binnenmarktbezogene Kompetenzen der Gemeinschaft und Pluralismusziel- die Kulturkompetenz aus Art. 151 EGV

Beurteilt man die Koordinierung medienkonzentrationsrechtlicher Vorschriften unter dem Blickwinkel der Herstellung des Binnenmarktes als möglich, so stellt sich anschließend jedoch die Frage der Behandlung des ebenfalls propagierten Pluralismuszieles.
Ausdrücklich finden sich keinerlei Vorschriften, die die Gemeinschaft legitimieren würden, zum Pluralismuserhalt in den Medien tätig zu werden. Davon ausgehend und unter Verweis darauf, daß bei Beachtung der unterschiedlichen Rundfunksysteme in den Mitgliedstaaten als Ausdruck deren nationaler Identität der Forderung nach Meinungspluralismus im Rundfunk jedenfalls nicht durch Harmonisierungsmaßnahmen nachgekommen werden könne, wird im Zusammenhang mit einem Vorhaben zur Medienkonzentration das Bestehen gemeinschaftlicher Kompetenzen gänzlich ausgeschlossen[648].

Pluralismussicherung wurzelt in kulturpolitischen Motivationen. Aus diesem Grunde liegt es nahe, Art. 151 EGV in die Betrachtungen zu einem möglichen Kompetenzfundament für den beschriebenen Richtlinienvorschlag einzubeziehen. Art. 151 Abs. 5 EGV schließt für einen Bereich der Kultur im engeren Sinne jegliche Harmonisierungsmöglichkeit aus[649]. Da sich die in Art. 151 Abs. 2 EGV abschließend katalogisierten Befugnisse der Gemeinschaft auch auf den audiovisuellen Bereich erstrecken[650], wird teilweise angenommen, die kulturellen Aspekte des audiovisuellen Bereichs unterlägen nunmehr ausschließlich dem Harmonisierungsverbot des Art. 151 Abs. 5 EGV[651]. Das würde aber bedeuten, daß die mit dem Maastrichter Vertrag eingeführte Kulturkompetenz Binnenmarktkompetenzen und damit die Möglichkeit der Gemeinschaft, positive Integration zu schaffen, auf rein wirtschaftliche Sachverhalte beschränkt. Art. 151 EGV verleiht der Gemeinschaft jedoch zusätzliche Befugnisse, berührt bereits bestehende Kompetenzen dagegen nicht[652], so daß die Harmonisierung nicht als auf rein wirtschaftliche Aspekte beschränkt gelten kann.
Bestätigt wird dies durch Art. 151 Abs. 4 EGV, der die Gemeinschaft außerhalb jenes engen kulturellen Bereichs in die Pflicht nimmt, kulturelle Belange zu berücksichtigen.

---

648 so z.B. Kleist, ZUM 1993, 503 (508), der als Alternative die Förderung der Zusammenarbeit der jeweiligen Aufsichtsstellen benennt.

649 siehe hierzu bereits I.1.b.aa. bzw. dd.

650 zu den Voraussetzungen des Art. 151 EGV bereits ausführlich: I.1.bb.1.

651 Dörr, ZUM 1995, 14 (20); ders. MP 1996, 87 (91); Lerche, AfP 1995, 632 (637).

652 siehe auch Niedobitek, EuR 1995, 349 (362).

Schnell zu einem Ende wird die Betrachtung demnach dann führen, wenn man den Schwerpunkt einer Antikonzentrationsrichtlinie in kulturellem Bereich platzieren oder auf eine gemischte Regelung bei zugrundegelegtem kulturpolitischen Ansatz zurückgreifen will: Hierfür bietet Art. 151 EGV aufgrund seines in Absatz 5 verankerten Harmonisierungsverbotes gerade keine Grundlage[653].
In einem anderen Licht erscheint die Frage der kompetenzrechtlichen Möglichkeit zu solch einem Richtlinienvorhaben dagegen, wenn man das Ziel der Pluralismussicherung als kulturpolitischen Annex zu dem eigentlich die Verwirklichung des Binnenmarktes betreffenden Regelungskomplex zur Medienkonzentration betrachtet.
Ausgangspunkt hierfür bietet die Überlegung, daß die Gemeinschaft Aktivitäten in Ermangelung konkreterer Kompetenzen oftmals auf wirtschaftsrechtliche Grundlagen stellt, auch wenn die Sachverhalte nicht-wirtschaftliche Elemente enthalten[654] - eine naheliegende Lösung auch unter dem Gesichtspunkt, daß kaum mehr eine Situation in Gänze einem einzigen Sachbereich entstammen dürfte, wirtschaftlichen Sachverhalten also immer auch nichtwirtschaftliche Elemente innewohnen[655].
Damit sind allerdings nicht auch Reichweite und Rolle des Art. 151 EGV geklärt. Zum Teil wird die Querschnittsklausel des Art. 151 Abs. 4 EGV als Ansatzpunkt gewählt. Hiernach ist es der Gemeinschaft aufgegeben, bei ihrem Tätigwerden aufgrund anderer vertraglicher Bestimmungen auf kulturelle Belange Rücksicht zu nehmen. Diese zunächst passive Rücksichtnahmepflicht soll sich sodann auf ein Gebot des positiven Eingreifens ausdehnen lassen, wenn anders dem betreffenden kulturellen Belang nicht Rechnung getragen werden kann. Für die Frage der Vielfaltsicherung ergebe sich das daraus, daß der europäische Rechtsrahmen für Rundfunk und Fernsehen, der sich ganz der wirtschaftlichen Komponente dieser Medien widmet, dazu führe, daß nationale Regelungen zur Vielfaltsicherung ihre Zielvorstellungen nicht mehr erreichen können, somit also durch die Gemeinschaft mittelbar nationale Vielfaltsgebote beeinträchtigt würden[656]. Es soll nach dieser Ansicht also nicht die bloße Herausnahme der kulturellen Elemente aus dem Tätigkeitsbereich europäischer Gesetzgebung genügen, sondern die Verantwortung zu übernehmen sein für solche Bereiche, die ansonsten aufgrund kultureller Nichtregulierung vollständig von ökonomischen Zwecken überlagert wären[657].

---

653 hierzu bereits im Zusammenhang mit der FSR, siehe oben; auch Frey, Fernsehen und audiovisueller Pluralismus, 1998, S. 237.
654 Wagner, AfP 1992, 1 (1).
655 zu den damit allerdings verbundenen Schwierigkeiten, siehe oben I.1.b.1.aa.
656 Sanftenberg, Klasse statt Masse, 1998, S. 133.
657 Sanftenberg, Klasse statt Masse, 1998, S. 139 bzw. 148.

Eines solchen Kunstgriffs bedarf es jedoch nicht, denn in Art. 151 Abs. 4 EGV wird insofern lediglich bestätigt, was sich aus dem funktionalen Charakter der Binnenmarktermächtigungen ergibt: Es sind gerade auch solche Zielsetzungen erfaßt, für die der Gemeinschaft kein spezifischer Bereich zusteht[658]. Die Miterfassung des Bereichs der Pluralismussicherung kann sich also als unvermeidbare Auswirkung der Herstellung des Binnenmarktes für den Medienmarkt als dessen besonderen Teil ergeben[659].
Dafür ist allerdings erforderlich, daß die Gewährleistung der Funktionsfähigkeit des Binnenmarktes Hauptzweck der Rechtsangleichung ist und die Binnenmarktrelevanz tatsächlich feststellbar ist[660]. Kulturpolitische Motive dürfen daher nicht primären Anknüpfungspunkt für die Regelung bieten. Außerdem werden so schon solche Aspekte der Pluralismussicherung von der Rechtsangleichung ausgeschlossen, die keine Binnenmarktrelevanz aufweisen. Vorschriften der Mitgliedstaaten, die Aussagen zur binnenpluralen Struktur von Sendern oder deren Programminhalten treffen, können demnach als rein kulturpolitisch motiviert nicht den Binnenmarktkompetenzen der Gemeinschaft untergeordnet werden[661]. Binnenmarktrelevanz weist das Ziel der Pluralismussicherung aber in außenpluralistischen Zusammenhängen auf[662], also im Rahmen der Frage nach der Anzahl der Medieneigentümer als Parameter für die Gewährleistung von Vielfalt in den Medien. Als Annex zu den wirtschaftlichen Zielen in Zusammenhang mit der Gewährleistung der Niederlassungsfreiheit sind diese damit auch gemeinschaftsrechtlichen Regelungen zugänglich. Lediglich auf solche außenpluralistischen Aspekte, die die Funktionsfähigkeit des Binnenmarktes einschränken, beziehen sich die geplanten Richtlinienregeln[663] - alle den Binnenpluralismus betreffenden Regelungen sind dagegen von der Harmonisierung ausgenommen[664].

Damit ist festgestellt, daß die Regelungen der Gemeinschaft zur Medienkonzentration, wie sie das Richtlinienvorhaben ausweist, neben der Zielsetzung der Beseitigung von Hindernissen für den Binnenmarkt durch Harmonisierung auch dem Pluralismusgedanken Rechnung tragen müssen, sofern sich dieser als Zielsetzungsannex ergibt.
Als Kompetenzgrundlage für die fragliche Regelung durch die Gemeinschaft wäre daher Art. 47 Abs. 2 EGV heranzuziehen.

---

658 siehe hierzu bereits Kapitel 2, I.1.
659 Brühann, in Bohr: EMR-Dialog: Europäische Medienpolitik im Licht der Maastricht-Entscheidung, 1995, S. 60; Schwartz, AfP 1993, 409 (421).
660 Frey, Fernsehen und audiovisueller Pluralismus in der EG, 1998, S. 238.
661 siehe auch Frey, Fernsehen und audiovisueller Pluralismus in der EG, 1998, S. 238.
662 Frey, Fernsehen und audiovisueller Pluralismus in der EG, 1998, S. 238.
663 siehe oben: aa.1.a.
664 siehe auch Begründung zum RL-Entwurf, S. 17.

2) Grenzen der gemeinschaftsrechtlichen Kompetenz

Wie bereits im Rahmen der Untersuchung der Fernsehrichtlinie festgestellt, läßt sich eine Maßnahme dann erst als kompetenzgemäß einordnen, wenn sich gemeinschaftliches Handeln auch innerhalb der durch die festgestellte Rechtsgrundlage bzw. andere Prinzipien des Gemeinschaftsrechts gezogenen Rechtsgrenzen hält.
Hier bedeutet das, daß die Anforderungen, die Subsidiaritäts- bzw. Verhältnismäßigkeitsgrundsatz stellen, Berücksichtigung gefunden haben müssen.

(a) Subsidiaritätsprinzip

Voraussetzung für die Anwendbarkeit des Subsidiaritätsprinzips ist zunächst, daß es sich bei der betreffenden Kompetenz der Gemeinschaft nicht um eine ausschließliche handelt.
Im Gegensatz zu einigen Stimmen, die die Herstellung des Binnenmarktes zu den ausschließlichen Kompetenzen der Gemeinschaft zählen wollen[665], ist davon auszugehen, daß ausschließliche Kompetenzen die Ausnahme bilden[666]. Würde jede Vorschrift des EGV, die zur Rechtsangleichung ermächtigt, auch zugleich eine ausschließliche Kompetenz darstellen, so liefe das Subsidiaritätsprinzip leer[667].
Da die Herstellung der Niederlassungsfreiheit nicht zu den wenigen anerkannten ausschließlichen Zuständigkeiten gehört, kann vom Vorliegen einer konkurrierenden Zuständigkeit und daraus folgend einem Anwendungsfall des Subsidiaritätsprinzips ausgegangen werden. Damit muß sich das Gemeinschaftshandeln in Form der zu analysierenden Antikonzentrationsrichtlinie an den beiden Voraus-

---

665 allen voran proklamiert dies die Kommission für den Bereich der Verwirklichung der Grundfreiheiten; zustimmend: Liehr, Die Niederlassungsfreiheit zum Zwecke der Rundfunkveranstaltung, 1995, S. 253; Schellenberg, DZWiR 1994, 410 (412); Schellenberg, Rundfunk-Konzentrationsbekämpfung zur Sicherung des Pluralismus im Rechtsvergleich, 1997, S. 237; Schwartz, AfP 1993, 409 (421); Schwartz, in Bohr: Europäische Medienpolitik im Lichte der Maastricht - Entscheidung, EMR-Dialog, 1995, S. 19 ff. (27).

666 im Ergebnis ebenso: v. Borries, EuR 1994, S. 263 (275); Calliess, EuZW 1995, 693 (695); Everling in FS Stern, 1997, S. 1227 (1234 f); Jarass, EuGRZ 1994, 209 (210).

667 Calliess, EuZW 1995, 693 (695); Holznagel, Rundfunkrecht in Europa, 1996, S. 204; Müller-Graff, ZHR 1995, 34 (60); Ress, DÖV 1992, 944 (948); Stein in Merten, Die Subsidiarität Europas, 1993, S. 33.

setzungen des Subsidiaritätsgrundsatzes[668] messen lassen, die im Subsidiaritätsprotokoll zum Amsterdamer Vertrag konkretisiert wurden. Das bedeutet für die fragliche Regelung, daß sie Subsidiaritätserwägungen nur standhält, wenn ihr Regelungsziel auf mitgliedstaatlicher Ebene nicht erreichbar wäre und auf gemeinschaftlicher Ebene eine bessere Handhabung der fraglichen Materie zu erwarten ist[669].

Der grenzüberschreitende Charakter des zu regelnden Sachverhaltes kann gegen die Möglichkeit optimaler Zielerreichung auf nationaler Ebene sprechen[670]. Das Regelungsziel einer Antikonzentrationsrichtlinie läßt sich aus zweierlei Gründen als transnational charakterisieren: Zum einen soll die Harmonisierung mitgliedstaatlicher Vorschriften zur Medienkonzentration den grenzüberschreitenden Sendeverkehr erleichtern. Darüber hinaus ist sie Reaktion auf die Internationalisierung der Medien, die mit einem Einflußverlust nationalstaatlicher Politik einhergeht, mit der Folge, daß globalen Unternehmensstrategien nicht mehr nur in nationalem Rahmen begegnet werden kann[671]. Schließlich erscheint der Rückgriff auf eine gemeinschaftliche Harmonisierungsmaßnahme auch als effektiver zur Erreichung der Anpassung mitgliedstaatlicher Vorschriften. Beispielsweise auch denkbare freiwillige Selbstverpflichtungen der Mitgliedstaaten, ihre Medienkonzentrationsregelungen aufeinander abzustimmen, bedeuteten demgegenüber beträchtliche Rechtsunsicherheit für die Unternehmen[672].
Zum Teil wird die Einhaltung des Subsidiaritätsprinzips jedoch für das Pluralismusziel verneint. Eine Sicherung des europäischen Pluralismus käme schon deshalb nicht in Betracht, weil es keine europäische Öffentlichkeit und damit keine über die Vielfaltswahrung zu flankierende europäische Meinungsbildung gäbe. Der Schutz von nationalem Pluralismus sei durch grenzüberschreitende Medienunternehmen aber gar nicht gefährdet, statt dessen sogar begünstigt, - jedenfalls

---

668 Das Verfahren zur Anwendung des Prinzips wurde zunächst in der Mitteilung der Kommission an den Rat und das Europäische Parlament vom 27. Oktober 1992 Dok. SEK (92) 1990 endg., Bull. EG 10-1992, S. 118 - 128 bzw. der Interinstitutionellen Vereinbarung zwischen Europäischem Parlament, Rat und der Kommission über das Verfahren zur Anwendung des Subsidiaritätsprinzips, Bull. EG 10-1993, S. 125 - 126 festgelegt. - siehe auch Kapitel 2.

669 zu diesen Voraussetzungen siehe oben Kapitel 2.

670 siehe Nr. 5 Subsidiaritätsprotokoll; so auch schon Kresse, Pluralismus, Markt und Medienkonzentration, 1995, S. 92; - aA. Ress/Bröhmer, Europäische Gemeinschaft und Medienvielfalt, 1998, S. 54.

671 siehe auch Jarren/Donges in Fünfgeld, Massenkommunikation, 1997, S. 248; Jarren/ Meier, in Donges/Jarren/Schatz, Globalisierung der Medien? 1999, S. 231 (248).

672 Schwartz, AfP 1993, 409 (421).

in den meisten denkbaren Fällen aber besser auf mitgliedstaatlicher Ebene zu erreichen[673].
Diese Ansicht übersieht, daß die Pluralismussicherung ausdrücklich nur als Annex - aufgrund der Natur funktionaler Binnenmarktkompetenzen oder aber über Art. 151 Abs. 4 EGV miterfaßt ist[674] - nicht aber Hauptregelungsziel der Maßnahme darstellt. Es ist daher nicht einsichtig, weshalb lediglich mitgeregelte Aspekte der Pluralismussicherung eine Maßnahme am Subsidiaritätsgrundsatz scheitern lassen sollen, wenn für die eigentliche Zielsetzung, die die Maßnahme inhaltlich verfolgt, Bedenken aus Gründen der Subsidiarität nicht bestehen.

Einer harmonisierenden medienkonzentrationsrechtlichen Regelung wie sie in Gestalt des Richtlinienentwurfs konkretisiert wurde, wird durch den Subsidiaritätsgrundsatz demnach kein Einhalt geboten.

(b) Verhältnismäßigkeitsgrundsatz

Der in Art. 5 S. 3 EGV verankerte Verhältnismäßigkeitsgrundsatz verpflichtet dazu, Art und Intensität der geplanten Maßnahme so zu bestimmen, daß sie im Verhältnis zur Erreichung der Zielsetzungen erforderlich sind[675]. Diese Vorgabe bezieht sich zum einen auf die Wahl der Handlungsform, zum anderen betrifft sie die inhaltliche Regelungsdichte einer Maßnahme[676].

Die Erforderlichkeit einer Richtlinie zur Medienkonzentration ließe sich bezweifeln, wenn sich ein europaweites System zur Kontrolle von Medienkonzentration und zugleich zur Pluralismussicherung auch mittels anderer, weniger regelungsintensiver gemeinschaftlicher Handlungsinstrumente installieren ließe.
Als weniger regelungsintensives Handlungsinstrument stünde der Gemeinschaft beispielsweise das einer rechtlich unverbindlichen Empfehlung zur Verfügung. Das Regelungsziel wird im Zusammenhang mit der Materie der Medienkonzentration jedoch vom Binnenmarktauftrag vorgegeben und bezieht sich auf die Beseitigung von Hindernissen für das Funktionieren des Binnenmarktes im Bereich des grenzüberschreitenden Fernsehens. Dieser Zielsetzung muß in möglichst effektiver Weise nachgekommen werden. Deshalb sieht Art. 47 Abs. 2 EGV rechtsverbindliche Richtlinien als Koordinierungsinstrument vor. Darüber hinaus würden sich die Mitgliedstaaten durch eine nicht rechtsverbindliche Maßnahme

---

673 Schellenberg, Rundfunkkonzentrationsbekämpfung zur Sicherung des Pluralismus im Rechtsvergleich, 1997, S. 229 f.
674 hierzu siehe bereits die Erläuterungen in Teil 2 bzw. Teil 3, I.b.dd. bzw. ee.
675 siehe bereits 2. Kapitel.
676 siehe bereits Kapitel 2.

unter Umständen nicht genügend aufgefordert sehen, die festgestellten Hindernisse für den Binnenmarkt tatsächlich zu beseitigen, so daß letztlich die Fragmentierung des Marktes fortschreiten kann. Insofern kommt kein weniger regelungsintensives Handlungsinstrument in Betracht, so daß bezogen auf die Wahl der Handlungsform dem Vorhaben der Gemeinschaft keine Bedenken entgegengebracht werden können.
Darüber hinaus kann auch die Frage der Angemessenheit gemeinschaftlicher Medienkonzentrationsregelungen Schwierigkeiten bereiten. Hier erscheint der Umstand problematisch, daß in den einzelnen Mitgliedstaaten stark differenzierte, den Pluralismus sichernde Regelungen bestehen, die Ergebnisse langwieriger Gesetzgebungsprozesse darstellen[677] und Ausdruck mitgliedstaatlichen kulturellen Selbstverständnisses sind[678].
Solche Erwägungen schließen gemeinschaftsweite Regelungen unter dem Gesichtspunkt der Wahrung des Verhältnismäßigkeitsprinzips jedoch nicht gänzlich aus[679]. Jede Angleichung zur Verwirklichung des Binnenmarktes verändert in Folge langer Gesetzgebungsprozesse gewachsenes nationales Recht in zumeist sensiblen Bereichen[680] und ließe sich ansonsten durch das Verhältnismäßigkeitsprinzip zurückweisen.
Das Verhältnismäßigkeitsprinzip will statt dessen aber Vorgaben für die Gestalt des Rechtsaktes machen. Hier erfordert es eine möglichst offene Ausgestaltung, z.B. in Form einer Rahmenrichtlinie[681], die den Mitgliedstaaten für Aspekte der nationalen Pluralismussicherung Raum läßt. Dies erklärt sich auch vor dem Hintergrund dessen, daß Hauptzielsetzung eben nicht die Pluralismussicherung bzw. deren Harmonisierung ist, gegen die schon Art. 151 Abs. 4 EGV sprechen würde, sondern die Herstellung des Binnenmarktes, bei der allerdings Ziele des Pluralismusschutzes mitgetragen werden müssen.
Verhältnismäßigkeitsgesichtspunkte finden sich im Rahmen der Richtlinie vor allem im Zusammenhang mit Art. 5 berücksichtigt, der verschiedene Situationen benennt, in denen die Mitgliedstaaten von den Zuschaueranteilsregelungen aus

---

677 Kresse, Pluralismus, Markt und Medienkonzentration, 1995, S. 93; Schellenberg, DZWiR 1994, 410 (415).

678 Mailänder, Konzentrationskontrolle zur Sicherung von Meinungsvielfalt im privaten Rundfunk, 2000, S. 343; Schellenberg, Rundfunk-Konzentrationsbekämpfung zur Sicherung des Pluralismus im Rechtsvergleich, 1997, S. 249.

679 so aber Mailänder, Konzentrationskontrolle zur Sicherung von Meinungsviefalt im privaten Rundfunk, 2000, S. 343; Schellenberg, Rundfunk-Konzentrationsbekämpfung zur Sicherung des Pluralismus im Rechtsvergleich, 1997, S. 249.

680 nämlich in denen aufgrund des Allgemeininteresses, das von den Mitgliedstaaten konkretisiert wurde, Abweichungen von den Grundfreiheiten möglich waren.

681 siehe den Vorschlag von Frey, Fernsehen und audiovisueller Pluralismus in der EG, 1998, S. 249.

Art. 3 des Richtlinienvorschlags abweichen können. Damit wird den Mitgliedstaaten außerhalb der unbedingt nötigen Maßnahmen einiger Handlungsspielraum belassen.

Der Richtlinienvorschlag wirft also im Zusammenhang mit der Einhaltung von Subsidiaritätsprinzip und Verhältnismäßigkeitsprinzip keine Bedenken auf.

(c) Gemeinschaftsgrundrechte als Rechtsgrenzen

Auch im Zusammenhang mit einer geplanten Richtlinie zum Medieneigentum im Binnenmarkt stellt sich die Frage, inwieweit hierdurch Gemeinschaftsgrundrechte berührt werden. Wie bereits in vorangegangenen Abschnitten[682] herausgearbeitet, bestimmen sich die Gemeinschaftsgrundrechte inhaltlich nach wie vor in Abhängigkeit von den in der EMRK fixierten grundrechtlichen Gewährleistungen.

Maßgebend im Rahmen der Kommunikationsfreiheiten wird daher wiederum Art. 10 EMRK sein[683], dessen Schutzbereich die Äußerungsfreiheit bezogen auf alle denkbaren Kommunikationsformen[684] umfaßt. Das impliziert, daß auch die Entstehung von Informationsquellen umfaßt sein muß.
Indem der Richtlinienvorschlag ein multimediales Fusionsverbot aufstellt, behindert er die Enstehung bzw. das Bestehen einer bestimmten Gruppe von Informationsangeboten, so daß er als Eingriff in die gemeinschaftliche Kommunikationsfreiheit auf der Grundlage von Art. 10 EMRK qualifiziert werden muß[685].
Rechtfertigungsmöglichkeiten sieht Art. 10 Abs. 2 EMRK vor, an dem sich der Eingriff durch den geplanten Richtlinieninhalt messen lassen muß. Hier findet sich das Ziel der Pluralismussicherung zwar nicht im Wortlaut wieder, jedoch ist anerkannt, daß Maßnahmen der Pluralismussicherung als Eingriff in die Kommunikationsfreiheit gerechtfertigt sein können[686].
Allerdings rechtfertigen nur zwingende demokratische Erfordernisse[687] Eingriffe in die Kommunikationsfreiheit. Diese festzustellen bedarf es einer Verhältnismäßigkeitsprüfung, die Eignung, Erforderlichkeit und Angemessenheit des ge-

---

682 Kapitel 2, I.4. und auch Kapitel 3, I.b.ee.1.b.

683 wie auch schon im Zusammenhang mit der FSR, I.b.ee.1.b.

684 Kloepfer, „Innere Pressefreiheit" und Tendenzschutz im Lichte des Artikels 10 der Europäischen Konvention zum Schutze der Menschenrechte und Grundfreiheiten, 1996, S. 107.

685 so auch Ress/Bröhmer, Europäische Gemeinschaft und Medienvielfalt, 1998, S. 75.

686 EGMR (Informationsverein Lentia), EuGRZ 1994, S. 549 ff.; EGMR (Autronic) EuGRZ 1990, 261; - siehe oben I.1.b.ee. 1.b.

687 EGMR (Barthold) Ser. A 90, § 55; EGMR (Fressoz u. Roire/Frankreich), AfP 1999, 251; EGMR (Janowski/Polen), AfP 1999, 253.

planten Richtlinieninhalts nunmehr in Relation zum Ziel des Pluralismusannexes setzt. Eine solche ist wiederum nicht völlig losgelöst von Integrations- und Binnenmarktspezifika denkbar.
Wie schon im Zusammenhang mit der Fernsehrichtlinie muß auch hier das Erfordernis kulturpolitischer Rechtfertigung einer wirtschaftsrechtlich motivierten Maßnahme auf Begründungsschwierigkeiten stoßen[688].
- Die Eignung der gewählten Marktanteilsgrenzen zur Pluralismussicherung läßt sich dabei noch recht gut begründen. Sie mag vielleicht für kleine Medienmärkte zweifelhaft sein[689], so daß man meinen könnte, diese Form der Pluralismussicherung sei nationalem Rahmen vorzubehalten. Die Regelung zielt aber gar nicht auf eine Einzelbetrachtung jedes nationalen Medienmarktes ab, sondern will gerade grenzüberschreitende Verflechtungen verhindern, wofür ihr die Eignung nicht abzusprechen ist.
- Der Erforderlichkeit der Regelung zur Pluralismussicherung wird entgegengehalten, sie sei im Vergleich zu weniger eingriffsintensiven Modellen - im Rahmen binnenpluralistischer Konzepte beispielsweise - nicht das mildeste Mittel[690]. Angesichts dessen könnte also die Verhältnismäßigkeit des zugunsten der Pluralismussicherung vorgenommenen Eingriffs in die Kommunikationsfreiheit zu verneinen sein. Hier müssen aber die binnenmarkt- und integrationsspezifischen Aspekte in die Betrachtung einfließen, die bereits die Mittelauswahl auf solche Maßnahmen begrenzt haben, die den Außenpluralismus[691] betreffen. Die Gemeinschaft kann sich kompetenzrechtlich unbedenklich nur solcher Regelungsbereiche annehmen, die schwerpunktmäßig Binnenmarktrelevanz aufweisen.
Wenn demnach binnenpluralistische oder Mischmodelle keine mögliche Alternative zu der allein binnenmarktrelevanten außenpluralistischen Regulierung hätten bilden können, so sind auch keine milderen Mittel erkennbar.

Das ermöglicht die Feststellung, daß auch ein Eingriff des Richtlinieninhalts in Art. 10 EMRK den gemeinschaftlichen Kompetenzen keinen Abbruch tut, weil ein solcher Eingriff durch die von der Kommission ebenso getroffenen Pluralismuserwägungen gerechtfertigt wäre.

---

688 siehe I.1.b.ee.1.b. - für die Quotenregelung der Fernsehrichtlinie noch schwieriger, weil ihr Regelungsziel rein wirtschaftsrechtlich beschrieben wurde, ohne noch kulturelle Aspekte einzubinden.

689 Ress/Bröhmer, Europäische Gemeinschaft und Medienvielfalt, 1998, S. 77.

690 Ress/Bröhmer, Europäische Gemeinschaft und Medienvielfalt, 1998, S. 77.

691 dazu Frey, Fernsehen und audiovisueller Pluralismus in der EG, 1998, S. 251.

bb. Konzentrationsrechtliche Regelungen zum grenzüberschreitenden Sendeverkehr und die Dienstleistungsfreiheit, Art. 49 ff. EGV

Da die Kommission in den Entwürfen zu einem Richtlinienvorschlag auch Art. 49 ff. EGV heranzieht[692], sollen eventuelle Koordinierungsmöglichkeiten aus der Sicht dienstleistungsbezogener Kompetenzen nicht außer acht gelassen werden.
In Betracht kommt eine Koordinierungsmöglichkeit auf Grundlage der Dienstleistungsvorschriften, wenn die bestehenden unterschiedlichen mitgliedstaatlichen Vorschriften zur Medienkonzentration auch die Dienstleistungsfreiheit betreffen.

Konzentrationsrechtliche Vorschriften, die über die Zulassung eines Sendeunternehmens in einem Land bestimmen, wirken sich jedoch nicht unmittelbar auf die Möglichkeit grenzüberschreitender Sendetätigkeit aus[693]. Solche grenzüberschreitende Sendetätigkeit eines ausländischen Medienunternehmens in den Nachbarstaat wird durch inländische Konzentrationsvorschriften nämlich nicht sanktioniert. Erst dort, wo grenzüberschreitender Sendeverkehr einem ausländischen Unternehmen, das sich im Inland niederlassen will, zugerechnet wird, wirkt sich der vorherige Grenzübertritt ungünstig aus. Diese ungünstigen Auswirkungen treffen jedoch wiederum die Niederlassungsfreiheit des Sendeunternehmens und allenfalls mittelbar dessen Dienstleistungsfreiheit, wenn es sich gezwungen sieht, den grenzüberschreitenden Sendeverkehr einzustellen, um die Möglichkeit der Niederlassung im Nachbarstaat zu erhalten[694].

Die gemeinschaftliche Regelung zur Medienkonzentration auf die Koordinierungskompetenz im Bereich der Herstellung der Dienstleistungsfreiheit abzustützen, Art. 49 iVm. 47 Abs. 2 EGV, kommt daher nicht in Betracht[695].

---

[692] so Ress/Bröhmer, Europäische Gemeinschaft und Medienvielfalt, 1998, S. 41.

[693] hierzu auch Ress/Bröhmer, Europäische Gemeinschaft und Medienvielfalt, 1998, S. 43.

[694] so einleuchtend Ress /Bröhmer, Europäische Gemeinschaft und Medienvielfalt, 1998, S. 42 f.

[695] Demgegenüber will Mailänder das Koordinierungsbedürfnis allein auf der Dienstleistungsfreiheit begründen und sieht eine Angleichungskompetenz zur Herstellung von Chancengleichheit als gegeben, damit Medienunternehmen ihre Entscheidungen aus wirtschaftlichen Erwägungen heraus treffen, nicht unter dem Gesichtspunkt, ihre Niederlassungen in den dereguliertesten Mitgliedstaat zu verlegen - in: Konzentrationskontrolle zur Sicherung von Meinungsvielfalt im privaten Rundfunk, 2000, S. 333/334.

cc. Bedeutung wettbewerbsrechtlicher Kompetenzen, Art. 81 ff. EGV, im Problemkreis gemeinschaftlicher Medienkonzentrationsregelungen

Darüber hinaus ließe sich an die Heranziehung wettbewerbsrechtlicher Rechtsgrundlagen aus Art. 83 EGV iVm. Art. 81 bzw. 82 EGV denken, um eine antikonzentrationsrechtliche Regelung im Medienbereich zu verankern.

Art. 83 EGV sieht die Möglichkeit vor, Verordnungen bzw. Richtlinien zur Durchsetzung des Verbots des Mißbrauchs marktbeherrschender Stellungen, Art. 82 EGV, und des Verbots wettbewerbsbeschränkender Vereinbarungen und Verhaltensweisen, Art. 81 EGV, zu erlassen. Diese beiden Verbote stellen die Ausgestaltung des die Gemeinschaft prägenden Grundprinzips des ökonomischen Wettbewerbs dar[696].

Art. 81 EGV verbietet diejenigen Vereinbarungen zwischen Unternehmen, Beschlüsse von Unternehmensvereinigungen und aufeinander abgestimmte Verhaltensweisen, welche den Handel zwischen den Mitgliedstaaten zu beeinträchtigen geeignet sind und den Wettbewerb innerhalb der Gemeinschaft verzerren. Unternehmerisch im Sinne dieser Vorschrift ist dabei grundsätzlich jede selbständige und nicht rein auf den persönlichen Bedarf begrenzte Tätigkeit, die sich auf den Austausch von Waren oder Dienstleistungen richtet[697]. Indem Art. 81 EGV von der Selbständigkeit der beteiligten Unternehmen ausgeht, ist er nur auf kooperative Unternehmen anwendbar und bietet daher keine Grundlage für eine Zusammenschlußkontrolle, die im Rahmen eines außenpluralistischen Konzepts insoweit relevant ist, als sie für die Quantität von wirtschaftlichen Unternehmen im fraglichen Bereich sorgt.

Art. 82 EGV verbietet mit dem Mißbrauch marktbeherrschender Stellungen solche Verhaltensweisen, die die Aufrechterhaltung des auf einem Markt bereits eingeschränkten Wettbewerbs durch Verwendung von Mitteln stören, die von denen eines normalen Produkt- oder Dienstleistungswettbewerbs abweichen[698]. Vorausgesetzt wird hier also bereits das Bestehen einer marktbeherrschenden Stellung, während Zusammenschlüsse, die erst zu solchen Machtpositionen führen, nicht erfaßt werden. Eine präventive Kontrolle, wie sie im Medienbereich allein geeignet ist, Fälle vorherrschender Meinungsmacht zu verhindern, ist im Vertrag also nicht verankert[699].

---

696 so Clausen-Muradian, Konzentrationstendenzen und Wettbewerb im Bereich des privaten kommerziellen Rundfunks und Rechtsprobleme der staatlichen Rundfunkaufsicht, 1998, S. 213.

697 Grabitz/Hilf - Koch, Kommentar zur EU, Rn. 7 zu Art. 85 EGV.

698 Emmerich, JuS 1990, 695 (700).

699 Wagner, AfP 1992, 1 (3).

Dieses auch in anderen Wirtschaftsbereichen bedenkliche Defizit führte auf der Grundlage von Art. 87 iVm. Art. 235 EGV[700] zur Schaffung der Fusionskontrollverordnung (FKVO)[701], die der Kommission ein Instrumentarium zur präventiven Fusionskontrolle zur Verfügung stellt, das im Medienbereich anwendbar ist[702] und angesichts im Rundfunkbereich zunehmender, strategischer Allianzen und Zusammenschlüsse von der Kommission hier auch angewendet wird[703]: Während Art. 1 Abs. 1 FKVO die Anwendbarkeit der Verordnung für alle Zusammenschlüsse von gemeinschaftsweiter Bedeutung festlegt, ergibt sich aus einem Umkehrschluß zu Art. 21 Abs. 3 FKVO, daß auch Medienunternehmen erfaßt sind. Art. 21 Abs. 3 FKVO hält den Mitgliedstaaten die Möglichkeit offen, weitergehende Maßnahmen zur Gewährleistung der Medienvielfalt zu ergreifen. Damit können Mitgliedstaaten, unabhängig von der ausschließlichen Kompetenz der Kommission zur wettbewerbsrechtlichen Beurteilung von Zusammenschlüssen mit gemeinschaftsweiter Bedeutung, Vorkehrungen zur Pluralismussicherung treffen[704].

Inhaltlich setzen zwei Faktoren den Rahmen für die gemeinschaftsrechtliche Präventivkontrolle im Zusammenhang mit Fusionen. Zum einen ist das der Zusammenschlußbegriff aus Art. 3 FKVO und zum anderen die Festlegung der Umsatzschwellen, die die gemeinschaftsweite Bedeutung indizieren[705].

Gemäß Art. 3 FKVO ist von einem Zusammenschluß im Fall des Kontrollerwerbs mehrerer Unternehmen über ein anderes auszugehen. Der Zusammenschlußtatbestand ist auch dann erfüllt, wenn ein Unternehmen die Möglichkeit erhält, bestimmenden Einfluß auf die Tätigkeit eines anderen Unternehmens zu nehmen, was in der Regel durch den Erwerb von Anteilen oder Eigentumsrechten am Vermögen eines Unternehmens von statten geht. Die Verordnung erfaßt damit nur Fälle externen Unternehmenswachstums, nicht aber das für die Erlangung von

---

700 entspricht Art. 83 iVm. 308 EGV.

701 Verordnung Nr. 4064/89 des Rates vom 21.12.1989 über die Kontrolle von Unternehmenszusammenschlüssen, ABl. L 395/1 vom 30.12.1989 - geändert durch VO Nr. 1310/97 des Rates vom 30.7.1997, ABl. L 180/1 vom 9.7.1997, berichtigt in ABl. L 3/16 vom 7.10.1998; - Literatur zur FKVO: Baron, WuW 1997, 579 ff.; Hirsbrunner, EuZW 1998, 69 ff. - Ansatzpunkte zur Fortentwicklung im Europäischen Wettbewerbsrecht und der Fusionskontrolle: Bechthold, in Schwarze, Europäisches Wettbewerbsrecht im Wandel, 2001, S. 109 ff.

702 Pukall, Meinungsfreiheit im Rundfunk nach der audiovisuellen Revolution, 1994, S. 163; Schnelle/Bartosch, BB 1999, 1933 ff. ; Wagner, AfP 1992, 1 (5).

703 Beispiele bei Altes, MP 2000, 482 ff.; Frey, Fernsehen und audiovisueller Pluralismus in der Europäischen Gemeinschaft, 1998, S. 156.

704 siehe Bohl, Konzentrationskontrolle in den elektronischen Medien, 2000, S. 204.

705 hierzu z.B. Kleinmann, in Kruse/Stockmann/Vollmer, FS für Ingo Schmidt, 1997, S. 131 ff.

Meinungsmacht ebenso relevante interne Unternehmenswachstum[706]. Darüber hinaus setzt die Feststellung solchen beherrschenden Einflusses eine räumliche, insbesondere aber auch sachliche Eingrenzung und Bestimmung des relevanten Marktes voraus. Entscheidendes Kriterium für die Eingrenzung des sachlichen Marktes wiederum bildet die Austauschbarkeit des Produktes der fusionierenden Unternehmen mit anderen Produkten aus Sicht der Verbraucher[707], so daß sich Fusionskontrolle nur auf fusionierende Unternehmen bezieht, deren Produkte austauschbar sind.
Europäisches Wettbewerbsrecht ist durch das Zwischenstaatlichkeitsprinzip geprägt, das den gemeinschaftlichen Erlaß wettbewerblicher Regelungen nur gestattet, wenn dadurch Beeinträchtigungen des Wettbewerbs zwischen Mitgliedstaaten beseitigt werden können[708]. Daher bezieht sich auch die Fusionskontrollverordnung nur auf solche Sachverhalte, denen gemeinschaftsweite Bedeutung zukommt. - Ausdruck dessen sind die Schwellenwerte, die die FKVO aufstellt[709]. Hiernach erlangen Zusammenschlüsse nur dann gemeinschaftsweite Bedeutung mit der Folge, daß für sie die Möglichkeit einer Präventivkontrolle besteht, wenn die weltweiten Gesamtumsätze der am Zusammenschluß beteiligten Unternehmen mindestens 5 Milliarden Euro betragen, mindestens zwei der beteiligten Unternehmen einen gemeinschaftsweiten Umsatz erreichen, der oberhalb von 250 Millionen Euro liegt und die beteiligten Unternehmen jeweils nicht mehr als zwei Drittel ihres gemeinschaftsweiten Gesamtumsatzes in ein und demselben Mitgliedstaat erwirtschaften. Alle jene Zusammenschlüsse, die diese Schwellen nicht erreichen, sollen im Bereich der Wettbewerbsaufsicht der Mitgliedstaaten verbleiben. Aufgrund der dadurch hervorgerufenen Gefahr von Mehrfachanmeldungen in den von grenzüberschreitenden Fusionen unterhalb der Schwellenwerte betroffenen Mitgliedstaaten wurde in Erwägung gezogen, diese Aufgreifschwellen abzusenken[710]. Realisiert wurde dieses Vorhaben allerdings soweit nur für eben diese Fälle der Mehrfachanmeldungen, nicht jedoch generell für sämtliche Unternehmenszusammenschlüsse, so daß die hohen Schwellenwerte fortgelten.

Auch der Richtlinienvorschlag zu Medienkonzentration und Pluralismussicherung enthält Maßnahmen zur Zusammenschlußkontrolle. Art. 3 RL-Entwurf stellt Voraussetzungen für den Fall des Gebrauchmachens von der unternehmerischen Niederlassungsfreiheit auf, der den Kontrollerwerb durch ein Medienunternehmen an

---

706 Wagner, AfP 1992, 1 (6).
707 Groeben/Thiesing/Ehlermann - Albers, EGV, Rn. 42 zu Art. 2 FKVO.
708 hierzu Calliess/Ruffert-Weiß, EuV/EGV-Kommentar, 1999, Rn. 125 zu Art. 81 EGV.
709 Art. 1 Abs. 2 und 3 FKVO.
710 KOM (96) 313; siehe auch Kleinmann, in Kruse/Stockmann/Vollmer, FS für Ingo Schmidt, 1997, S. 131 (135).

einem anderen zur Folge hat und regelt damit einen Fall der Fusionskontrolle. Indem Art. 3 des Entwurfs sich solch einem Fusionsfall zuwendet und diesen von der Fusionskontrollverordnung abweichend behandelt - nämlich außerhalb der dort statuierten Schwellenwerte, die die gemeinschaftsweite Bedeutung nachweisen sollen -, läßt sich diese Regelung als lex specialis qualifizieren[711]. Konfliktstoff scheint dies nun wiederum vor dem Hintergrund zu bieten, daß Fusionskontrolle im wettbewerblichen Zusammenhang kompetenzrechtlich ganz anders verankert worden ist als im medienkonzentrationsrechtlichen.
Eine Möglichkeit wäre, den Fall der Niederlassung von Medienunternehmen, der zugleich fusionskontrollrechtlich von Relevanz ist, von einer medienkonzentrationsrechtlichen Regelung auszusparen und ganz dem Wettbewerbsrecht zu unterstellen. Praktikabilitätserwägungen sprechen allerdings dagegen, die unter dem Blickwinkel der Vielfaltswahrung einheitliche Regelungsmaterie damit schließlich doch zweierlei Regelungswerken zuzuweisen.
Überdies ist Wettbewerbspolitik allein nicht von hinreichender Eignung, den weitergehenden Zielsetzungen der Pluralismussicherung Rechnung zu tragen[712]. Das zeigt sich deutlich in der für medienspezifische Konzentrationsfragen unzureichenden Ausgestaltung der Fusionskontrollverordnung, der es unter diesem Aspekt nicht gelingen kann, Konzentrationskontrolle im Medienbereich effizient zu gewährleisten[713]. Zwar findet sie auch auf die Kontrolle von Medienunternehmen Anwendung[714]. Anstatt aber beispielsweise zwischen Konzentrationsvorgängen im Medienbereich und sonstigen zu beurteilenden Konzentrationsprozessen zu differenzieren, statuiert sie dieselben hohen Schwellenwerte für kontrollfähige Fusionen[715] ohne weitere Ausnahmemöglichkeiten, - mit der

---

711 so auch Liehr, Die Niederlassungsfreiheit zum Zwecke der Rundfunkveranstaltung und ihre Auswirkung auf die deutsche Rundfunkordnung, 1995, S. 255.

712 siehe auch Jarren, in Altmeppen, Ökonomie der Medien und des Mediensystems, 1996, S. 203 (206); anders: Never, Meinungsfreiheit, Wettbewerb und Marktversagen im Rundfunk, 2002, S. 230 f.

713 so auch Clausen-Muradian, Konzentrationstendenzen und Wettbewerb im Bereich des privaten kommerziellen Rundfunks und Rechtsprobleme staatlicher Rundfunkaufsicht, 1998, S. 217.

714 Altes, MP 2000, 482 ff.; Schnelle/Bartosch, BB 1999, 1933 (1936); - wichtige Entscheidungen der Kommission in diesem Bereich sind: RTL/Veronica/Endemol, Entscheidung der Kommission vom 20.9.1995, IV/M.553, ABl. 1995 L 134/32; MSG Media Service, Entscheidung der Kommission vom 9.11.1994, IV/M.469, ABl. 1994 L 364/1; Bertelsmann/Kirch/Premiere, Entscheidung der Kommission vom 27.5.1998, IV/M.993, ABl. 1999 L 53/1.

715 Art. 1 Abs. 2a FKVO: 5 Milliarden Euro weltweiter Umsatz; - Dörr, ZUM 1993, 10 (15); Fröhlinger, EG-Wettbewerbsrecht und Fernsehen, 1992, S. 103 (108); Ring, ZUM 1993, 7 (9).

Folge, daß zahlreiche unternehmerische Verhaltensweisen hier aus dem System der Präventivkontrolle herausfallen müssen[716].
Darüber hinaus führt die Abgrenzung nach dem sachlich relevanten Markt dazu, daß das Wettbewerbsrecht sektorenübergreifende Konzentrationstendenzen nicht erfassen kann[717]. - Im Medienbereich finden sich jedoch vielzählige multimediale Formen der Zusammenarbeit. Intermediäre Verflechtungen, die für Medienunternehmen typisch sind, fallen aus der wettbewerblichen Fusionskontrolle heraus, so daß das tatsächliche Einflußpotential solcher Unternehmen in publizistischen Kategorien keine Beachtung findet[718].
Schließlich knüpft der Zusammenschlußbegriff der FKVO an wirtschaftsrechtliche Beherrschungstatbestände an[719], erstreckt sich aber nicht auf internes Unternehmenswachstum, das in medienkonzentrationsrechtlichen Zusammenhängen nicht vernachlässigt werden kann[720], weil auch die Gründung vielzähliger Tochterunternehmen und damit das Angebot neuer Programme desselben Veranstalters dazu führen kann, daß dieser pluralismusgefährdende Meinungsmacht erlangt. Die ausschließlich wettbewerbspolitische Zielrichtung der derzeitigen Fusionskontrollvorgaben, die nur wirtschaftliche Beherrschungsmöglichkeiten betrachtet, führt daher dazu, daß der publizistische, vielfaltsmindernde Einfluß, den auch Minderheitsgesellschafter bereits ausüben können, fusionskontrollrechtlich nicht erfaßt wird[721].
In den Anforderungen, die das Wettbewerbsrecht an kontrollfähige Sachverhalte stellt, muß aus der Perspektive des Pluralismusschutzes ein entscheidendes Eignungsdefizit gesehen werden[722]. Unter der Prämisse, daß Meinungsvielfalt durch Wettbewerbsrecht nicht zu gewährleisten ist, Pluralismussicherung aber - wenn auch nicht Hauptzweck so doch - einen möglichen Annex der geplanten Regelung bildet, handelt es sich bei dem zu regelnden Sachverhalt um einen von der typischen wettbewerblichen Problemsituation abweichenden. Aufgrund der ganz

---

716 Nur wenige multimediale Konzerne wie z.B. Bertelsmann oder Fininvest erreichen diese Schwellen; - siehe auch Roider, Perspektiven einer europäischen Rundfunkordnung, 2001, S. 270 f.

717 Wagner, AfP 1992, 1 (5).

718 so auch Schwartz, AfP 1993, 409 (418); Wagner, AfP 1992, 1 (7).

719 Wagner, AfP 1992, 1 (5); Frey, Fernsehen und audiovisueller Pluralismus, 1998, S. 156 ff.

720 Wagner, AfP 1992, 1 (6).

721 Clausen-Muradian, Konzentrationstendenzen und Wettbewerb in Bereich des privaten kommerziellen Rundfunks und Rechtsprobleme staatlicher Rundfunkaufsicht, 1998, S. 219; Roider, Perspektiven einer europäischen Rundfunkordnung, 2001, S. 272.

722 zu dieser Einschätzung gelangt auch Roider, Perspektiven einer europäischen Rundfunkordnung, 2001, S. 275; siehe auch Nikoltchev, IRISplus 2002 - 2, S. 5; vgl. auch Danwitz, ZUM 2002, 769 (772); anders: Never, Meinungsfreiheit, Wettbewerb und Marktversagen im Rundfunk, 2002.

und gar unterschiedlichen Zielrichtungen kommt eine wettbewerbsrechtliche Verankerung der Regelung bzw. eine Doppelabstützung nicht in Betracht. Das rechtfertigt eine Spezialregelung, wie sie Art. 3 RL-Entwurf vorsieht.

Aus Art. 83 EGV können speziellen medienkonzentrationsrechtlichen Bemühungen der Gemeinschaft, wie sie bisher im vorgestellten Richtlinienentwurf ihren Ausdruck fanden, daher ebenfalls keine Bedenken entgegengebracht werden.

2. Ergebnis

Aus kompetenzrechtlichem Blickwinkel hat die Beurteilung des Richtlinienvorhabens zur Regelung von Medieneigentum im Bereich audiovisueller Medien, wie es in dem zunächst nicht weiter verfolgten Vorschlag der Kommission Gestalt angenommen hat, positiv auszufallen. Entgegen den beschriebenen bedenklichen Stimmen ist davon auszugehen, daß sich eine derartige Regelung auf die gemeinschaftlichen Kompetenzen zur Herstellung des Binnenmarktes und hier auf Art. 47 Abs. 2 EGV stützen läßt. Die fehlende ausdrückliche Ermächtigung für die in einem solchen Regelungswerk zusätzlich enthaltene Motivation des Pluralismusschutzes vermag an diesem Ergebnis nichts zu ändern.
Die Gefahr einer gänzlich binnenmarktbezogenen Abstützung ist allerdings darin zu sehen, daß hierdurch die Bedeutung der Medienvielfalt für die demokratische Ordnung der Mitgliedstaaten, aber auch der Gemeinschaft nicht in genügendem Maße zur Geltung gelangt[723]. Jedoch steht diese Erkenntnis im Spannungsfeld mit der Tatsache, daß es für kulturpolitisch motivierte, weitergehende Regelungen nach dem Prinzip der begrenzten Einzelermächtigung keine Grundlage gibt.
Darüber hinaus hat für eine konzentrationsrechtliche Regelung im Medienbereich, die zugleich Aspekte des Pluralismus wahrt, auch zu dieser Zeit bereits ein Bedürfnis bestanden. Gemeinschaftliche Regelungen dieser Materie hätten schließlich einen weiteren Schritt auf dem Weg bedeutet, den die Fernsehrichtlinie bereits eingeschlagen hat[724]. Insgesamt erscheint jener Bestandteil gemeinschaft-

---

[723] siehe auch Frey, Fernsehen und audiovisueller Pluralismus, 1998, S. 219; Hitchens, MLR 1994, 585 (601).

[724] Barendt, Maastricht Journal of European and Community Law, 1994, S. 41 (51); v. Wallenberg, WuW 1993, 910 (916).

licher audiovisueller Politik, der sich der Pluralismussicherung zuwendet, daher bisher vernachlässigt[725].
Inhaltlich zu monieren ist allerdings die Tatsache, daß der Richtlinienvorschlag keinen Bezug auf die neuen Dienste enthält[726] - sieht man einmal von dem gewählten Modell des Zuschaueranteils ab, das auf die durch das Digitalfernsehen vervielfachte Kanalauswahl ausgerichtet ist[727]. Die Frage der Zugangssicherung wurde nicht aufgegriffen. Die Sicherung eines chancengleichen Zugangs hat wie bereits dargestellt Auswirkungen auf die Meinungsvielfalt, die es erfordern würden, Sicherungen - wie sie nunmehr im Richtlinienpaket zur Kommunikationsinfrastruktur geregelt sind - auch in den inhaltebezogenen Regelungsrahmen einzustellen[728]. Damit würde man dem Anspruch gerecht, technologische Fortentwicklungen zu berücksichtigen. Nachgewiesen wurde, daß eine Aufnahme der Dienste des Digitalfernsehens in die Richtlinie kompetenzrechtlich möglich gewesen wäre, weil solche Dienste auch als Dienstleistungen angeboten werden, bzw. niederlassungsrechtliche Fragen aufwerfen, sofern Unternehmen im Bereich der neuen Dienste Firmengründungen in anderen Mitgliedstaaten anstreben.
Mit dem 1997 diskutierten Vorschlag wäre daher allenfalls eine vereinheitlichende Regelung der in der Gemeinschaft existierenden Regelungen erfolgt, die Besonderheiten der technologischen Entwicklung wären aber nicht in dem möglichen Umfang berücksichtigt worden[729].
Daß dieses Versäumnis bereits Folgen hat, verdeutlicht die Stellungnahme des Wirtschafts- und Sozialausschusses zu „Pluralismus und Medienkonzentration“[730], die ein weiterhin gewachsenes Bedürfnis verzeichnet, sich des Themas auf gemeinschaftlicher Ebene anzunehmen. In seiner Stellungnahme wird - gewissermaßen als Interimslösung - eine Mitteilung über Leitlinien und Rechtsinstrumente zur Pluralismuswahrung gefordert, solange die Richtlinie noch nicht angenommen ist[731]. Aufgrund der neueren Entwicklungen wird Aktivität der Gemeinschaft - in Form von Leitlinien - aber jedenfalls bezogen auf einen erweiterten Geltungsbereich angeregt, als der Richtlinienvorschlag von 1997 vor-

---

725 so auch Hitchens, Yearbook of the Media and Entertainment Law 1996, S. 45 (46).

726 Als kritikwürdig bezeichnet das auch König, Die Einführung des digitalen Fernsehens, 1997, S. 123 f; Hitchens, Yearbook of the media and entertainment law 1996, S. 45(63).

727 siehe oben IV.1.b.

728 König, Die Einführung des digitalen Fernsehens, 1997, S. 124; - als systemfremd bezeichnet die Aufnahme in das Infrastrukturpaket daher auch Schulz/Leopoldt, K&R 2000, 439 (440).

729 so auch König, Die Einführung des digitalen Fernsehen, 1997, S. 124.

730 Stellungnahme des Wirtschafts- und Sozialausschusses zum Thema „Pluralismus und Medienkonzentration“ (Initiativstellungnahme) v. 29. 3. 2000, ABl. 2000 C 140/19.

731 WSA Initiativstellungnahme, S. 3, Punkt 2.7.

sah: Alle bereits im Zusammenhang mit der vergangenen Debatte zur Pluralismussicherung erhobenen Forderungen seien auf die neuen Anbieter digitaler Fernseh- und Hörfunkdienste und die audiovisuellen und textgestützten Dienste zu erweitern[732].
Das bedeutet, daß in einem neuerlichen und wünschenswerten Vorschlag zur Regelung von Medieneigentum und Pluralismussicherung als Bestandteil gemeinschaftlicher audiovisueller Politik der Gemeinschaft neben die insoweit ergebnislos geplante und diskutierte Medienkonzentrationsregelung noch eine solche zur Zugangssicherung aus pluralismusbezogener Sicht treten muß.

V. Zusammenfassung

Alle geschilderten Rechtsangleichungsmaßnahmen, die audiovisuelle Aspekte betreffen, wurden in der Absicht erlassen, einen europäischen audiovisuellen Raum zu schaffen und die Wettbewerbsfähigkeit der europäischen Industrie in diesem Sektor zu erhöhen.
Neben vereinheitlichenden Maßnahmen, die Investitionen erleichtern, indem sie zu mehr Rechtssicherheit für Unternehmen führen[733], sind auch Regelungen getroffen worden, die - wie insbesondere die Quotenregelung der Fernsehrichtlinie[734]- protektionistischen Charakters in Hinblick auf die Förderung der europäischen audiovisuellen Industrie sind.
Wirtschaftspolitische Zielsetzungen werden ergänzt durch solche, die sich aus Bedeutung und damit Schutzwürdigkeit von Medien und deren Auswirkung auf Gesellschaft und Kultur erklären und versuchen, ein bestimmtes europaweites Schutzniveau in bezug auf solche öffentlichen Interessen zu installieren, so z.B. die Jugendschutzbestimmungen der Fernsehrichtlinie[735] oder die Bestimmungen zum Schutz geistigen Eigentums in den urheberrechtlichen Regelungswerken[736].
Klar trennen lassen sich Regelung und Zielsetzungscharakter aber nicht. So sind die Maßnahmen zur Förderung der europäischen Programmproduktion, Art. 4 bzw. 5 RL 97/36/EG und die medienkonzentrationsrechtlichen Regelungen sowohl wirtschafts- als auch kulturpolitisch motiviert.

---

[732] WSA Initiativstellungnahme, Punkt 2.8.
[733] so z.B. im Urheberrecht oder im geplanten Medienkonzentrationsrecht.
[734] siehe hierzu I.
[735] siehe I.
[736] hierzu II.

Kompetenzrechtlich werden Binnenmarktkompetenzen in Gestalt von Dienstleistungsrecht (Art. 47 Abs. 2 iVm. Art. 49 und 53 EGV) bzw. Niederlassungsrecht (Art. 47 Abs. 2 iVm 43 EGV) herangezogen und allen medienpolitischen Rechtsangleichungsmaßnahmen daher vor allem wirtschaftspolitisches Gewicht gegeben.
Die kulturpolitische Bedeutung, der über Art. 151 EGV Ausdruck verliehen werden kann, steht einer solchen binnenmarktbezogenen Abstützung nicht entgegen, da gemeinschaftliche Kompetenzen funktionalen Charakters sind und auch durch Art. 151 Abs. 4 EGV nochmals bestätigt wird, daß in den Bereichen gemeinschaftsrechtlicher Kompetenzausübung ebenso betroffenen kulturellen Gesichtspunkten Rechnung zu tragen ist. Die damit bestehende Möglichkeit, die kulturellen Aspekte, die Medienpolitik aufgrund der Bedeutung von Medien für Kultur und Gesellschaft innewohnen, besonders hervorzuheben, wird aber nicht wahrgenommen. Was dieses Versäumnis bedeutet, zeigt sich vor allem in den Schwierigkeiten, die die kompetenzrechtliche Beurteilung der Quotenregelung der Fernsehrichtlinie im Zusammenhang mit der welthandelsrechtlichen Perspektive bzw. der EMRK aufwirft: Während eine rein wirtschaftspolitische Zielrichtung Kollisionen mit den Gemeinschaftsgrundrechten bzw. internationalen Vorgaben nach sich zieht[737], werden solche durch die kulturelle Komponente wieder zurückgenommen.

Die mit den technologischen Veränderungen neu hinzugekommenen Möglichkeiten, audiovisuelle Dienstleistungen anzubieten, sind in den gemeinschaftlichen Regelungswerken bisher nur ansatzweise bedacht.
Am weitesten geht die regelungstechnische Erfassung solcher neuer Problemlagen bisher in urheberrechtlichem Zusammenhang bezogen auf die Verwertung von - auch audiovisuellen - urheberrechtlich geschützten Werken, wo mit der „Richtlinie zur Harmonisierung bestimmter Aspekte des Urheberrechts und verwandter Schutzrechte in der Informationsgesellschaft" (2001/29/EG) bereits Regelungen verabschiedet wurden, die die von den technischen Möglichkeiten ausgehenden Gefahren für die Verwertung urheberrechtlich geschützter Werke durch den Rechteinhaber auffangen wollen[738].
Vorschläge für den Ende des Jahres 2002 geplanten Beginn einer Revision der Fernsehrichtlinie sehen auch für dieses Regelungswerk eine Erweiterung um diejenigen neuen Dienste vor, die bisher noch nicht dem Regelungsbereich der Richtlinie unterfallen[739]. Während sich einige der Mindeststandards der Richtlinie - so z.B. im Bereich des Jugendschutzes - beibehalten ließen, müßten andere

---

737 siehe I.1.b.ee.
738 hierzu siehe II.
739 siehe I

Bestimmungen - wie beispielsweise die zur Werbung oder aber die Quotenregelung - entweder umfassend und damit weniger regelungsintensiv für alle audiovisuellen Dienste neu geregelt werden oder aber um spezielle Vorgaben für die neu zu integrierenden Dienstleistungsformen ergänzt werden[740].
Als besonderes Defizit einer europäischen Medienpolitik erscheinen die fehlenden medienspezifischen Konzentrationsregeln, die aus dem Entwurfstadium nicht herausgetreten sind[741]. Hier könnte auf der Basis des bereits diskutierten Vorschlags eine Ergänzung der in Bezug auf die neuen Dienste noch rudimentären Ansätze vorgenommen werden und die spezifischen Probleme der Pluralismussicherung im Zusammenhang mit Fragen der Zugangskontrolle als Pendant zu den technischen Aspekten der Zugangskontrolle, die sich im Rahmenpaket zur Kommunikationsinfrastruktur finden, geregelt werden.

---

740 siehe I.

741 siehe IV; so auch Hitchens, Yearbook of Media and Entertainment Law 1996, 45 (46).

4. Kapitel: Unterstützungsmechanismen - Förderung europäischer Inhalte und Programmproduktion

Die Medienpolitik der Gemeinschaft sieht in Ergänzung der regulatorischen Maßnahmen, wie sie im vorangegangenen Kapitel zur Darstellung gelangten, Maßnahmen unterstützenden Charakters vor, denen sich die Untersuchung im nun folgenden Kapitel zuwendet. Bevor die inhaltlichen und kompetenzrechtlichen Besonderheiten solcher Unterstützungsprogramme betrachtet werden, soll zunächst der Nutzen wirtschaftspolitischer Förderung, wie sie diverse Förderprogramme beabsichtigen, kritisch hinterfragt werden.

I. Sinn wirtschaftspolitischer Förderung

Wettbewerbsbenachteiligungen können Wirtschaftszweige aus verschiedenen Gründen treffen. Im Falle des audiovisuellen Sektors Europas sind Ursachen und Phänotypen der strukturellen Nachteile bereits beschrieben worden[1]. Es kann für Staaten oder Staatenformationen wünschenswert erscheinen, solche sich aus dem freien Wettbewerb ergebenden Behinderungen abzubauen[2].

Hierfür bieten sich diverse wirtschaftspolitische Regulierungsinstrumente und andere staatliche Interventionsmechanismen an, die sektorspezifische dauerhafte Interventionen staatlicher Instanzen in marktliche Prozesse darstellen[3] und bestimmte ökonomische und soziale Ziele verfolgen[4]. Als legitim anerkannt werden solcherlei Eingriffe erst mit der normativen Theorie des Staatsinterventionismus[5], die dem gewachsenen Bewußtsein für die Mängel des liberalen Kapitalismus Ausdruck gab[6].

Wirtschaftspolitische Regulierungsinstrumente sind v.a. Marktzutrittsschranken, Steuerung des Preisniveaus und Qualitätsnormierungen, Kontrahierungszwänge

---

1 siehe Teil I.

2 so auch Grisold, M+K (49) 1999, S. 237 (237).

3 Keusen, Studien zur Medienpolitik in Europa, 1997, S. 33.

4 zu all dem Altmann, Wirtschaftspolitik, 2000.

5 Mann, Finanzarchiv N.F. Bd. 15, 1954/55, S. 224.

6 Färber, Binnenmarktgerechte Subventionspolitik in der Europäischen Union, 1995, S. 21.

oder sonstige Konditionen[7]. In Abhängigkeit von der Ebene, auf der sie sich auswirken, kann man zwischen technical, market structure und behavioral regulation[8] unterscheiden.
Für den medialen Bereich erfolgt technische Regulierung über die Festsetzung technischer Normen und Standards. Behavioral regulation richtet sich auf die Steuerung der publizistischen Dimension[9]. Unter die marktbezogene Steuerung der Wirtschaftsordnung schließlich fallen die sogenannte strukturelle und die imperative Regulierung. Dabei verfolgt strukturelle Regulierung Rahmenbildung, indem sie ökonomische Strukturen, Finanzierungsmodalitäten und Organisationsweisen festlegt, um so einen Boden für die indirekte Steuerung der Tätigkeit in dem betroffenen Wirtschaftssektor zu schaffen. Imperative Steuerung dagegen knüpft positive oder negative Sanktionen an das Verhalten der in dem Sektor Agierenden, um Ziele, die beispielsweise im Erhalt gesellschaftlicher Werte und Vorstellungen bestehen können[10], zu verfolgen.

Eine Alternative zu derartiger Regulierung bieten Maßnahmen direkter oder indirekter Finanzierung. Direkte Finanzierung bezeichnet Fördermaßnahmen in Gestalt von Subventionen. Insbesondere deren Für und Wider sollen im Vorfeld der Analyse des Programms MEDIA-Plus erörtert werden:
Subventionen, für die die unterschiedlichsten Begriffsbeschreibungsversuche unternommen wurden[11], können im Zusammenhang mit ihren wirtschaftspolitischen Auswirkungen erfaßt werden als „Geldzahlungen, Steuervergünstigungen und sonstige geldwerte Leistungen, die Unternehmen oder Branchen von der öffentlichen Hand zwar ohne direkte Gegenleistung gewährt, bei deren Vergabe aber in der Regel bestimmte Verhaltensweisen gefordert oder erwartet werden“[12]. Dabei sollen sie Marktversagen kompensieren oder vor ausländischen Konkurrenten schützen.
Eine negative Sichtweise auf Subventionen kann sich aus haushaltspolitischer Perspektive ergeben, wenn man die Einschränkung des haushaltpolitischen Spielraums betrachtet, die mit der Gewährung staatlicher Mittel einhergeht. Gesamt-

---

7 Keusen, Studien zur Medienpolitik, 1997, S. 33; Apolte/Kessler, in: Regulierung und Deregulierung im Systemvergleich, 1990, S. 3 (4); Kruse, in: Seidenfus, Deregulierung- eine Herausforderung an die Wirtschafts- und Sozialpolitik in der Marktwirtschaft, 1989, S. 10.

8 Picard, Media Economics, 1989, S. 96.

9 Keusen, Studien zur Medienpolitik in Europa, 1997, S. 35.

10 Keusen, Studien zur Medienpolitik in Europa, 1997, S. 40.

11 siehe dazu, Rodi, Die Subventionsrechtsordnung, 2000; Schlesinger, Subventionsvergabe im Wettbewerb, 1994, S. 3 ff.; Färber, Binnenmarktgerechte Subventionspolitik in der Europäischen Union, 1995, S. 81 ff.

12 Schlesinger, Subventionsvergabe im Wettbewerb, 1994, S. 7.

wirtschaftlich besehen führen Subventionen aber auch zu Verzerrungen für Faktorallokation und Anreizstruktur, das Wachstum wird behindert und die Stabilisierungspolitik beeinträchtigt[13]. Nachteilig für gesunde Unternehmen ist beispielsweise, daß sie indirekt zur Finanzierung von Subventionskosten herangezogen werden, aber zugleich wegen der gestützten größeren Nachfrage der Subventionsempfänger nach Produktionsfaktoren mit höheren Produktionskosten rechnen müssen[14]. Der Entzug von Kapital auf Seiten gesunder Unternehmen infolge der Subventionierung bestimmter Branchen kann sich investitions- und wachstumsverzögernd auswirken. Auf der Seite der subventionierten Unternehmen besteht demgegenüber die Gefahr der Verschwendung von Ressourcen, sofern in Ermangelung von Wettbewerbsdruck die Suche nach Produktverbesserungen in den Hintergrund gerät[15].

Trotzdem stellen sich finanzielle Unterstützungen für die Unternehmen eines Wirtschaftszweiges im Vergleich zu den Regulierungsmaßnahmen, die ebenfalls Teil des staatlichen Interventionsinstrumentariums bilden, als „milderes Mittel" dar. Im Unterschied zu regulatorischen Eingriffen schalten Subventionen den Preismechanismus nicht vollständig ab, sondern führen Verhaltensänderungen herbei, indem sie die relativen Preise gezielt verfälschen. Damit sind sie als staatliche Interventionen in Marktgeschehen vergleichsweise weniger spürbar[16]. Unter der Prämisse, daß es keine interventionsfreie Situation für einen bestimmten Markt geben kann[17], sind Subventionen anderen Regulierungsinstrumenten unter Umständen also vorzuziehen.

II. Unterstützende Maßnahmen im klassischen audiovisuellen Bereich

Ausdruck wirtschaftspolitischer Förderung und eine weitere Säule europäischer Medienpolitik neben der den ordnungspolitischen Rahmen bildenden Fernsehrichtlinie, den urheberrechtlichen Regulierungen im audiovisuellen Bereich und

---

13 Schlesinger, Subventionsvergabe im Wettbewerb, 1994, S. 1 f.

14 dazu Schlesinger, Subventionsvergabe im Wettbewerb, 1994, S. 10.

15 Schlesinger, Subventionsvergabe im Wettbewerb, 1994, S. 11.

16 was laut Schlesinger insoweit gegen sie spricht, als dies die Gefahr eines schleichenden Interventionismus begründet, Schlesinger, Subventionsvergabe im Wettbewerb, 1994, S. 14.

17 siehe oben, - Anmerkungen zur Theorie des Staatsinterventionismus.

technischen Standardisierungsbemühungen bildet das Programm MEDIA[18], das nunmehr in seiner vierten Neufassung[19] existiert.
Mit diesem Programm konnten die Bemühungen um ein Förderprogramm zugunsten der europäischen Filmindustrie, die bis in die achtziger Jahre zurückgehen und zunächst in Form des Vorschlags für eine Verordnung des Rates über eine gemeinschaftliche Förderhilfe für Film- und Fernsehproduktionen im Bereich der Unterhaltung[20] fehlschlugen, schließlich gebündelt und zum Erfolg geführt werden.
Eine Pilotphase im Zeitraum 1987 bis 1990 wurde durch den Beschluß des Rates über die „Durchführung eines Aktionsprogrammes zur Förderung der Entwicklung der europäischen audiovisuellen Industrie „MEDIA (1991-1995)“ beendet, der MEDIA I ins Leben rief. Ergänzend beschloß der Rat eine Gemeinschaftsaktion zur beruflichen Fortbildung im audiovisuellen Bereich für denselben Zeitraum[21]. Das Programm zielte auf die Wettbewerbsfähigkeit der europäischen audiovisuellen Industrie ab, der man großes Wachstumspotential beimaß, und suchte diese durch die Förderung der europäischen Programmindustrie und Verbesserung der Rahmenbedingungen für Film und Fernsehen, insbesondere hinsichtlich des Vertriebs, zu stärken. Parallel zu Programmen, die die Kommunikationstechnologie im Blick hatten[22], wollte man sich auf diese Weise auch den Kommunikationsinhalten zuwenden. Fokussiert wurden der eigentlichen Produktion vor- und nachgeschaltete Bereiche, wie z.B. Filmverleih und -vertrieb, Förderung der mehrsprachigen Ausstrahlung von Fernsehprogrammen, Förderung der Drehbuchentwicklung, Einsatz neuer Technologien etc.[23]. Kritik setzte vor allem an der vergleichsweise geringen finanziellen Ausstattung und den wenig effizienten Verteilungsstrukturen hinsichtlich dieser „sowieso schon knappen

---

18 MEDIA = Mesures pour Encourager le Developpement de l'Industrie Audiovisuelle.

19 Media Plus - Beschluß des Rates vom 20.12.2000 zur Durchführung eines Programmes zur Förderung von Entwicklung, Vertrieb und Öffentlichkeitsarbeit hinsichtlich europäischer audiovisueller Werke (MEDIA Plus - Entwicklung, Vertrieb und Öffentlichkeitsarbeit 2001 - 2005); 2000/821/EG, ABl. 2001 L 13/35; - und Beschluß 163/2001/EG des Europäischen Parlaments und des Rates vom 19.1.2001 über die Einführung eines Trainingsprogrammes für Berufstätige in der Europäischen Audiovisuellen Industrie (MEDIA Plus Training 2001 - 2005), ABl. 2001 L 26/1.

20 Vorschlag der Kommission für eine Verordnung (EWG) des Rates über eine gemeinschaftliche Förderhilfe für Film- und Fernsehproduktionen im Bereich Unterhaltung v. 23.4.1985, ABl. 1985 C 125/13.

21 ABl. 1990, L 380/37.

22 z.B. Programm TenTelecom (Programm zur Einführung der Telematiktechnik) - ABl. 1997, L 183/12.

23 so auch Dörr, EWS 1991, 259 (261).

Mittel“ an[24], verwies aber auch auf mangelnde Transparenz und ein Defizit an Kontrolle durch die Gemeinschaft[25].

Mit dem Nachfolgeprogramm MEDIA II (1996-2000), das auf zwei Ratsbeschlüssen[26] basierte, wurden daher die Förderbereiche auf Ausbildung, Entwicklung und Vertrieb eingeschränkt[27], um eine größere Übersichtlichkeit in bezug auf die zur Verfügung stehenden Fördermöglichkeiten zu gewährleisten. Überdies wurde die finanzielle Ausstattung des Programms verbessert[28], um dem Ziel der Stärkung der europäischen audiovisuellen Industrie durch Spielfilmproduktionen, deren Marktfähigkeit über europäische Grenzen hinausreicht, näherzukommen[29].
Ein weiteres 5-Jahres-Programm, MEDIA Plus[30], löste MEDIA II zu Beginn des Jahres 2001 ab und ist für den Zeitraum 2001-2005 vorgesehen.

1. MEDIA-Plus

Wie Filmförderung zur Stärkung der europäischen audiovisuellen Industrie gegenwärtig inhaltlich gestaltet ist, wird der folgende Abschnitt behandeln.
Anschließend soll die Vereinbarkeit des Programms mit den kompetenzrechtlich zur Verfügung stehenden Vorschriften untersucht werden.

---

24 Eisenberger, Medien und Recht 1999, S. 59 (60); Keidel, MP 1998, 19 (28); ders. in Donges, Globalisierung der Medien?, 1999, S. 171 (188); Kleinsteuber/Rossmann, Europa als Kommunikationsraum, 1994, S. 78.

25 MEDIA II Mid-term Evaluation, 1998, S. 25.

26 95/563/EG und 95/564/EG.

27 Das entspricht einer Reduzierung um 16 Förderbereiche bei geplanter Reduzierung des Verwaltungsaufwands von 20% auf 5% des Budgets.

28 Trotzdem war kein Vergleich mit amerikanischen Großprojekten zur Verfügung stehenden Summen möglich, die die dem ganzen Förderprogramm innerhalb eines Jahres zur Verfügung stehenden Mittel um ein Vielfaches übersteigen. - so Eisenberger, MR 1999, 59 (60).

29 Eine Gesamtauswertung findet sich in MEDIA II Mid-term Evaluation, 1998.

30 Bezeichnung für den Beschluß des Rates vom 20.12.2000 zur Durchführung eines Programmes zur Förderung von Projektentwicklung, Vertrieb und Öffentlichkeitsarbeit hinsichtlich europäischer audiovisueller Werke (MEDIA-Plus „Projektentwicklung, Vertrieb, Öffentlichkeitsarbeit“ 2001 - 2005), ABl. 2001 L 13/35 und den Beschluß des Europäischen Parlaments und des Rates vom 19.1.2001 über die Einführung eines Trainingsprogrammes für Berufstätige in der Europäischen Audiovisuellen Industrie (MEDIA-Plus „Training“ 2001 - 2005), ABl. 2001 L 26/1.

a. Inhalt

aa. Zielsetzung des Programmes

Wie schon die vorlaufenden Programme MEDIA I und II, ist auch MEDIA-Plus erklärtermaßen[31] auf die Stärkung der europäischen audiovisuellen Industrie gerichtet, die durch die Verbesserung der Wettbewerbsfähigkeit - auch kleiner und mittelständischer Unternehmen - mittels Unterstützung von Bereichen wie Entwicklung, Vertrieb, Öffentlichkeitsarbeit und Berücksichtigung neuer Technologien erreicht werden soll. Die Etablierung von Mechanismen, die Gesamteuropa als Filmmarkt erschließen, soll dazu verhelfen, sich selbst tragende Strukturen europaweiter Kooperation zu schaffen[32] und damit die bereits beschriebenen Wettbewerbsnachteile des europäischen Filmsektors jedenfalls partiell zu überwinden. Ausgangspunkt für die Schaffung solcher Strukturen bilden die Teilbereiche des Vertriebes oder verwandter Sektoren, die zur Verbesserung des grenzüberschreitenden Umlaufs beitragen.
Kulturelle Aspekte auf dem europäischen audiovisuellen Markt finden ebenfalls explizit Erwähnung: Trotz der Orientierung auf einen gesamteuropäischen Markt schließt Art. 1 des Beschlusses[33] auch die Entwicklung des audiovisuellen Sektors in Ländern oder Regionen mit geringerer audiovisueller Produktionskapazität oder kleinem Sprachgebiet in die Zielvorgaben ein, um dem Gedanken der Wahrung und Förderung der sprachlichen und kulturellen Vielfalt innerhalb Europas Rechnung zu tragen.

bb. Aufbau und Organisationsstruktur

Der Aufbau des Programms folgt zunächst der durch die zwei Beschlüsse zu seiner Implementierung vorgegebenen Zweiteilung in MEDIA-Plus „Entwicklung, Vertrieb, Öffentlichkeitsarbeit“[34] und MEDIA-Plus „Training“[35].

---

[31] Art. 1 des Beschlusses des Rates vom 20.12.2000 zur Durchführung eines Programmes zur Förderung von Projektentwicklung, Vertrieb und Öffentlichkeitsarbeit hinsichtlich europäischer audiovisueller Werke (MEDIA-Plus „Projektentwicklung, Vertrieb, Öffentlichkeitsarbeit“ 2001 - 2005), ABl. 2001 L 13/35.

[32] Frenzel, Kulturelle Eye-Dentity, 1999, S. 78.

[33] MEDIA-Plus „Projektentwicklung, Vertrieb, Öffentlichkeitsarbeit“ (2001 - 2005), ABl. 2001 L 13/35.

[34] Beschluss des Rates (200/821/EG), ABl. 2001 L 13/35.

[35] Beschluss des Rates (163/2001/EG), ABl. 2001 L 26/1.

Innerhalb des Bereiches „Entwicklung, Vertrieb, Öffentlichkeitsarbeit" systematisieren diese namengebenden Teilbereiche die geplanten Aktivitäten.

- „Entwicklung" meint alle Phasen im Vorfeld industrieller Produktion, d.h. die Idee und damit im hier relevanten Zusammenhang das Drehbuch, die Suche nach Partnern, die Entwicklung des Budgets und den Finanzplan[36] für ein audiovisuelles Werk. Dabei fixiert Art. 2 MEDIA-Plus-Beschluß[37] den Rahmen für die Maßnahmen, die das Programm für den Entwicklungsbereich vorsieht und die im Anhang konkretisiert werden: Aktivität soll das Programm bezüglich solcher Projekte entfalten, die von unabhängigen Unternehmen vorgelegt werden bzw. solcher, die neue Kreations-, Produktions- und Übertragungstechniken einbeziehen.

- Art. 3 des Beschlusses[38] wendet sich vertriebsbezogenen Fördermaßnahmen zu, die ebenfalls im Anhang zum Beschluß konkretisiert werden. Anreize sollen für die Vertriebsunternehmen geschaffen werden, so daß diese bezüglich nicht einheimischer, europäischer Kinofilme in Produktion, Ankauf, Vermarktungsrechte und Öffentlichkeitsarbeit investieren (Art. 3a). Durch die Förderung koordinierter Marketingstrategien hinsichtlich des Vertriebs und der Aufführung in Kinos soll eine stärkere grenzüberschreitende Verbreitung erzielt werden (Art. 3b). Darüber hinaus soll auch der Bereich der privat gebrauchten Trägermedien durch Förderung des Vertriebes stärker mit europäischen, nicht einheimischen Werken durchgesetzt werden, indem Anreize für den Einsatz digitaler Technologien und Öffentlichkeitsarbeit geschaffen werden (Art. 3c). Unterstützung soll zudem Kooperationen zwischen Fernsehanstalten und unabhängigen europäischen Verleihunternehmen angedeihen (Art. 3d). Überdies ist eine Förderung der Schaffung von Katalogen europäischer Werke vorgesehen, die zur Verwertung in den neuen Medien bestimmt sind (Art. 3f).

- Öffentlichkeitsarbeit und Marktzugang, auf die Art. 4 MEDIA-Plus-Beschluß[39] Bezug nimmt, sollen in Gestalt von Handelsveranstaltungen, Fachmärkten und audiovisuellen Festspielen gefördert werden (Art. 4a). Um zur Vernetzung europäischer Akteure zu ermutigen, ist die Unterstützung gemeinsamer Aktionen auf dem europäischen bzw. internationalen Markt durch nationale Einrichtungen für Öffentlichkeitsarbeit vorgesehen[40](Art. 4b).

---

36 MEDIA II Mid-term Evaluation, 1998, S. 86.
37 2000/821/EG „Projektentwicklung", ABl. 2001 L 13/35.
38 2000/821/EG „Projektentwicklung", ABl. 2001 L 13/35.
39 2000/821/EG „Projektentwicklung", ABl. 2001 L 13/35.
40 Art. 4 b Beschluß MEDIA-Plus „Projektentwicklung" ABl. 2001 L 13/35.

MEDIA-Training[41] ist ein speziell für die Ausbildung von Berufstätigen in der audiovisuellen Branche ins Leben gerufenes Programm, das diesen Weiterbildung in den von den neuen technologischen Entwicklungen geprägten Bereichen offerieren will. Insbesondere in den Teilbereichen „Management und Marketing", „Nutzung und Entwicklung neuer Technologien für die Produktion audiovisueller Programme mit hoher kommerzieller und künstlerischer Wertschöpfung" und „Drehbuchschreiben"[42] will das Programm finanzielle Unterstützung leisten.

Organisatorisch folgen die Teilbeschlüsse in MEDIA-Plus einer im Zuge von MEDIA II erfolgten Neugliederung, die zur Zentralisierung der Verwaltung einerseits und zur Flexibilisierung derart führte, daß vormals feste Bereichsprojekte zugunsten der zentralen Verwaltung aller Projekte wegfielen. Während MEDIA I noch beispielsweise ein zentral verwaltetes Projekt für die Förderung der Verteilung von Kinofilmen vorsah[43], an das sich interessierte Verleihfirmen wenden konnten, werden seit MEDIA II die Förderentscheidungen von der Kommission getroffen[44]. Dabei ergeht der Beschluß der Kommission über die Förderung eines Projektes als Entscheidung anhand standardisierter Richtlinien für Kino-, Fernseh- und Videovertrieb. Diese konkretisieren die Rahmenbedingungen des Programms und werden von der Kommission neben den entsprechenden Antragsformularen herausgegeben. Einen Kontakt zwischen Angehörigen der Branche auf beiden Seiten gibt es damit seit MEDIA II nicht mehr. Allerdings wurden zwischen Brüsseler Programmdirektion und potentiellen Antragstellern Verwaltungsbüros geschaltet[45], die den drei Förderbereichen zuarbeiten und der Kommission technische Hilfestellung leisten sollen. Ebenso ist ein weiteres Büro vorgesehen, das mit der Aus- und Rückzahlung der Fördergelder betraut ist[46]. Außerdem nehmen in allen Mitgliedstaaten sogenannte Media-Desks und -Antennen[47] Informationsaufgaben bezüglich der Fördermöglichkeiten als Schaltstellen zwischen Kommission und Antragstellern wahr.
Gemäß Art. 8 des Beschlusses[48] wächst der Kommission Unterstützung seitens eines Ausschusses zu, der sich aus jeweils 2 Vertretern der beteiligten Länder zusammensetzt, von einem Kommissionsvertreter geleitet wird und mit Beratungs- und Informationsaufgaben betraut ist.

---

41 Beschluß des Rates 163/2001/EG, ABl. 2001 L 26/1.
42 Art. 3 des Beschlusses 163/2001/EG, ABl. 2001 L 26/1.
43 EFDO = Europäisches Filmbüro.
44 siehe Anhang zum Beschluß, Nr. 2.3.1.
45 Intermediate Organisations.
46 Leclerq, Sequentia, Vol III, 7/1996, S. 16 (17).
47 finanziert von Kommission und Mitgliedstaat.
48 MEDIA-Plus „Projektentwicklung", ABl. 2001 L 13/35.

cc. Finanzielle Ausstattung

Finanziell ist das Programm gemäß Art. 5 Beschluß[49] mit 400 Millionen Euro für die gesamte Laufzeit ausgestattet. Damit wurde das Gesamtbudget des Programmes um 40 Millionen im Vergleich zu MEDIA II und sogar um 150 Millionen Euro verglichen mit MEDIA I[50] angehoben und so einer der maßgeblich kritisierten Schwächen des Programmes abgeholfen[51], die in dessen finanzieller Unterausstattung gesehen wurde[52]. Vom Gesamtbetrag entfallen 350 Millionen Euro auf den Bereich „Vertrieb, Projektentwicklung, Öffentlichkeitsarbeit", während 50 Millionen Euro für MEDIA-Plus „Training" bereitgestellt werden[53]. Auch Verwaltungsausgaben[54] - so z.B. für die Informationsstellen - werden von dem Budget bestritten.
Die Finanzhilfen können gemäß Art. 5 und 6 des Beschlusses[55] als bedingt rückzahlbare Vorschüsse bzw. Zuschüsse von Unternehmen, die sich „jetzt und künftig unmittelbar oder über eine Mehrheitsbeteiligung im Besitz der Mitgliedstaaten und/oder von Staatsangehörigen der Mitgliedstaaten befinden"[56], beantragt werden. Dabei beläuft sich die Projektförderung auf max. 50% der Kosten. Der verbleibende Anteil muß von den Unternehmen selbst aufgebracht werden. Eine höhere Förderung[57] ist dann vorgesehen, wenn das Projekt von Interesse für die Aufwertung der sprachlichen und kulturellen Vielfalt ist.

---

49 MEDIA-Plus „Projektentwicklung", ABl. 2001 L 13/35.

50 Für dieses war ursprünglich eine Summe von 200 Millionen Euro geplant, die letztlich aber auf etwa 230 Millionen erhöht werden mußte, da die Mittel schneller als erwartet aufgebraucht waren und auch über die von den Mitgliedstaaten zu zahlenden Mitgliedsbeiträge keine wirkliche Budgetverbesserung erreicht werden konnte. - siehe die Darstellung von Jarothe, Die Filmpolitik der EU im Spannungsfeld zwischen nationaler staatlicher Förderung und US-amerikanischer Mediendominanz, 1998, S. 313/314.

51 so auch Jarothe, Die Filmpolitik der Europäischen Union im Spannungsfeld zwischen nationaler staatlicher Förderung und US-amerikanischer Mediendominanz, 1998, S. 313.

52 Eine Einigung auf dieses vergleichsweise hohe Budget ließ sich allerdings erst recht spät erzielen, nachdem Länder wie Niederlande, Großbritannien und die Bundesrepublik, die anfangs ein niedrigeres Budget anstrebten, ebenfalls zustimmten. - Pressemitteilung, Brüssel, 23.11.2000: "Culture Council adopts Media Plus aid programme for the European audiovisual industry".

53 Im Vergleich dazu wurden im Rahmen von MEDIA II 265 Millionen ECU für den erstgenannten Bereich und 45 Millionen ECU für den Trainingsbereich veranschlagt. - MEDIA II Mid-term Evaluation, 1998, S. 9 ff.

54 im Rahmen von MEDIA II waren das etwa 11%; siehe MEDIA II Mid-term Evaluation, 1998, S. 9.

55 MEDIA-Plus „Projektentwicklung", ABl. 2001 L 13/35.

56 Art. 5 Abs. 3 Beschluß.

57 bis 60% der Gesamtkosten - siehe Anhang Nr. 1.2.3.

Die Fördermittel entstammen dem Haushalt der Europäischen Union und werden durch Teilnahmebeiträge der assoziierten Länder ergänzt. Einen Teil des Budgets bilden rückfließende Gelder aus Maßnahmen der beiden Vorgängerprogramme[58], die längerfristig zu sich selbst tragenden Strukturen des Programmes führen und die EG-Beiträge zur Finanzierung der Programmaktivitäten und der Verwaltungsarbeit obsolet machen sollen[59].

b. Kompetenzrechtliche Voraussetzungen

Einem Überblick über Inhalt und Funktionsweise des Programmes soll nun ein Abschnitt folgen, der das kompetenzrechtliche Fundament des Programmes beleuchten und danach fragen wird, ob sich die Entscheidung für die gewählte Rechtsgrundlage in den der Gemeinschaft zur Verfügung stehenden Rahmen einpaßt[60].
Als Rechtsgrundlage für MEDIA-Plus im Bereich „Projektentwicklung, Vertrieb und Öffentlichkeitsarbeit" hat der Rat Art. 157 Abs. 3 EGV herangezogen[61]. Bezüglich des Programms MEDIA-Plus „Training" rekurriert der Beschluß des Rates dagegen auf Art. 150 EGV[62].

aa. Industriepolitische Kompetenzen und MEDIA-Plus „Projektentwicklung, Vertrieb, Öffentlichkeit"

Der Beschluß für MEDIA-Plus „Projektentwicklung, Vertrieb und Öffentlichkeitsarbeit" basiert auf Art. 157 Abs. 3 EGV, nach dessen S. 2 der Rat auf Vorschlag der Kommission hin und nach dem dort vorgesehenen Verfahren zur

---

58 siehe Art. 6 Beschluß, ABl. 2001 L 13/35.

59 Maggiore, Herstellung und Verbreitung audiovisueller Informationen im Gemeinsamen Markt, 1991, S. 66.

60 zu diesem Rahmen siehe die allgemeinen Ausführungen zu Kapitel 2.

61 Beschluß des Rates vom 20. Dezember 2000 zur Durchführung eines Programmes zur Förderung von Entwicklung, Vertrieb und Öffentlichkeitsarbeit, 2000/821/EG, ABl. L 2001/13.

62 Beschluß des Rates und des Europäischen Parlaments vom 19.1.2001 zur Durchführung eines Programmes zur Förderung der Ausbildung in der europäischen audiovisuellen Industrie, ABl. 2001 L 26/1.

Unterstützung der in den Mitgliedstaaten durchgeführten Maßnahmen im Hinblick auf die in Art. 157 Abs. 1 EGV aufgeführten Ziele tätig werden darf.

1) Voraussetzungen der Rechtsgrundlage

Inhaltlich setzt der Beschluß von Fördermaßnahmen auf der Grundlage von Art. 157 Abs. 3 S. 2 EGV voraus, daß solche auf die Verwirklichung der Zielvorstellung aus Art. 157 Abs. 1 EGV gerichtet sind. Die dort verankerte und im weiteren[63] konkretisierte Zielvorstellung industriepolitischen Handelns der Gemeinschaft besteht in der Gewährleistung der notwendigen Voraussetzungen für die Wettbewerbsfähigkeit der Industrie.
Das mit dem Maastrichter Vertrag so ausdrücklich in den Art. 130 EGV aufgenommene Politikfeld[64] ist begrifflich schwer zu fassen[65]. Ursache hierfür ist die Skepsis bezüglich prinzipieller Legitimation bzw. Intensität staatlicher Eingriffe in Wirtschaftsabläufe[66]. Solcherlei Skepsis ergibt sich vor wirtschaftswissenschaftlichem Hintergrund und bei einer Betrachtungsweise des Wettbewerbs als „Entdeckungsverfahren"[67], das aufgrund der dem Wettbewerb innewohnenden Dynamik nicht in dem Maße vorausschaubar ist, wie für die Delegation von ansonsten dezentral durch die Unternehmen zu treffenden Entscheidungen an eine zentrale Instanz vorauszusetzen wäre[68]. Eine solche Einordnung impliziert die Schwierigkeit von ex-ante-Bestimmungen erfolgreicher Innovationen[69] als Argument gegen Steuerungsversuche im Vorfeld. Darüber hinaus kann eine zentrale Instanz, wenn sie ihre Eingriffe plaziert, nie auf soviel Wissen zurückgreifen, wie die Marktteilnehmer bei ihren Entscheidungen einsetzen können[70]. Außerdem birgt Industriepolitik in Gestalt von Subventionen auch die Gefahr, das Verhalten von Unternehmern auf eine Fördermentalität hin zu verändern[71]. Schließlich werden negative Effekte erzeugt, wenn staatliche Gelder - weil sie ohne erfolgs-

---

63 Art. 157 Abs. 2 EGV.

64 zur Europäischen Industriepolitik z.B. Forman-Peck/Federico, European Industrial Policy, 1999; Immenga, EuZW 1994, 14 ff.; Schmitt von Sydow, EU-Magazin 1995 (7-8), S. 8-10.

65 Veelken, Normstrukturen der Industriepolitik, 1991, S. 27.

66 Winter, Interdependenzen zwischen Industriepolitik und Handelspolitik, 1994, S. 16, Nicolaides, Industrial Policy in the European Community, 1993, S. 5.

67 Hayek, Freiburger Studien, 1969, S. 249.

68 siehe Engel, in Rengeling, Europäisierung des Rechts, 1996, S. 35 (43)

69 Starbatty, in Vitzhum, Europäische und Internationale Wirtschaftsordnung aus der Sicht der Bundesrepublik Deutschland, 1994, S. 153 (155).

70 Winter, Interdependenzen zwischen Industriepolitik und Handelspolitik, 1994, S. 28.

71 Engel, in Rengeling, Europäisierung des Rechts, 1996, S. 35 (42 f.).

abhängige Gegenleistung gewährt werden - riskanten Projekten oder Großprojekten zufließen, bei denen der Prüfungsaufwand geringer scheint[72].

Trotz dieser Bedenken[73] werden industriepolitische Maßnahmen aber getroffen, so daß eine begriffliche Eingrenzung nicht entbehrlich ist: Als Industriepolitik wird jenes Eingriffspotential in das Wirtschaftsleben gesehen, das zur Förderung der wirtschaftlichen bzw. industriellen Entwicklung angedacht ist. Alle jene Maßnahmen, „die den strukturellen Anpassungsprozeß und die komparativen Nachteile verändern“[74] und damit auf die Struktur und Entwicklung der Industrie Einfluß nehmen[75], sind damit angesprochen[76].
Neuere Definitionen finden ihren Schwerpunkt darüber hinaus oft auch in dem Bemühen, die internationale Wettbewerbsfähigkeit herzustellen oder zu verbessern[77]. Daher wird als im Mittelpunkt Europäischer Industriepolitik stehend auch die Frage danach angesehen, was getan werden muß, um Wirtschaft und Unternehmen auf dem globalen Markt wettbewerbsfähig zu machen[78]. Daraus ergibt sich die Möglichkeit einer Einteilung nach außen- und innengerichteten industriepolitischen Zielen:
Während innengerichtete Industriepolitik versucht, Wirtschaftsstrukturen zu gestalten und dabei insbesondere Wachstums- und Beschäftigungsziele verfolgt, steht die Förderung bestimmter Sektoren im Mittelpunkt der Zielvorstellungen außengerichteter Industriepolitik, die eine bewußte Veränderung der Handelsströme anstrebt. Hierbei lassen sich wiederum defensive Ziele, die der inländischen Branche eine Art Bestandsschutz verleihen wollen und offensive Ziele unterscheiden, die auf eine Verringerung des Imports bei Erhöhung der Exportraten und damit eine Vergrößerung der inländischen Produktion gerichtet sind[79].

---

72 Winter, Interdependenzen zwischen Industriepolitik und Handelspolitik, 1994, S. 28.
73 denen sich interventionistische Wirtschaftspolitik im allgemeinen ausgesetzt sieht, siehe dazu oben, 2. a.
74 Nicolaides, Industrial Policy in the European Community, 1993, S. 21; Winter, Interdependenzen zwischen Industriepolitik und Handelspolitik, 1994, S. 16.
75 Foreman-Peck/Federico, European Industrial Policy, 1999, S. 3; Frees, EuR 1991, S. 281; Grabitz/Hilf - Lecheler, Rn. 17 zu Art. 157; Oppermann, Europarecht, 1999, Rn. 948; Winter, Interdependenzen zwischen Industriepolitik und Handelspolitik der EG, 1994, S. 16.
76 Dieser Sichtweise kam die Kommission nahe, indem sie industriepolitische Aufgaben so beschrieb, daß sie im wesentlichen allgemeiner sektoraler Strukturpolitik entsprachen - Kommission, Die Industriepolitik der Gemeinschaft, 1970.
77 Winter, Interdependenzen zwischen Industriepolitik und Handelspolitik, 1994, S. 17.
78 Schwarze, EU-Kommentar, 2000, Bearb.: Müller-Huschke, Rn. 16 zu Art. 157.
79 Winter, Interdependenzen zwischen Industriepolitik und Handelspolitik, 1994, S. 21.

Art. 157 EGV enthält einen Zielkatalog. Dessen Realisierung darf jedoch nur zur Schaffung gewisser marktwirtschaftlicher Rahmenbedingungen führen, nicht aber dirigistische oder interventionistische Wirkungen entfalten[80]. Oftmals liegen gemeinschaftlichen Maßnahmen nicht nur eine, sondern mehrere der Zielvorstellungen des Art. 157 Abs. 1 EGV zugrunde.

- Das erstgenannte Ziel der „Erleichterung der Anpassung der Industrie an die strukturellen Veränderungen" ermöglicht sektorale eher als globale Maßnahmen und kann daher die Grundlage für Beihilfen zur Unterstützung bestimmter Industriezweige bilden[81].
- Die zweite Zielsetzung ermöglicht Maßnahmen, die ein für die Initiative und Weiterentwicklung der Unternehmen in der Gemeinschaft günstiges Umfeld zu fördern vermögen und steht damit als Grundlage für Maßnahmen zur Verfügung, die das Funktionieren der Märkte gewährleisten, einschließlich der Vorschriften über Marktzugang, Produktspezifikationen, Handelspolitik und Wettbewerbspolitik[82].
- In Art. 157 Abs. 1, 3. Spiegelstrich findet sich die Zusammenarbeit zwischen Unternehmen als industriepolitische Maßnahmen legitimierende Zielsetzung. Hierauf wurden z.B. Maßnahmen zur Etablierung der Europäischen Wirtschaftlichen Interessenvereinigung (EWIV) gegründet[83].
- Das letztgenannte Ziel schließlich gestattet industriepolitische Maßnahmen, sofern sie zur Förderung „einer besseren Nutzung des industriellen Potentials der Politik in den Bereichen Innovation, Forschung und technologische Entwicklung" ergriffen werden sollen.

Staatliche Transferleistungen, wie sie MEDIA gewährt, können auf der Grundlage von Art. 157 Abs. 3 iVm. Abs. 1 EGV ergehen[84]. Damit muß die Feststellung, ob industriepolitische Kompetenzen dem Programm MEDIA-Plus „Projektentwicklung, Vertrieb, Öffentlichkeit"[85] zugrundegelegt werden konnten, anhand einer Subsumtion der Erwägungsgründe und Regelungen des Programms unter die Zielsetzungen erfolgen, die Art. 157 Abs. 1 EGV enthält.

Ausgewiesene Zielsetzung zum Teilbeschluß „Projektentwicklung" ist die Schaffung eines europäischen audiovisuellen Marktes, für den Entwicklung und

---

80 Schwarze, EU-Kommentar, 2000, Bearb: Müller-Huschke, Rn. 17 zu Art. 157 EGV.

81 Schwarze, EU-Kommentar, 2000, Bearb: Müller-Huschke, Rn. 19 zu Art. 157 EGV.

82 Beispiele für solche Maßnahmen gibt Schwarze, EU-Kommentar, 2000, Bearb.: Müller-Huschke, Rn. 19 zu Art. 157 EGV: Sektorenrichtlinie, Fusionskontrollverordnung, Mehrjahresprogramm für kleine und mittlere Unternehmen.

83 Schwarze, EU-Kommentar, 2000, Bearb.: Müller-Huschke, Rn. 19 zu Art. 157 EGV.

84 Grabitz/Hilf-Lecheler, Rn. 20 zu Art. 157 EGV.

85 2000/821/EG „Projektentwicklung", ABl. 2001 L 13/35.

Produktion europäischer Werke Voraussetzungen sind[86]. Dabei sollen die Veränderungen zu berücksichtigen sein, denen herkömmliche Strukturen im audiovisuellen Bereich aufgrund der digitalen Revolution unterworfen sind, da Zugang zu und Verbreitung des audiovisuellen Materials erleichtert sein werden[87]. Mit der so bestimmten Zielsetzung richtet sich die Gemeinschaft auf eine Erleichterung der Anpassung der Industrie an strukturelle Veränderungen und damit einer der Ziele des Art. 157 Abs. 1, 1. Spiegelstrich EGV aus.
Weiter wird in Erwägung 21 auf den Zusammenhang der Wettbewerbsfähigkeit der audiovisuellen Industrie mit dem Einsatz neuer Technologien aufmerksam gemacht und eine Koordinierung mit den im Bereich „Neue Technologien" getroffenen Maßnahmen als Ziel formuliert. Diese Vorstellung bewegt sich insoweit im Rahmen des Art. 157 Abs. 1, 4. Spiegelstrich EGV.
Darüber hinaus gibt die Gemeinschaft dem Programm auch vor, kleine und mittelständische Unternehmen in dem Beitrag aufzuwerten, den sie zum Aufbau des audiovisuellen Sektors leisten[88], was konform geht mit der Zielsetzung des Art. 157 Abs. 2, 2. Spiegelstrich EGV.
Auf die Förderung eines für die Initiative und Weiterentwicklung der Unternehmen in der gesamten Gemeinschaft günstigen Umfelds, Art. 157 Abs. 1, 3. Spiegelstrich EGV, beziehen sich Erwägungsgrund 31 und 34 des MEDIA-Beschlusses[89], die auf den Marktzugang für unabhängige Produzenten und die strukturpolitische Entwicklung von schwachen Regionen ausgerichtet sind und damit das Funktionieren des Marktes unterstützen wollen.
In der Begründung zum Beschluß finden sich damit solche Zielsetzungen, die sich dem Industriepolitikfeld der Gemeinschaft - Art. 157 EGV - zuordnen lassen. Solche Ziele lassen sich aber auch in den Regelungen, die der Beschluß aufstellt, erkennen: Art. 1 leitet diesen ausdrücklich mit der Zielsetzung der Stärkung der audiovisuellen Industrie ein. Art. 1a spricht mit der Verbesserung der Wettbewerbsfähigkeit, dem Verweis auf die kleinen und mittleren Unternehmen und indem er den Einbezug neuer Technologien erwähnt, gleich mehrere der Zielsetzungen (nämlich Art. 157 Abs. 2, Spiegelstrich 1, 2 und 4) an, die europäische Industriepolitik gemäß Art. 157 Abs. 1 EGV verfolgen darf.
Art. 2, der den Bereich „Entwicklung" regelt, will mit der Förderung der Entwicklung von Produktionsprojekten auf die strukturellen Veränderung des Marktes, der durch einen ständig wachsenden Marktanteil der USA und die technischen Wandlungen gekennzeichnet ist[90], reagieren und greift damit die Ziel-

---

86 siehe 19. Erwägungsgrund, MEDIA-Plus „Projektentwicklung", ABl. 2001 L 13/35.
87 hierauf bezieht sich der 20. EG, MEDIA-Plus „Projektentwicklung", ABl. 2001 L 13/35.
88 28. Erwägungsgrund, ABl. 2001 L 13/35.
89 2000/821/EG „Projektentwicklung, Vertrieb, Öffentlichkeitsarbeit" 2000/821/EG, ABl. 2001 L 13/35.
90 vgl. Kapitel 1.

setzung des Art. 157 Abs. 1, 1. Spiegelstrich EGV auf. Indem diese Förderung vor allem kleinen und mittelständischen Unternehmen zufließen soll, wird die zweite Zielsetzung des Art. 157 EGV ebenfalls angesprochen.
In Art. 3 MEDIA-Beschluß[91] finden sich Strategien zur Unterstützung des Vertriebs. Die in diesem Zusammenhang geplanten Maßnahmen, wie die Förderung koordinierter Marketingstrategien[92] oder die Schaffung von Anreizen zur Zusammenarbeit zwischen den Fernsehanstalten und unabhängigen Produzenten bzw. Verleihunternehmen[93], sind vor allem an Art. 157 Abs. 1, 3. Spiegelstrich angelehnt, wonach ein für die Zusammenarbeit von Unternehmen günstiges Umfeld gefördert werden darf.
Art. 157 Abs. 1, 3. Spiegelstrich bildet auch die Grundlage für den Bereich Öffentlichkeitsarbeit, der in Art. 3 MEDIA-Beschluß Niederschlag gefunden hat und u.a. die Vernetzung von Fachkreisen durch die Unterstützung gemeinsamer Aktionen auf dem europäischen Markt anstrebt[94].

Erwägungsgründen und auch eigentlichem Programminhalt, so v.a. Art. 1a, 2a, 3b/d, 4a, b MEDIA-Beschluß[95] lassen sich industriepolitische Zielsetzungen entnehmen, die unter die des Art. 157 Abs. 1 EGV subsumierbar sind. Art. 157 Abs. 3 iVm. Abs. 1 EGV konnte inhaltlich daher als Kompetenzgrundlage herangezogen werden.

Zur Durchsetzung industriepolitischer Ziele sieht Art. 157 EGV kein bestimmtes Handlungsinstrument vor, sondern spricht von „spezifischen Maßnahmen". Hierunter können daher alle Instrumente der unbenannten Gemeinschaftshandlungen fallen, so z.B. Mitteilungen, Berichte, Empfehlungen, Entschließungen, Vorschläge, Aktionsprogramme, Schlußfolgerungen des Rates oder Europäischen Parlaments[96]. Art. 157 Abs. 3 EGV sieht ein Konsultations- und Koordinationsverfahren vor und verweist auf das Verfahren gemäß Art. 251 EGV.

---

91 2000/821/EG „Projektentwicklung", ABl. 2001 L 13/35.
92 Art. 2b, MEDIA-Plus „Projektentwicklung", ABl. 2001 L 13/35.
93 Art. 2d, MEDIA-Plus „Projektentwicklung", ABl. 2001 L 13/35.
94 siehe Art. 4a bzw. b., ABl. 2001 L 13/35.
95 2000/821/EG „Projektentwicklung", ABl. 2001 L 13/35.
96 Grabitz/Hilf-Lecheler, Rn. 27 zu Art. 157 EGV.

2) Grenzen der Kompetenz

Wie schon im Rahmen der Untersuchung zu den regulatorischen Maßnahmen festgestellt, muß die Überprüfung der Kompetenzgemäßheit gemeinschaftlichen Handelns auch einen Blick auf die Rechtsgrenzen beinhalten, die dem Handeln der EG entgegengesetzt sind. Für Art. 157 EGV ist mit diesen zugleich dem interventionistischen Potential, daß der Vorschrift innewohnt, eine Grenze gesetzt[97].

(a) Wettbewerbsverzerrung

Gemäß Art. 157 Abs. 3 S. 2 EGV schafft die gesamte Vorschrift eine Rechtsgrundlage für gemeinschaftliches industriepolitisches Handeln nur bis an die Grenze der Wettbewerbsverzerrung. Hiermit soll den Bedenken entgegengetreten werden, die die Vorschrift aufgrund ihres bereits beschriebenen strukturgestaltenden Charakters trägt und die sich vor dem Hintergrund eines liberalen Wirtschaftsverständnisses vor allem daraus ergeben, daß neben die Selbstregulierung durch den Markt staatliche Fremdregulierung mit wettbewerbsstörendem Effekt tritt[98] und damit die Gefahr einer Verwässerung der bestehenden Wirtschaftsordnung heraufbeschworen wird[99]. Vor diesem Hintergrund finden sich in Europa industriepolitische Konzeptionen, die Gegner weitgreifender staatlicher Eingriffe sind - so z.B. in Großbritannien oder Deutschland - aber auch solche, die staatlichem Interventionismus positiver gegenüberstehen[100]. Dementsprechend war die Einführung des industriepolitischen Kompetenztitels[101] in den Maastrichter Vertrag auch von Kritik begleitet, die u.a. an dem allgemeinen Wortlaut ansetzte, der interventionistischen Tendenzen Vorschub zu leisten geeignet sei[102].

Wie der Terminus „Industriepolitik", so läßt sich auch der der „Wettbewerbsverzerrung", Art. 157 Abs. 3 EGV, nur schwer definieren. „Wettbewerb" als Begriff findet sich im Rahmen des Art. 87 EGV, der die Verfälschung des Wettbewerbs durch Begünstigungen nicht nur als von Unternehmen, sondern

---

97 Meesen in FIW: Beschränkung des staatlichen Einflusses in der Wirtschaft, 1993, S. 61 (63).

98 Oppermann, Europarecht, 1999, Rn. 950; Hommelhoff/Kirchhoff, Der Staatenverbund der Europäischen Union, 1994, S. 131 (133).

99 Hommelhoff/Kirchhoff, Der Staatenverbund der Europäischen Union, 1994, S. 131 (133).

100 v. Auer/Geuenich, Industriepolitik für Europa, 1996, S. 86 (87).

101 Art. 130 Maastrichter Vertrag.

102 vergl. Calliess/Ruffert-Kallmeyer, EUV/EGV-Vertrag, 1999, Rn. 1 zu Art. 157.

auch als von Produktionszweigen ausgehend, beschreibt. Darüber hinaus greift auch Art. 81 EGV, indem er wettbewerbsbeschränkende Vereinbarungen und Verhaltensweisen verbietet, auf einen Wettbewerbsbegriff zurück, dem allerdings eine engere Umschreibung des relevanten Produktmarktes zugrundeliegt. - Einen einheitlichen Wettbewerbsbegriff gibt es dagegen nicht[103]. In subventionsrechtlichem Kontext wendet Art. 87 EGV sich gegen Wettbewerbsbeschränkungen. Wenn industriepolitische Gründe Wettbewerbseingriffe nahelegen, wird demgegenüber der Wettbewerbsbegriff des Art. 81 EGV heranzuziehen sein. Damit ist der Begriff der Wettbewerbsverzerrung in Art. 157 Abs. 3 EGV aus seinem jeweiligen normativen Zusammenhang bestimmbar[104]. Da MEDIA-Plus[105] ein Subventionsregime im audiovisuellen Bereich aufstellt, bildet Art. 87 EGV den normativen Zusammenhang, aus dem sich der Wettbewerbsbegriff hier entnehmen lassen muß.

Damit stellt sich die Frage, inwieweit die Gemeinschaftsorgane bei der Vergabe von Gemeinschaftssubventionen insgesamt an Art. 87 EGV gebunden sind. Die Vorschrift richtet sich an die Mitgliedstaaten, jedoch wird eine Bindung auch der Gemeinschaftsorgane in der Literatur für möglich gehalten[106]. Das soll sich aus der Tatsache ergeben, daß die Wettbewerbsvorschriften den zwischenstaatlichen Handel vor Beschränkungen schützen sollen, wobei Art. 87 EGV dem nachkommen will, indem er das Verbot einer wettbewerbsgefährdenen Beihilfepolitik der Mitgliedstaaten statuiert. Die übergeordnete Zielvorstellung würde aber konterkariert, wenn statt der Mitgliedstaaten nun die Gemeinschaft durch die Gewährung solcher wettbewerbsverzerrender Beihifen Marktprozesse stören könnte[107]. Gegen eine Bindung auch der Gemeinschaftsorgane spricht jedoch der Wortlaut der Vorschrift, der Gemeinschaftsbeihilfen gerade nicht mit einbezieht[108]. Trotzdem befürwortet auch die letztgenannte Ansicht eine Verpflichtung der Gemeinschaft, bei der Gewährung von Beihilfen den innergemeinschaftlichen Wettbewerb zu beachten. Unabhängig von der Geltung der gesamten Vorschrift muß - da es sich um einen subventionsrechtlichen Zusammenhang

---

[103] Meesen in FIW: Beschränkung des staatlichen Einflusses in der Wirtschaft, 1993, S. 61 (66).

[104] Meesen in FIW: Beschränkung des staatlichen Einflusses in der Wirtschaft 1993, S. 61 (66).

[105] zunächst „Projektentwicklung etc.“: 2000/821/EG „Projektentwicklung“, ABl. 2001 L 13/35.

[106] Groeben/Thiesing/Ehlermann-Wenig, EWGV-Kommentar, Rn. 38 zu Art. 92; Müller/Graff, ZHR 152 (1988), 403 (410); Rengeling, in Börner/Neundorfer, Recht und Praxis der Beihilfen im Gemeinsamen Markt, 1984, S. 23; Seidel in Börner/Neundörfer, Recht und Praxis der Beihilfen im Gemeinsamen Markt, 1984, S. 55.

[107] Meesen in FIW: Beschränkung des staatlichen Einflusses in der Wirtschaft 1993, S. 61 (70).

[108] Schwarze, EU-Kommentar, 2000, Bearb.: Bär-Bouyssière, Rn. 5 zu Art. 87 EGV.

handelt - Art. 87 EGV jedenfalls zur inhaltlichen Bestimmung des Begriffs der „Wettbewerbsverzerrung" herangezogen werden.

Wettbewerbsverzerrungen im Zusammenhang mit Subventionen sind dann zu bejahen, wenn die fragliche Beihilfe den Ablauf des Wettbewerbs ändert. Die Einwirkung auf Wettbewerbsbedingungen ist aber nicht nur logische, sondern darüber hinaus ganz und gar bezweckte Folge im Zusammenhang mit Subventionen[109]. Ein zu enges Verständnis von „Wettbewerbsverzerrungen" würde den industriepolitischen Kompetenztitel ad absurdum führen. Daher sind nur solche Maßnahmen nicht mehr durch Art. 157 EGV legitimiert, die „im Einzelfalle die wirtschaftliche Struktur punktuell in besonders nachhaltiger Weise beeinflussen"[110]. Solch ein Fall wäre zum Beispiel denkbar, wenn Industriezweige, deren Überleben nur durch die staatliche Unterstützungsmaßnahme gewährleistet werden kann, in großem Maße gefördert würden. MEDIA-Plus[111] schafft lediglich zusätzliche Anreize, um die strukturellen Nachteile auszugleichen, die die europäische audiovisuelle Industrie gegenüber der amerikanischen beispielsweise innehat[112] und die den Mangel an Wettbewerbsfähigkeit verursachen. Eine besonders nachhaltige Beeinflussung läßt sich aber schwer nachweisen[113]. Das ergibt sich u.a. aus dem geringen Umfang der aufgewendeten Mittel. Ein weiteres Indiz für die nicht ausreichende Kraft, Strukturen besonders nachhaltig zu beeinflussen, sind fortschreitende Konzentrationstendenzen, v.a. in Großbritannien und Frankreich, die durch die Verteilung der MEDIA-Mittel nicht etwa umgekehrt wurden[114].

Die Grenze gemeinschaftlicher Kompetenz, die das Verbot der Wettbewerbsverzerrung setzt, ist daher nicht überschritten.

(b) Subsidiarität und Verhältnismäßigkeit, Art. 5 Abs. 2 und 3 EGV

Eine Grenzziehung im Hinblick auf die gemeinschaftliche Kompetenzausübung nimmt auch das Subsidiaritäts- bzw. Verhältnismäßigkeitsprinzip vor.

---

109 Ress, in Randelzhofer, Gedenkschrift für Grabitz, 1995, S. 595 (616).

110 Schwarze, EU-Kommentar, 2000, Bearb.: Müller-Huschke, Rn. 29 zu Art. 157 EGV.

111 zunächst Teil „Projektentwicklung etc." - 2000/821/EG „Projektentwicklung", ABl. 2001 L 13/35.

112 dazu ausführlich in Einleitung bzw. Kapitel 1.

113 anders sieht das Eberle, in Becker/Bull/Seewald, Festschrift Thieme, 1993, S. 939 (947), der mit der Förderung von Partikularinteressen einhergehend Diskriminierungen und eine Beeinflussung des Marktgeschehens prophezeit.

114 MEDIA II Mid-term Evaluation, 1998, S. 14.

Für den Beschluß zu MEDIA „Projektentwicklung“[115] bedeutet dies, daß er in formeller wie materieller Hinsicht Subsidiaritätserwägungen in Betracht gezogen haben muß, will er nicht der Gefahr ausgesetzt sein, kompetenzrechtlich nicht haltbar zu sein.
In formeller Hinsicht muß der Beschluß in Einklang mit den Voraussetzungen des Art. 253 EGV und des Subsidiaritätsprotokolls des Amsterdamer Vertrages[116] die Maßnahme im Hinblick auf Art. 5 Abs. 2 EGV begründen. Die Begründungspflicht besteht vor dem Hintergrund, daß eine bessere Rechtskontrolle durch den EuGH gewährleistet werden kann, wenn das handelnde Organ die tatsächlichen und rechtlichen Umstände benennt, auf die es sich stützt[117]. Begründungen im Zusammenhang mit Subsidiarität und Verhältnismäßigkeit enthalten z.B. die 12. und 13. Erwägung, wo auf die positiven Erfahrungen mit den Vorläuferprogrammen verwiesen und außerdem festgestellt wird, daß dem Subsidiaritätsprinzip insoweit Genüge getan ist, als die Förderbereiche von MEDIA „die herkömmlichen Einsatzgebiete der nationalen Unterstützungsmechanismen ergänzten“. Auch Erwägungsgrund 17 bezieht sich auf einen Teilaspekt des Subsidiaritätsprinzips, indem er den Mehrwert gemeinschaftlichen Handelns betrifft, der dadurch erhöht werden soll, daß auf die Komplementarität von Gemeinschaftsmaßnahmen und nationalem Handeln besonderes Augenmerk gelegt wird. Erwägungsgrund 18 führt diesen Gedanken fort und betont den Spielraum, der den nationalen Regierungen verbleiben muß, das Produktionspotential der Mitgliedstaaten zu entwickeln.

Materiell wendet sich eine Prüfung von Subsidiaritätserwägungen der Frage zu, ob die Gemeinschaftsorgane ihren erheblichen[118] Ermessensrahmen überschritten haben[119]. Art. 5 Abs. 2 EGV erfordert, daß die Ziele einer Maßnahme nicht ausreichend durch die Mitgliedstaaten, statt dessen aber besser durch die Gemeinschaft[120] erreichbar sind. Dafür sollen laut Nr. 5 Subsidiaritätsprotokoll genügend Anhaltspunkte vorliegen, wenn der geplanten Maßnahme transnationale Aspekte anhaften, alleinige mitgliedstaatliche Maßnahmen gegen Vertragsgrundsätze verstoßen würden oder Gemeinschaftsmaßnahmen wegen ihres Umfangs und ihrer Effekte deutlich Vorteile bringen würden.

---

115 2000/821/EG „Projektentwicklung“, ABl. 2001 L 13/35.
116 dort Nr. 4.
117 EuGH Rs. 45/86 (APS), Slg. 1987, S. 1493 (1519), Rz. 5.
118 Weber, JZ 1993, 325 ff; Goppel, EuZW 1993, 368 ff.; Bohr/Albert, ZRP 1993, 65 ff.; Schwarze, in Schwarze/Becker, Geistiges Eigentum und Kultur im Spannungsfeld zwischen nationaler Regelungskompetenz und europäischem Wirtschaft und Wettbewerbsrecht, 1998, S. 125 (146).
119 Zu den allgemeinen Voraussetzungen der Subsidiaritätsprüfung - 2. Kapitel.
120 siehe die Ausführungen zum Subsidiaritätsprinzip im 2. Kapitel.

Dem Programm MEDIA-Plus ist u.a. zum Ziel gesetzt, Programmgestaltung auf europäischer Ebene zu ermöglichen, indem eine Vernetzung vor allem im Bereich des Verleihs und konzertierte Aktionen unter den kleinen und mittelständischen Unternehmen gefördert wird[121]. Die europäische Dimension findet sich zudem angesprochen im Anhang zum Beschluß[122], der Zusammenarbeitsprojekte im Veranstaltungsbereich als Förderprojekte vorsieht. Damit wird deutlich, daß die Zielsetzungen im Bereich Verleih und Öffentlichkeitsarbeit nicht auf den nationalen Rahmen beschränkt sind, sondern für ganz Europa angestrebt werden. Anders können die positiven Außeneffekte nicht erzeugt werden. Das bestätigt auch der Bericht zur Bewertung des Programmes MEDIA II[123], der als Alternative nur den Erlaß von Quotenregelungen auf dem Gebiet des Verleihs, mittels einer Richtlinie beispielsweise[124], sieht.
Was den Bereich der Projektentwicklung anbelangt, so läßt sich die Berücksichtigung von Subsidiaritätsaspekten damit bejahen, daß hier Bereiche unterstützt werden, die von nationaler Förderung bisher kaum berührt sind. Nationale Förderung deckt primär die eigentliche Produktion, nicht jedoch deren Vorstufe oder nachgeordnete Bereiche ab[125]. Darüber hinaus kommt auch hier wieder eine Legitimation anhand transnationaler Aspekte zum Tragen: Zielgruppe sind Projekte bzw. Firmen, die ein transnationales Potential haben bzw. ökonomische Strategien auf europäischer Ebene verfolgen[126].

Das Verhältnismäßigkeitsprinzip erfordert die Eignung, Erforderlichkeit und Angemessenheit der fraglichen Maßnahme zur Zielerreichung. Inhalt und Ausmaß, sowie Auswahl der Handlungsinstrumente sind dadurch limitiert[127].
Das MEDIA-Programm in seinen unterschiedlichen Fassungen hatte einen großen Impetus auf die audiovisuelle Industrie, der sich prozentual anhand des Vertriebs von Filmen außerhalb des jeweiligen Herkunftslandes beschreiben läßt. Diese Prozentsätze stiegen von weniger als 14% im Jahre 1996 auf mehr als 22% 1999. Dabei sind mehr als 60% europäischer Filme von MEDIA gefördert[128]. Dieser tatsächliche Erfolg bei der Realisierung der angestrebten Ziele durch die Vorläuferprogramme kann herangezogen werden, weil er demonstriert, daß aufgrund

---

121 29. EG und auch 32. EG, MEDIA-Plus „Projektentwicklung", ABl. 2001 L 13/35.
122 hier Art. 1.2.3.
123 MEDIA II Mid-term Evaluation, 1998, S. 116.
124 MEDIA II Mid-term Evaluation, 1998, S. 116.
125 zur nationalen Filmförderung, siehe Friccius, MP 1999, 488 ff; Lüneberg, Filmförderung in Berlin und Brandenburg, 1999; Nikoltchev, IRIS plus 2001-4, S. 2.
126 MEDIA II Mid-term Evaluation, 1998, S. 117.
127 siehe oben Kapitel 2; Schmahl, Die Kulturkompetenz der EG, 1996, S. 220.
128 Pressemitteilung, Brüssel, 23.11.2000, Culture Council adopts Media Plus aid programme for the European audiovisual industry.

des Umfangs der Gemeinschaftsmaßnahmen spürbar Wirkungen hervorgerufen werden konnten, die auf allein mitgliedstaatlicher Ebene gerade nicht hervorzurufen gewesen wären.
Verhältnismäßigkeitsgesichtspunkte finden sich in den Voraussetzungen, die Nr. 6 des Subsidiaritäts-Protokolls[129] aufstellt, wonach eine möglichst einfache Form zu wählen ist und die Rechtssetzungstätigkeit nicht über das erforderliche Maß hinausgehen soll. Die Gemeinschaft hat hier als Rechtsform ein Förderprogramm gewählt, das - wie bereits beschrieben - zu den „unbezeichneten Rechtshandlungen" gehört[130]. Damit ist im Gegensatz zu den Rechtsformen des Art. 249 EGV mit stark rechtssetzendem Charakter eine weniger intensive, aber - wie die Erfolge der Vorläuferprogramme zeigen - nicht minder geeignete Form gewählt, so daß Verhältnismäßigkeitsaspekten in der Dimension der Wahl der Handlungsmittel ebenfalls Rechnung getragen wurde.
Die Gemeinschaft hat also ihr Ermessen nicht überschritten und Art. 5 EGV in genügendem Maße berücksichtigt.

(c) Haushaltsrechtliche Grenzen

Eine weitere mögliche Grenze kann sich angesichts dessen, daß es sich bei MEDIA-Plus[131] um eine finanzielle Unterstützungsmaßnahme handelt, aus haushaltsrechtlichen Erwägungen ergeben.
Der Haushalt der Gemeinschaft wird als jährlicher Gesamthaushalt festgelegt, der als besonderer Rechtsakt sowohl die Verpflichtungen der Mitgliedstaaten zur Erbringung finanzieller Leistungen an die Gemeinschaft konkretisiert, als auch die voraussichtlichen Ausgaben und Einnahmen der Gemeinschaft für das Haushaltsjahr veranschlagt und bewilligt[132]. Dabei sind die Ausgaben für die verschiedenen Bereiche gemeinschaftlicher Betätigung prozentual festgelegt, die höchsten Prozentsätze nehmen Agrarpolitik bzw. Regional-, Sozial- und Strukturpolitik ein[133]. Sonstige Haushaltsausgaben, d.h. alles, was nicht zu den erstgenannten Bereichen bzw. Entwicklungs- oder Verwaltungskosten gezählt werden kann, entfällt auf die Bereiche Bildung, Jugend, Kultur, Energie, Umwelt, Verbraucherschutz, Binnenmarkt, Industrie, transeuropäische Netze und GASP[134].

---

[129] hierzu siehe bereits Kapitel 2, I.3.a.
[130] siehe oben 2. Kapitel, II.
[131] hier zunächst Beschluß „Projektentwicklung „ - 2000/821/EG „Projektentwicklung", ABl. 2001 L 13/35.
[132] Oppermann, Europarecht, 1999, Rn. 825.
[133] Oppermann, Europarecht, 1999, Rn. 840.
[134] Oppermann, Europarecht, 1999, Rn. 844.

Haushaltsrechtliche Grenzen bestehen über die zu beachtenden Haushaltsgrundsätze, deren wichtigster der der Haushaltsangleichung ist. Festlegt wird durch diesen Grundsatz - vor dem Hintergrund begrenzter Eigenmittel der Gemeinschaft, die keine Finanzsouveränität hat - , daß Einnahmen und Ausgaben auszugleichen sind. In diesem Zusammenhang begründet Art. 270 EGV eine Verpflichtung zur Haushaltsdisziplin, d.h. die Kommission darf keine Vorschläge machen, die nicht durch die vorhandenen EG-Eigenmittel gedeckt sind.
Auf den Haushalt bezieht sich Art. 5 des Beschlusses zu MEDIA-Plus „Projektentwicklung“[135]. Danach werden die jährlichen Mittel von der Haushaltsbehörde in den Grenzen der Finanziellen Vorausschau bewilligt. Haushaltsrechtlichen Grenzen wird hierdurch also Rechnung getragen.

(d) Kompetenzgrenzen aus internationalem Recht

Wie bereits im Zusammenhang mit den regulatorischen Maßnahmen der Gemeinschaft[136] gezeigt werden konnte, ist die Frage nach den Grenzen gemeinschaftlichen Handelns im audiovisuellen Bereich nicht bereits mit der Untersuchung gemeinschaftsrechtlicher Grenzen, wie dem Subsidiaritätsprinzip beispielsweise, beantwortet: Die Frage nach der zulässigen Reichweite gemeinschaftlichen Handelns hat darüber hinaus auch eine internationale Dimension.

Untersuchungsgegenstand bilden hier finanzielle Unterstützungsmaßnahmen in den beschriebenen Bereichen des Programms, die gezielt zur Förderung eines gesamten Industriezweiges führen sollen. Solche Unterstützungsmaßnahmen lassen sich einem Subventionsbegriff[137] zuordnen, der „jeden finanziellen Beitrag einer Regierung oder öffentlichen Körperschaft im Gebiet eines Mitgliedes oder jede Form der Einkommens- oder Preisstützung (einschließt), wenn ein Vorteil daraus übertragen wird“[138]. Subventionen fallen zwar nicht in die Gruppe direkter Handelshemmnisse wie etwa Handelsbeschränkungen, Zölle oder Quotenregelungen. Mittelbar können sie jedoch ganz ähnliche Wirkungen erzeugen. Indem sie einheimische Industriezweige protegieren, können sie nicht nur innerstaatlich, sondern auch international wettbewerbsverzerrende Effekte entfalten. Deshalb müssen sie sich als nichttarifäre Handelshemmnisse ebenfalls der Kategorie „unfaire Handelspraktiken“ zuordnen lassen[139]. Das bedeutet jedoch nicht, daß Subventionen im internationalen Freihandelsrecht einem uneinge-

---

135 2000/821/EG „Projektentwicklung“, ABl. 2001 L 13/35.
136 Kapitel 3, I.1.b.ee.3.
137 Zu der Schwierigkeit einen solchen eindeutig und generell zu bestimmen: Rodi, Die Subventionsrechtsordnung, 2000, S. 30 ff.
138 Art. 1 Abs. 1.1. Übereinkommen über Subventionen und Ausgleichsmaßnahmen.
139 Rose/Sauernheimer, Theorie der Außenwirtschaft, 1999, S. 573.

schränkten Verbot unterfielen. Den wirtschaftswissenschaftlichen Hintergrund hierfür bildet die Erkenntnis, daß Staaten für das Gemeinwohl in ihrem Inneren Verantwortung tragen, die von der Wohlstandsmaximierung losgelöst besteht. Über diese Gemeinwohlverantwortlichkeit der Staaten können Subventionen unter bestimmten Voraussetzungen legitimiert sein[140]. Dabei müssen subventionsgestaltende oder -gewährende Staaten allerdings im Blick behalten, daß angesichts immer fortschreitender internationaler Verflechtungen die Gemeinwohlverantwortlichkeit der einzelnen Nationen im Gesamtzusammenhang - nicht aber isoliert oder einzig im nationalen Kontext - betrachtet werden muß[141].

Solche Voraussetzungen, unter denen Subventionen trotz ihrer protektionistischen Wirkung noch hingenommen werden sollen, statuiert das Subventionsregime des GATT. Dieses verbot zunächst Diskriminierungen durch Schutz- und Fördermaßnahmen für heimische Produzenten und enthielt Vorschriften zu Produktsubventionen[142]. In den Uruguay-Verhandlungen von 1994 gelang es, den seit 1979 bestehenden, aber unzulänglichen Subventionskodex durch das Übereinkommen über Subventionen und Ausgleichsmaßnahmen 1994[143] abzulösen. Diese Subventionsordnung nun folgt dem sogenannten „traffic-light-approach“, wonach Subventionen ihrer Wirkung nach in Kategorien eingeteilt werden. Die Einordnung schließlich entscheidet darüber, ob eine Subvention noch als erlaubt betrachtet werden kann[144]. Unterschieden wird zwischen den „grünen“, d.h. erlaubten, den „gelben“ und angreifbaren und schließlich den „roten“ und folglich verbotenen Subventionen.

- Art. 3 und 4 des Übereinkommens regeln die Gruppe der roten, „prohibited subsidies“. Hierunter fallen solche Subventionen, die entweder an ein Exportgeschäft oder den bevorzugten Gebrauch inländischer zu Lasten von ausländischen Produkten anknüpfen. Erfaßt sind über eine Beispielsliste nicht nur direkte Beiträge, sondern auch indirekte Leistungen, wie z.B. Steuervergünstigungen. Den unter diese Kategorie fallenden Subventionen werden Negativeffekte auf den internationalen Handel unwiderleglich unterstellt[145].
- Eine enumerative Positivliste der „grünen Subventionen“ stellen Art. 8 und 9 Subventionskodex auf. Diese erklärt u.a. Forschungsbeiträge bzw. solche für

---

[140] Behboodi, Industrial subsidies, 1994, S. 22; Jackson, The world trading system, 1997, S. 279.

[141] Rodi, Die Subventionsrechtsordnung, 2000, S. 100.

[142] Baumann, Die Dienstleistungsfreiheit im Bereich der audiovisuellen Medien, 1998, S. 92.

[143] Übereinkommen über Subventionen und Ausgleichsmaßnahmen vom 15.4.1994, ABl. 1994, L 336/156.

[144] Darstellungen hierzu finden sich bei Cottier, ZUM-SH 1994, 749 (755); Rodi, Subventionsrechtsordnung, 2000, S. 129 ff.

[145] Cottier, ZUM-SH 1994, 749 (753); Rodi, Subventionsrechtsordnung, 2000, S. 130 ff.

Umwelt und Regionalpolitik für unbedenklich[146] und stellt die Voraussetzungen für die Notifizierung solcher Förderprogramme auf [147].
- Die verbleibende Kategorie der „gelben“, anfechtbaren Subventionen schließlich, findet sich in Art. 5-7 des Übereinkommens geregelt. Danach sind Subventionen dann anfechtbar, wenn sie der einheimischen Industrie einer anderen GATT-Vertragspartei Schaden zufügen, deren Interessen ernsthaft beeinträchtigen oder Vorteile, die sich aus dem GATT ergeben, schmälern oder zunichte machen.
Diese Abstufung der Subventionen erfolgt - weil sie durch den Subventionskodex des GATT 1994 bestimmt wird - zunächst ausschließlich bezüglich solcher Subventionen, die Waren als den Regelungsgegenstand des GATT[148] betreffen. Da die Körperlichkeit eines Produktes als Abgrenzungskriterium fungiert[149] und die Speicherung von Bild- oder Tonsignalen auf einem Träger dazu führt, daß der entsprechende Film körperlich und handelbar wird, ist der „Film als Ware“[150] also dem Regelungssystem des GATT unterworfen[151]. Solche Fördermaßnahmen, die der Entstehung des Produktes Film akzessorisch sind[152], müßten sich daher am Subventionsabkommen messen lassen.

Für das GATS existiert ein solcher Subventionskodex noch nicht[153], so daß man folgern könnte, Subventionen, die audiovisuelle Dienstleistungen betreffen, seien über die allgemeinen Vorschriften - der Inländergleichbehandlung beispielsweise - zu behandeln. Systematische Parallelen zwischen GATT und GATS legen jedoch den Schluß nahe, daß es spezieller Zulassungs- und Beurteilungskriterien auch für die Subventionsbeurteilung im Rahmen des GATS bedarf[154]. Die Förderung audiovisueller Dienstleistungen müßte also im Rahmen einer GATS-Subventionsordnung zunächst noch materieller Regelung zugeführt werden.
Unabhängig von der Schaffung solch einer Regelung bleiben audiovisuelle Dienstleistungen derzeit jedoch schon deswegen von den welthandelsrechtlichen

---

146 Art. 8, Nr. 8.2.a-c.
147 Art. 8, Nr. 8.3. - 8.5.
148 siehe oben die Erläuterungen zur Fernsehrichtlinie: Kapitel 3, I.1.b.ee.3.
149 hierzu und den damit verbundenen Einordnungsschwierigkeiten für den audiovisuellen Bereich siehe schon Kapitel 3, I.1.b.ee.3.
150 Sander, in: Dittmann, Der Rundfunkbegriff im Wandel der Medien, 1997, S. 177 (180).
151 Kruse nimmt keine solche Unterscheidung vor, sondern sieht als Handelsgegenstand im audiovisuellen Bereich die Verwertungsrechte an, so daß die Bedeutung des Trägermaterials in den Hintergrund tritt. - in: Liberalisierung und Protektionismus bei audiovisuellen Dienstleistungen, 1993, S. 4/5.
152 EuGH Rs. 60 und 61/84 (cinetheque), Slg. 1985, 2618; Hahn, ZfaöRV 1996, 315 (337).
153 allerdings laufen die Vorbereitungen hierzu: König, ZUM 2002, 271 (276).
154 Baumann, Die Dienstleistungsfreiheit auf dem Gebiet der audiovisuellen Medien, 1998, S. 94.

Vorschriften unberührt, weil die Gemeinschaft den Bereich audiovisueller Dienstleistungen dem GATS noch nicht unterstellt hat[155]. Fördermaßnahmen, die sich auf audiovisuelle Dienstleistungen beziehen, sind daher noch keine sich aus dem internationalen Recht ergebenden Grenzen gesetzt[156].

Damit erfordert die spezifische Beurteilung der Fördermaßnahmen im Rahmen des MEDIA-Plus-Programmes[157] nun noch eine Unterscheidung danach, welche Förderbereiche an audiovisuelle Dienstleistungen anknüpfen. Für die Bereiche, die das Produkt „Film" vorbereiten helfen und die sich daher an den GATT-Regelungen messen lassen müssen, muß dann in einem weiteren Schritt erörtert werden, auf welcher Ebene des beschriebenen „Ampelansatzes" sie zu verorten sind. Daraus ließe sich dann wiederum auf deren GATT-Konformität schließen.
Als Maßnahmen mit Bezug auf audiovisuelle Dienstleistungen sind diejenigen Förderbereiche von MEDIA-Plus „Projektentwicklung, Vertrieb, Öffentlichkeitsarbeit"[158] einzuordnen, die sich auf den Verleih beziehen. Hierunter fallen solche Aktivitäten, die auf eine stärkere Verbreitung abzielen, indem sie die Aufführung in Kinos unterstützen oder Kooperationsstrukturen zwischen Verleihunternehmen fördern[159]. Auch die im Rahmen der Förderung der Öffentlichkeitsarbeit zu ergreifenden Maßnahmen, wie die Unterstützung von Handelsveranstaltungen oder Fachmessen, fallen in diese Kategorie[160].
Der Bereich Projektentwicklung dagegen sieht finanzielle Förderung für Projekte unabhängiger bzw. solcher Produzenten vor, die neue Technologien einbeziehen. Damit werden Vorstufen der Filmproduktion unterstützt, womit es sich nicht mehr um die Förderung audiovisueller Dienstleistungen handelt. Daher muß sich dieser Bereich einer Überprüfung am Subventionsübereinkommen unterziehen lassen. Auf der Enumerativliste der „grünen Subventionen" ist dieser Bereich nicht explizit vermerkt, jedoch ist denkbar, daß über die Förderung neuer Technologien bei der Projektentwicklung Art. 8, Nr. 8.1. tangiert ist[161]. Das

---

155 siehe auch schon für die Parallelproblematik im Rahmen der Betrachtung der Fernsehrichtlinie: 3. Kapitel, I.1.b.ee.3.
156 Hahn, ZfaöRV 1996, 315 (338).
157 zunächst hier für den Teilbeschluß „Projektentwicklung etc." - 2000/821/EG „Projektentwicklung", Abl 2001 L 13/35.
158 2000/821/EG „Projektentwicklung", ABl. 2001 L 13/35.
159 Cottier, ZUM 1994, 749 (754).
160 Cottier, ZUM 1994, 749 (754).
161 Cottier, ZUM 1994, 749 (754).

würde die fraglichen Subventionen als GATT-rechtskonform beurteilen lassen, sofern sie die genannten Voraussetzungen[162] einhalten.
Da die Förderung des Projektentwicklungsbereiches im übrigen auch nicht an den Export von Filmen anknüpft, fällt die Subvention nicht in die „rote" Kategorie verbotener Subventionen.
Es verbleibt also die Zuordnung zu den bedingt zulässigen Subventionen, die Anfechtungsmöglichkeiten für andere GATT-Unterzeichner eröffnet, die zur Gewährung von Ausgleichsmaßnahmen führen können[163]. Eine erfolgreiche Anfechtung setzt voraus, daß die ernsthafte Schädigung des inländischen Wirtschaftszweiges eines anderen Mitgliedes oder eine Beeinträchtigung von dessen Interessen zu befürchten steht[164]. Als Kriterien hierfür sind der Umfang der Beihilfe bzw. deren Auswirkung auf das ausländische Schaffen heranzuziehen[165]. Dabei kann eine Schädigung inländischer Wirtschaftszweige durch subventionierte Einfuhren auftreten. Zum anderen ist eine wirtschaftliche Schädigung dergestalt denkbar, daß die Einfuhren konkurrierender Waren in das subventionierende Land in beträchtlichem Umfang behindert wird[166].
Schon angesichts dessen, daß der Gesamtumfang des Programms bereits weit unterhalb des Budgets eines einzigen Hollywood-Großprojekts liegt[167] und hier ja lediglich der einen Bruchteil darstellende Bereich der Projektentwicklung als anfechtbare Subvention in Frage steht, ist zu bezweifeln, ob der Umfang der Subvention so bedenklich ist, daß eine ernsthafte Gefährdung von Handelsinteressen anderer Mitgliedstaaten, insbesondere der USA, die die MEDIA-Programme unter welthandelsrechtlichen Gesichtspunkten gerügt hatten, zu befürchten steht. Darüber hinaus läßt sich angesichts des stetig wachsenden Außenhandelsdefizits[168] der EU gegenüber den USA und dem unverändert großen Markt-

---

162 Die Beihilfe darf nicht mehr als 75% für angewandte Forschung bzw. 50% für produktbezogene Forschung betragen und muß auf die Kosten für Ausstattung und Personal beschränkt bleiben.

163 geregelt in Teil V Übereinkommen.

164 Art. 5 Übereinkommen.

165 Cottier, ZUM 1994, 749 (754).

166 Sandberg, Unzulässiger Protektionismus in der europäischen Medienpolitik, 1998, S. 202.

167 so für Media I schon Schneider, ZUM 1995, 769 (770); auch Eisenberger, MR 1999, 59 (60); Keidel, in Donges/Jarren/Schatz, Globalisierung der Medien, 1999, 171 (191).

168 Die Handelsbilanz der EU weist ein Defizit von 6 Mrd. Dollar auf; Bisselik, MP 1999, 492 (499).

anteil[169] US-amerikanischer Produktionen auf dem europäischen Film- und Fernsehmarkt ein schädigender Effekt kaum begründen[170].

Damit sind die Subventionen, die im Rahmen von MEDIA-Plus „Projektentwicklung, Vertrieb, Öffentlichkeit"[171] gewährt werden, bezüglich aller Teilbereiche welthandelsrechtlich unbedenklich[172]. Für die Bereiche Vertrieb, Öffentlichkeitsarbeit und Ausbildung ergibt sich das daraus, daß diese als audiovisuelle Dienstleistungsbereiche bisher keiner Subventionsregelung unterfallen. Förderung im Bereich Projektentwicklung dagegen muß sich zwar an der Subventionsordnung des GATT messen und dem Bereich der anfechtbaren Subventionen zuordnen lassen. Eine Untersuchung der Voraussetzungen einer erfolgreichen Anfechtung ergibt jedoch, daß eine ernsthafte Schädigung der Handelsinteressen anderer Mitglieder aufgrund der geringen Auswirkungen dieser Bereichsförderung auf das eigentliche Marktgeschehen nicht festgestellt werden kann, so daß auch die Subventionen im Bereich der Projektentwicklung einer Überprüfung am Maßstab des GATT standhalten.

Insgesamt muß diese Beurteilung jedoch eine zwischenzeitliche bleiben, wenn man sich vergegenwärtigt, daß der audiovisuelle Bereich, als einer der am stärksten subventionierten Sektoren[173] im Rahmen der Uruguay-Runde Gegenstand von Auseinandersetzungen bildete und die unterzeichnete Lösung eine Kompromißlösung gewesen ist. Vor welthandelsrechtlichem Hintergrund Bestand haben kann die MEDIA-Förderung daher nur, wenn keine weitreichenderen Gleichbehandlungsverpflichtungen abgegeben werden[174].

---

169 Die Eignung zur Eingrenzung der vorherrschenden Stellung des amerikanischen Films bezweifelt auch Oppermann, Europarecht, 1999, Rz.1990.

170 Hahn beschreibt das so: „Hätte die europäische Filmförderung endlich Erfolg, verstieße das gegen das Subventionsübereinkommen" - ZfaöRV 1996, 315 (338); so auch Bisselik, MP 1999, 492 (499), die unter Verweis auf Europäisches Parlament: Fragen und Antworten an Frau Viviane Reding, Designiertes Mitglied der Kommission für Bildung und Kultur. PE 230.789 v. 16.8.1999, S. 43 davon ausgeht, daß keine Sanktionen zu befürchten sind, solange der amerikanische Exportüberschuß anhält; Kruse, Liberalisierung und Protektionismus bei audiovisuellen Dienstleistungen, 1993, S. 35.

171 2000/821/EG „Projektentwicklung", Abl 2001 L 13/35.

172 so auch Sandberg, Unzulässiger Protektionismus in der europäischen Medienpolitik, 1998, S. 250 - 252; die das allerdings damit zu begründen versucht, daß das GATS und dessen „Service Sectoral Classification List" umfassende Gültigkeit auch für die noch im GATT genannten Bereiche der Kinofilmwirtschaft habe, da ansonsten der im GATS getroffene Kompromiß und die mit diesem gerettete Uruguay - Runde ad absurdum geführt würden.

173 hierzu auch König, ZUM 2002, 271 (276).

174 so auch König, ZUM 2002, 271 (281).

Die Prüfung von MEDIA - Plus „Projektentwicklung“[175] anhand des Art. 157 EGV, einschließlich der von der Gemeinschaft zu beachtenden Kompetenzgrenzen, ermöglicht die Feststellung, daß ein Heranziehen solcher industriepolitischer Kompetenzen nicht gänzlich ausgeschlossen war.

bb. Möglichkeit der kulturpolitischen Verankerung: Art. 151 EGV

Trotz der nachgewiesenen Möglichkeit industriepolitischer Verankerung des MEDIA-Plus-Beschlusses[176] will sich die Untersuchung - angesichts des ursprünglich vorhandenen kulturellen Impetus europäischer Medienpolitik und kulturellen Bezügen in Erwägungsgründen und Programmvorschriften - nun aber einer Untersuchung der Kulturkompetenz der Gemeinschaft, Art. 151 EGV, zuwenden. Eine dahingehende Überprüfung ist auf dem Weg zu einer abschließenden Beurteilung der gemeinschaftlichen Kompetenzausübung schon deswegen vorzunehmen, weil deren Rechtmäßigkeit auch von der richtigen Auswahl aus mehreren in Frage kommenden Kompetenzgrundlagen beeinflußt wird.
Ob und inwieweit Art. 151 EGV geeignet gewesen wäre, Legitimationsgrundlage für das gemeinschaftliche Handeln im Bereich MEDIA-Plus „Projektentwicklung“[177] zu bilden, soll Gegenstand des folgenden Abschnitts sein.

1) Voraussetzungen

Kulturpolitisch motiviertes Gemeinschaftshandeln, über das im Verfahren des Art. 251 EGV nach Anhörung des Ausschusses der Regionen einstimmig entschieden werden muß, gestattet Art. 151 Abs. 5 EGV zur Zielverwirklichung aus den Abs. 1 und 2 des Art. 151 EGV[178].
Mit dem Auftrag, einen „Beitrag zur Entfaltung der Kulturen der Mitgliedstaaten unter Wahrung derer nationaler und regionaler Vielfalt“ zu schaffen, beschreibt

---

175 2000/821/EG „Projektentwicklung“, ABl. 2001 L 13/35.

176 Beschluß des Rates vom 20.12.2000 zur Durchführung eines Programmes zur Förderung von Entwicklung, Vertrieb und Öffentlichkeitsarbeit hinsichtlich europäischer audiovisueller Werke (MEDIA-Plus „Projektentwicklung, Vertrieb, Öffentlichkeitsarbeit“ 2001 - 2005); ABl. 2001 L 13/35.

177 Beschluß des Rates vom 20.12.2000 zur Durchführung eines Programmes zur Förderung von Entwicklung, Vertrieb und Öffentlichkeitsarbeit hinsichtlich europäischer audiovisueller Werke (MEDIA-Plus „Projektentwicklung, Vertrieb, Öffentlichkeitsarbeit“ 2001 - 2005); ABl. 2001 L 13/35.

178 zum Inhalt der Kulturkompetenz bereits oben: 3. Kapitel, I.1.b.aa.

Art. 151 Abs. 1 EGV zunächst einen Rahmen kultureller Handlungskompetenzen, der in den folgenden Absätzen der Vorschrift durch Benennung von Teilbereichen gemeinschaftlicher Handlungsmöglichkeiten konkretisiert wird[179].
Vor allem Art. 151 Abs. 2, 4. Spiegelstrich EGV[180] ist in medienpolitischen Zusammenhängen bedeutsam, da er die Förderung bzw. Ergänzung mitgliedstaatlicher Tätigkeit im Rahmen künstlerischen und literarischen Schaffens, einschließlich des audiovisuellen Bereichs, betrifft[181]. Damit wird Förderung seitens der Gemeinschaft in dem Teilbereich des audiovisuellen Sektors möglich, der allein durch den kulturellen Aspekt geprägt wird. So sollte der kulturellen Bedeutung des audiovisuellen Sektors als Instrument zur Verbreitung des Wissens über Kultur und als Feld künstlerischen Schaffens[182] Rechnung getragen werden[183].
Um festzustellen, ob für MEDIA-Plus „Projektentwicklung"[184] auch eben diese kulturpolitische Kompetenzgrundlage in Frage gekommen wäre, bedarf es einer Untersuchung seiner Zielsetzungen - wie sie in den Erwägungsgründen und im Programm selbst fixiert sind - aus kulturpolitischer Perspektive.

Erste Hinweise auf einen kulturpolitischen Hintergrund ergeben sich aus dem 2. Erwägungsgrund[185], der auf die Ergebnisse der europäischen audiovisuellen Konferenz von Birmingham[186] verweist und die Förderung des audiovisuellen Sektors deswegen als wünschenswert ansieht, weil sie in Zusammenhang mit dem Erhalt kultureller Vielfalt steht.
Weiter wird als Grundlage für den MEDIA-Beschluß[187] eine Aussage des Grünbuchs zur Konvergenz[188] herangezogen[189], die auf die Gefahr eines Mangels an hochwertigen Inhalten für den Markt des digitalen und analogen Fernsehens hinweist, der sich als Folge der strukturellen Schwächen des europäischen Marktes in Verbindung mit den technologischen Neuerungen im Zuge des Digita-

---

179 so auch Bohr/Albert, ZRP 1993, 61.
180 zu den übrigen Unterabsätzen des Art. 151 Abs. 2 EGV bereits oben: 3. Kapitel, I.1.b.aa.
181 hierzu bereits die Erläuterungen in Kapitel 3, I.1.b.aa.
182 „Neues Kulturkonzept der Gemeinschaft" - KOM (92) 149 endg.
183 ausführlicher zu den Voraussetzungen bereits 3. Kapitel, I.1.a.aa.
184 2000/821/EG „Projektentwicklung", ABl. 2001 L 13/35.
185 Beschluß MEDIA-Plus, ABl. 2001 L 13/35.
186 hierzu: Protokoll der Europäischen Konferenz für Audiovisuelle Medien vom 6.-8. April 1998 in Birmingham, 1998.
187 Beschluß MEDIA-Plus „Projektentwicklung", ABl. 2001 L 13/35.
188 Grünbuch zur Konvergenz der Branchen Telekommunikation, Medien und Informationstechnologie und ihren ordnungspolitischen Auswirkungen, KOM (97) 623 endg. vom 3.12.1997; hierzu bereits 1. Kapitel.
189 6. Erwägungsgrund, Beschluß MEDIA-Plus „Projektentwicklung etc.", ABl. 2001 L 13/35.

lisierungsprozesses einstellen kann[190]. Indem aber die Qualität der Inhalte fokussiert wird, stehen kulturelle Aspekte auf der Grundlage von Art. 151 Abs. 2, 4. Spiegelstrich EGV im Vordergrund, der als künstlerisches Schaffen im audiovisuellen Bereich das Bemühen um hochwertige europäische Inhalte erfaßt. - Aus rein wirtschaftlicher Perspektive betrachtet wäre demgegenüber nicht entscheidend, welcher Art die Inhalte sind, solange sie europäischer Herkunft wären und sich verkaufen ließen.
Der 14. Erwägungsgrund[191] spricht zwar nur von kulturellen Aspekten des Programms, die im Rahmen der Querschnittsklausel zu beachten sind und berücksichtigt werden. Dicht in Folge finden sich aber Erwägungen, die von der Beschränkung auf einzelne kulturelle Aspekte abweichen: Im Zusammenhang mit den Verhandlungen im Rahmen der WTO solle dafür gesorgt werden, daß „die Mitgliedstaaten sich die Möglichkeit erhalten, ihre Kapazität zur Bestimmung und Umsetzung ihrer Politik im kulturellen Bereich zwecks Wahrung ihrer kulturellen Vielfalt zu erhalten und auszubauen“[192]. Der tragende kulturelle Hintergrund in Verbindung mit dem Welthandelsrecht wird auch durch die Wiedergabe der Sichtweise des Parlaments betont, wonach im Rahmen des GATS für die kulturellen Dienstleistungen des audiovisuellen Sektors der kulturellen Eigenständigkeit der Vertragsparteien Rechnung getragen werden soll. Das impliziert die Forderung nach auch weiterhin bestehenden Freiräumen im GATS, die es erlauben würden, im audiovisuellen Bereich zu subventionieren. Diese Forderung stützt sich aber einzig auf das Ziel des Erhalts kultureller Vielfalt und bewegt sich daher in kulturpolitischem Raum.
Ferner findet sich eine Charakterisierung der Bedeutung des audiovisuellen Sektors in Form einer Dreiteilung[193]. Betrachtet man diese, so fällt auf, daß mit dem „Erhalt des kulturellen Pluralismus“ und der „freien Meinungsäußerung“ kulturelle bzw. gesellschaftliche Bedeutungsstränge den als drittes auch genannten Bedeutungsstrang der „gesunden Wirtschaft“ dominieren.
Ebenso Bedeutung mißt man der Kohärenz zwischen nationalen und gemeinschaftlichen Maßnahmen bei[194]. Dies geschieht wiederum unter Hinweis auf den Erhalt kultureller Vielfalt in Europa, so daß auch in diesem Zusammenhang kulturelle Zielsetzungen überwiegen.
Der 19. Erwägungsgrund[195] benennt die Entwicklung europäischer Werke als Voraussetzung für die Schaffung eines europäischen audiovisuellen Marktes. Die

---

[190] hierzu 1. Kapitel.
[191] Beschluß MEDIA-Plus, ABl. 2001 L 13/35.
[192] 15. Erwägungsgrund, Beschluß MEDIA-Plus „Projektentwicklung etc.“, ABl. 2001 L 13/35.
[193] 16. Erwägungsgrund, MEDIA-Plus „Projektentwicklung“, ABl. 2001 L 13/35.
[194] 18. Erwägungsgrund, MEDIA-Plus „Projektentwicklung“, ABl. 2001 L 13/35.
[195] Beschluß MEDIA-Plus „Projektentwicklung“, ABl. 2001 L 13/35.

Schaffung europäischer Werke ist aber darüber hinaus auch Voraussetzung für die Bereitstellung und Verbreitung hochwertiger europäischer Inhalte. Insofern stellt sich die Schaffung eines europäischen Marktes als Durchgangsstufe für die Möglichkeit der Verbreitung solcher europäischen Inhalte dar. Daraus ergibt sich wiederum, daß die auf den ersten Blick wirtschaftlichen Motive letztlich im Dienste kultureller Zielsetzungen stehen müssen.
Industrielle, d.h. wirtschaftliche, und kulturelle Zielsetzungen nebeneinander stellt Erwägungsgrund 27[196] auf, ohne dabei erkennbar eine Höhergewichtung des einen oder anderen Zieles vorzunehmen, was jedenfalls gegen eine deutlich überwiegende industrielle Motivation des Programmes spricht, die einzig Art. 157 EGV als sachnähere Komptenzgrundlage heranziehen ließe.
Die wirtschaftliche Förderung von Netzwerkbildung im audiovisuellen Bereich erfolgt laut Erwägung 29[197] mit dem Ziel einer europäischen Programmgestaltung. Europäische Programmgestaltung will aber wiederum hochwertige Inhalte offerieren und europäische Kultur vermitteln, damit also eindeutig kulturellen Erwägungen Rechnung tragen.
Mit dem Zugang des Publikums zum europäischen audiovisuellen Erbe befassen sich die 32. und 33. Erwägung[198]. Vernetzung und Digitalisierung von Inhalten, Katalogen, Archiven und des Kinofilmerbes werden als technische Schritte - die insofern wieder vordergründig wirtschaftlich oder industriepolitisch ausweisbar sind - für notwendig erachtet, um europäisches audiovisuelles Erbe zugänglich zu machen. Das eigentliche Ziel, europäisches audiovisuelles Erbe dem Publikum zu eröffnen, geht aber konform mit den in Art. 151 Abs. 2, 1. und 2. Spiegelstrich EGV genannten Zielsetzungen gemeinschaftlicher Kulturpolitik. Während Spiegelstrich 2 auf den Schutz und Erhalt des gemeinsamen kulturellen Erbes verweist, legitimiert Spiegelstrich 1 gemeinschaftliche Maßnahmen zur Verbesserung der Kenntnis und Verbreitung der Kultur in Europa. Damit ist zwar noch nichts über den audiovisuellen Sektor gesagt, jedoch läßt sich aus der ausdrücklichen Erwähnung des Bereichs in Art. 151 Abs. 2, 3. Spiegelstrich EGV schließen, daß dieser von Art. 151 EGV, also auch den anderen Unterabsätzen, erfaßt ist. Im übrigen wurde mit der Nennung des audiovisuellen Bereiches nur noch einmal formal dessen Bedeutung als „Mittler der Kultur"[199] für deren Verbreitung Genüge getan. Dieser Bereich ist ansonsten schon in „künstlerischem und literarischem Schaffen" wie es der 4. Spiegelstrich nennt, enthalten. Da seine Bedeutung aber genauso die anderen Bereiche in Spiegelstrich 1-3 tangiert, müssen kulturelle Maßnahmen im audiovisuellen Bereich auch mit diesen Hand-

---

196 Beschluß MEDIA-Plus „Projektentwicklung", ABl. 2001 L 13/35.
197 Beschluß MEDIA-Plus „Projektentwicklung", ABl. 2001 L 13/35.
198 Beschluß MEDIA-Plus „Projektentwicklung", ABl. 2001 L 13/35.
199 siehe die Erläuterungen in Kapitel 1.

lungsermächtigungen begründbar sein. Dann bedeuten Netzwerkbildung und der angestrebte Zugang von Katalogen, Archiven und Kinofilmerbe aber Maßnahmen zur Verbesserung der Verbreitung bzw. zum Erhalt des kulturellen Erbes im Sinne der Art. 151 Abs. 2, 1. und 2. Spiegelstrich. Kulturelle Erwägungen sind hier nachweisbar Motor der gemeinschaftlichen Förderziele.
Kulturpolitische Motive stehen auch hinter der strukturellen Zielsetzung der Entwicklung von Potential in Ländern mit geringer audiovisueller Produktionskapazität oder kleinem Sprachgebiet: Übergeordnete Zielrichtung hier ist die Wahrung und Betonung kultureller Vielfalt. Diese bezüglich der genannten Länder zu erhalten, bedarf es aber angesichts des Internationalisierungsprozesses der Filminhalte besonderer Anstrengungen, die MEDIA-Plus „Projektentwicklung"[200] aufnehmen will.
Auch im Zusammenhang mit der Programmreichweite, auf die Erwägung 38[201] Bezug nimmt, läßt sich ein Überwiegen kultureller Motive klar festmachen: hier wird die Erweiterung auf Drittländer, die MEDIA-Plus „Projektentwicklung"[202] vorsieht, als Instrument zur Bewußtseinsbildung im Hinblick auf die kulturelle Vielfalt und die Verbreitung demokratischer Werte betrachtet, damit also die kulturelle Seite medialer Bedeutung betont.

Die Begründungen zu MEDIA-Plus „Projektentwicklung"[203] sind ersichtlich so stark kulturpolitisch motiviert, daß sie eine kulturelle Begründung des Programms nahelegen würden.

Betrachtet man darüber hinaus die eigentlichen Regelungen, die der Beschluß MEDIA-Plus „Projektentwicklung"[204] aufstellt, so ergibt sich folgendes Bild:
Art. 1, 1 Beschluß formuliert als Ziel zwar die Stärkung der europäischen Industrie. Bereits die Nennung der Einzelzielsetzungen in Art. 1, 2 jedoch offenbart einen kulturpolitischen Grundtenor. Dabei ist das erste Ziel (Art. 1, 2 a Beschluß) noch industriepolitischer Natur, wenn es sich auf die Verbesserung der Wettbewerbsfähigkeit richtet. Die Abs. b bis f müssen sich dagegen kulturpolitisch zuordnen lassen. Art. 1, 2 a Beschluß widmet sich dem Umlauf europäischer Werke. Ein solcher leistet einen Beitrag zur verbesserten Kenntnis und Verbreitung europäischer Kultur und lehnt sich damit an Art. 151 Abs. 2, 1. Spiegelstrich EGV an. Die Wahrung kultureller Vielfalt ist in Art. 1, 2 c angesprochen. Art. 1, 2d Beschluß bezieht sich wiederum auf das europäische

---

200 2000/821/EG „Projektentwicklung", ABl. 2001 L 13/35.
201 Beschluß MEDIA-Plus, ABl. 2001 L 13/35.
202 2000/821/EG „Projektentwicklung", ABl. 2001 L 13/35.
203 2000/821/EG „Projektentwicklung", ABl. 2001 L 13/35.
204 2000/821/EG „Projektentwicklung", ABl. 2001 L 13/35.

kulturelle Erbe, indem er dessen Aufwertung mittels Digitalisierung und Vernetzung als Ziel beschreibt. Art. 1, 2 e Beschluß bezieht sich auf die Unterstützung von Ländern mit geringer audiovisueller Produktionskapazität und der grenzüberschreitenden Zusammenarbeit im allgemeinen. Aus kulturpolitischer Perspektive führt das zum Erhalt regionaler Besonderheiten angesichts der Gefahr von Nivellierung durch die internationalisierte Kultur des „kleinsten gemeinsamen Nenners". Damit wächst dieser Zielsetzung vielfaltsichernde Bedeutung zu. Schließlich ist in Art. 1, 2 f Beschluß noch die Verbreitung neuer Arten audiovisueller Inhalte angesprochen. In diesem Zusammenhang erschließt sich der kulturelle Hintergrund unter der Prämisse, daß die Einstellung auf neue Technologien im Zuge der Digitalisierung strukturelle Voraussetzung dafür ist, inhaltliche Qualitätsvorstellungen zu sichern.
Die speziellen Zielsetzungen im Bereich der Projektentwicklung lassen die kulturpolitische Stoßrichtung, die dem Programm innewohnt, ebenfalls deutlich werden: Unter anderem ist die Förderung der Entwicklung von Produktionsprojekten (Art. 2 a) genannt. Damit soll die Produktion von europäischen audiovisuellen Werken im Vorfeld unterstützt werden, die wiederum als künstlerisches Schaffen über Art. 151 Abs. 2, 4. Spiegelstrich EGV als kulturbezogener Bereich einzuordnen ist.
Ebenso von kulturpolitischer Prägung erscheint der Vertriebsbereich: So sind Fördervorhaben hier insoweit kulturell motiviert, als diese die Verbreitung der Kultur[205] begünstigen. Auch die Wahrung kultureller Vielfältigkeit wird in Zusammenhang mit dem Vertriebssektor erneut erwähnt.

Aus all dem folgt, daß die Zielsetzungen des Programms MEDIA-Plus „Projektentwicklung"[206] keinesfalls so formuliert sind, daß allein eine Subsumtion unter industriepolitische Kompetenzen der Gemeinschaft in Betracht kommt, wie sie Art. 157 EGV einräumt. Angesichts der mit dem fraglichen Programmteil verfolgten kulturpolitischen Zielsetzung hätte sich MEDIA-Plus „Projektentwicklung" also genauso auf den Kulturartikel 151 Abs. 5 iVm. Abs. 1 und 2 EGV gründen lassen.

Verfahrenstechnisch hätten die gemeinschaftlichen Maßnahmen dann einstimmig beschlossen werden müssen. Das Einstimmigkeitserfordernis soll sowohl den Einfluß korrigieren, den die Gemeinschaft über die Gestaltung der Voraussetzungen des Zugangs zu finanziellen Mitteln sonst auch gegen den Willen einzelner Mitgliedstaaten hätte ausüben können[207], als auch verbleibende Kom-

---

205 Art. 151 Abs. 2, 1. Spiegelstrich.
206 2000/821/EG „Projektentwicklung", ABl. 2001 L 13/35.
207 Grabitz/Hilf-Ress/Ukrow, Rn. 95 zu Art. 151 EGV.

petenzen im kulturellen Bereich vor weiterer Erosion[208] bewahren. Damit soll auf Verfahrensebene nochmals abgesichert werden, daß Übergriffe in die Kulturhoheit der Mitgliedstaaten unterbleiben. Funktion des Einstimmigkeitserfordernisses ist so auch die Sicherung des Subsidiaritätsprinzips[209]. Außerdem soll die Bevorzugung einzelner Mitgliedstaaten bei der kulturellen Förderung verhindert werden[210], die im Rahmen von MEDIA-Plus nicht droht, weil der Beschluß zunächst alle Mitgliedstaaten und darüber hinaus auch Drittländer erfaßt[211].
Art. 151 EGV verweist auf das Verfahren der Mitentscheidung, Art. 251 EGV, das vor dem Hintergrund der Stärkung der Rechte des Europäischen Parlaments Eingang in den Maastrichter Vertrag fand. Für die Entscheidung über die Förderprogramme im Rahmen des Art. 151 EGV bedeutet dies, daß das Parlament hieran nicht unerheblich beteiligt ist. Interessenschutz gewährleistet auch die Zustimmung des Ausschusses der Regionen[212], der vor der Entscheidung angehört werden muß. Dieser Ausschuß besteht aus Vertretern der regionalen und lokalen Gebietskörperschaften und hat vordergründig repräsentative und beratende Aufgaben[213]. Das spiegelt sich auch in den Befugnissen im Zusammenhang mit der Entscheidung über Maßnahmen nach Art. 151 Abs. 5 EGV wider. Der Ausschuß der Regionen wirkt hier an Entscheidungsfindungsprozessen mit[214]. Stellungnahme und Berichte über die Beratungen sind für Kommission und Rat, an die sie übermittelt werden, zwar nicht verbindlich, trotzdem verschafft das Anhörungserfordernis regionalen und kulturellen Interessen stärkeres Ge-

---

208 so erhoffen sich das die deutschen Bundesländer, vgl. v. Simson/Schwarze, Europäische Union und Grundgesetz, 1992, S. 49.

209 Schwarze in Schwarze/Becker, Geistiges Eigentum und Kultur im Spannungsfeld zwischen nationaler Regelungskompetenz und europäischer Wirtschafts- und Wettbewerbsordnung, 1998, S. 125 (147).

210 Ress, DÖV 1992, 944 (947); Schwarze, in Schwarze/Becker, Geistiges Eigentum und Kultur im Spannungsfeld zwischen nationaler Regelungskompetenz und europäischer Wirtschafts- und Wettbewerbsordnung, 1998, S. 125 (151).

211 siehe Art. 11 MEDIA-Beschluß, ABl. 2001 L 13/35.

212 Der Ausschuß der Regionen wurde auf die Forderung der Länder der BRD hin mit dem Maastrichter Vertrag eingerichtet, um die regionale und föderale Struktur der Gemeinschaft und auch der Mitgliedstaaten zu stützen - Bergreen-Merkel, Die rechtlichen Aspekte der Kulturpolitik nach dem Maastrichter Vertrag, 1995, S. 22. Mitwirkungsbefugnisse der nationalen Parlamente auf EU-Ebene führten zu einer Verschiebung nationaler Institutionen- und Machtgefüge insoweit, als die Einflußsphären vorher zumeist solche der Regionen - oder wie im Fall der Bundesrepublik - Länder waren.

213 Dohms, RdJB 1992, 451 (465); Dittmann/Fehrenbacher, RdJB 1992, 478 (480); Oppermann, Europarecht, 1999, Rn. 406; Wuermeling, EuR 1993, 196 (199).

214 Wemmer, Die neuen Kulturklauseln des EG-Vertrages, 1996, S. 130.

hör[215] und soll somit wiederum Übergriffen in die Kulturhoheit vorbeugen.

2) Grenzen

Die Feststellung, daß MEDIA-Plus „Projektentwicklung"[216] inhaltlich dem Kulturartikel unterfallen kann, reicht aber noch nicht aus, um die kompetenzrechtliche Möglichkeit einer Abstützung des Programms auf Art. 151 EGV zu bejahen. Hinzukommen muß, daß durch eine solche Verankerung auch die Grenzen, die sich aus Art. 151 EGV, dem Subsidiaritätsprinzip und internationalen Regelungen ergeben können, gewahrt würden.

(a) Unterstützender Charakter und Harmonisierungsverbot, Art. 151 Abs. 5

Art. 151 Abs. 2 EGV beschreibt die Handlungsmöglichkeit der Gemeinschaft im Kulturbereich als komplementäre, indem er Begriffe wie „Förderung, Unterstützung und Ergänzung" verwendet[217]. Während die Termini „Förderung und Unterstützung" auf die Notwendigkeit einer vorangegangenen mitgliedstaatlichen Aktivität hindeuten, ist „Ergänzungstätigkeit" rein begrifflich dagegen auch selbständig denkbar[218]. Das würde im Ergebnis jedoch die Möglichkeit des Schaffens einer eigenen Eurokultur beinhalten, die gerade durch Art. 151 EGV nicht eröffnet sein soll[219]. Außerdem ergibt ein Vergleich mit den bildungspolitischen Kompetenzen[220], die Ziele gemeinschaftlichen Handelns aufführen - während Art. 151 Abs. 2 EGV nur von „Unterstützen, Fördern und Ergänzen der mitgliedstaatlichen Tätigkeit" spricht -, daß für jene eine eigene Handlungsmöglichkeit vorgesehen sein muß[221]. Art. 151 EGV jedoch beläßt die Kompetenz im kulturellen Bereich grundsätzlich im mitgliedstaatlichen Bereich[222].

---

215 so auch Behrens, Kultur in der EU, S. 63; Bergreen, RdJB 1992, 436 (444); Dittmann/Fehrenbacher, RdJB 1992, 478 (480); Nentwich, EuZW 1992, 235 (240); Schmahl, Die Kulturkompetenz der EG, 1996, S. 216; Schwarze, EU-Kommentar, 2000, Bearb.: Wiedmann, Rn. 21 zu Art. 263 EGV.

216 2000/821/EG „Projektentwicklung", Abl 2001 L 13/35.

217 so auch Konow, RdJB 1992, 428 (431); Lenz, EuGRZ 1993, 57 (64); Ress, DÖV 1992, 944 (947); Schwartz, AfP 1993, 409 (417).

218 Behrens, Kultur in der EU, 1999, S. 42; Schweitzer/Hummer, Europarecht, 1996, Rn. 1654.

219 Schmahl, Die Kulturkompetenz der Europäischen Gemeinschaft, 1996, S. 204.

220 Art. 149 und Art. 150 EGV.

221 so auch Beckedorf/Henze, NVwZ 1993, 125 (127); Dohms, RdJB 1992, 451 (458).

222 Schmahl, Die Kulturkompetenz der Europäischen Gemeinschaft, 1996, S. 206.

Daraus ergeben sich für MEDIA-Plus „Projektentwicklung" hier insofern Probleme, als die damit vorgesehene Förderung so in den Mitgliedstaaten nicht existiert und damit eventuell auch keine mitgliedstaatlichen Aktivitäten vorliegen, die zu ergänzen und unterstützen Art. 151 EGV erlauben würde. Als ergänzungsbedürftige mitgliedstaatliche Aktivität in diesem Zusammenhang läßt sich aber die eigentliche mitgliedstaatliche Filmförderung sehen, an deren vor- und nachgelagerten Bereichen MEDIA-Plus ansetzen will. Indem das Programm sich diesen Bereichen zuwendet, unterstützt und ergänzt es die Filmförderung in den Mitgliedstaaten und ist daher mit den diesbezüglichen Anforderungen des Art. 151 EGV vereinbar.
Die Begrenzung auf solche unterstützende Tätigkeit soll sich auf die Programmfinanzierung dahingehend auswirken, daß eine Mitfinanzierung seitens der Mitgliedstaaten ausgeschlossen ist. "Maßnahmen, welche dazu bestimmt sind, die Politik der Mitgliedstaaten zu unterstützen und ergänzen, könnten die Mitgliedstaaten sinnvollerweise nicht zur Finanzierung (der gemeinschaftlichen Unterstützung und Ergänzung ihrer Politik) verpflichten"[223]. - In seiner Rechtsprechung zu Art. 127 EGV[224] hat der EuGH allerdings festgestellt, daß den Mitgliedstaaten eine solche Mitwirkungsverpflichtung seitens der EU auferlegt werden kann. Das gestattet indes keine parallele Schlußfolgerung für Art. 151 EGV, sondern legt statt dessen folgenden Umkehrschluß nahe: Art. 151 EGV, der im Gegensatz zu Art. 150 EGV keine eigene Kulturpolitik der Gemeinschaft vorsieht, kann aus diesem Grunde auch nicht Grundlage für eine Mitwirkungsverpflichtung bilden[225]. - Für MEDIA-Plus „Projektentwicklung" wird die Frage insofern relevant, als es Einzelprojekte nur bis zu 50 % der Gesamtkosten finanziert. Den anderen Teil der Finanzierung zu planen ist den Projektmanagern überlassen. Eine Möglichkeit ist dann z.B. die Restfinanzierung über innerstaatliche Fördermöglichkeiten. Diese ist jedoch eher als politische, weniger als rechtliche Verpflichtung zu sehen[226].

Die Eingrenzung gemeinschaftlichen Handelns auf solche unterstützenden Maßnahmen findet ihre Entsprechung in den Vorgaben, die Art. 151 Abs. 5 EGV für die Wahl der Handlungsinstrumente aufstellt: Art. 151 Abs. 5 EGV zählt Fördermaßnahmen und Empfehlungen auf. In Art. 249 EGV ausdrücklich erwähnte Maßnahmen nennt die Vorschrift nicht[227].

---

223 Konow, RdJB 1992, 428 (432).
224 EuGH Rs. 242/87 (Erasmus), Slg,. 1989, 1425 (1452).
225 Berggreen-Merkel, Die rechtlichen Aspekte der Kulturpolitik nach Maastricht, 1995, S. 16.
226 Behrens, Kultur in der Europäischen Union, 1999, S. 58; Callies/Ruffert, EUV-/EGV-Kommentar, 1999, Rn. 1 zu Art. 151 EGV.
227 zu den Handlungsmöglichkeiten oben, Kapitel 2 II.

Es fragt sich daher, wie der Begriff der Fördermaßnahmen zu fassen ist. Versuche, „Fördermaßnahmen“ sehr weit - sogar über den Katalog des Art. 249 EGV hinausgehend - zu interpretieren[228], müssen sich dem Einwand gegenüber sehen, daß Art. 151 Abs. 1 EGV nur Beiträge zur Kulturentfaltung vorsieht[229]. Außerdem fällt in diesem Zusammenhang der sprachliche Unterschied auf, der zwischen Art. 150 EGV, wo von „Maßnahmen“ die Rede ist und Art. 151 EGV besteht, der demgegenüber von „Fördermaßnahmen“ spricht. Aus der Tatsache, daß die Vorschriften in unmittelbarer Folge stehen, läßt sich schließen, daß diese unterschiedlichen Formulierungen sich in unterschiedlich möglichen Handlungsinstrumenten auswirken müssen.

„Maßnahme“ ist eine häufig verwendete Formulierung, die außer in Art. 150 EGV z.B. auch in Art. 157 Abs. 3, 163 Abs. 3 oder Art. 164 EGV zu finden ist. Sowohl Richtlinien als auch Verordnungen und die ansonsten in Art. 249 EGV benannten gemeinschaftlichen Handlungsinstrumente, als auch sonstiges durch den Vertrag nicht benanntes Gemeinschaftshandeln lassen sich unter den Begriff subsumieren. Daher wird man diesen Terminus als Oberbegriff für in verschiedenen denkbaren Formen vornehmbares Gemeinschaftshandeln sehen müssen[230]. Begreift man „Maßnahme“ aber als übergreifende Bezeichnung, dann führt das wiederum zu einer engeren Interpretation des Begriffs „Fördermaßnahme“, dessen Verwendung gerade nicht den Rückgriff auf die Handlungsinstrumente des Art. 249 EGV eröffnen will.

Bestätigt wird diese Annahme dadurch, daß die Gemeinschaft im Bereich beruflicher Bildung eine eigene Politik verfolgt, ihr also eine größere Wahlmöglichkeit hinsichtlich der Instrumente verbleiben muß, mit denen sie die Politik führen will, während ihr eine eigene Politik im Kulturbereich - zugunsten des Erhalts mitgliedstaatlicher kultureller Einflußsphären - zunächst verwehrt bleibt[231]. Einseitige rechtsverbindliche Maßnahmen im Rahmen des Art. 151 EGV zu erlassen, ist der Gemeinschaft nicht möglich.

Dieses Ergebnis wird durch das Harmonisierungsverbot des Art. 151 Abs. 5 EGV ausdrücklich bestätigt, das den Ausschluß von Handlungsformen wie Verordnungen oder Richtlinien festlegt, die über ihre Rechtsverbindlichkeit Angleichungen von Rechts- und Verwaltungsvorschriften[232] bewirken können.

---

[228] Bohr/Alberts, ZRP 1993, 61 (65); Ress, DÖV 1992, 944 (947); Dohms, RdJB 1992, 451 (464).

[229] Böhm, BayVBl 1993, 547; Lambers, EuR 1993, 229 (231).

[230] so auch Nowoczyn, Bildungspolitische Kompetenzen der Europäischen Gemeinschaft, 1996, S. 118.

[231] Beckedorf/Henze, NVwZ 1993, 125 (127); Klein, Der Staat 1994, S. 39 (55).

[232] Rechtsvorschriften sind dabei alle Gesetze im formellen Sinn und alle Regelungen, die von diesen abgeleitet sind. Verwaltungsvorschriften sind verwaltungsinterne Anweisungen. - Dittmann/Fehrenbacher, RdJB 1992, 478 (481).

Es verbleibt daher die Möglichkeit, finanzielle Anreize zu schaffen und so die Aktivitäten der Mitgliedstaaten zu unterstützen[233], wobei auch hier die Gefahr einer Einflußnahme dahingehend nicht gebannt ist, daß die Union über ihre Finanzierung die Richtung nationaler Kulturpolitiken vorzeichnet[234]. Organisatorische Unterstützung ist neben den finanziellen Maßnahmen ebenfalls denkbar[235].

MEDIA-Plus „Projektentwicklung"[236], das finanzielle Motivation schafft, aber keine Verpflichtungen begründet, ist ein solches unterstützendes Programm im Sinne des Art. 151 Abs. 5 EGV und hält sich insoweit innerhalb der dort gezogenen Grenzen.

(b) Subsidiarität und Verhältnismäßigkeit, Art. 5 EGV

Weitere Einschränkungen können sich aus dem Subsidiaritäts- bzw. dem Verhältnismäßigkeitsprinzip[237] ergeben.
Im Zusammenhang mit den bildungspolitischen wie auch den kulturpolitischen Kompetenzen der Art. 149 ff. EGV fällt auf, daß durch Formulierungen, die die Gemeinschaft auf „Beitragleisten" oder „ergänzende und unterstützende Maßnahmen" in jenen Politikbereichen lenken bzw. ein Handeln der Gemeinschaft wie in Art. 151 EGV nur „erforderlichenfalls" gestatten, dem Subsidiaritätsgedanken im Ansatz bereits Ausdruck verliehen wird[238]. Daher finden sich Stimmen, die die betreffenden Formulierungen für Ausprägungen des Subsidiaritätsprinzips[239] und Art. 149 Abs. 1, 150 Abs. 1 und 151 Abs. 1 EGV in den entsprechenden Passagen gar für leges speciales gegenüber Art. 5 EGV halten[240]. Dem muß jedoch entgegengehalten werden, daß für eine solche Sichtweise der

---

233 Blanke, Europa auf dem Weg zu einer Bildungs- und Kulturgemeinschaft, 1994, S. 102; Loman/Mortelsman/Post/Watson, Culture and Community Law, 1992, S. 196; Wägenbaur, in Randelzhofer/Scholz/Wilke, Gedächtnisschrift für Eberhard Grabitz, 1995, S. 851 (855).

234 Bohr/Albert, ZRP 1993, 61 (65).

235 Behrens, Kultur in der EU, 1999, S. 56.

236 2000/821/EG „Projektentwicklung", ABl. 2001 L 13/35.

237 siehe nur Schmidhuber/Hitzler, NVwZ 1992, 720 (722); Emilion, EuR 1992, 383 (401); v. Borries, EuR 1994, 263 (269).

238 zur Subsidiarität im Zusammenhang mit bildungspolitischen Kompetenzen: Hrbek, Europäische Bildungspolitik und die Anforderungen des Subsidiaritätsprinzips, 1994; Hablitzel, Subsidiaritätsprinzip und Bildungskompetenzen im Vertrag über die Europäische Union, 1994.

239 Beckendorf/Henze, NVwZ 1993, 125 (127); Staudenmayer, BayVBL 1995, 321 (330).

240 Bekemans/Balodimos, RMC no. 2, 1993, 99 (108); Loman/Mortelsman/Post/Watson, Culture and Community Law, 1992, S. 208.

Wortlaut der jeweiligen Normen keine Anhaltspunkte bietet. Denn die Fassung der Art. 149 ff. EGV müßte - so sehen es die Voraussetzungen für die Annahme einer lex specialis vor[241] - über die Tatbestandsmerkmale der allgemeinen Norm des Art. 5 EGV hinaus noch mindestens ein weiteres, spezielles Tatbestandsmerkmal ausweisen. Ein Vergleich der Art. 149 ff. EGV mit Art. 5 EGV ergibt jedoch weder eine überwiegende Übereinstimmung von deren Tatbestandsmerkmalen noch eine solche zusätzliche, spezialitätsbegründende Voraussetzung. Daher wird das Subsidiaritätsprinzip nicht von den eingrenzenden Tatbestandsmerkmalen des Art. 151 EGV verdrängt[242].
Die Einhaltung des Subsidiaritätsprinzips und des Verhältnismäßigkeitsgrundsatzes im Zusammenhang mit einer von der Gemeinschaft ergriffenen Maßnahme muß von dieser in Form einer Begründung, Art. 253 EGV, nachgewiesen werden. Daß diesem Begründungserfordernis entsprochen wurde, konnte unter Rückgriff auf die 12., 13., 17. und 18. Erwägung, die sich mit der Einhaltung des Subsidiaritätsprinzips befassen, bereits nachgewiesen werden[243]. Eine Prüfung der materiellen Voraussetzungen einschließlich der Beurteilung, ob die Gemeinschaft ihren Ermessensrahmen gewahrt hat, ergab, daß MEDIA-Plus „Projektentwicklung"[244] aus Subsidiaritäts - wie aus Verhältnismäßigkeitserwägungen nicht zu beanstanden ist[245].

(d) Internationale Rechtsgrenzen

Wie im vorhergehenden Abschnitt bereits festgestellt, handelt es sich bei den durch MEDIA-Plus „Projektentwicklung"[246] bereitgestellten Fördergeldern um Subventionen, die welthandelsrechtliche Fragestellungen auslösen können. Allerdings bestehen zum gegenwärtigen Zeitpunkt keine Bedenken gegenüber der

---

241 Beutler/Bieber/Pipkorn/Streil, Die Europäische Union, 1993, S. 204

242 Beckendorf/Henze, NVwZ 1993, 125 (127); Classen, in: Groeben/Thiesing/Ehlermann-Handbuch des Europäischen Rechts, Art. 126, Rn. 25; Hablitzel, Subsidiaritätsprinzip und Bildungskompetenzen im Vertrag über die Europäische Union, 1994, S. 23; Niedobitek, EuR 1995, S. 349 (359); Wägenbaur, in Randelzhofer, Gedächtnisschrift für Grabitz, 1995, S. 851 ff (863); Staudenmayer, BayVBl 1995, 321 (330); Schmahl, Die Kulturkompetenz der EG, 1996, S. 222.

243 Da es sich um das allgemein zu beachtende Subsidiaritäts- bzw. Verhältnismäßigkeitsprinzip handelt, dessen Beurteilung insoweit unabhängig von der speziell gewählten Rechtsgrundlage nach denselben Voraussetzungen erfolgt, kann hier auf bereits getroffene Feststellungen verwiesen werden. - siehe oben Kapitel 2, Kapitel 4, II.1.b.aa.

244 2000/821/EG „Projektentwicklung", ABl. 2001 L 13/35.

245 auch hier kann eine Übertragung auf die kulturpolitische Fragestellung erfolgen - siehe zur Prüfung Kapitel 4, II.1.b.aa.2.b.

246 2000/821/EG „Projektentwicklung", ABl. 2001 L 13/35.

Subventionierung im Rahmen von MEDIA-Plus „Projektentwicklung"[247]. Die Freistellung des Bereichs audiovisueller Dienstleistungen vom GATS generell, aber auch der Mangel an dem GATT-Subventionsregime vergleichbaren GATS-bezogenen Regelungen stellt sich allerdings angesichts dessen, daß es sich hierbei lediglich um Kompromisse handelt[248], als Interimslösung dar. In einer nächsten Verhandlungsrunde[249] kann also wiederum die Frage gemeinschaftsweiter europäischer Filmförderung bedeutsam werden.
Bereits im Kontext des vergangenen Verhandlungsganges wurde die Einführung einer Kulturklausel gefordert[250]. Auch der von der Kommission in Gang gesetzte Konsultationsprozeß im Zusammenhang mit der neuen GATT-Runde läßt erkennen, daß von europäischer Seite ebenfalls auf Ausnahmeregelungen bestanden werden soll[251]. Sollte es zur Einführung einer kulturellen Bereichsausnahme kommen, dann ließe sich ein kulturpolitisch verankertes Förderprogramm MEDIA-Plus jedenfalls eher von den Subventionsregeln des GATT/GATS befreien.

MEDIA-Plus „Projektentwicklung"[252] bewegt sich daher auch in dem Rahmen, den Art. 151 Abs. 5 EGV der Gemeinschaft zum Erlaß kulturpolitisch motivierter Maßnahmen zur Verfügung stellt.

3) Besser geeignete Rechtsgrundlage?

Aus dem eben Gesagten ergibt sich, daß MEDIA-Plus „Projektentwicklung"[253] auch eine kulturpolitisch geprägte Schutzmaßnahme[254] darstellt und insofern grundsätzlich auf Art. 151 EGV hätte gestützt werden können. Damit ist eine Frage aufgeworfen, die Auswirkungen auf die Beurteilung der Kompetenz-

---

247 hierzu siehe oben Kapitel 4.II.1.b.aa.2.d.

248 siehe Bisselik, MP 1999, 492 (499).

249 Derzeit findet eine GATT-RUNDE statt, deren Ende für voraussichtlich 2003 Ergebnisse erwarten läßt.

250 v.a. von Frankreich, das sich dann auf die Ausnahmeregelungen einigen mußte, weil sich eine solche Kulturklausel gegenüber den USA nicht durchsetzen ließ.

251 Bisselik, MP 1999, 492 (499) mit Verweis auf GATS 2000: Nouveau cycle de negotiations a L`OMC, Position commune - secteur audiovisuel du CEPI, CICCE, Eurocinèma, FEIRIS, FERA, FIAD, EBU v. 21.4.1999.

252 2000/821/EG „Projektentwicklung", ABl. 2001 L 13/35.

253 2000/821/EG „Projektentwicklung", ABl. 2001 L 13/35.

254 so auch Oppermann, Europarecht, 1999, Rz. 1990, - der die Behandlung als Industriepolitik seitens der Gemeinschaft als nicht glücklich bezeichnet.

gemäßheit gemeinschaftlichen Handelns haben muß[255]: Welche der beiden Rechtsgrundlagen war von der Gemeinschaft dann zu wählen?
Eine Antwort hierauf nimmt ihren Ausgang bei Art. 151 EGV. Im Rahmen dieser Norm finden sich zwei Formen kulturpolitisch relevanter Handlungen. Das ist zum einen der Typus reiner kulturpolitischer Handlung, dessen Bereich in Art. 151 Abs. 1 und Abs. 2 EGV geregelt ist. Auf die zweite Möglichkeit macht Art. 151 Abs. 4 EGV aufmerksam. Hiernach muß die Gemeinschaft kulturellen Aspekten bei ihrer Tätigkeit auf der Grundlage anderer vertraglicher Bestimmungen Rechnung tragen. Damit sind gemischte Aktivitäten der Gemeinschaft angesprochen[256]. Gemischte Maßnahmen können also auch auf andere Vorschriften des Vertrages gestützt werden[257], während kulturpolitischen Maßnahmen im engeren Sinne lediglich Art. 151 EGV zugrundegelegt werden darf[258]. Hierin wird die Möglichkeit gesehen, den Kulturartikel als Auffangtatbestand zu interpretieren, soweit Maßnahmen kulturpolitischen Charakters auf andere Kompetenzgrundlagen gestützt werden[259]. Allerdings soll im Bereich der finanziellen Förderprogramme in Anlehnung an Art. 151 Abs. 5 EGV der Gemeinschaft ein autonomer Bereich verbleiben[260]. Alles andere käme einer Bedeutungsreduktion des Kulturartikels gleich, der nicht nur bei sämtlichem Gemeinschaftshandeln bedacht werden muß, sondern der sich auch auf die Frage der Kompetenzverteilung auf kulturellem Gebiet auswirkt[261].

Aus Art. 151 EGV, dessen Abs. 4 auch die Möglichkeit des Abstützens kulturbezogener Maßnahmen auf andere Vorschriften des Vertrages impliziert, ergibt sich keine Antwort auf die Abgrenzungsfrage. Die sich im einschränkenden Wortlaut der Norm widerspiegelnden Sicherungen vor allem verfahrenstechnischer Natur, die nationalen Interessen an der Wahrung ihrer Kompetenzen dienen, können allerdings dazu führen, daß von der Möglichkeit, auch andere Rechtsgrundlagen bei Berücksichtigung kultureller Aspekte heranzuziehen, ver-

---

255 siehe Kapitel 2, I.2 - zur Wahl der richtigen Kompetenzgrundlage.
256 Loman/Mortelsman/Post, Culture and Community Law, 1992, S. 193; Schmahl, Die Kulturkompetenz der Europäischen Gemeinschaft, 1996, S. 199; de Witte, in Bieber/Ress, S. 272 (274).
257 Breier, EuR 1994, 51 (52); Loman/Mortelsman/Post, Culture and Community Law, 1992, S. 193; Ress, in Randelzhofer, Gedächtnisschrift für Grabitz, 1995, S. 595 (627).
258 Fechner, RdJB 1996, 35 (38).
259 Wägenbaur, in Randelzhofer u.a., Gedächtnisschrift für Grabitz, 1995, S. 851 (860).
260 Wägenbaur, in Randelzhofer u.a., Gedächtnisschrift für Grabitz, 1995, S. 851 (860).
261 Fechner, RdJB 1996, 35 (39).

stärkt Gebrauch gemacht wird[262]. Da das jedoch einer Umgehung des Art. 151 EGV gleich käme, müssen andere Gesichtspunkte die Abgrenzung stützen.
Die Zuordnungsentscheidung richtet sich nach den im 2. Kapitel bereits allgemein behandelten Grundsätzen zur Wahl der Kompetenzgrundlage. Danach kommt es für die Feststellung, welche Rechtsgrundlage die richtige ist, auf den Schwerpunkt oder Hauptzweck der angestrebten Regelung an[263]. Ist ein solcher nicht eindeutig feststellbar, sondern bleiben statt dessen zwei Sachbereiche berührt, so ist die Maßnahme grundsätzlich auf alle in Betracht kommenden Rechtsgrundlagen zu stützen[264]. Die Rechtsprechung des Gerichtshofes sieht vor, den Kulturartikel zu bevorzugen, wenn es sich im Schwerpunkt um kulturell motivierte Gemeinschaftsaktionen handelt, nicht aber, wenn kulturelle Aspekte nur Nebenfolge einer industriepolitischen Maßnahme bilden[265].
Wie die Analyse der Erwägungsgründe und Vorschriften des Programms gezeigt hat, liegt das Schwergewicht des Programms entgegen der Ansicht des Rates im kulturellen Bereich, weil hier die Stärkung des audiovisuellen Marktes nur Instrument zur Schaffung bzw. zum Erhalt hochwertiger europäischer Inhalte darstellt, die europäische Kultur zu vermitteln und zu verbreiten geeignet sind. Schon daraus ergibt sich, daß die kulturpolitische Rechtsgrundlage den Vorzug verdient.

Selbst wenn man dieser Sichtweise nicht folgt, statt dessen beide Sachbereiche als gleichermaßen betroffen ansieht und infolgedessen zusätzliche Abgrenzungskriterien, wie etwa unterschiedlich strenge Regelungen der Verfahrensvoraussetzungen heranziehen wollte[266], ergibt sich jedoch kein anderes Ergebnis:
Im Verhältnis der hier relevanten Regelungen des Art. 151 EGV und 157 EGV besteht seit den Neuregelungen im Vertrag von Nizza zwar insofern hinsichtlich der Beteiligung des Parlaments kein Unterschied mehr, als beide Vorschriften

---

262 das prophezeien auch Grabitz/Hilf-Ress/Ukrow, Rn. 95 zu Art. 151 EGV; Stein in FS Everling, Bd. II, 1995, S. 1443 und Wägenbaur in, Randelzhofer, Gedenkschrift für E. Grabitz, 1995, S. 851 (858), der mit Blick auf MEDIA die Möglichkeiten der Abstützung auf industriepolitische oder kulturpolitische Kompetenzen sieht und anklingen läßt, daß Art. 130 EGV wohl wegen seiner geringeren Verfahrensanforderungen (statt Mitentscheidung bloße Anhörung des Parlaments, statt Anhörung des Ausschusses der Regionen Anhörung des Wirtschafts- und Sozialausschusses) favorisiert werden wird.

263 vgl. Kapitel 2, I.2.; Calliess/Ruffert - Calliess, Rn. 17 zu Art. 175 EGV.

264 Wemmer, Die neuen Kulturklauseln des EG-Vertrages, 1996, S. 134.

265 EuGH, Rs. 271/94 (Europäisches Parlament/Rat), Slg. 1995, S. I-1689 (1716); siehe auch Schwarze, in Schwarze/Becker, Geistiges Eigentum und Kultur im Spannungsfeld von nationaler Regelungskompetenz und europäischem Wirtschafts- und Wettbewerbsrecht, 1998, S. 125 (151).

266 siehe zu all dem bereits die Ausführungen in Kapitel 2; i.ü.: Wemmer, Die neuen Kulturklauseln des EG-Vertrages, 1996, S. 134.

nunmehr auf das Verfahren des Art. 251 EGV verweisen[267]. Im Rahmen von Art. 151 EGV ist jedoch - als den Rat besonders reglementierende Voraussetzung - Einstimmigkeit bei der Ratsentscheidung[268] im Rahmen des Verfahrens nach Art. 251 EGV vorgesehen, die dazu führt, daß der Handlungsspielraum des Rates im Verhältnis zum Parlament begrenzt wird. Unterschiede ergeben sich darüber hinaus auch in der Beteiligung der Ausschüsse. Während im Zusammenhang von Art. 157 EGV der Wirtschafts- und Sozialausschuß zu beteiligen ist, muß im Rahmen des Art. 151 EGV der Ausschuß der Regionen gehört werden.
Betrachtet man diese Verfahrensunterschiede, dann läßt sich feststellen, daß Art. 151 EGV vor dem Hintergrund strengere Anforderungen aufstellt, daß nationale und vor allem auch regionale Interessen im insoweit hochsensiblen kulturellen Bereich besonders zu beachten sind. Sowohl das Mitentscheidungsverfahren, das in Kombination mit dem Einstimmigkeitsprinzip die parlamentarische Seite stärkt, als auch die Anhörung des Ausschusses der Regionen sind in stärkerem Maße geeignet, die Interessen der Regionen und Länder zu berücksichtigen, als die verfahrensbezogenen Modalitäten des Art. 157 EGV. Eine Entscheidung zwischen den beiden Kompetenzgrundlagen müßte daher zugunsten von Art. 151 EGV ausfallen.
Sieht man kulturelle und industriepolitische Aspekte in Programmzielen und -inhalt gleichermaßen gewichtet, dann ergibt sich also auch unter Heranziehung des zusätzlichen Aspektes der Verfahrensregelungen, daß das Programm kulturpolitisch zu verankern gewesen wäre.

In Anlehnung an die Bedeutung des Kulturartikels wird darüber hinaus sogar ein sich aus Art. 151 EGV ergebender eigenständiger Abgrenzungsaspekt im Problemkreis der Wahl der richtigen Rechtsgrundlage gesehen, der parallel zu dem umweltrechtlichen Abgrenzungskriterium des „Grundsatzes des bestmöglichen Umweltschutzes“[269] entwickelt wurde[270]. Der „Grundsatz der bestmöglichen Kulturentfaltung“ soll sich in der horizontalen Kompetenzabgrenzung dahingehend auswirken, daß als Kompetenznorm für kulturbezogene Sachverhalte immer diejenige heranzuziehen ist, die die Umsetzung des Leitmotivs der Kulturentfaltung am besten zu gewährleisten vermag. Danach wäre Art. 151 EGV als „kulturelle Zentralnorm“ für die Regelung kultureller Sachverhalte in Zweifelsfällen immer heranzuziehen[271], wenn eine eindeutige Zuordnung anhand objektiver Maßstäbe

---

267 Mit dem Vertrag von Nizza wurde das Kodezisionsverfahren auch für Art. 157 EGV eingeführt. - Fischer, Der Vertrag von Nizza, 2001, S. 123.

268 Wägenbaur, in Randelzhofer, Gedächtnisschrift für E. Grabitz, 1995, S. 851 (858).

269 Zuleeg, NVwZ 1987, 280 (283); Haneklaus, DVBl 1990, 1135 (1141); Jahns-Böhm/Breier, EuZW 1992, 49 (50).

270 Wemmer, Die neuen Kulturklauseln des EG-Vertrages, 1996, S. 135 ff.

271 Wemmer, Die neuen Kulturklauseln des EG-Vertrages, 1996, S. 138.

nicht möglich ist. Für einen solchen Grundsatz sprechen strukturelle Argumente. So deuten die Aufnahme kultureller Belange in der Präambel, Art. 30, 87 Abs. 2d und 151 EGV auf die Zielsetzung der Gemeinschaft hin, zur Kulturentfaltung beizutragen. Daß diese in größtmöglichem Maße erfolgen soll, kann man auch der Querschnittsklausel des Art. 151 Abs. 4 EGV entnehmen, die fixiert, daß kulturelle Aspekte bei jedweder Handlung der Gemeinschaft zu beachten sind und damit das Ziel der Kulturentfaltung auch in andere Sachbereiche trägt, insofern also größtmögliche Entfaltung anstrebt[272].
Bei Anerkennung eines solchen Grundsatzes, für den gewichtige Gründe sprechen, müßte die Entscheidung, wenn man nicht bereits aus den vorgenannten Gründen von einem kulturellen Schwergewicht der Maßnahme ausgeht, dann ebenfalls zugunsten der kulturpolitischen Verankerung des Programms MEDIA-Plus „Projektentwicklung“[273] ausfallen.

Unabhängig davon, ob man dem Programm inhaltlich von vornherein ein kulturelles Schwergewicht beimißt oder zusätzliche Hilfskriterien zur Abgrenzung bemühen will, läßt sich im Ergebnis feststellen, daß eine kulturpolitische Verankerung hier näher gelegen hätte. Über Art. 151 EGV wird die Möglichkeit eröffnet, die kulturelle Dimension der Medien, für deren Regelung die Gemeinschaft vor Einführung des Kulturartikels mangels Alternative auf waren- bzw. dienstleistungsbezogene Rechtsgrundlagen zurückzugreifen gezwungen war, stärker in das Handeln der Gemeinschaft einzubeziehen[274]. Von dieser - im Falle des Programms MEDIA-Plus „Projektentwicklung“[275] - naheliegenden Möglichkeit hat die Gemeinschaft keinen Gebrauch gemacht und daher den ihr zur Verfügung stehenden kompetenzrechtlichen Rahmen nicht auf die richtige Weise ausgeschöpft. Die Chance, die kulturelle Dimension der Medien hier stärker zu betonen, wurde insofern nicht wahrgenommen. Auswirkungen hat das u. a. in welthandelsrechtlichen Zusammenhängen, vor deren Hintergrund eine kulturpolitische Lösung vorzugswürdig gewesen wäre: Die Ausnahmeregelungen für den audiovisuellen Bereich, auf deren Grundlage die Gemeinschaft die MEDIA - Förderung an welthandelsrechtlicher Beurteilung vorbei gestalten konnte, sind Ergebnis langwieriger Diskussionen im Umfeld der Uruguay-Runde[276]. Für die folgende GATT-Runde besteht jedoch die Wahrscheinlichkeit, daß an diesen Regelungen Veränderungen vorgenommen werden, die die Rechtfertigung der MEDIA-Subventionierung erschweren könnten. Im Zusammenhang mit den Verhandlungen

---

[272] Wemmer, Die neuen Kulturklauseln des EG-Vertrages, 1996, S. 137.
[273] 2000/821/EG „Projektentwicklung“, ABl. 2001 L 13/35.
[274] so auch Kleinsteuber/Rossmann, Europa als Kommunikationsraum, 1994, S. 66.
[275] 2000/821/EG „Projektentwicklung“, ABl. 2001 L 13/35.
[276] Bisselik, MP 1999, 492 (499).

wurde aber ebenso die Aufnahme einer kulturellen Bereichsausnahme diskutiert[277]. Die Existenz einer solchen Bereichsausnahme würde die Möglichkeit eröffnen, jedenfalls solche Förderprogramme zu rechtfertigen, die kulturell motiviert und auch begründet sind.

cc. Art. 150 EGV - bildungspolitische Grundlage für MEDIA-Plus „Training“

Der zweite Beschluß des Rates betreffend MEDIA-Plus „Training“[278] stützt sich auf Art. 150 Abs. 4 EGV, der der Gemeinschaft bildungspolitische Kompetenzen verleiht[279]. Inwieweit solche hier richtigerweise herangezogen wurden, soll der folgende Abschnitt zu klären versuchen.
Gemäß Art. 150 Abs. 4 EGV kann der Rat - unter Einhaltung des Verfahrens nach Art. 251 EGV und nach Anhörung der in Abs. 4 genannten Beteiligten - Maßnahmen beschließen, die die bildungspolitischen Ziele des Art. 150 Abs. 1 und 2 EGV verfolgen.

1) Voraussetzungen

Art. 150 EGV setzt voraus, daß sich die fragliche Maßnahme im Bereich beruflicher Bildung auf eines der in Abs. 2 genannten Ziele hin bewegt. Bezüglich der Reichweite des Berufsbildungsbegriffs in Abgrenzung zu Art. 149 EGV bestehen unterschiedliche Sichtweisen. Deren eine sieht von der Berufsausbildung „jede Form der Ausbildung, die auf eine Qualifikation für einen bestimmten Beruf oder eine bestimmte Beschäftigung vorbereitet oder die die besondere Befähigung zur Ausübung eines solchen Berufs bzw. einer solchen Beschäftigung verleiht“[280]-

---

277 Baumann, Die Dienstleistungsfreiheit im Bereich audiovisueller Medien, 1998, S. 166; Hahn, ZfaöRV 1996, 315 (342).

278 Beschluß 163/2001/EG des Europäischen Parlaments und des Rates vom 19.1.2001 über die Einführung eines Trainingsprogrammes für Berufstätige in der Europäischen Audiovisuellen Industrie (MEDIA Plus Training 2001 - 2005), ABl. L 2001/26. v. 27.1.2001.

279 zur Bildungspolitik der Gemeinschaft z.B.: Berggreen-Merkel, RdJB 1998, 18 ff.; Beckedorf/Henze, NVwZ 1993, 125 ff.; Fürst, Die bildungspolitische Kompetenz der EG, 1999; Lenaerts, CLMR 1994, 7 ff; Nowoczyn, Bildungspolitische Kompetenzen der EG nach Maastricht, 1996; Oertzen, Bildung und Berufsausbildung in den Europäischen Gemeinschaften, 1992; Staudenmayer, BayVBl 1995, 321 ff.; Thiele, Die Bildungspolitik der Europäischen Gemeinschaft, 2000; Uebersohn, RdJB 1998, 267 ff.

280 Classen, in Groeben/Thiesing/Ehlermann, Handbuch des Europarechts, Rn. 2 zu Art. 127.

und daher auch die Hochschulbildung - erfaßt[281]. Eine andere Ansicht dagegen will lediglich die engere berufliche Erstausbildung, berufliche Weiterbildung und Umschulung unter den Berufsbildungsbegriff subsumieren[282]. Relevant werden diese unterschiedlichen Interpretationsmöglichkeiten jedoch nur im Zusammenhang mit der Einordnung der Hochschul- bzw. weiterführenden Schulbildung, die demnach entweder unter Art. 150 EGV subsumiert, dem Art. 149 EGV unterstellt oder gar auf beide Rechtsgrundlagen gestützt wird[283]. Der Programmteil MEDIA-Plus „Training"[284] richtet sich an Medienschaffende, deren Weiterbildung in Bereichen wie dem Drehbuchschreiben oder der Arbeit mit neuen Techniken angesichts des fortschreitenden Digitalisierungsprozesses subventioniert werden soll. Damit stellt sich eine Abgrenzungsfrage zu Art. 149 EGV in diesem Zusammenhang nicht. Das Programm gehört dem Bereich reiner beruflicher Bildung an.

Auch die Subsumtion unter eine der Zielkonkretisierungen, die Abs. 2 EGV nennt, fällt nicht allzu schwer. Die fünf Ziele des Abs. 2 sind weit gefaßt und beinhalten die Erleichterung der Anpassung an die industriellen Wandlungsprozesse[285], Ausbildungsverbesserungen zur erleichterten Ein- oder Wiedereingliederung in den Beruf[286], Erleichterung der Aufnahme einer beruflichen Bildung[287], Kooperation von Unternehmen und Ausbildungsinstitutionen[288] und den Ausbau des Informationsaustausches bezüglich der unterschiedlichen Berufsbildungssysteme in den Mitgliedstaaten[289].
In Betracht ziehen läßt sich angesichts der Förderbereiche von MEDIA-Plus „Training"[290] hier vor allem das erstgenannte Ziel der erleichterten Anpassung an industrielle Entwicklungen, dem mit der Unterstützung jener Weiterbildungsmöglichkeiten entsprochen wird, die sich auf die Digitaltechnik oder andere

---

281 Feuchthofen/Brackmann, RdJB 1992, 468 (470), die zur Ausfüllung der nicht definierten Begriffe „Bildung" (Art. 126) und „Berufsbildung" (Art. 127) die zum alten Art. 128 EWGV ergangene Rechtsprechung heranziehen: v.a. EuGH Rs. 242/87 (Erasmus) Slg. 1989, 1425.

282 Blanke, Europa auf dem Weg zu einer Bildungs- und Kulturgemeinschaft, 1994, S. 68; Dohms, RdJB 1992, 451 (457); Fechner, RdJB 1996, 35 (36); Konow, RdJB 1992, 428 (430).

283 Nowoczyn, Bildungspolitische Kompetenzen der Europäischen Gemeinschaft nach Maastricht, 1996, S. 113 ff.

284 Beschluß des Rates, ABl. 2001, L 26/1.

285 Art. 150, Abs. 2, 1. Spiegelstrich.

286 Art. 150, Abs. 2, 2. Spiegelstrich.

287 Art. 150, Abs. 2, 3. Spiegelstrich.

288 Art. 150, Abs. 2, 4. Spiegelstrich.

289 Art. 150, Abs. 2, 5. Spiegelstrich.

290 Beschluß 163/2001/EG MEDIA Plus „Training", ABl. L 2001/26.

moderne Technologien beziehen, wie sie im audiovisuellen Bereich einsetzbar sind. Aber auch die die berufliche Eingliederung in den Blick nehmende Zielvorstellung, wie sie an zweiter Stelle des Art. 150 Abs. 2 EGV steht, läßt sich für die Programmbereiche wie die Ausbildungförderung im Scriptwriting-Bereich fruchtbar machen.

Eine Subsumtion der Teilbereiche von MEDIA-Plus „Training“[291] unter den Kompetenztitel des Art. 150 EGV ergibt, daß die Gemeinschaft die richtige Kompetenzgrundlage herangezogen hat.

Verfahrensmäßig sieht Art. 150 Abs. 4 EGV vor, daß die Maßnahmen im Rahmen des Mitentscheidungsverfahrens, Art. 251 EGV, und nach Anhörung des Wirtschafts- und Sozialausschusses sowie des Ausschusses der Regionen erlassen werden.

2) Grenzen der gemeinschaftlichen Kompetenz

(a) Handlungsmöglichkeiten und Harmonisierungsverbot, Art. 150 Abs. 4

Die Wahl bildungspolitischer Handlungsinstrumente begrenzt Art. 150 Abs. 1 EGV iVm. Abs. 4 EGV auf unterstützende und ergänzende Maßnahmen . Sperrwirkung für die Handlungsmöglichkeiten der Gemeinschaft im bildungspolitischen Bereich erwächst zudem aus dem Verbot von Maßnahmen, die auf eine Harmonisierung der Rechts- und Verwaltungsvorschriften in den Mitgliedstaaten zielen, Art. 150 Abs. 4 EGV. Damit ist klargestellt, daß Fördermaßnahmen nicht einhergehen dürfen mit normativen Regelungen, die Bildungssystem, Inhalte oder Zuständigkeiten in den Mitgliedstaaten tangieren würden[292].

Art. 150 Abs. 4 EGV gestattet das Ergreifen von „Maßnahmen“ und verwendet damit einen Oberbegriff, der grundsätzlich sämtliche denkbaren gemeinschaftlichen Handlungsintrumente - also auch jene rechtsverbindlichen des Art. 249 EGV - umfaßt[293]. Demgegenüber ergaben die für die Beurteilung des Beschlusses zu MEDIA-Plus „Projektentwicklung“[294] heranzuziehenden Rechtsgrundlagen Art. 151 bzw. Art. 157 EGV jeweils eingeschränkte „Maßnahmen“-

---

291 Beschluß 163/2001/EG MEDIA Plus „Training“, ABl. L 2001/26.

292 Hablitzel, Subsidiaritätsprinzip und Bildungskompetenzen im Vertrag über die Europäische Union, 1994, S. 25; Konow, RdJB 1992, 428 (431).

293 siehe oben II.1.b.bb.2.a.

294 Beschluß 2000/821/EG, ABl. 2001, L 13/35.

Begriffe[295]. MEDIA-Plus „Training“[296] gilt als Förderprogramm, wobei diese Formulierung auf ein „unbenanntes“ Gemeinschaftsinstrument hindeutet[297].
Im Zusammenhang mit Förderprogrammen, die auf Art. 149 f. EGV gestützt sind, wird auf der Grundlage des weiten „Maßnahmebegriffs“ teilweise[298] eine Möglichkeit der Qualifizierung als Verordnungen vorgenommen[299]. Dabei sollen Programme im Rahmen des Art. 149 f. EGV allgemeine Geltung entfalten können, indem sie mit einer Richtung an beispielsweise alle Bildungseinrichtungen oder an alle Mitgliedstaaten generell-abstrakt gefaßt sind[300]. Die Verbindlichkeit in allen Teilen wird dann bejaht, wenn Mitgliedstaaten verpflichtet sind, sich an der Programmdurchführung im Rahmen der nationalen Strukturen zu beteiligen oder die Kommission selbst durch Verordnungen[301] auf Vergabekriterien festgelegt ist[302]. Die unmittelbare Geltung schließlich kann sich daraus ergeben, daß entweder intern die Verpflichtung der Kommission auf bestimmte Förderkriterien besteht[303] oder die Mitgliedstaaten zur Mitwirkung bei der Durchführung bzw. zum Informationsaustausch verpflichtet sind und hieraus dann Rechte und Pflichten für die Mitgliedstaaten und ihre Bürger erwachsen[304].
Als nicht haltbar erscheint eine solche Sichtweise jedoch vor dem Hintergrund, daß die bildungspolitischen Kompetenzen stark eingeschränkt sind. Zum einen erfolgt eine solche Einschränkung durch das Verbot der inhaltlichen Regelung des Bildungsbereichs, die den Mitgliedstaaten überlassen bleiben soll. Hinzu kommt das Verbot, Rechtsangleichung zu betreiben, womit die Möglichkeit entfällt, Richtlinien zu erlassen. Damit verbleibt für die Gemeinschaft nur die Möglichkeit, finanzielle Anreize zu schaffen, die zu dem gewünschten Verhalten motivieren, nicht aber, rechtliche Pflichten zu begründen[305]. Solche sind allenfalls im Zusammenhang mit dem Prinzip der Gemeinschaftstreue, das Art. 10 EGV

---

295 Art. 151 Abs. 5 EGV sprach von vornherein von Fördermaßnahmen; Art. 157 EGV grenzt das Spektrum möglicher Handlungsinstrumente auf „spezifische Maßnahmen“ ein.

296 Beschluß 163/2001/EG MEDIA Plus „Training“, ABl. L 2001/26.

297 zur Unterscheidung zwischen bezeichneten und unbezeichneten Handlungsformen siehe Kapitel 2.

298 Nowoczyn, Bildungspolitische Kompetenzen der Gemeinschaft, 1996, S. 126 ff.

299 dagegen: Bothe, in FS Schlochauer, 1981, S. 761 (765), der darauf hinweist, daß der Terminus „Programm“ bewußt gerade deshalb gewählt würde, um eine rechtliche Verbindlichkeit zu vermeiden.

300 Nowoczyn, Bildungspolitische Kompetenzen der Gemeinschaft, 1996, S. 127.

301 z.B. Förderbedingungen für den Europäischen Sozialfonds, VO 2052/88, ABl. 1988 L 374/21.

302 Nowoczyn, Bildungspolitische Kompetenzen der Gemeinschaft, 1996, S. 127.

303 Groeben/Thiesing/Ehlermann-Daig/Schmidt Rn. 34 zu Art. 189.

304 Nowoczyn, Bildungspolitische Kompetenzen der Gemeinschaft, 1996, S. 128.

305 so paradoxerweise auch Nowoczyn, Bildungspolitische Kompetenzen der Gemeinschaft, 1996, S. 125.

statuiert, denkbar[306], können aber gerade nicht sekundärrechtlich auf der Grundlage des Art. 150 EGV begründet werden. Damit entfällt auch die Möglichkeit, ein solches Programm als Verordnung zu erlassen[307], da Verordnungen, als das weitgreifendste und am stärksten bindende Gemeinschaftsinstrument, Verpflichtungen gerade begründen wollen - und zwar in allen Teilen und unmittelbar gültig. Wäre es möglich, Förderprogramme auch als Verordnungen zu erlassen, dann bestünde über deren Gesetzescharakter und die Bindungswirkung wiederum die Möglichkeit, intensivere Kompetenzausübung zu betreiben, als in den Politikbereichen der Art. 149 ff. EGV vorgesehen.
Kollidieren muß die Annahme, man könne die Programme auch als Verordnungen erlassen, darüber hinaus mit den Passagen des Art. 150 Abs. 4 EGV, die das Harmonisierungsverbot enthalten. Art. 249 EGV stellt mit Verordnungen und Richtlinien nämlich gerade Instrumente zur Verfügung, die jedenfalls im Ergebnis eine Rechtsangleichung bewirken[308].
Als Verordnung hätte MEDIA-Plus „Training“[309] daher nicht erlassen werden können. Seine Festlegungen sind darüber hinaus auch nicht auf die Erzeugung von Rechtsverbindlichkeit angelegt. Die Gemeinschaft hat MEDIA-Plus „Training“[310] als Förderprogramm und damit als mögliche unbenannte Gemeinschaftsmaßnahme ausgestaltet und so den Rahmen, den Art. 150 EGV vorgibt, gewahrt.

(b) Querschnittsklausel, Art. 151 Abs. 4 EGV

Den kulturellen Aspekten im Zusammenhang mit der Förderung beruflicher Weiterbildungsmaßnahmen im audiovisuellen Bereich muß wegen der Querschnittsklausel des Art. 151 Abs. 4 EGV Rechnung getragen werden, die Wahrung und Förderung der Vielfalt auch dann zu beachten aufgibt, wenn andere als die kulturpolitischen Kompetenznormen herangezogen wurden. Hierzu führt der 16. Erwägungsgrund des Beschlusses[311] aus, daß die Teilnahme an dem Programm die europäische kulturelle Vielfalt reflektiert, so daß die Querschnittsklausel genügend beachtet wurde.

---

306 Konow, RdJB 1992, 428 (432).
307 Bergreen-Merkel, Die rechtlichen Aspekte der Kulturpolitik nach dem Maastrichter Vertrag, 1995, S. 15.
308 Loman/Mortelsman/Post, Culture and Community Law, 1992, S. 196; Bleckmann, DVBL 1992, 338.
309 Beschluß 163/2001/EG MEDIA Plus „Training“, ABl. 2001 L 26/1.
310 Beschluß 163/2001/EG MEDIA Plus „Training“, ABl. 2001 L 26/1.
311 ABl. 2001, L 26/1.

(c) Subsidiarität und Verhältnismäßigkeit, Art. 5 Abs. 2 und 3 EGV

Eine weitere Grenze ist gemeinschaftlichem Handeln regelmäßig durch das Subsidiaritätspinzip des Art. 5 EGV gesetzt. Daß dieses im Rahmen des Art. 150 EGV neben dessen aus Subsidiariätserwägungen einschränkenden Tatbestandsmerkmalen heranzuziehen ist[312], wurde bereits im Zusammenhang mit Art. 151 EGV im vorhergehenden Kapitel festgestellt.
Damit müssen auch im Rahmen von MEDIA-Plus „Training“[313] - formell und materiell überprüfbar - Subsidiaritätsmaßstäbe eingehalten worden sein.
Formell muß der Beschluß der Begründungspflicht des Art. 253 EGV genügen. Dabei konkretisiert Nr. 4 des Subsidiaritätsprotokolls die Anforderungen an die Begründung dahingehend, daß es zur Feststellung, daß die verfolgten Ziele auf Gemeinschaftsebene besser zu erreichen sind, qualitativer, wenn möglich quantitativer Kriterien bedarf. Dem wird der Beschluß gerecht, indem er beispielsweise in der 15. Erwägung[314] auf die positiven Auswirkungen der Förderung durch die Vorläuferprogramme auf die Beschäftigungssituation im audiovisuellen Bereich hinweist. Auch die 13. Erwägung[315] hält die Fortführung des Programmes angesichts der mit MEDIA II erzielten Erfolge für angebracht. Allerdings werden für beide Bereiche keine quantitativen Angaben gemacht.
Subsidiarität erfordert, daß die Ziele der Maßnahme nicht ausreichend durch die Mitgliedstaaten, aber daher besser durch die Gemeinschaft erreicht werden. Diese Voraussetzungen müssen - so statuiert es auch das Amsterdamer Subsidiaritätsprotokoll - kumulativ vorliegen. Die im Zusammenhang damit zu treffenden Einschätzungen durch die Gemeinschaftsorgane stehen in deren Ermessen und sind daher nur bei Überschreiten des Ermessensrahmens, also nur im Falle erkennbar sachfremder Überlegungen oder unzutreffender Tatsachen, zu beanstanden.
MEDIA-Plus „Training“[316] ist ein Programm, das u.a. Netzwerkbildung in bezug auf die Fortbildung in audiovisuellen Professionen anstrebt. Hierzu werden auch Partnerschaften zwischen Weiterbildungseinrichtungen europäischer Staaten gefördert, die zu einem Austausch an Wissen führen sollen, um die Marktfähigkeit zu erhöhen[317]. Für die Berufsbildung in diesem Sektor fehlt es ansonsten an na-

---

312 so auch Bergreen-Merkel, Die rechtlichen Aspekte der Kulturpolitik nach dem Maastrichter Vertrag, 1995, S. 13.

313 Beschluß 163/2001/EG MEDIA Plus „Training“, ABl. 2001L 26/1.

314 ABl. 2001, L 26/1.

315 ABl. 2001, L 26/1.

316 ABl. 2001, L 26/1.

317 so stellt es auch die 24. Erwägung des Beschlusses des Europäischen Parlaments und des Rates vom 19.1.2001 „Zur Implementierung eines Trainingsprogrammes für Berufstätige in der Europäischen Audiovisuellen Programmindustrie“, 163/2001/EG, ABl. 2001, L 26/1 auf.

tionalstaatlicher oder privater Finanzierung, die längerfristig externe Effekte zu erzeugen geeignet wäre[318]. Dem Subsidiaritätsprinzip ist daher Genüge getan.
Gemäß Nr. 6 des Protokolls ist eine möglichst einfache Form zu wählen, mit der das Ziel zufriedenstellend erreichbar und die Maßnahme auch tatsächlich angewendet wird. Die Rechtsetzungstätigkeit soll nicht über das erforderliche Maß hinausgehen. Nr. 7 des Protokolls schließlich schreibt fest, daß so viel wie möglich Ermessensspielraum bei den Mitgliedstaaten verbleiben muß, ferner deren bewährte nationale Regelungen sowie Struktur und Funktionsweise ihrer Rechtssysteme zu beachten sind. Hierzu bezieht die Kommission in ihrer 14. Erwägung[319] Stellung, indem sie darauf verweist, daß MEDIA II, dem MEDIA-Plus strukturell nachfolgt[320], die vorrangige Stellung der nationalen Filmförderung unterstützt. In der Tat werden nationale Filmförderungsstrukturen deshalb nicht berührt, weil diese auf die Förderung einzelner Filme bzw. Drehbuchprojekte abzielen, während MEDIA-Plus „Training"[321] gewissermaßen im Vorfeld den Boden bereitet, indem es die Ausbildung von Medienschaffenden unterstützt[322].
Die Gemeinschaft hat daher erkennbar ihr Ermessen in der Frage der Beurteilung von Subsidiarität und Verhältnismäßigkeit nicht überschritten.
Im Ergebnis sind Subsidiaritäts- und Verhältnismäßigkeitsgrundsatz im Zusammenhang mit dem Beschluß daher gewahrt worden.

(d) Internationale Rechtsgrenzen

Auch hier muß noch nach den internationalen Implikationen gefragt werden, bevor eine abschließende Beurteilung des Beschlusses MEDIA-Plus „Training"[323] vorgenommen werden kann.
Wie bereits im Zusammenhang mit dem Teilbeschluß „Projektentwicklung, Vertrieb, Öffentlichkeitsarbeit"[324] festgestellt[325], hängt die Frage nach den Berührungspunkten der Subventionen mit dem Freihandelsrecht ganz besonders von der Einordnung als Ware oder Dienstleistung ab. Das ist darauf zurückzuführen, daß im Rahmen des für Dienstleistungen in Kraft gesetzten Regelungswerkes

318 MEDIA Mid-term Evaluation, 1998, S. 117.
319 ABl. 2001, L 26/1.
320 siehe oben, II,1,a,bb.
321 Beschluß 163/2001/EG: MEDIA Plus „Training", ABl. 2001 L 26/1.
322 so richtet sich hiesige nationale Förderung im Zusammenhang beispielsweise mit der Drehbuchentwicklung auf die Herstellung von Drehbüchern, §§ 47, 75 FFG, während MEDIA Plus „Bildung" Finanzierungshilfen für die Ausbildung und Weiterbildung von Drehbuchautoren anbietet, siehe Nikoltchev/Blázquez IRISplus 2001, S. 3.
323 Beschluß 163/2001/EG MEDIA Plus „Training", ABl. 2001 L 26/1.
324 Beschluß 2000/821/EG, ABl. 2001 L 13/35.
325 siehe 4. Kapitel, II,b.aa.2.d.

GATS noch keine Subventionssrechtsordnung existiert und überdies der audiovisuelle Dienstleistungsbereich von der Gemeinschaft nicht mittels eines „specific commitment“ den Liberalisierungspflichten des GATS unterworfen wurde[326]. Im Fall der Einordnung als dienstleistungsbezogen hätten die Subventionen damit derzeit überhaupt keine internationalen Auswirkungen. Relevanz käme ihnen dann erst vorbehaltlich einer Regelung im Rahmen des GATS in einer nächsten Verhandlungsrunde bei.
Auch hier wird die Unterscheidung nach Ware oder Dienstleistung wieder durch die „Filmnähe“ des jeweiligen geförderten Bereiches bestimmt: Stellt sich ein Förderbereich als Vorstufe zur Produktion eines Filmes dar, dessen Beurteilung als Ware alle damit befaßten Bereiche der Geltung des GATT unterstellt, dann muß er sich auch an den Grundsätzen des GATT-Rechts messen lassen - in diesem Fall an der Subventionsordnung[327].
Schwierig erscheint damit die Einordnung von MEDIA-Plus „Training“[328] mit seinen Förderbereichen Managment/Marketing, Technologieentwicklung und Drehbuchschreiben. Sowohl die Entwicklung neuer Technologien als auch das Scriptwriting an sich stellen sich als der Filmproduktion vorlaufende Bereiche dar und müßten aus diesem Grunde dem Subventionsübereinkommen unterliegen. Jedoch sollen im Rahmen des MEDIA-Plus „Training“[329] über die Förderung der Ausbildung der Medienschaffenden auf diesen als Schlüsselbereichen bewerteten Feldern erst die Voraussetzungen für die - dort nicht konkret geförderte - Filmproduktion geschaffen werden. Die Ausbildung erscheint damit als der eigentlichen Produktion zwar vorgehender Bereich, jedoch ist die Nähe hierzu nicht mehr so stark, daß sie den Dienstleistungscharakter der eigentlichen Ausbildungsleistung verdrängen könnte.
Die Einordnung als audiovisuelle Dienstleistung läßt die Frage nach der Vereinbarkeit der Förderung des Ausbildungsbereiches im Rahmen von MEDIA-Plus „Training“[330] damit dahingehend beantworten, daß keine Subventionsregelungen zu berücksichtigen sind und deshalb internationale Regelungen nicht tangiert sind.

Eine kompetenzrechtliche Betrachtung des Teilbeschlusses MEDIA-Plus „Training“[331] ergibt also, daß der Rat mit Art. 150 EGV die richtige Rechtsgrundlage heranzog und sich seine Kompetenzausübung auch im durch die Vorschrift des Art. 150 EGV vorgegebenen Rahmen hielt.

---

326 siehe dazu bereits Kapitel 3, I.1.b.ee.3.
327 Übereinkommen über Subventionen und Ausgleichsmaßnahmen vom 15.4.1994, ABl. 1994, L 336/156.
328 Beschluß 163/2001/EG MEDIA-Plus „Training“, ABl. 2001 L 26/1.
329 Beschluß 163/2001/EG MEDIA-Plus „Training“, ABl. 2001 L 26/1.
330 Beschluß 163/2001/EG MEDIA-Plus „Training“, ABl. 2001 L 26/1.
331 Beschluß 163/2001/EG MEDIA-Plus „Training“, ABl. 2001 L 26/1.

c. Kompetenzrechtliches Resümee zum Förderprogramm MEDIA-Plus

Die kompetenzrechtliche Beurteilung von MEDIA-Plus „Training"[332], das die Gemeinschaft auf Art. 150 EGV stützte, fällt positiv aus. Da es sich im Kern um Maßnahmen handelte, die den bildungspolitischen Zielen des Art. 150 EGV, insbesondere jenem der erleichterten Anpassung an industrielle Entwicklungen, gerecht werden, wurde die sachlich einschlägige Rechtsgrundlage herangezogen. Als Fördermaßnahme hält sich MEDIA-Plus „Training"[333] darüber hinaus im Rahmen des Art. 150 Abs. 4 EGV, der Vorgaben für das von der Gemeinschaft heranzuziehende Instrumentarium aufstellt. Auch Subsidiaritäts- bzw. Verhältnismäßigkeitserwägungen führen nicht zu einem anderen Ergebnis, da sich MEDIA-Plus „Training"[334] solchen Bereichen zuwendet, die von der nationalen Förderung unberührt bleiben. Ebensowenig ergeben sich Kollisionen mit den welthandelsrechtlichen Vorgaben, da der von MEDIA-Plus „Training"[335] subventionierte Bereich Dienstleistungen erfaßt, deren grundsätzliche Beurteilung anhand der Bestimmungen des GATS dadurch gesperrt bleibt, daß die Gemeinschaft die Dienstleistungen des audiovisuellen Bereichs von diesen Verpflichtungen hat ausnehmen lassen.

Kritisch betrachtet werden muß die Kompetenzfrage dagegen im Zusammenhang mit MEDIA-Plus „Projektentwicklung"[336]. Dieser Beschluß wurde von der Gemeinschaft industriepolitisch, d.h. auf der Grundlage von Art. 157 Abs. 3 iVm. Abs. 1 EGV begründet, obgleich sowohl den Begründungserwägungen, als auch den eigentlichen Bestimmungen des Programms deutlich ein kulturpolitischer Hintergrund sowie kulturpolitische Effekte innewohnen. Selbst wenn man industrie- und kulturpolitischen Aspekten im Zusammenhang mit dem Beschluß zu MEDIA-Plus „Projektentwicklung" gleiches Gewicht beimessen will und zur Abgrenzung hilfsweise die Ausgestaltung von Verfahrensregelungen als heranzieht, ergibt sich keine andere Beurteilung. Eine Abstützung auf den Kulturartikel Art. 151 EGV hätte aufgrund des dort vorgesehenen Verfahrens erfolgen müssen, das Beteiligungsrechte der Organe stärker berücksichtigt. Die Heranziehung der kulturpolitischen Kompetenz der Gemeinschaft, wie sie ebenso möglich und sachlich näher gelegen gewesen wäre, hätte MEDIA-Plus „Projektentwicklung"[337] inhaltlich die industriepolitische Stoßrichtung genommen, die sich z.B. in

---

332 Beschluß 163/2001/EG MEDIA-Plus „Training", ABl. 2001 L 26/1.
333 Beschluß 163/2001/EG MEDIA-Plus „Training", ABl. 2001 L 26/1.
334 Beschluß 163/2001/EG MEDIA-Plus „Training", ABl. 2001 L 26/1.
335 Beschluß 163/2001/EG MEDIA-Plus „Training", Abl 2001 L 26/1.
336 Beschluß 2000/821/EG, ABl. 2001 L 13/35.
337 Beschluß 2000/821/EG, ABl. 2001 L 13/35.

einem Verleihsystem niederschlägt, das die großen Verleiher belohnt, kleine und mittelständische Unternehmen aber diversen Verdrängungsprozessen am Markt preisgibt. Die so betonte kommerzielle Seite des Programms entpuppt sich hier als Nachteil[338]. Grenzen, die sich aus dem Subsidiaritäts- bzw. Verhältnismäßigkeitsprinzip ergeben, ist ebenfalls Rechnung getragen, da auch die in MEDIA-Plus „Projektentwicklung“[339] geförderten Bereiche mitgliedstaatliche Förderung ergänzen, nicht aber ersetzen wollen.
Die Schwächen des Programmes, so v.a. die finanzielle Unterausrichtung, die dem Projekt keine allzu große Schlagkraft verleiht, gereichen unter kompetenzrechtlichem Blickwinkel paradoxerweise auch wieder zu seinem Vorteil. Das ergab sich aus der Untersuchung seiner welthandelsrechtlichen Vereinbarkeit. Da es MEDIA-Plus wie auch seinen Vorgängern an entscheidendem marktverändernden Potential mangelt, bleibt eine Beurteilung der GATT-relevanten Subventionen als mit dem GATT vereinbar möglich. Für die Unterstützungsmaßnahmen, die sich allein im Dienstleistungssektor auswirken, spielen diese internationalen Begrenzungen zwar derzeit noch keine Rolle, jedoch kann mittelfristig wohl auch mit entsprechenden Regelungen im GATS gerechnet werden[340].
Alles in allem hätte eine kulturpolitische Verankerung des Programmes nicht nur Forderungen nach einer kulturellen Bereichsausnahme im Rahmen der welthandelsrechtlichen Diskussion jedenfalls glaubhafter erscheinen lassen, sondern auch dazu beitragen können, der kulturellen und gesellschaftlichen Bedeutung der Medien, wie sie in Hinblick auf die fortschreitende Integration und einen Bewußtseinsbildungsprozeß auf europäischer Ebene den audiovisuellen Medien ganz besonders zukommt, stärker Rechnung zu tragen.

2. Komplementärmaßnahmen zur MEDIA-Förderung - Vorschlag zur Einrichtung eines Europäischen Garantiefonds

Als ein weiteres Instrument europäischer Medienpolitik ging ein Garantiefonds zur Förderung der Film- und Fernsehproduktion Mitte der neunziger Jahre in Planung[341].

---

338 Jarothe, Die Filmförderung der EU, 1998, S. 330.

339 Beschluß 2000/821/EG, ABl. 2001 L 13/35.

340 so auch Bisselik, MP 1999, 492 (499).

341 vornehmlich positive Stimmen aus der Filmindustrie: Europäischer Garantiefonds, Filmecho/Filmwoche 1994/4, S. 27; Drei Vorschläge für Garantien-Fonds, Blickpunkt:Film 1995/26, S. 22; Produktionsfonds für Europa, Filmecho/Filmwoche 1994/27, S. 3.

a. Inhaltliche Ausgestaltung des Garantiefonds

Um dem Bedürfnis nach zusätzlichen und die MEDIA-Förderung ergänzenden Mitteln gerecht werden zu können, sollte der Europäische Garantiefonds zur Förderung der Film- und Fernsehproduktion gebildet werden[342]. Eine Ergänzung der MEDIA-Förderung wurde inhaltlich dergestalt anvisiert, daß der Fonds die Finanzierung der eigentlichen Filmproduktion für den europäischen und internationalen Markt[343] unterstützen sollte, die von den MEDIA-Programmen nicht abgedeckt wird. Dabei wurde als effektivstes Mittel, zusätzliche Ressourcen zu mobilisieren, eine Gemeinschaftsgarantie befunden, die die mit der Finanzierung von Kino- und Fernsehproduktionen verbundenen Risiken decken sollte. Damit sollten vor allem zwei Faktoren Rechnung getragen werden, die sich hinderlich auf Investitionen im audiovisuellen Sektor auswirkten: Die Probleme, die die größtenteils kleinen und mittleren europäischen audiovisuellen Unternehmen haben, Kredite zu erhalten und das angesichts der schwer kalkulierbaren Risiken in dem Bereich stärkere Bedürfnis der kreditgebenden Banken nach Sicherheiten[344].
Im Kommissionsvorschlag ausdrücklich benannt[345] finden sich im wesentlichen die Zielsetzung der Förderung der Produktion von europäischen Kino- und Fernsehfilmen für den europäischen und internationalen Markt und die Stärkung der Marktstellung der europäischen Produktionsgesellschaften. Die vom Parlament angeregten Änderungen[346] sehen darüber hinaus eine Ergänzung um die Förderung der - auch internationalen - Verbreitung von Kino- und Fernsehfilmen und der Produktion in Ländern mit beschränkter sprachlicher und geographischer Ausdehnung bzw. kleinerer Projekte vor. Die intendierte Komplementarität zur MEDIA-Förderung zeigt sich im Hinweis des Parlaments auf den Bedarf zusätzlicher Finanzierungsmittel auch für diejenigen Spielfilme, die neue Techniken einsetzen sowie für Vertriebs- und Verleihunternehmen[347].

---

342 19. Erwägungsgrund, Vorschlag der Kommission für einen Beschluß des Rates zur Einrichtung eines Europäischen Garantiefonds zur Förderung der Film- und Fernsehproduktion, ABl. 1996, C 41/08.

343 11. Erwägungsgrund.

344 Stellungnahme des WSA zu dem Vorschlag für einen Beschluß des Rates zur Einrichtung eines europäischen Garantiefonds zur Förderung der Film - und Fernsehproduktion, ABl. 1996, C 204/03; Vorschlag der Kommission , ABl. 1996, C 41/8, S. 9; 11. EG.

345 Art. 2 Vorschlag für einen Beschluß des Rates zur Einrichtung eines europäischen Garantiefonds zur Förderung der Film- und Fernsehproduktion, ABl. 1996, C 41/08.

346 Vorschlag für einen Beschluß des Rates zur Einrichtung eines europäischen Garantiefonds zur Förderung der Film- und Fernsehproduktion, ABl. 1996, Nr. C 347/33, S. 35.

347 Vorschlag für einen Beschluß des Rates zur Einrichtung eines europäischen Garantiefonds zur Förderung der Film- und Fernsehproduktion, ABl. 1996, Nr. C 347/33, S. 33.

Vorgesehen ist die Garantiegewährung für kurzfristige Kreditoperationen sowie für mittel- und langfristige Darlehen. Die vom Fond gewährten Darlehen sollen die Hälfte des jeweiligen Darlehens- oder Kreditbetrages nicht überschreiten, Art. 4 Abs. 2 Kommissionsvorschlag.
In organisatorischer Hinsicht empfiehlt der Vorschlag der Kommission eine Teilung der übernommenen Risiken mit dem Europäischen Investitionsfonds (EIF)[348]. Der EIF soll im Rahmen der Einrichtung eines solchen Garantiefonds auch insofern Bedeutung erlangen, als er mit der Finanzverwaltung beauftragt werden soll, Art. 6 Kommissionsvorschlag.
Weiter soll der Kommission ein beratender Ausschuß zur Seite stehen, dem die Aufgabe zukommt, zu den beabsichtigten Maßnahmen Stellungnahmen abzugeben (Art. 7 Kommissionsvorschlag). Das Parlament präzisierte die Rolle des Ausschusses in seiner Stellungnahme insoweit, als zum Aufgabenfeld des Ausschusses auch die vorherige Festlegung der Auswahlkriterien unter besonderer Berücksichtigung der kleinen und mittleren Unternehmen hinzukommen sollen[349].
Was die Finanzierung anbelangt, so ist ein Beitrag der Gemeinschaft im Rahmen der verfügbaren Haushaltsmittel vorgesehen, Art. 5 Abs. 1 des Vorschlags, dessen Höhe nach den Grundsätzen der Finanziellen Vorausschau und nach Maßgabe der Verfügbarkeit der jährlichen Haushaltsmittel bemessen ist[350]. Darüber hinaus sollen auf ein Sonderkonto, das beim EIF eingerichtet werden soll und für das Art. 5 Abs. 3 ein Gleichgewicht von Einnahmen und Ausgaben vorschreibt, eventuelle Kapitalbeteiligungen Dritter sowie die Zinserträge bzw. sonstige mögliche Erträge einfließen.
Die Stellungnahme des Wirtschafts- und Sozialausschusses[351] bemängelte die Finanzierungsquelle des Gemeinschaftsbeitrags: Das insgesamt vorgesehene Garantiekapital von 200 Millionen ECU soll sich in Höhe von 90 Millionen ECU aus den für das MEDIA-Programm bereitgestellten Mitteln speisen. Eine effektivere Einsatzmöglichkeit der begrenzten Mittel sieht der Ausschuß in der Begrenzung der Förderung auf Kinofilmproduktionen[352].

---

348 Art. 4 Abs. 1.

349 Änderung 33 des Parlaments zu Art. 7, ABl. 1996, C 347, 35 (S. 38).

350 25. Erwägungsgrund.

351 Stellungnahme des Wirtschafts- und Sozialausschusses zu dem „Vorschlag für einen Beschluß des Rates zur Einrichtung eines europäischen Garantiefonds zur Förderung der Film- und Fernsehproduktion, ABl. 1996 C 204/03.

352 Punkt 4 der Stellungnahme des WSA; Kritik hieran auch in „Digital-Regeln vorerst verschoben - Europäische Medienpolitik am Scheideweg", in Blickpunkt:Film 1995/23, S. 46.

b. Kompetenzrechtliche Beurteilung

aa. Voraussetzungen der Rechtsgrundlage

Da der Vorschlag der Kommission den industriepolitische Komptenztitel als Grundlage für die Einrichtung des Garantiefonds benennt, dient Art. 157 EGV hier als Ausgangspunkt einer kompetenzrechtlichen Beurteilung.
Die Möglichkeit des Ergreifens von Maßnahmen in industriepolitischen Zusammenhängen, Art. 157 Abs. 3 EGV, ist inhaltlich an das Vorliegen der Voraussetzungen des Art. 157 Abs. 1 EGV gebunden. Dieser gestattet - wie im vorhergehenden Teil zu MEDIA-Plus „Projektentwicklung"[353] näher beschrieben - unterstützende Maßnahmen der Gemeinschaft, die darauf gerichtet sind, notwendige Voraussetzungen für die Wettbewerbsfähigkeit der Industrie zu gewährleisten und wird in Abs. 2 präzisiert.
Im Zusammenhang mit dem Vorschlag für den Garantiefonds kommen Art. 157 Abs. 2, 1. und 2. Spiegelstrich in Betracht. Danach ist gemeinschaftliches Handeln vor industriepolitischem Hintergrund dann möglich, wenn damit die Anpassung an die strukturellen Veränderungen erleichtert (1. Spiegelstrich) bzw. ein für die Initiative und Weiterentwicklung der Unternehmen, insbesondere der kleinen und mittleren Unternehmen, günstiges Umfeld kreiert werden soll (2. Spiegelstrich) .
Der Fonds ist darauf angelegt, Sicherheiten für die Finanzierung von Projekten im Rahmen der Film- und Fernsehproduktion zu stellen. Die Unterstützung dieses Bereichs wird dabei in Ergänzung zur Förderung durch das MEDIA-Programm vorgenommen und soll den Problemen des europäischen audiovisuellen Sektors[354] Abhilfe schaffen. Indem so auf Veränderungen des Sektors reagiert werden soll, bewegt sich die Zielvorstellung des Vorschlags zu einem solchen Garantiefonds im Rahmen des Art. 157 Abs. 1. Spiegelstrich.
Aber auch Art. 157 Abs. 2, 2. Spiegelstrich EGV konnte herangezogen werden, sofern sich im endgültigen Beschluß eine stärkere Hinwendung zu kleinen und mittleren Unternehmen als Adressaten niedergeschlagen hätte[355].

---

353 hierzu II. 1.b.aa.

354 Zu den Schwierigkeiten des europäischen audiovisuellen Sektors und deren Ursachen siehe Einleitung und 1. Kapitel.

355 Diese Anregung gab der Wirtschafts- und Sozialausschuß in seinen Schlußfolgerungen, Punkt 4.6. und 4.3., Stellungnahme des Wirtschafts- und Sozialausschusses zu dem „Vorschlag für einen Beschluß des Rates zur Einrichtung eines europäischen Garantiefonds zur Förderung der Film- und Fernsehproduktion", ABl. 1996 Nr. C 204/5.

Inhaltlich bestand also unter Heranziehung industriepolitischer Kompetenzen die Möglichkeit, einen Fonds zur Gewährung von Sicherheiten bei der Finanzierung der Film- und Fernsehproduktion zu erwägen.

bb. Rechtsgrenzen

Die kompetenzrechtliche Möglichkeit, solch einen Garantiefonds einzurichten, kann aber erst nach einem Blick auf die Grenzen, die gemeinschaftlichem Tätigwerden gesetzt sind, abschließend beurteilt werden.

Als kompetenzielle Begrenzung ist zunächst das in Art. 157 Abs. 4 EGV statuierte Verbot der Wettbewerbsverzerrung zu beachten[356], wobei wiederum dessen beihilferechtliche Ausprägung[357] hier ausschlaggebend ist. Einen Verstoß gegen das Verbot der Wettbewerbsverzerrung würde demnach naheliegen, wenn die wirtschaftliche Struktur punktuell und besonders nachteilig beeinflußt würde. Die schlichte Gewährung von Sicherheiten stellt allerdings keine solche tiefgreifende Beeinflussung dar. Durch diesen Anreiz soll lediglich die Erschließung von Finanzierungsquellen erleichtert, nicht aber eine eigene Finanzierungsquelle angeboten werden[358]. Insoweit deklariert der 14. Erwägungsgrund auch, daß die Fonds-Tätigkeit nur im Einklang mit den Marktgesetzen stattfinden darf. Auch aus dem 15. Erwägungsgrund ergibt sich die rein untergeordnete und unterstützende Rolle des Fonds, der nicht alternativ oder gar konkurrierend, sondern nur zusammen mit privaten und öffentlichen Einrichtungen agieren soll.
Da die finanziellen Mittel also nicht wie im Falle der Subventionsgewährung geeignet sind, direkt in Marktgeschehen einzugreifen, kann man das Verbot der Wettbewerbsverzerrung als gewahrt ansehen.

Anlaß zu Bedenken gibt allerdings das Subsidiaritätsprinzip des Art. 5 EGV. Während im Zusammenhang mit MEDIA-Plus darauf verwiesen werden konnte, daß sich dessen Förderung auf andere Bereiche konzentriert, als bereits durch nationale Förderbemühungen abgedeckt werden, richtet sich der Garantiefond in Ergänzung des MEDIA-Programmes genau auf die durch MEDIA-Plus noch nicht berührten Bereiche der Film- und Fernsehproduktion, die aber gerade identisch sind mit denen nationaler Filmförderung. Daher stellt sich die Frage, inwieweit die Tätigkeit der Gemeinschaft in Gestalt des Garantiefonds mitgliedstaatliches Tun - wie in der 24. Erwägung propagiert - tatsächlich lediglich unterstützt und

---

[356] siehe II.1.b.aa.2.a.
[357] und dort auch erklärt II. 1. b.
[358] siehe Erwägungsgrund 14.

ergänzt. Die Beantwortung muß sich danach richten, ob dieses spezielle Unterstützungsinstrument nicht ausreichend durch die Mitgliedstaaten, daher aber besser auf gemeinschaftlicher Ebene implementiert werden könnte. Das Subsidiaritäts-Protokoll[359] präzisiert diese Anforderungen inhaltlich und erklärt sie für gegeben[360], wenn entweder transnationale Aspekte gegeben sind, alleinige mitgliedstaatliche Maßnahmen gegen Vertragsanforderungen verstoßen würden oder gemeinschaftliche Maßnahmen wegen ihres Umfangs oder ihrer Wirkungen Vorteile bringen würden.
Zwar obliegt die Förderung der Film- und Fernsehproduktion den Mitgliedstaaten, jedoch belaufen sich deren Förderungsbemühungen zumeist auf nationale Filme. Der Garantiefonds soll jedoch Sicherheiten für die Finanzierung europäischer Filme bereitstellen[361], d.h. nur solcher, die für den innereuropäischen bzw. internationalen Austausch bestimmt sind[362]. Damit haftet der Zielsetzung des Fonds ein transnationaler Aspekt an: Die nationale Filmförderung wird bezüglich solcher Werke ergänzt, die für ein europäisches bzw. internationales Publikum konzipiert sind. Im übrigen tritt der Fonds nicht an Stelle nationaler Filmförderung, sondern ergänzt diese auch insofern, als er nicht die direkte Gewährung von Geldern vorsieht, sondern lediglich Sicherheiten bereitstellt, die die eigentliche Finanzierung erleichtern sollen. Daher läßt sich abschließend hier feststellen, daß ein Garantiefonds in Gestalt des von der Kommission unterbreiteten Vorschlags Subsidiaritätsgedanken genügend Rechnung getragen hätte.

Haushaltsrechtlichen Gesichtspunkten[363], die ebenso geeignet sein können, kompetenzrechtliche Zweifel aufkommen zu lassen, wird mit der 25. Erwägung Rechnung getragen. Hier nimmt der Kommissionsvorschlag auf solche Bezug und stellt fest, daß die Mittelgewährung für den Fonds im Rahmen der Finanziellen Vorausschau erfolgen soll, so daß auch haushaltsrechtliche Aspekte genügend berücksichtigt sind.

---

359 hierzu siehe bereits Kapitel 2, I.3.a.

360 Nr. 5 Amsterdamer Protokoll.

361 11. Erwägungsgrund, Vorschlag der Kommission ABl. 1996, C 41/9.

362 ausdrücklicher Hinweis im Vorschlag der Kommission, Erwägungsgrund 11 und in der Stellungnahme des WSA, ABl. 1996, C 204/7, Punkt 3.11.

363 hierzu bereits im Rahmen der Analyse von MEDIA Plus: II.1.b.aa.2.c.

cc. Wahl der richtigen Kompetenzgrundlage?

Da der Fonds inhaltlich eine Unterstützung zu MEDIA „Projektentwicklung"[364] darstellen will und für diesen Programmteil die Möglichkeit aufgezeigt werden konnte, daß eine Abstützung auf Art. 151 EGV näher gelegen hätte, muß auch hier noch kurz die Frage gestellt werden, inwieweit auch für den Garantiefonds Art. 151 EGV hätte in Betracht gezogen werden müssen.
In seiner 19. Erwägung verweist der Vorschlag der Kommission explizit auf eine Zielidentität mit dem MEDIA-Programm, so daß auch die genannten kulturpolitischen Zielsetzungen transferiert werden. In der eigentlichen Zielbeschreibung für den Fonds, die sich in Art. 2, Abs. 2 findet, wird der Schwerpunkt allerdings deutlich auf die Verbesserung der Marktstellung gelegt, während andere Ziele, die mit der Betonung der Stärkung des europäischen audiovisuellen Marktgeschehens einhergehen, keine Erwähnung finden. Damit ist eine kulturpolitische der gewählten industriepolitischen Abstützung dieser flankierenden Maßnahme hier wohl nicht vorzuziehen.

c. Ergebnis

Die Idee eines Europäischen Garantiefonds für die Film- und Fernsehwirtschaft, wie sie sich im beschriebenen Kommissionsvorschlag konkretisiert hatte, sieht sich aus kompetenzrechtlicher Sicht also keinen Bedenken ausgesetzt.
Inhaltlich wurde jedoch in einem Ausmaß Kritik geübt, das letztlich zum Scheitern des Implementierungsprozesses führte: Zunächst mangelte es dem Vorschlag der Kommission - parallel zu der Situation im Zusammenhang mit den MEDIA-Beschlüssen - bezüglich der Bezifferung des Betrages, aus dem der Fonds bestehen sollte, an finanzieller Durchschlagkraft. Kritik an der Finanzierung, die z.T. auch auf Mittel, die für MEDIA II bereitgestellt waren, zurückgreifen sollte, brachte vor allem der Wirtschafts- und Sozialausschuß vor[365], der sich gegen die Umlage von Geldern aus dem MEDIA-Programm aussprach. Darüber hinaus ging auch die deutsche Delegation im Ausschuß zum Fonds davon aus, daß die Mittelausstattung zu niedrig sei, um die angestrebten Effekte tatsächlich auszulösen. Überdies bestehe die Gefahr, daß die Ressourcen des Fonds innerhalb einiger Jahre aufgebraucht seien, da die Konzeption des Fonds

---

[364] Beschluß 2000/821/EG, ABl. 2001, L 31/35.

[365] Anhörung des WSA, ABl. 1996, C 204/7, Punkt 4.1.; so auch Delmoly, in Blickpunkt: Film 1995/20, S. 21.

keine Selbstfinanzierung durch unabhängige Einkünfte bzw. den Ausgleich von Verlusten vorsehe[366]. Schließlich kritisierte die deutsche Delegation, daß das vorgesehene Konzept große und nicht mittlere Produktions- und Verleihunternehmen begünstige und damit deren Verluste aus Produktionen mit europäischen Steuergeldern zurückzahle[367].
Selbst wenn die - grundsätzlich unterstützte - Idee[368], größere Mengen privaten Kapitals für die audiovisuelle Industrie zu mobilisieren, in Gestalt des Garantiefonds noch nicht aufgegeben wurde[369], so bleibt die Schwierigkeit der erforderlichen Einstimmigkeit im Rat bestehen und das Zustandekommen des Fonds fraglich.

Die Notwendigkeit zusätzlicher finanzieller Anreizschaffung blieb aber unverändert bestehen und führte zur Entwicklung alternativer Konzepte finanzieller Unterstützungsmaßnahmen, die MEDIA flankieren sollten.
Ein solches Unterstützungsprogramm ist „i2i Audiovisual“. Hierbei handelt es sich um eine Kooperationsstrategie zwischen Kommission, Europäischer Investitionsbank und Europäischem Investitionsfonds, die über einen Zeitraum von drei Jahren umfangreiche Finanzmittel in Höhe von etwa 600 Millionen Euro[370] aufbringen soll[371]. Geplant ist, diese wiederum den Bereichen „Finanzierung kleiner Unternehmen“, „Finanzierung im Hinblick auf Infrastrukturinvestitionen und Produktionsinvestitionen“, „Finanzierung von Risikokapitalfonds im audiovisuellen Bereich“ und „Gemeinsame Aktionen von EIB-Gruppe und Kommission“ zufließen zu lassen. Dabei wird die EIB als Träger der Initiative „i2i“, zu der auch „i2i-Audiovisual“ gehört, Voraussetzungen für die Banken schaffen,

---

366 Europäische Kommission/Rat der EU: Europäischer Garantiefonds zur Förderung der Kino- und Fernsehproduktion, IRIS 1996, Vol. II Nr. 1, S. 12; Deutsche skeptisch gegenüber EU-Fonds, Blickpunkt:Film 7-1996, S. 35.

367 Deutsche skeptisch gegenüber EU-Fonds, Blickpunkt:Film 7-1996, S. 35.

368 wie die Kommission in ihrer Mitteilung an das Europäische Parlament und den Ministerrat „Die Politik der Gemeinschaft im audiovisuellen Bereich - Künftiges Vorgehen“, KOM (98), 446, endg. S. 9 feststellt, wurde der Fonds von Wirtschaft, Parlament und den meisten Mitgliedstaaten zwar positiv aufgenommen, konnte aber trotzdem nicht die für den Erlaß von Maßnahmen nach Art. 157 Abs. 3 S. 2 EGV nötige Einstimmigkeit im Rat erzielen.

369 Von einer endgültigen Aufgabe geht Levy, Europe`s digital revolution, 1999, S. 49 aus, während sich in der Mitteilung der Kommission, „Die Politik der Gemeinschaft im audiovisuellen Bereich - künftiges Vorgehen“, KOM (98) 446 endg., Fn. 6 auf S. 2 der Hinweis findet, der Fonds sei „noch nicht vom Tisch“.

370 Pressemitteilung „Round-Table-Konferenz in Cannes über die neuen Finanzinstrumente zur Förderung des audiovisuellen Sektors“ v. 14.5.2001; IP/01/685.

371 Pressemitteilung von Europäischer Kommission und EIB vom 19.12.2000, „Neue Finanz- und Bankinstrumente für audiovisuelle Produktionen“ IP/00/1489.

die speziell im audiovisuellen Bereich tätig sind, die Bereitstellung finanzieller Mittel für Investitionen in diesem Sektor zu gewährleisten. In Zusammenarbeit mit der Kommission sind vor allem Maßnahmen vorgesehen, die über Finanzierungswege informieren und europäische Zusammenarbeit anregen.
Damit hat also eine Verlagerung der Lösung des Problems der Schaffung zusätzlicher finanzieller Mittel stattgefunden. Während der Garantiefonds in Form eines Ratsbeschlusses auf der Grundlage von Art. 157 EGV und damit wesentlich enger verbunden mit den Rechtssetzungsstrukturen der Gemeinschaft[372] eingesetzt werden sollte, nimmt sich der per se inhaltsgleichen Zielsetzung nunmehr die EIB an. Das hat zur Folge, daß das Einstimmigkeitserfordernis im Rahmen des Art. 157 Abs. 3 EGV, das letztlich zum Scheitern des Garantiefonds führte, nun jedenfalls kein Hindernis mehr bildet.

III. Programme im Bereich der neuen Dienste: insbesondere „e-Content"

Auch im Bereich der neuen Dienste finden sich zahlreiche Aktivitäten der Gemeinschaft in Form von Programmen, die Regelungsansätze ergänzen.
Die Zielsetzung solcher gemeinschaftlichen Programme, wie beispielsweise des Programms zu Benutzerfreundlichkeit[373], des Programms zur Unterstützung der Entwicklung digitaler Inhalte und zur Förderung sprachlicher Vielfalt (e-Content)[374], des Programms zur Förderung der Informationsgesellschaft[375] oder des Aktionsplans zur Förderung der sicheren Internetnutzung[376] besteht darin, auf unterschiedliche Weise Gesellschaft, aber auch Industrie für den Umgang mit den

---

[372] Es wurde bereits beschrieben, daß Aktionen bzw. Programme der Gemeinschaftsorgane die beteiligten Organe binden können und zumeist dann als Handlungsform gewählt werden, wenn Regelungssätze für ein Gebiet zur eigentlichen Normierung fortlaufend verdichten sollen. - s.o., 2. Kapitel, II.2.

[373] Entscheidung 1999/168/EG des Rates vom 25.1.1999 über ein spezifisches Programm für Forschung, technologische Entwicklung und Demonstration auf dem Gebiet der Benutzerfreundlichkeit in der Informationsgesellschaft, ABl. 1999, L 64 v. 12.3.1999.

[374] Entscheidung des Rates v. 22.12.2000 über ein mehrjähriges Gemeinschaftsprogramm zur Unterstützung der Entwicklung und Nutzung europäischer digitaler Inhalte in globalen Netzen und zur Förderung der Sprachenvielfalt in der Informationsgesellschaft, ABl. 2001, L 14/32.

[375] Entscheidung 98/253/EG des Rates vom 30. März 1998 über ein Mehrjahresprogramm der Gemeinschaft zur Förderung der Informationsgesellschaft in Europa, ABl. 1998, L 107/10.

[376] Nr. 276/1999/EG v. 25.1.1999, ABl. L 033 v. 6.2.1999.

neuen Diensten zu sensibilisieren und das Umfeld für deren Einsatz so auszugestalten, daß positive Effekte für die wirtschaftliche Entwicklung erzielt werden können[377].

Unter dem inhaltebezogenen Ansatz dieser Untersuchung rückt vor allem eines der Gemeinschaftsprogramme näher ins Blickfeld: das „Mehrjährige Gemeinschaftsprogramm zur Unterstützung der Entwicklung und Nutzung europäischer digitaler Inhalte in globalen Netzen und zur Förderung der Sprachenvielfalt in der Informationsgesellschaft" (e-Content)[378].
Indem das Programm anstrebt, die Verfügbarkeit europäischer digitaler Inhalte zu erhöhen, sollen Nutzung und Zugang zum Internet gefördert werden. Förderungsziele sind auch kulturelle und sprachliche Vielfalt bzw. die Wirtschaftstätigkeit in den betroffenen Bereichen (Art. 1 a - d).

Hierfür werden Maßnahmen implementiert, die auf die Förderung des Zugangs zu Informationen des öffentlichen Sektors, der Inhalteproduktion in einem multikulturellen Umfeld und des Marktes für digitale Inhalte gerichtet sind (Art. 2).
Was Zugang und Nutzung von Informationen des öffentlichen Sektors angeht, so bestehen die als förderungswürdig angesehenen Aufgabenfelder in der Schaffung gemeinsamer Standards oder transparenter Preisgestaltung in Bereichen von öffentlichem Interesse wie das kulturelle Erbe, Anwendungen im Gesundheitswesen oder ähnlicher[379] bzw. im Aufbau europäischer Datensammlungen, um das europäische Inhaltepotential ungehindert nutzen zu können.
Die Produktion digitaler Inhalte soll über die Förderung von Aktionen unterstützt werden, die Anstöße zur Zusammenarbeit in der Inhalts- und Sprachenindustrie in Europa geben und daher zur Wettbewerbsfähigkeit beitragen[380], wie insbesondere Partnerschaften und Strategien für Mehrsprachigkeit und kulturelle Vielfalt.

Für die Verfolgung der genannten Förderungsziele stehen für einen Zeitraum von vier Jahren (2001 - 2005) 100 Millionen Euro zur Verfügung (Art. 3 Abs. 2).
Ähnlich strukturiert wie die MEDIA-Programme legt „e-Content" die Durchführung in die Hand der Kommission[381], die von einem Ausschuß unterstützt wird[382].

---

[377] siehe EG 3 des e-Content-Programmes - ABl. 2001, L 14/32; EG 4 und Art. 1 des Mehrjahresprogrammes zur Förderung der Informationsgesellschaft, ABl. 1998, L 107/10.
[378] Entscheidung des Rates 2001/48/EG v. 22.12.2000, ABl. L 2001, L 14/32.
[379] ABl. 2001, L 14 /37 - Anhang zum e-Content-Programm.
[380] ABl. 2001, L 14/37 - Anhang.
[381] Art. 4, ABl. 2001 L 14/37.
[382] Art. 5, ABl. 2001 L 14/37.

Kompetenzrechtlich wurde - wie auch bereits für die Inhalteförderung im Bereich der herkömmlich zu nutzenden audiovisuellen Medien[383] - seitens der Gemeinschaft eine Abstützung auf Art. 157 Abs. 3 EGV und damit industriepolitische Regelungsbefugnisse gewählt.
Wie bereits ausführlich beschrieben[384] können im Rahmen des Art. 157 Abs. 3 EGV solche Mitteilungen, Berichte, Aktionsprogramme etc. verabschiedet werden, die die Zielsetzung des Art. 157 Abs. 1 EGV verfolgen, die Wettbewerbsfähigkeit der Industrie zu fördern. Im einzelnen fallen darunter Maßnahmen vor allem sektoraler Natur, wie z.B. Beihilfen für bestimmte Industriezweige, die die Erleichterung der Anpassung der Industrie an strukturelle Veränderungen bewirken wollen (Art. 157 Abs. 1, 1. Spiegelstrich) oder Rechtsgrundlagen für Maßnahmen, die das Funktionieren der Märkte gewährleisten (Art. 157 Abs. 1, 2. Spiegelstrich). Auch kann die Unterstützung der Zusammenarbeit zwischen Unternehmen (Art. 157 Abs. 1, 3. Spiegelstrich) bzw. Maßnahmen zur Förderung einer besseren Nutzung des industriellen Potentials in Innovation, Forschung und technologische Entwicklung (Art. 157 Abs. 1) dem übergeordneten Ziel der Förderung der Wettbewerbsfähigkeit der Industrie dienen.
Auf derlei industriepolitische Zielsetzungen nimmt die Entscheidung des Rates zur Implementierung des Programms Bezug: Erwägungsgrund 3 betont die Bedeutung der Inhalteproduktion für den Beschäftigungssektor und speziell für die kleinen aufstrebenden Unternehmen und unterstreicht ihr Veränderungspotential als Grundvoraussetzung für Wirtschaftswachstum und Unternehmertum. Die Zielsetzung einer Anpassung an strukturelle Veränderungen enthält auch Erwägungsgrund 5, der auf die rasche Änderung von wirtschaftlichen Rahmenbedingungen verweist. Mit Art. 157 Abs. 1, 2. Spiegelstrich EGV korrespondiert Erwägungsgrund 7, der das Bedürfnis unterstützender Maßnahmen auf der Gewährleistung des Funktionierens und „einer vollen Entfaltung von europäischer Inhaltsindustrie und Inhaltsmärkten" begründet. Diese Zielsetzung des Programms steht insoweit auch in Einklang mit der im Rahmen von Art. 157 Abs. 1, 4. Spiegelstrich möglichen Begründung industriepolitischen Handlungsbedarfs mit der besseren Nutzung des industriellen Potentials einer Branche. Auch die Aufstellung der konkret zu fördernden Projekte im Anhang zur Ratsentscheidung[385] orientieren sich deutlich an industriepolitischen Leitlinien, wenn sie beispielsweise solche Inhalteproduktion fördern wollen, die Anstöße zur Zusammenarbeit in der In-

---

383 MEDIA-Plus, Beschluß des Rates vom 20.12.2000 zur Durchführung eines Programmes zur Förderung von Entwicklung, Vertrieb und Öffentlichkeitsarbeit hinsichtlich europäischer audiovisueller Werke 2000/821/EG, ABl. L 26/1 vom 27.1.2001.

384 siehe II.1.b.aa.1.

385 ABl. L 14/36 vom 18.1.2001.

halts- und Sprachenindustrie in Europa gegen und so zur Verbesserung der Wettbewerbsfähigkeit beitragen.

Da der Zielsetzung des Programmes, die Entwicklung europäischer Inhalte und die Sprachenvielfalt in der Informationsgesellschaft zu unterstützen, auch kulturpolitische Aspekte innewohnen, muß sich wiederum die Frage nach der Möglichkeit einer Abstützung auf Art. 151 EGV stellen, der in die Förderung der kulturellen Vielfalt Europas auch den audiovisuellen Bereich einstellt[386]. Mit der sich anschließenden Fragestellung nach der richtigen Rechtsgrundlage wurde auch der Gerichtshof - allerdings im Zusammenhang mit dem Vorgängerprogramm zu e-Content[387] - befaßt[388]. Die Ratsentscheidung zur Implementierung von e-Content rekurriert auf kulturpolitische Gesichtspunkte nur, indem sie ein Teilhaben der Sektoren Kultur, Bildung und Ausbildung bzw. Freizeit am - vordergründig - wirtschaftlichen und sozialen Potential der Entwicklung der digitalen Inhalte einräumt[389] bzw. die Rolle der Inhalteindustrie für die kulturelle Vielfalt unterstreicht[390]. Damit verfügt zwar auch das e-Content-Programm über einen Doppelcharakter, allerdings kann im Gegensatz zu MEDIA-Plus „Projektentwicklung"[391] kein Dominieren der kulturpolitischen Ziele festgestellt werden. In der Begründung zum Programm überwiegen statt dessen industriepolitische Gesichtspunkte, so daß Art. 157 EGV als die naheliegendere Kompetenznorm herangezogen werden konnte. So betonte auch der EuGH, daß die Feststellung zweier kompetenzrechtlich auf unterschiedliche Weise relevanter inhaltlicher Komponenten eines Rechtsaktes noch nicht zu dessen Doppelabstützung führen müsse[392]. Im Ergebnis handele es sich bei dem „Programm zur Förderung der sprachlichen Vielfalt in der Informationsgesellschaft"[393] um ein solches von überwiegend industriepolitischer Natur, die günstige Wirkung, die sich auf die Verbreitung kultureller Werke einstelle, sei nur von nachgeordneter Bedeutung und rechtfertige eine Abstützung auf Art. 151 EGV daher nicht[394].

---

386 zu den genauen Voraussetzungen des Art. 151 EGV bereits oben, 4. Kapitel, II b.bb.

387 Programm zur Förderung der sprachlichen Vielfalt in der Gemeinschaft in der Informationsgesellschaft.

388 EuGH Rs. 42/97 (Europäisches Parlament/Rat), Slg. 1999, I-869, Rn. 37.

389 so EG 4.

390 so in Erwägungsgrund 11 bzw. 12.

391 Beschluß 2000/821/EG, ABl. 2001 L 13/35.

392 EuGH Rs 42/97 (Europäisches Parlament/Rat), Slg. 1999, I-869, Rn. 37.

393 Entscheidung des Rates vom 22.12.2000 über ein mehrjähriges Gemeinschaftsprogramm zur Unterstützung der Entwicklung und Nutzung europäischer digitaler Inhalte in globalen Netzen und zur Förderung der Sprachenvielfalt in der Informationsgesellschaft, ABl. 2001, L 14/32.

394 EuGH Rs. 42/97 (Europäisches Parlament/Rat), Slg. 1999, I-869, Rn. 37.

Eine solche stärker industrie- und wettbewerbsbezogene Betrachtungsweise korrespondiert damit auch mit der Position, die Internetinhalte auf der dargestellten inhaltlichen Skala der Relevanz für Meinungsbildungsprozesse haben[395]. Als „point-to-point"-Dienste können sie stärker wettbewerblichen Prozessen unterworfen bleiben; kulturpolitische bzw. öffentliche Interessen treten demgegenüber weiter in den Hintergrund.

Begrenzt werden die sich aus Art. 157 EGV ergebenden Befugnisse der Gemeinschaft zunächst durch das Verbot von wettbewerbsverzerrenden Maßnahmen, Art. 157 Abs. 3 S. 2. EGV. Hierunter fallen diejenigen Maßnahmen, die die „wirtschaftliche Struktur punktuell in besonders nachhaltiger Weise beeinflussen"[396]. Auch hier kann wiederum auf die parallele Problematik im Rahmen der Erörterung des MEDIA-Programms verwiesen werden: Bei e-Content handelt es sich ebenso um eine Maßnahme, die strukturelle Nachteile, die sich aufgrund der - sprachlich und kulturell bedingten - Aufsplitterung des Marktes ergeben, ausgleichen helfen will[397] und darauf gerichtet ist, das Umfeld für die Akteure auf dem Markt für digitale Inhalte zu verbessern, nicht aber punktuell einen selbst nicht überlebensfähigen Industriezweig am Leben erhält. Die Grenze der Wettbewerbsverzerrung ist durch das Programm daher nicht überschritten.
Trotzdem wäre eine Beurteilung der gemeinschaftlichen Maßnahme als kompetenzgemäß ausgeschlossen, wenn die Grundsätze der Subsidiarität bzw. Verhältnismäßigkeit nicht beachtet worden wären. Die Unterstützung der Inhalteindustrie unter dem Gesichtspunkt der Förderung aller europäischen Sprachen läßt sich im nur nationalen Rahmen nicht denken. Statt dessen erscheint eine Gemeinschaftsmaßnahme wie diese effektvoller, um die gesetzten Ziele für die europäische Inhalteproduktion zu erreichen[398]. Anhaltspunkte für ein Überschreiten der Verhältnismäßigkeitsgrenze ergeben sich ebensowenig.
Bedenken kann auch die Frage nach der Vereinbarkeit mit internationalen Vorgaben aufwerfen, wenn man sich vergegenwärtigt, daß das Programm darauf abzielt, ausschließlich europäische Inhalteproduzenten zu unterstützen und damit gegenüber außereuropäischen Inhalteproduzenten zu bevorzugen. Aber auch in diesem Zusammenhang läßt sich auf die im Rahmen der Untersuchung zum MEDIA-Programm getroffenen Feststellungen verweisen: Da das Anbieten von Internetinhalten, deren Produktion durch e-Content gefördert werden soll, als

---

395 siehe 1. Kapitel.
396 Schwarze, EU-Kommentar, 2000, Bearb.: Bär-Bouyssière, Rn. 5 zu Art. 87 EGV; ausführlichere Erläuterungen: 4. Kapitel, II b.aa.
397 den auch hierbei bestehenden Rückstand im Vergleich zu den vergleichbaren US-Industriezweigen aufzuholen, war schon Zielsetzung des Vorgängers „Info 2000", ABl. 1995, C 250/4 vom 26.5.1995.
398 hierauf verweist auch EG 20.

audiovisuelle Dienstleistung zu qualifizieren ist[399], fällt es unter die Bereiche, die die Gemeinschaft dem GATS noch nicht unterstellt hat[400], so daß sich zumindest derzeit keine Kollisionen ergeben.

Damit kann auch die inhalteorientierte Maßnahme im Bereich der neuen Dienste „e-Content" als kompetenzrechtlich mögliches Instrument audiovisueller Politik der Gemeinschaft betrachtet werden.

IV. Ergebnis

Das unterstützende Instrumentarium im audiovisuellen Bereich - regelungstechnisch sind diese Programme und Aktionen Akte sui generis[401] - wurde von der Gemeinschaft ins Leben gerufen, um die Entwicklung europäischen Programmaterials bzw. europäischer Inhalte zu fördern. Die Notwendigkeit kompensatorischer Maßnahmen zum Erhalt „europäischer Programme" wurde vor allem auch durch die Kommerzialisierungs- und Internationalisierungstendenzen begründet[402].

Mit dem zweigeteilten Förderprogramm MEDIA-Plus verfolgt die Gemeinschaft nunmehr bereits in dritter Laufzeit das Ziel, denjenigen europäischen audiovisuellen Raum zu fördern, dessen Rahmenbedingungen sie durch die rechtsangleichenden Maßnahmen in diesem Bereich festgesetzt hat, die Gegenstand des vorhergehenden Kapitels dieser Untersuchung bildeten. Von diesen Fördermaßnahmen sollen damit sowohl positive Impulse für die Wettbewerbsfähigkeit der audiovisuellen Industrie und in dem Zusammenhang auch die Beschäftigungssituation, als auch für die Gesellschaft und den europäischen Integrationsprozeß ausgehen.

MEDIA-Plus verfolgt diese Ziele, indem es das Umfeld der eigentlichen Programmproduktion zu unterstützen versucht und Gelder für Netzwerk- und Strukturbildung in den Bereichen Vertrieb, Verleih und Projektentwicklung bzw. im Ausbildungsbereich zur Verfügung stellt, die die Fragmentierung des Marktes überwinden helfen und schließlich zur Schaffung eines großen europäischen Marktes führen sollten. Besondere Bedeutung wird in diesem Zusammenhang

---

399 siehe oben Kapitel 3, I.1.b.ee.3. bzw. Kapitel IV, II.1.b.2.d.

400 siehe Kapitel 3, I.1.b.ee.3. bzw. Kapitel IV.II.1.b.2.d.

401 hierzu siehe Kapitel 2.

402 laut Kleinsteuber/Wiesner/Wilke, EG-Medienpolitik, 1990, S. 48 die zwingende Folge europäischer Deregulierungspolitik v.a. im Zusammenhang mit der Fernsehrichtlinie.

immer auch solchen Projekten beigemessen, die den Einsatz neuer Digitaltechniken und Medien vorsehen. Hinzu kommen die im Programmteil „Training" vorgesehenen Unterstützungsmaßnahmen für den Erwerb zusätzlicher, weiterführender beruflicher Fähigkeiten für Medienschaffende. Konzipiert ist dieser Unterstützungsmechanismus zugunsten des europäischen Films als Komplementärmaßnahme einerseits horizontal zu den rahmenschaffenden Maßnahmen der Gemeinschaft im audiovisuellen Bereich andererseits und damit vertikal zu solchen Maßnahmen, die auf mitgliedstaatlicher Ebene eine Förderung des nationalen Films bezwecken. Kritik wurde wiederholt an der Mittelausstattung geübt, die - so auch bereits im Rahmen der Vorgängerprogramme - von den beteiligten Kreisen vor allem im Vergleich mit den Summen, die die amerikanische Filmindustrie bereits für Einzelprojekte aufwendet, als zu gering eingestuft wird[403].

Dennoch wurde bereits dem Vorgängerprogramm als Erfolg zugeschrieben, eine Einstellungsveränderung hervorgerufen zu haben, die unter den Medienschaffenden nachweisbar eingetreten ist und zu einer grenzüberschreitenderen und marktorientierten Denkweise geführt hat[404]. Über eine hierdurch initiierte Netzwerkbildung im europäischen audiovisuellen Sektor konnte solchen Zielen näher gekommen werden, die Gegengewichte zur dominanten amerikanischen Filmindustrie bilden sollten sowie europäisches Bewußtsein und europäische Integration durch Koproduktionen und gemeinsamen Vertrieb audiovisueller Werke fördern wollten[405].

Ergänzt wird das Programm durch finanzielle Sicherungsmaßnahmen, die zwar nicht in Form des ehemals vorgeschlagenen Europäischen Garantiefonds, so aber doch als Kooperationsstrategien zwischen Kommission, Europäischer Investitionsbank und Europäischem Investitionsfonds realisiert worden sind[406].

Abgesehen von MEDIA-Plus"Training"[407], das auf die sachlich naheliegenden Bildungskompetenzen der Gemeinschaft aus Art. 150 EGV gestützt wurde, wurde MEDIA-Plus ansonsten industriepolitisch auf Art. 157 EGV begründet und damit wiederum kommerzielle Aspekte zu stark hervorgehoben. Angesichts der von dem Programm ausgehenden, vordergründig kulturpolitischen Wirkungen war Art. 157 EGV nicht die richtige Kompetenzgrundlage[408]. Art. 151 EGV wäre

---

403 siehe oben II., 1. a.cc. bzw. 1.b.aa.2.b., - auch Keidel, in Donges/Jarren/Schatz, Globalisierung der Medien, 1999, S. 191.

404 Jarothe, Die Filmförderung der EU, 1998, S. 328; Kleinsteuber/Rossmann, Kommunikationsraum Europa, 1994, S. 78.

405 so auch Keidel, in Donges/Jarren/Schatz, Globalisierung der Medien, 1999, S. 192.

406 hierzu Kapitel 4, II. b und c.

407 Abl 2001, L 26/1.

408 siehe Kapitel 4, II.a.

als sachnähere Kompetenz heranzuziehen gewesen. Im Gegensatz zu den rechtsangleichenden Maßnahmen im audiovisuellen Sektor, für die die Gemeinschaft, um überhaupt regeln zu können, auf die wirtschaftlichen Bezüge zurückgreifen mußte, hätte im Zusammenhang mit den MEDIA-Programmen die Möglichkeit bestanden, der kulturellen Bedeutung des gesamten audiovisuellen Bereichs durch einen Rückgriff auf Art. 151 EGV mehr Bedeutung beizumessen. Mittlerweile werden auch für den durch die MEDIA-Förderung tangierten Bereich Forderungen nach regelungsintensiveren Maßnahmen laut. So hat der Europäische Verband der Filmregisseure (FERA) einen Vorschlag für eine Kinorichtlinie vorgestellt[409], die vor allem der Verbreitung europäischer Werke dienen soll und hierzu Einzelaspekte wie Unterstützungsmaßnahmen, Schaffung eines europäischen Filmregisters, Beteiligung von Fernsehsendern an Produktion, Ausstrahlung und Filmerziehung - also all jene Bereiche, die derzeit durch MEDIA-Plus abgedeckt werden - einschließt[410]. Hiermit würde wiederum eine Verschiebung des Schwergewichts in den wirtschaftspolitischen Bereich erfolgen, da Richtlinien dem Harmonisierungsverbot des Art. 151 Abs. 5 EGV unterliegen und daher wirtschaftspolitische Anknüpfungspunkte für den Regelungsgegenstand gewählt werden müßten, die eine Abstützung auf die gemeinschaftlichen Binnenmarktkompetenzen ermöglichen.

E-Content, das analog zu MEDIA-Plus im Zusammenhang mit den neuen Diensten Repräsentant für die gezielte Förderung von europäischen Inhalten ist, zielt dagegen bereits inhaltlich stärker auf industriepolitische Erwägungen ab, indem es an den technischen Entwicklungen und dem damit verbundenen industriellen Wachstum anknüpft und konnte daher auf Art. 157 EGV gestützt werden, so daß sich hier derlei kompetenzrechtliche Bedenken nicht ergeben.

---

[409] Vorschlag für eine Kinorichtlinie zur europäischen Harmonisierung gewisser Aspekte der Regelungen für Kinofilme, Europäisches Filmforum in Straßburg, 13. - 14. November 2000; Pressemitteilung des FERA, 16. November 2000.

[410] siehe IRIS 2001 - 1, S. 4/5.

5. Kapitel: Zusammenfassung - Kompetenzrechtliche Bewertung gemeinschaftlicher audiovisueller Politik

I. Medienpolitik der Gemeinschaft: Ausdruck eines Gesamtkonzeptes?

Die unterschiedlichen Instrumente audiovisueller Politik, die Untersuchungsgegenstand dieser Arbeit waren, sind allesamt Ausdruck gemeinschaftlicher Bemühungen zur Schaffung eines europäischen audiovisuellen Raumes, in dem audiovisuelle Produktionen frei zirkulieren sollen und die Investitionstätigkeit zu steigern ist.
Als mittlerweile primäre Zielvorgabe dient die Stärkung der europäischen audiovisuellen Industrie, die als solche im Vergleich mit den konkurrierenden Industriezweigen in Drittländern - vor allem den USA - wettbewerbsfähiger gemacht werden muß, weil diese Branche, nicht zuletzt aufgrund der technologischen Veränderungen, als Wachstumsbranche - mit all den positiven Effekten auf Wirtschaftsentwicklung und Beschäftigungswachstum - eingeordnet wird. Solche Zielsetzungen korrespondieren mit den allgemeinen Vertragszielen, wie sie Art. 2 EGV aufführt: Gemeinschaftsziele sind nach dieser Vorschrift die Errichtung des Gemeinsamen Marktes, sowie eine harmonische Entwicklung des Wirtschaftslebens, Wirtschaftswachstum und ein hohes Beschäftigungsniveau.
Ökonomischen Zielen werden die gemeinschaftlichen Instrumente audiovisueller Politik gerecht, indem sie all diejenigen Faktoren, die sich auf Verbreitung und damit Produktion audiovisuellen Materials auswirken, so zu vereinheitlichen versuchen, daß durch die in den Mitgliedstaaten bestehenden, unterschiedlichen Regelungssysteme hervorgerufene Barrieren für den europaweiten Handel mit audiovisuellem Material beseitigt werden. Solche hinderliche Wirkung auf den Handel mit audiovisuellen Produkten bzw. Dienstleistungen entfalteten vor allem unterschiedliche mitgliedstaatliche Regelungen zu Werbung und Jugendschutz im Programmbereich[1], zu den Verwertungsrechten in Bezug auf audiovisuelles Material, die die angemessene Vergütung der Produzenten audiovisueller Werke sicherstellen[2] und auch den unterschiedlichen Regelungen zur Beschränkung der Niederlassung von Sendeunternehmen aus medienkonzentrationsrechtlichen Gründen[3].

---

1 Koordinierung erfolgte durch die Fernsehrichtlinie, siehe Kapitel 3 I.
2 hierzu Kapitel 3, II.
3 hierzu der Vorschlag zur Richtlinie Medieneigentum und Pluralismussicherung, siehe Kapitel 3 IV.

Darüber hinaus sollen auch die von der Gemeinschaft initiierten Förderprogramme im Sinne ökonomischer Zielsetzungen Wirkung entfalten. Indem für die Produktion europäischer audiovisueller Inhalte sowohl für herkömmliche als auch neue Dienste finanzielle Anreize geschaffen werden, sollen Voraussetzungen für die Wettbewerbsfähigkeit des audiovisuellen Sektors begründet werden.

Hinzu treten diejenigen Motive, die sich aus der Rolle der Medien für Demokratie und Gesellschaft ergeben und die eine inhaltliche Dualität der Zielsetzungen medienpolitischer Aktivitäten begründet: Gemeinschaftliche audiovisuelle Politik sieht sich auch Werten wie Meinungsfreiheit, Jugend- und Persönlichkeitsschutz, Pluralismussicherung, Schutz von Urhebern verpflichtet[4]. Im Rahmen gemeinschaftlichen audiovisuellen Instrumentariums kommt solchen Motiven allerdings lediglich eine Nebenrolle zu, obwohl der Vertrag seit der Einführung des Kulturartikels Art. 128 EGV (jetzt Art. 151 EGV) in den Maastrichter Vertrag explizit Raum für kulturelle Erwägungen läßt und die kulturelle Dimension des audiovisuellen Bereichs auch von den Beteiligten wiederholt betont wird.

Wie die unterschiedlichen Bereiche und die zahlreichen Rechtsgrundlagen, die die Gemeinschaft bemühen mußte, um das eine, industrie- und kulturpolitische Motive vereinende Ziel der Förderung der europäischen Programmindustrie anzusteuern, erneut verdeutlichen, gibt es keine umfassende Kompetenz der Gemeinschaft für die Querschnittsmaterie, die sich hinter dem Begriff „audiovisuelle Politik" verbirgt. Diese Tatsache muß sich dahingehend auswirken, daß auch die Resultate - die untersuchten medienpolitischen Instrumente - lediglich als Fragmente[5] erscheinen, wobei sich einem medienpolitischen Kernbereich hier sicher die Bestimmungen im Rahmen der Fernsehrichtlinie, vor allem die umstrittene Quotenregelung, aber auch die durch die MEDIA-Programme angestrebte Förderung des audiovisuellen Sektors zuordnen lassen werden. Medienpolitische Grundfragen berührt ebenso der Problemkreis der Pluralismussicherung. Als solcher konnte dieser in die Untersuchung ebenfalls einbezogene medienpolitische Komplex auf Gemeinschaftsebene jedoch nicht aus der Planungs- in eine Realisierungsphase eintreten und in Gestalt einer gültigen Regelung Ausdruck finden. Seitens der Gemeinschaft dem Feld audiovisueller Politik zugewiesen werden auch Regelungsaktivitäten in urheberrechtlichem Kontext bzw. im Bereich der Dienste der Informationsgesellschaft, soweit sie Aspekte regeln, die

---

4 vgl. Kapitel 1, I.

5 Hoffmann-Riem bezeichnet das als „Puzzle der Aktivitäten", in: Regulierung der dualen Rundfunkordnung, 2000, S. 79.

die benannten wirtschafts- bzw. kulturpolitischen Zielsetzungen für den audiovisuellen Sektor verfolgen.

Fragmentarischer Charakter des Regelungsbereichs und vor allem auch eine Betrachtung der gescheiterten Vorhaben - wie das des Europäischen Garantiefonds, insbesondere auch das einer Medienkonzentrationsregelung - und der damit noch bestehenden Bereiche, für die ein Regelungsbedarf nachweisbar existiert[6], jedoch bisher politisch nicht durchsetzbar war, lassen eine Beurteilung gemeinschaftlicher audiovisueller Politik als unvollständig und inkonsistent zu. Hauptursache hierfür sind die aufgewiesenen Spannungsfelder zwischen wirtschaftlichen oder kulturellen Zielvorstellungen und Zielvorgaben, unterschiedlichen Ansichten zu dem einzusetzenden - dirigistischen oder liberalen - Instrumentarium und den Vorgaben einer europäischen Identität oder des Erhalts kultureller Vielfalt, die auch die vorhandenen Rechtsgrundlagen widerspiegeln.

Dualität findet sich nicht nur hinsichtlich der wirtschafts- aber auch kulturpolitischen Zielsetzungen audiovisueller Politik, sondern ebenso rechtstechnisch in Hinblick auf das zu deren Verwirklichung eingesetzte Handlungsinstrumentarium, das sich aus Rechtsangleichungsmaßnahmen auf der einen und ergänzenden Fördermechanismen auf der anderen Seite zusammensetzt.
Eine kompetenzrechtliche Betrachtung hinsichtlich der Rechtsangleichungsmaßnahmen hat ergeben, daß ein starker Akzent auf die wirtschaftliche Bedeutung des audiovisuellen Bereichs gesetzt wird. Eine Betonung binnenmarktbezogener Aspekte ergibt sich zunächst zwangsläufig aus der innergemeinschaftlichen Kompetenzverteilung, die Koordinierungskompetenzen für die Gemeinschaft ausschließlich bezogen auf die Realisierung des Binnenmarktes vorsieht. Insofern determinieren Rechtsangleichungskompetenzen im Bereich der Grundfreiheiten europäische audiovisuelle Politik. Für die Richtlinie zur Koordinierung der mitgliedstaatlichen Vorschriften über die Fernsehtätigkeit[7] und die in urheberrechtlichem Rahmen ergangenen Richtlinien mit Einfluß auf den audiovisuellen Bereich bildet Dienstleistungsrecht den richtigen Anknüpfungspunkt der Regulierung[8]. Eine Regelung zu Medienkonzentration und Pluralismussicherung, die als wesentlicher Bestandteil audiovisueller Politik noch aussteht, würde ihre kompetenzrechtliche Verankerung dagegen in der niederlassungsrechtlichen Rechtsangleichungskompetenz finden[9]. Der ursprünglich auch audiovisueller Politik zugeordnete Bereich im Schnittpunkt zwischen audiovisueller Inhalte-Regulierung

---

6 siehe Kapitel 3, IV.
7 hierzu Kapitel 3, I.
8 hierzu siehe 3. Kapitel, I. und II.
9 vgl. die Ausführungen in Kapitel 3, IV.

und Infrastrukturregelung, in den insbesondere die „16:9"- Richtlinie fiel[10], ist nunmehr nach Erlaß des neuen Regelungsrahmens für die Kommunikationsinfrastruktur[11] jenem Bereich zugewiesen.
Koordinierungsbedarf ergab sich in den betrachteten Bereichen aufgrund der Unterschiedlichkeit mitgliedstaatlicher Regelungen zu Verbraucher- und Persönlichkeitsschutzbestimmungen bzw. Fragen der Rechteinhaberschaft oder Beteiligungsregelungen an Medienunternehmen, die aus Gründen des Allgemeinwohls die primärrechtlich begründete Dienstleistungs- bzw. Niederlassungsfreiheit einschränken konnten und so zu Erschwernissen bei der Verbreitung und Verwertung audiovisuellen Materials führten.
Kulturpolitische Aspekte werden durch die binnenmarktbezogene Sichtweise nicht von vornherein verdrängt. Statt dessen findet sich in Gestalt der Querschnittsklausel des Art. 151 Abs. 4 EGV das Gebot, bei jeglicher Kompetenzausübung kulturelle Gesichtspunkte, sofern solche dem zu regelnden Bereich anhaften, in die Betrachtungen einzubeziehen und zu berücksichtigen. Von dieser Möglichkeit hat die Gemeinschaft im Bereich der rechtsangleichenden Maßnahmen allerdings nur ansatzweise Gebrauch gemacht. Auf Begründungsschwierigkeiten stößt damit insbesondere die Quotenregelung im Rahmen der Fernsehrichtlinie, deren auch kulturpolitischer Motivation im Richtlinientext kein Ausdruck verliehen wurde. Im Rahmen einer Beurteilung am Maßstab von Art. 10 EMRK konnten die wirtschaftspolitischen Motive den Eingriff in die Freiheit der Programmveranstalter aber gerade nicht rechtfertigen, so daß sich die Regelung nicht mehr in dem Rahmen bewegte, der der Gemeinschaft kompetenzrechtlich zur Verfügung steht. Von entscheidender Bedeutung ist die Möglichkeit des Einbeziehens kulturpolitischer Nebenaspekte auch im Rahmen der Vorbereitung eines Regelungswerkes zu Medieneigentum und Pluralismussicherung. Hier bietet Art. 151 Abs. 4 EGV die Möglichkeit, pluralismussichernde Aspekte als Annex im Rahmen eines binnenmarktbezogenen Regelungswerkes mit der Hauptzielsetzung der Vereinheitlichung unterschiedlicher mitgliedstaatlicher Regelungen zu Niederlassungsbeschränkungen für Medienunternehmen mitzuregeln[12].
Weiter wird die kompetenzrechtliche Bewertung des gemeinschaftlichen audiovisuellen Instrumentariums von Aspekten der Subsidiarität und Verhältnismäßigkeit bzw. Gemeinschaftsgrundrechten bestimmt, denen im Zusammenhang mit den Instrumenten audiovisueller Politik hinreichend Rechnung getragen wurde.

---

10 hierzu 3. Kapitel, III.
11 vgl. Kapitel 3, III.
12 vgl. die Ausführungen in Kapitel 3, IV.

Da das Binnenmarktkonzept auf Deregulierung und Liberalisierung gerichtet ist und damit medienpolitischen und kulturellen Anforderungen nicht vollständig gerecht werden kann, sondern der Kommerzialisierung mit all ihren vielfaltsgefährdenden Auswirkungen Vorschub leistet, entstand das Bedürfnis nach kompensierenden Maßnahmen für die die kulturelle Vielfalt nivellierenden, integrierenden Regelungen, dem mit der Quotenregelung im Rahmen der Fernsehrichtlinie[13], insbesondere jedoch in Gestalt der MEDIA-Förderprogramme[14] sowie diese flankierende Finanzinstrumente[15], nachzukommen versucht wurde. Liberalisierungstendenzen sollen so dort wieder zurückgenommen werden, wo zusätzliche Sicherungen aufgrund der beschriebenen Doppelrolle[16] der Medien angebracht scheinen.

Unter dieser Prämisse ist nicht zu begründen, daß im Zusammenhang mit dem Programmteil MEDIA-Plus „Projektentwicklung" die Ausrichtung kompetenzrechtlich mit wirtschaftspolitischem Schwerpunkt erfolgte, obwohl dies im Gegensatz zu den Rechtsangleichungsmaßnahmen, für die Koordinierungskompetenzen nur im Zusammenhang mit der Herstellung des Binnenmarktes vorgesehen sind, nicht zwingend im Vertrag angelegt ist. Als „sonstige Maßnahme" außerhalb von Harmonisierungsaktivitäten der Gemeinschaft stehend, hätte eine kulturpolitische Abstützung auf Art. 151 Abs. 2 iVm Abs. 5 EGV im Gegensatz zu der eigentlich gewählten industriepolitischen Verankerung, Art. 157 EGV, erfolgen können und müssen, um der Doppelbedeutung der Medien tatsächlich gerecht zu werden und einer Überbetonung wirtschaftspolitischer Interessen im audiovisuellen Bereich vorzubeugen. Der Beschluß zu jenem Programmteil im Rahmen von MEDIA-Plus, der Fördermittel im Bereich der beruflichen Bildung zur Verfügung stellt, wurde dagegen richtigerweise im bildungspolitischen Bereich, Art. 150 EGV, verankert. Kompetenzrechtliche Grenzen aus Subsidiaritätsgesichtspunkten oder haushaltsrechtlichen Gesichtspunkten wurden gewahrt.

Die ebenso industriepolitisch gewählte Verankerung des Programmes zur Inhalteförderung bezogen auf die neuen Medien (e-Content) sieht sich dagegen keiner Kritik ungenügender Gewichtung der zur Verfügung stehenden kulturpolitischen Kompetenz ausgesetzt: Der Schwerpunkt der Maßnahme läßt sich hier deutlicher dem Bereich technologischer Entwicklungen und dem damit verbundenen industriellen Wachstum zuordnen, was letztlich zu einem gebotenen Rückgriff auf industriepolitische Kompetenzen, Art. 157 EGV, führt[17].

---

13 Art. 4 und 5 FSR.

14 Kapitel 4, 1.

15 siehe hierzu Kapitel 4, II.2.

16 siehe 1. Kapitel.

17 vgl. hierzu die Ausführungen in Kapitel 4, II.

Eine internationale Dimension ist vor allem für diejenige Regelung der Fernsehrichtlinie eröffnet, die die Quoten für europäische Werke festsetzt, findet sich aber auch im Zusammenhang mit der Subventionierung, sei es im Bereich der klassischen Medien oder aber derjenigen multimedialer Inhalte. Auch für die urheberrechtlichen Regelungen, die sich auf den audiovisuellen Bereich auswirken, gibt internationales Recht einen Rahmen vor.
Mit solchen welthandelsrechtlichen Vorgaben geraten die genannten Instrumente europäischer audiovisueller Politik jedenfalls derzeit und größtenteils rückführbar auf die Sonderregelung, die im Rahmen des GATS Ausnahmebestimmungen für den audiovisuellen Bereich ermöglichte, derzeit nicht in Kollision.

Europäische Medienpolitik, die auch der europäischen Integration und der Schaffung eines gemeinsamen Wir-Bewußtseins dienen sollte, ist also trotz kompetenzrechtlicher Handlungsalternativen wirtschafts- und industriepolitisch dominiert. Aufgrund der Fixierung auf den Binnenmarkt und die wettbewerblichen Aspekte, kann sie spezifisch medienpolitisches Interesse nicht wirksam einbeziehen und insoweit ihre Funktion nur ungenügend erfüllen. Daher verbleiben große medienpolitische Regelungsbereiche in nationalstaatlicher Domäne, obwohl die Mitgliedsstaaten durch nationale Regelungen Gefahren, die sich aus Internationalisierung und im Umfeld global agierender Unternehmen ergeben, kaum noch wirkungsvoll entgegentreten können[18], was wiederum Ausdruck für die bereits benannte Inkonsistenz und Unvollständigkeit europäischer Medienpolitik ist. Wirtschaftlich betrachtet, bewirken die aufgezeigten marktstärkenden Maßnahmen zwar eine Ausweitung des Marktvolumens nationaler Programmindustrien[19], die darüber hinaus angestrebte Installierung einer „europäischen audiovisuellen Programmindustrie" entwickelt sich - auch aufgrund des nur fragmentarischen Rahmens, den die europäische Medienpolitik bietet - dagegen nicht wie erwartet[20].

II. Ausblick: Zukünftige Aufgaben europäischer audiovisueller Politik

Vor allem die Verankerung medienpolitischer Parameter in Bezug auf die neuen Dienste stellt einen Prozeß dar, der noch nicht abgeschlossen ist. So bedenken

---

18 vgl. Kapitel 3 IV.
19 zu all dem auch Weirich, ZEuS 1998, 47 ff.
20 Keidel, in Donges, Globalisierung der Medien?, S. 171 (193) mit Bsp. aus der Statistik.

gemeinschaftliche Regelungswerke die neuen Möglichkeiten der audiovisuellen Dienstleistungserbringung bisher nur ansatzweise:
Am weitesten ist die regelungstechnische Integration der sich mit den technologischen Veränderungen ergebenden neuen rechtlichen Problemstellungen im Rahmen der urheberrechtlichen Regelungsmaterie gediehen, die vor allem mit ihren Regelungen zu den Verwertungsrechten für die Hersteller audiovisuellen Materials, wie dargestellt, auf die Politik im audiovisuellen Bereich einwirkt. Regelungen finden sich hier im Bereich des Schutzes zugangskontrollierter Dienste[21] sowie für bestimmte Aspekte des Urheberrechts und verwandter Schutzrechte in der Informationsgesellschaft[22], die die von den technischen Möglichkeiten ausgehenden Gefahren für die Verwertung urheberrechtlich geschützter Werke durch den Rechtsinhaber auffangen sollen. Im audiovisuellen Bereich bedeuten die sich auch auf die neuen Dienste beziehenden Regelungen Rechtssicherheit für die Produzenten audiovisuellen Materials bezüglich deren Vergütungsansprüche unabhängig von der zur Verbreitung gewählten Dienstleistungsform.

Der Geltungsbereich der Fernsehrichtlinie bezieht sich in derzeit gültiger Fassung lediglich auf solche neuen Dienste, die als Zugriffsdienste klassifiziert werden können, während für die sogenannten Abrufdienste oder Dienste der Informationsgesellschaft außerhalb der Verbraucherschutzbestimmungen für den elektronischen Geschäftsverkehr im Rahmen der e-Commerce-Richtlinie noch keine weiteren inhaltlichen Erfordernisse, beispielsweise betreffend den Jugend- oder Persönlichkeitsschutz, aufgestellt worden sind. Deshalb sind Regelungen zu überlegen, die entweder auf einem Niveau geringer Regelungsdichte, also in Form der Festlegung von allgemeinen Grundsätzen, horizontal inhaltebezogene Parameter für alle neuen Dienste festlegen oder derzeit für Rundfunk und rundfunkähnliche Dienste bestehende Regelungen um einige von diesen getrennt regulierenden inhaltlichen Vorschriften allein für die neuen Dienste[23] ergänzen.

Eine Regelung medienkonzentrationsrechtlicher Fragen, die derzeit noch aussteht, müßte den technologischen Entwicklungen ebenfalls Rechnung tragen. Insofern wäre der besprochene Entwurf bezüglich der neuen Dienste ebenso revisionsbedürftig. Zwar trägt das gewählte Modell der Konzentrationserfassung, das den Zuschaueranteil zum Kriterium erhebt, zunehmender Kanalvielfalt Rechnung. Probleme der Zugangssicherung, die im Umfeld der neuen Formen audiovisueller Dienstleistungserbringung relevant werden, waren im Entwurf der Kommission

---

21 hierzu siehe Kapitel 3, II.2.a.
22 vgl. Kapitel 3, II.2.b.
23 siehe hierzu Kapitel 3, I.3.

jedoch nicht bedacht worden. Mittlerweile findet sich eine grundlegende Regelung hierzu zwar im Rahmenpaket für die Kommunikationsinfrastruktur[24]. Jedoch ist damit lediglich eine sehr allgemeine Vorgabe getroffen, die sich auf die Netzeanbieter bezieht. Die Schaffung eines Pendants hierzu im inhaltebezogenen Regelungsrahmen der Gemeinschaft ist dadurch nicht ausgeschlossen und erscheint zur Vervollständigung der gemeinschaftlichen Inhalteregulierung auch notwendig, die einer der wichtigsten medienpolitischen Fragen, nämlich die der Sicherung von Meinungsvielfalt, derzeit noch entbehrt.

Die veränderte Situation der Medienlandschaft aufgrund technologischer Neuentwicklungen in stärkerem Maße einbezogen haben die Aktivitäten der Gemeinschaft in Form von Förder- und Unterstützungsprogrammen. Neben den speziell auf den multimedialen Bereich ausgerichteten Programmen[25] konnte auch im Kontext der Untersuchung zur MEDIA-Förderung festgestellt werden, daß neue Medien insofern berücksichtigt wurden, als die besondere Förderungswürdigkeit gerade auch solcher Projekte festgehalten wurde, die neue Techniken zum Einsatz bringen[26].

Jene Fragmente von mehr oder weniger kompetenzrechtlich vertretbaren Maßnahmen, die zusammen genommen das europäische Politikfeld „audiovisueller Politik" bilden, sind im Hinblick auf die neuen Dienste also ergänzungsbedürftig.

Abschließend läßt sich damit festhalten, daß der inhaltebezogene Rahmen für die audiovisuellen Dienste zum einen um das noch fehlende Teilstück einer Regelung zu Medienkonzentration und Pluralismussicherung, zum anderen aber um solche Vorschriften ergänzt werden sollte, die medienpolitische Parameter auch für die noch ungeregelten Bereiche der neuen Dienste aufstellen.

---

24 vgl. nochmals Kapitel 3, IV.

25 hierzu insbesondere Kapitel 4, III - betrachtet wurde insbesondere „e-Content".

26 hierzu siehe die inhaltlichen Beschreibungen hinsichtlich von MEDIA-Plus, Kapitel 4, II.1.a.

Literaturverzeichnis

Ablasser, Astrid — Medienmacht und Fusionskontrolle. Die Anwendung der Europäischen Fusionskontrollverordnung auf den Mediensektor; Köln/Berlin/Bonn/München 1998.

Alber, Siegbert — Die Selbstbindung der europäischen Organe an die Europäische Charta der Grundrechte; EuGRZ 2001, S. 349 - 354.

Alber, Siegbert / Widmaier, Ulrich — Die EU-Charta der Grundrechte und ihre Auswirkungen auf die Rechtsprechung; EuGRZ 2000, S. 497 - 510.

Altes, Bärbel — Paradigmenwechsel in der europäischen Fusionskontrolle?; MP 2000, S. 482 - 490.

Altmann, Jörn — Wirtschaftspolitik: eine praxisorientierte Einführung; 7. Auflage; Stuttgart 2000.

Apolte, Thomas/Kessler, Martin — Regulierung und Deregulierung als wirtschaftspolitische Aufgabe; in dies. - Regulierung und Deregulierung im Systemvergleich, S. 3 - Heidelberg 1990.

Asendorf, Claus Dietrich — Zum Bestand der gewerblichen Schutzrechte im Gemeinsamen Markt, in: Bruchhausen, Karl/ Hefermehl, Wolfgang/ Hommelhoff, Peter/Messer, Herbert - Festschrift für Rudolf Nirk zum 70. Geburtstag; München 1992.

Astheimer, Sabine — Rundfunkrecht - ein europäisches Grundrecht; Baden-Baden 1990.

Aubry, Patrice — The „Television without Frontiers" Directive, Cornerstone of the European Broadcasting Policy; Europäische Audiovisuelle Informationsstelle 2000.

Auer, Frank v./ Geuenich, Michael — Industriepolitik für Europa - Sozialpartner im Dialog; Mössingen-Thalheim 1996.

Auf der Maur, Rolf — Die Rechtsstellung des Produzenten im Urheberrecht - Ein Problem der europäischen Rechtsharmonisierung; UFITA 118 (1992), S. 87 - 146.

Baer, Susanne — Grundrechtecharta ante portas; ZRP 2000, S. 361 - 364.

Balda, Volker/ Schmits, Volker — Fernsehen ohne Grenzen auf dem Weg zur Konvergenz; CR 1998, S. 421 - 424.

Barendt, Eric M. — Broadcasting Law: a comparative study; Oxford 1993.

Barendt, Eric M. — Towards a European Media Law; Maastricht Journal of European and Comparative Law 1994, S. 41 - 55.

Barents, René — The internal market unlimited: some obervations on the legal basis of Community legislation; CMLR 1993, S. 85 - 109.

Baron, Michael — Die neuen Bestimmungen der Europäischen Fusionskontrolle; WuW 1997, S. 579 - 591.

Barth, Dietrich — Die GATS 2000-Verhandlungen zur Liberalisierung des internationalen Dienstleistungshandels; ZEuS 2000, S. 273 - 292.

Barth, Dietrich — Das allgemeine Übereinkommen über den internationalen Dienstleistungshandel; EuZW 1994, S. 455-460.

Bartosch, Andreas — Das Grünbuch über Konvergenz; ZUM 1998, S. 209-220.

Baumann, Hellmut — Die Dienstleistungsfreiheit auf dem Gebiet der audiovisuellen Medien im Rahmen des GATS im Spannungsfeld von Marktfreiheit und kultureller Selbstbestimmung der Staaten der EU; Berlin 1998.

Bechthold, Rainer — Neuere Entwicklungen im Bereich der Fusionskontrolle der Europäischen Gemeinschaft, in: Schwarze, Jürgen - Europäisches Wettbewerbsrecht im Wandel, S. 109 - 118; Baden-Baden 2001.

Beckedorf, Ingo/ Henze, Thomas — Neuere Entwicklung in der Bildungspolitik der Gemeinschaft; NVwZ 1993, S. 125 - 130.

Becker, Jürgen — Bewertung der Richtlinienentwürfe der EU aus der Sicht der Urheber- und Verwertungsgesellschaften, in: Schwarze, Jürgen - Rechtsschutz gegen Urheberrechtsverletzungen und Wettbewerbsverstöße in grenzüberschreitenden Medien, S. 29 - 52; Baden-Baden 2000.

Beeke, Jochen Willi — Förder- und Aktionsprogramme der EG; ZG 1998, S. 217 - 241.

Behboodi, Rambod — Industrial Subsidies and friction in world trade: trade policy or trade politics?; London 1994.

Behrens, Antje Kultur in der EU: Die Kompetenz der EU im kulturellen Bereich und deren Auswirkungen auf die Zuständigkeit in der BRD; Berlin 1999.

Beier, Friedrich - Karl/ Schricker, Gerhard From GATT to TRIPS - The Agreement on Trade-Related Aspects of Intellectual Property Rights; IIC Studies Vol. 18; Weinheim 1996.

Beining, Anke Der Schutz ausübender Künstler im internationalen und supranationalen Recht; Baden-Baden 2000.

Bekemans, Léonce/ Balodimos, Athanastios Le traité de Maastricht et l`éducation, la formation professionelle et la culture; Revue du Marché Unique Européen 2/1993, S. 99 - 142.

Beltrame, Francesca Creating a directive on Pluralism and the media concentration. A case study of the European Legislative Process, in: Craig, Paul/ Harlow, Carol - Lawmaking in the EU, S. 43- 353; London 1998.

Berg, Klaus Rechtsprobleme des grenzüberschreitenden Fernsehens - Stellungnahme zum Grünbuch der EG-Kommission aus der Sicht der öffentlich-rechtlichen Rundfunkanstalten, in: Schwarze, Jürgen - Fernsehen ohne Grenzen, S. 197 - 204; Baden-Baden 1985.

Berggreen-Merkel, Ingeborg Europäische Harmonisierung auf dem Gebiet des Bildungswesens; RdJB 1998, S. 18 - 35.

Bergreen-Merkel, Ingeborg Das Bildungswesen in Europa nach Maastricht; RdJB 1992, S. 436 - 456.

Bergreen-Merkel, Ingeborg Die rechtlichen Aspekte der Kulturpolitik nach dem Maastrichter Vertrag, Saarbrücken 1995.

Bergsdorf, Wolfgang Die vierte Gewalt. Einführung in die politische Massenkommunikation; Mainz 1980.

Bermanseder, Markus Wann sind die Mediendienste dem Rundfunk zuzuordnen?; ZRP 1997, S. 330 - 332.

Bernhard, Nicholas The Future of European Economic Law in the light of the principle of subsidiarity; CLMR 1996, S. 633 - 666.

Beseler, Hans-Friedrich Die Harmonisierung des Urheberrechts aus europäischer Sicht; ZUM 1995, S. 437 - 441.

Betz, Jürgen Die EG-Fernsehrichtlinie - Ein Schritt zum Europäischen Fernsehen?; MP 1989, S. 677 - 688.

Beucher, Klaus/ Engels, Stefan Harmonisierung des Rechtsschutzes verschlüsselter Pay-TV-Dienste gegen Piraterieakte; CR 1998, S. 101 - 110.

Beutler, Bengt u.a. Die Europäische Union - Rechtsordnung und Politik; 4. Auflage, Baden - Baden 1993.

Bieber, Roland Subsidiarität im Sinne des Vertrages über die Europäische Union, in: Knörr, Knut Wolfgang/ Oppermann, Thomas - Subsidiarität: Idee und Wirklichkeit. Zur Reichweite eines Prinzips in Deutschland und Europa, S. 165 - 183; Tübingen 1997.

Bischoff, Jürgen Die Ökonomie von HDTV. Internationale Förderstrategien zur Durchsetzung einer neuen Fernsehtechnologie; Frankfurt a.M. 1993.

Bisselik, Sonja Französische Filmpolitik: Erfolg durch Förderung?; MP 1999, S. 492 - 499.

Blanke, Hermann-Josef Das Subsidiaritätsprinzip als Schranke des Europäischen Gemeinschaftsrechts?; ZG 1991, S. 133 - 148.

Blanke, Hermann-Josef Normativer Gehalt und Justitiabilität des Subsidiaritätsprinzips nach Art. 3b EGV, in: Hrbek, Rudolf - Das Subsidiaritätsprinzip in der Europäischen Union - Bedeutung und Wirkung für ausgewählte Politikbereiche; S. 95 - 118; Baden - Baden 1994.

Blanke, Hermann-Joseph Europa auf dem Weg zu einer Bildungs- und Kulturgemeinschaft; Köln/Berlin/Bonn, München 1994.

Bleckmann, Albert Der Vertrag über die Europäische Union - Eine Einführung; DVBL 1992, S. 335 - 343.

Bleckmann, Albert Europarecht. Das Recht der Europäischen Union und der Europäischen Gemeinschaften; Köln 1997.

Bleckmann, Albert Die Grundrechte, Staatsrecht II; 4. Auflage, Köln 1997.

Blickpunkt:Film Media II, Effizienz und Kontrolle, Interview mit Jaques Delmoly, Blickpunkt:Film 1995/20, S. 21.

Boehme-Neßler, Volker Europäisches Internetrecht; EWS 2001, S. 149 - 156.

Bogdandy, Armin v. Europäischer Protektionismus im Medienbereich. Zu Inhalt und Rechtmäßigkeit der Quotenregelung in der Fernsehrichtlinie; EuZW 1992, S. 9 - 17.

Bogdandy, Armin v. Die Informations- und Unterhaltungsindustrie, S. 571 - 595, in: v. Bogdandy, Armin/Grabitz, Eberhard/ Nettesheim, Martin - Europäisches Außenwirtschaftsrecht. Der Zugang zum Binnenmarkt: Primärrecht, Handelsschutzrecht und Außenaspekte der Binnenmarktharmonisierung, München 1994.

Bogdandy, Armin v./ Nettesheim, Martin Strukturen des gemeinschaftlichen Außenhandelsrechts; EuZW 1993, S. 465 - 474.

Bohl, Christian Konzentrationskontrolle in den elektronischen Medien; Baden-Baden 2000.

Böhm, Johann Die Europäische Union - Gefahr oder Chance für den Föderalismus in Deutschland?; BayVBl 1993, S. 545 - 551.

Böhm, Reinhard Kompetenzauslegung und Kompetenzlücken im Gemeinschaftsrecht; Frankfurt a. M. 1985.

Bohr, Kurt/Albert, Helmut Die Europäische Union - das Ende der eigenständigen Kulturpolitik der deutschen Bundesländer; ZRP 1993, S. 61- 66.

Börner, Bodo Kompetenz der EG zur Regelung einer Rundfunkordnung; ZUM 1985, S. 577 - 587.

Borries, Reimer v. Das Subsidiaritätsprinzip im Recht der Europäischen Union - Deutscher Landesbericht für den XVI. FIDE-Kongreß 1994 in Rom; EuR 1994, S. 263 - 300.

Bothe, Michael „Soft Law" in den Europäischen Gemeinschaften?; in: Münch, Ingo v. - Festschrift für H. J. Schlochauer. Staatsrecht. Verfassungsrecht. Europarecht., S. 761 - 775; Berlin/ N.Y. 1981.

Breier, Siegfried Der Streit um die richtige Rechtsgrundlage in der Rechtsprechung des EuGH; EuR 1994, S. 46 - 53.

Brisch, Klaus EU-Richtlinienvorschlag zum elektronischen Geschäftsverkehr; CR 1999, S. 235 - 244.

Bröhmer, Jürgen Die innerstaatliche und europarechtliche Bedeutung von Art. 10 EMRK für die Medienordnung, in: Dörr, Dieter/ Kopp, Reinhard - Europäisches Medienrecht. Fernsehen und seine gemeinschaftsrechtliche Regelung, S. 79 - 94; München/Berlin 1998.

Brühann, Ulf Medienkonzentration im Binnenmarkt: Statement in Bohr, Kurt u.a.: EMR-Dialog: Europäische Medienpolitik im Lichte der Maastricht-Entscheidung; München 1995.

Brühann, Ulf Pluralismus und Medienkonzentration im Binnenmarkt; ZUM 1993, S. 600 - 605.

Brühann, Ulf Fusionskontrolle in der Sackgasse? Pluralität im Wettbewerb, Dörr, Dieter/Hümmerich, EMR-Expertengespräch 1994, S. 63 ff.

Buck, Petra Die EG-Rechtsvereinheitlichung auf dem Gebiet des geistigen Eigentums. Eine kritische Bestandsaufnahme; EWS 1991, S. 329 - 341.

Bueckling, Adrian Transnationales Satelliten-TV und nationale Kulturreservate in der EG; EuGRZ 1987, S. 97-101.

Bullinger, Martin Regulierung unter Vielkanalbedingungen, in: Jarren, Otfried/ Krotz, Friedrich, Öffentlichkeit unter Vielkanalbedingungen; Baden-Baden/Hamburg 1998, S. 178 - 185.

Bullinger, Martin Der Rundfunkbegriff in der Differenzierung kommunikativer Dienste; AfP 1996, S. 1 - 8.

Bullinger, Martin Die Allgemeinkommunikation - vom Werden einer rechtlichen Kategorie, in: Haller, Herbert/Kopetzki, Christian/ Novak, Richard/ Paulson, Stanley/ Raschauer, Bernhard/ Ress, Georg /Wiederin, Ewald - Staat und Recht, Festschrift für Günther Winkler, S. 127 - 137; Wien, New York 1997.

Bullinger, Martin Rundfunkordnung im Bundesstaat und in der Europäischen Gemeinschaft; AfP 1985, S. 257 - 269.

Bullinger, Martin/ Mestmäcker, E.-Joachim Multimediadienste. Struktur und staatliche Aufgaben nach deutschem und europäischem Recht; Baden-Baden 1997.

BIPE MEDIA Mid-Term Evaluation vom 30. November 1998.

Busse, Christian Die Geltung der EMRK für Rechtsakte der EU; NJW 2000, S. 1074 - 1079.

Calliess, Christian Kommentar des Vertrages über die Europäische Union und des Vertrages zur Gründung der Europäischen Gemeinschaft: EUV und EGV; Neuwied 1999.

Calliess, Christian Zwischen staatlicher Souveränität und europäischer Effektivität: zum Beurteilungsspielraum der Vertragsstaaten im Rahmen des Art. 10 EMRK; EuGRZ 1996, S. 293 - 298.

Calliess, Christian Subsidiaritäts- und Solidaritätsprinzip in der Europäischen Union. Vorgaben für die Anwendung von Art. 5 (ex-Art. 3b) EGV nach dem Vertrag von Amsterdam; 2. Auflage, Baden-Baden 1999.

Calliess, Christian Der Schlüsselbegriff der „ausschließlichen Zuständigkeit" im Subsidiaritätsprinzip des Art. 3 b II EGV; EuZW 1995, S. 693 - 670.

Carey, John Content and Services for the New Digital TV Environment, in: Gerbarg, Darcy - The economics, technology and content of digital TV, S. 87 - 102; London 1999.

Cawson, Alan/Holmes, Peter Technology policy and competition issues in the transition to advanced television services in Europe; Journal of European Public Policy 1995 (vol 2), Heft 4, S. 650 - 671.

Chwolik-Lanfermann, Ellen Grundrechtsschutz in der Europäischen Union: Bestand, Tendenzen und Entwicklungen, Frankfurt a.M. 1994.

Classen, Claus-Dieter Kommentar: Allgemeine und berufliche Bildung, in: v. d. Groeben, Hans v.d./ Thiesing, Jochen/ Ehlermann, Claus-Dieter - Handbuch des Europäischen Rechts. Systematische Sammlung mit Erläuterungen; Bd. I A 56 - I A 58; Baden-Baden, 334. EL Sept. 1995.

Classen, Claus-Dieter Der Rundfunk zwischen Wirtschaft und Kultur: Die Perspektive des Europäischen Gemeinschaftsrechts, in: Dittmann, Armin/ Fechner, Frank/Sander, Gerald G.: Der Rundfunkbegriff im Wandel der Medien. Symposium zum 65. Geburtstag von Thomas Oppermann; S. 53 - 67; Berlin 1997.

Clausen-Muradian, Elisabeth Konzentrationstendenzen und Wettbewerb im Bereich des privaten kommerziellen Rundfunks und Rechtsprobleme staatlicher Rundfunkaufsicht; Frankfurt a.M./Berlin/Bern 1998.

Clausen-Muradian, Elisabeth Konzentrationskontrolle im privaten Rundfunk; ZUM 1996, S. 934 - 945.

Collins, Richard Unity in Diversity? The European Single Market in Broad-casting and Audiovisual 1982 - 1992; Journal of Common Market Studies 1994, S. 89 - 102.

Constantinesco, Léontin-Jean Das Recht der Europäischen Gemeinschaften I. Das institutionelle Recht; Baden-Baden 1977.

Constantinesco, Vlad Subsidiarität: Zentrales Verfassungsprinzip für die Politische Union; integration 1990, S. 167.

Constantinesco, Vlad „Subsidiarität“: Magisches Wort oder Handlungsprinzip der Europäischen Union?; EuZW 1991, S. 561 - 563.

Cook, Trevor M. Copyright in the European Community; EuZW 1994, S. 7-13.

Coppel, Jason/ O'Neill, Aidan The European Court of Justice: Taking Rights Seriously?; CMLR 1992, S. 669 - 692.

Cottier, Thomas Die völkerrechtlichen Rahmenbedingungen der Filmförderung in der neuen Welthandelsorganisation WTO-GATT; ZUM-SH 1994, S. 749 - 759.

Crabit, Emmanuel Medienpluralismus und Konzentration: 10 Fragen und Antworten zu den Arbeiten der Kommission; IRIS-SH 1995, S. 12 - 14.

Crosby, Scott The single Market and the Rule of Law; European Law Review 1991, S. 451 - 465.

Dai, Xiudian/ Cawson, Alan/ Holmes, Peter The Rise and the Fall of High Definition Television: The Impact of European Technology Policy; JCMS 1996 (vol 34), S. 149 - 166.

Damjanovic, Dragana Regulierung der Kommunikationsmärkte unter Konvergenzbedingungen, Wien 2002.

Däubler-Gmelin, Herta Eine europäische Charta der Grundrechte - Beitrag zur gemeinsamen Identität; EuZW 2000, S. 1.

Dauses, Manfred Die rechtliche Dimension des Binnenmarktes; EuZW 1990, S. 8 - 11.

Dauses, Manfred Handbuch des EG-Wirtschaftsrechts, Band 1; Teil E V. Kommunikation und Medien, Bearb: Engel, Christoph/ Seelmann-Eggebert, Sebastian; 9. EL August 2000, München.

De Bens, Els/Kelly, Mary, Bakke, Marit Television Content: Dallasification of Culture? in: Siune, Karen/ Truetzschler, Wolfgang, Dynamics of Media Politics. Broadcast and Electronic Media in Western Europe; S. 75 - 100; SAGE Publications London, New Bury Park, New Dehli 1992.

de Witte, Bruno The European Content Requirements in the EC TV Directive five years after, in: Barendt, Eric - Yearbook of Media and Entertainment Law 1995, S. 101 - 127.

Delbrück, Jost Die Rundfunkhoheit der deutschen Bundesländer im Spannungsfeld zwischen Regelungsanspruch der Europäischen Gemeinschaft und nationalem Verfassungsrecht; Frankfurt a.M. 1986.

Delbrück, Jost Rundfunkrecht und Wettbewerbsrecht vor dem Forum des Europäischen Gemeinschaftsrechts, in: Hoffmann-Riem, Wolfgang - Rundfunkrecht im Wettbewerbsrecht - Der öffentlich-rechtliche Rundfunk im Spannungsfeld zwischen Wirtschaftsrecht und Rundfunkrecht, S. 244 - 252; Baden-Baden 1988.

Denninger, Erhard Menschenrechte und Grundgesetz; Weinheim 1994.

Dietz, Adolf Möglichkeiten der Harmonisierung des Urheberrechts in Europa; GRUR Int 1978, S. 101 - 109.

Dietz, Adolf Die EU-Richtlinie zum Urheberrecht und zu den Leistungsschutzrechten in der Informationsgesellschaft; ZUM 1998, S. 438 - 451.

Dietz, Adolf Die Schutzdauer-Richtlinie der EU; GRUR Int 1995, S. 670 - 686.

Directorate of Culture and audiovisual Policy Second Information Report, 1997.

Dirkers, Detlev Europäischer Fernsehmarkt zwischen wirtschaftlichen Imperativen und kulturellem Auftrag unter besonderer Berücksichtigung des bundesdeutschen Mediensektors; Frankfurt a.M. u.a. 1995.

Dittmann, Armin/ Fehrenbacher, Claus Die bildungsrechtlichen Harmonisierungsverbote und ihre Bedeutung für die nationale „Bildungshoheit", RdJB 1992, S. 478 - 491.

Dohms, Rüdiger Die Kompetenz der Europäischen Gemeinschaft im Bereich der allgemeinen Bildung nach Art. 126 EGV, RdJB 1992, S. 451 - 468.

Dolmans, Mauritz Quotas without content: The questionable legality of European Content Quotas under the Television without Frontiers Directive; Entertainment Law Review 1995, S. 329 - 333.

Dörr, Dieter Die Maastricht-Entscheidung des Bundesverfassungsgerichts und ihre Auswirkung auf die Medienpolitik; ZUM 1995, S. 14 - 20.

Dörr, Dieter Die EG-Fernsehrichtlinie, in: Rechtliche Entwicklung im audiovisuellen Sektor, IRIS-Sonderausgabe 1995, S. 15 - 16.

Dörr, Dieter Europäische Medienordnung und Politik, in: H.-Bredow-Institut, Internationales Handbuch für Hörfunk und Fernsehen 2000/2001, S. 64 - 88.

Dörr, Dieter Der deutsche Föderalismus und die entstehende Medienordnung; EWS 1991, S. 259 - 269.

Dörr, Dieter Konzentrationstendenzen im Bereich des Rundfunks und ihre Rechtsprobleme; ZUM 1993, S. 10 - 17.

Dörr, Dieter Kontrolle braucht Durchsetzungsbefugnisse. Defizite des Verfahrensrechts bei der Medienkonzentrationskontrolle; MP 1995, S. 42 - 47.

Dörr, Dieter Vielfaltsicherung durch die EU?; MP 1996, S. 87 - 92.

Dörr, Dieter Auf dem Weg zur europäischen Informationsgesellschaft, in: Dörr, Dieter; Europa als Rechtsgemeinschaft; S. 73 - 88; Baden-Baden 1997.

Dörr, Dieter u.a. Die Einflüsse europarechtlicher Entwicklungen auf das Bund-Länder-Verhältnis im Rundfunkwesen; München 1992.

Dörr, Dieter/Eckl, Judith Die Entwicklung des Medienrechts; NJW 1999, S. 1925 - 1936.

Dörr, Dieter/Zorn, Nicole Die Entwicklung des Medienrechts; NJW 2001, S. 2837 - 2854.

Drei Vorschläge für den Garantienfonds Blickpunkt:Film 1995/ 26, S. 22.

Dreier, Thomas Die Umsetzung der Urheberrechtsrichtlinie 2001/ 29/EG in deutsches Recht; ZUM 2002, S. 28 - 43.

Drexl, Josef Urheberrecht und Handelspolitik: Zweckehe oder Mesalliance? Zugleich eine Besprechung von Wilhelm Haedicke: Urheberrecht und die Handelspolitik der Vereinigten Staaten von Amerika; GRUR Int 1999, S. 1 - 13.

Drijber, Berend Jan The revised Television without frontiers directive: is it fit for the next century?; CMLR 1999, S. 87-122.

Dworkin, Gerald Authorship of Films and the European Commission Proposals for Harmonising the Term of Copyright; E.I.P.R. 1993, S. 151 - 155.

Eberle, Carl-Eugen Das europäische Recht und die Medien am Beispiel der Rundfunkrichtlinie; AfP 1993, S. 422 - 429.

Eberle, Carl-Eugen Das Fernsehen im Zugriff des Europäischen Rechts, in: Becker, Bernd/Bull, Hans Peter/Seewald, Otfried - Festschrift für Werner Thieme zum 70. Geburtstag, S. 939 - 962; Köln 1993.

Eberle, Carl-Eugen — Aufbruch ins digitale Fernsehzeitalter, Vortrag vor dem Europa-Institut der Universität des Saarlandes, Saarbrücken, den 14. November 1994; in: Vorträge, Reden, Berichte aus dem Europa-Instituts der Universität des Saarlandes Saarbrücken, Sektion Rechtswissenschaft Nr. 319, Hrsg. Ress, Georg/ Stein, Thorsten; Saarbrücken 1994.

Eberle, Carl-Eugen — Medien - Mittler zwischen Bürger, Gesellschaft und Staat in: Heldrich, Andreas; Medien zwischen Spruch und Informationsinteresse, Festschrift für R. Schweitzer, S. 139 - 154; Baden-Baden 1999.

Eckert, Detlef — Wie sich die EU-Kommission die Regulierung des Medieninfrastruktur vorstellt, 2001, Vortrag, im Internet unter http://www.medientage-muenchen.de /archiv/.

Ehlermann, Claus-Dieter — Ökonomische Aspekte des Subsidiaritätsprinzips: Harmonisierung versus Wettbewerb der Systeme; integration 1995, S. 11 - 21.

Ehricke, Ulrich — „Soft Law" - Aspekte einer neuen Rechtsquelle; NJW 1989, S. 1906 - 1908.

Eichler, Boris — Programmquoten zur Vielfaltsicherung im Rahmen ausgestaltender Rundfunkgesetzgebung; ZUM 1995, S. 599 - 607.

Eisenberger, Iris — Media II und Fragen des Rechtsschutzes bei der Vergabe von Mitteln aus dem Programm; MR 1999, S. 59 - 64.

Ellins, Julia — Copy Right Law, Urheberrecht und ihre Harmonisierung in der Europäischen Gemeinschaft. Von den Anfängen bis ins Informationszeitalter; Berlin 1997.

Emilion, Nicholas — Subsidiarity: An effective barrier against „the Enterprises of Ambition"?; ELR 1992, S. 382 - 407.

Emiliou, Nicholas — The European Union and World Trade Law, After the GATT Uruguay Round; Wiley 1996.

Emmerich, Volker — Europa 1992: Europäisches Kartellrecht; JuS 1990, S. 695 - 702.

Engel, Christoph — Außenhandel mit Rundfunk: Rundfunkrichtlinie der Europäischen Gemeinschaft versus Fernsehkonvention des Europarates; RuF 1989, S. 203 - 214.

Engel, Christoph — Medienordnungsrecht; Baden-Baden 1996.

Engel, Christoph Multimedia und das deutsche Verfassungsrecht, in: Hoffmann-Riem, Wolfgang/Vesting, Thomas - Perspektiven der Informationsgesellschaft, S. 143 - 166; Baden-Baden 1995.

Engel, Christoph Medienrechtliche Konzentrationsvorsorge, in: LMA - Die Sicherung der Meinungsvielfalt, S. 221 - 286; Berlin 1995.

Engel, Christoph Europarechtliche Grenzen für die Industriepolitik, in: Rengeling, Hans-Werner/Ahrens, Hans-Jörg - Europäisierung des Rechts. Ringvorlesung anläßlich des 10jährigen Bestehens des Instituts für Europarecht der Universität Osnabrück 1995, Köln 1996.

Engel, Christoph Privater Rundfunk vor der Europäischen Menschenrechtskonvention; 1. Auflage, Baden-Baden 1993.

Epiney, Astrid Gemeinschaftsrecht und Föderalismus: „Landesblindheit" und Pflicht zur Berücksichtigung innerstaatlicher Verfassungsstreitigkeiten; EuR 1994, S. 301 - 324.

Epiney, Astrid Gemeinschaftsrechtlicher Umweltschutz und Verwirklichung des Binnenmarktes - „Harmonisierung" auch der Rechtsgrundlagen?; JZ 1992, S. 564 - 570.

Europäische Audiovisuelle Informationsstelle Statistical Yearbook 1995. Film, Fernsehen, Video und Neue Medien in Europa; Straßburg 1995.

Europäische Audiovisuelle Informationsstelle Statistical Yearbook 2001. Film, Fernsehen, Video und Neue Medien in Europa; Straßburg 2000/2001.

Europäische Audiovisuelle Konferenz Protokoll der Europäischen Konferenz über Audiovisuelle Medien; Birmingham, 6. - 8. April 1998; Luxemburg, Amt für Amtliche Veröffentlichungen der Europäischen Gemeinschaft, 1998.

Europäisches Fernseh- und Filmforum Antikonzentration - eine unendliche Geschichte; epd-medien 2001/96, S. 2 - 5.

European Commission, GD X The European Film Industry under Analysis: Second Information Report, 1997.

Everling, Ulrich Gestaltungsbedarf des Europarechts; EuR 1987, S. 214 - 235.

Everling, Ulrich Wirtschaftsverfassung und Richterrecht in der EG, in: Immenga, Ulrich/Möschel, Wernhard/Reuter, Dieter - Festschrift für Ernst-Joachim Mestmäcker, S. 365 - 380; Baden-Baden 1996.

Everling, Ulrich Probleme der Rechtsangleichung zur Verwirklichung des Europäischen Binnenmarktes; in: Baur, Jürgen F. - Festschrift für Ernst Steindorff zum 70. Geburtstag am 13. März 1990, S. 1155 - 1174; Berlin 1990.

Everling, Ulrich Subsidiaritätsprinzip und „ausschließliches Gemeinschaftsrecht" - ein „faux problème" der Verfassungsauslegung, in: Burmeister, Joachim - Verfassungsstaatlichkeit; Festschrift für Klaus Stern zum 65. Geburtstag, S. 1227 - 1238; München 1997.

Everling, Ulrich Brauchen wir „Solange III"?; EuR 1990, S. 195 - 227.

Everling, Ulrich Abgrenzung der Rechtsangleichung zur Verwirklichung des Binnenmarktes nach Art. 100 a EWGV durch den Gerichtshof; EuR 1991, S. 179 - 182.

Fabris, Hans Heinz Medienpolitik, in: Trappel, Josef - Medien Macht Markt. Medienpolitik westeuropäischer Kleinstaaten, S. 11 - 186; Wien 1991.

Färber, Gisela Binnenmarktgerechte Subventionspolitik in der Europäischen Union. Strukturen, Normen, Defizite; Frankfurt a.M. 1995.

Farda, Constanze Europäische Medienpolitik. Eine Policy-Analyse der Fernseh- und der Antikonzentrationsrichtlinie; Wiesbaden 2000.

Fechner, Frank Kultur und Bildung im Europarecht; RdJB 1996, S. 35 - 47.

Fechner, Frank Medien zwischen Kultur und Kommerz- zur Rolle des Staates in der neuen Medienwelt; JZ 2003, S. 224 - 231.

Ferid, Hildegard Zur Anwendung von Art. 36 EWG-Vertrag auf nationale Urheberrechte und verwandte Schutzrechte, in: Gewerblicher Rechtsschutz, Urheberrecht, Wirtschaftsrecht, S. 75 - 82; Mitarbeiterfestschrift zum 70. Geburtstag von Eugen Ulmer; Köln/Berlin/Bonn/München 1973.

Feuchthofen, Jörg E./ Brackmann, Hans-Jürgen Berufliche Bildung im Maastrichter Unionsvertrag. Eine rechtspolitische Betrachtung zur Auslegung des Art. 127 EGV; RdJB 1992, S. 468 - 477.

Fiedler, Wilfried Impulse der Europäischen Gemeinschaft im kulturellen Bereich - Rechtliche Grundlagen und politische Fortentwicklung, in Magiera, Siegfried - Das Europa der Bürger in einer Gemeinschaft ohne Binnengrenzen, S. 147 - 177; Baden-Baden 1990.

Filmecho/Filmwoche Produktionsfonds für Europa?; Filmecho/Filmwoche 1994/27, S.3.

Flechsig, Norbert Urheberrecht und verwandte Schutzrecht in der Informationsgesellschaft; CR 1998, S. 225 - 232.

Flechsig, Norbert Investoren, Multiplikatoren und Distributoren in der Informationsgesellschaft, in: Schwarze, Jürgen: Rechtsschutz gegen Urheberrechtsverletzungen und Wettbewerbsverstöße in grenzüberschreitenden Medien, S. 53 - 66; Baden-Baden 2000.

Flechsig, Norbert Grundlagen des europäischen Urheberrechts; ZUM 2002, S. 1 -21.

Flechsig, Norbert EU-Harmonisierung des Urheberrechts und der verwandten Schutzrechte in der Informationsgesellschaft; ZUM 1998, S. 139 - 154.

Flechsig, Norbert P. Die Auswirkungen der digitalen Signalverarbeitung auf Anbieter von Rundfunk und Fernsehen, in: Becker, Jürgen / Dreier, Thomas - Urheberrecht und digitale Technologie, S. 27 - 44; Baden-Baden 1994.

Forman-Peck, James/ Federico, Giovanni European Industrial Policy: the twentieth-century experience; Oxford 1999.

Franzius, Claudio Strukturmodelle des europäischen Telekommunikationsrechts. Ein neuer Rechtsrahmen. EuR 2002, S. 660 - 690.

Frees, Christian-Peter Das neue industriepolitische Konzept der Europäischen Gemeinschaft; EuR 1991, S. 281 - 287.

Frenzel, Dirk Kulturelle Eye-dentity: die Kulturpolitik der EU am Beispiel der Filmförderung; Frankfurt a.M. 1999.

Frese, Michael Die Rechtmäßigkeit europäischer Fernsehquoten aus kompetenzieller, grundrechtlicher und welthandelsrechtlicher Sicht; Frankfurt a.M. 1998.

Frey, Dieter Die europäische Fusionskontrolle und die Medienvielfalt; ZUM 1998, S. 985 - 1001.

Frey, Dieter Fernsehen und audiovisueller Pluralismus im Binnenmarkt der EG; Baden-Baden 1999.

Friccius, Enno Fernsehen und Filmförderung in Deutschland; MP 1999, S. 488 - 491.

Friedrichsen, Mike/ Never, Henning — Fernsehen als öffentliches Gut. Zur institutionellen Ausgestaltung der elektronischen Medien in einer offenen Gesellschaft, in: Donges, Patrick/Jarren, Otfried/Schatz, Heribert - Globalisierung der Medien? Medienpolitik der Informationsgesellschaft, S. 107-131; Opladen 1999.

Fröhlinger, Margot — EG-Wettbewerbsrecht und Fernsehen, in BLM: EuroMedien-Dimensionen - Rundfunkaufsicht im europäischen Vergleich; BLM-Rundfunkkongress 1992, S. 103-110; München 1993.

Frohne, Ronald — Die Quotenregelung im nationalen und europäischen Recht; ZUM 1989, S. 390 - 397.

Funke, Rainer — Neue Informations- und Kommunikationstechnologien - eine Herausforderung für die Rechtsordnung; in: Prinz, Matthias/ Peters, Butz - Medienrecht im Wandel. Festschrift für Manfred Engelschall; S. 143 - 152; Baden-Baden 1996.

Fürst, Andreas — Die bildungspolitische Kompetenz der EG - Umfang und Entwicklungsmöglichkeiten; Marburg 1999.

Gaster, Jens — Urheberrecht und verwandte Schutzrechte in der Informationsgesellschaft - Anmerkungen zum Grünbuch der Europäischen Kommission; ZUM 1995, S. 740 - 752.

Gerbarg, Darcy — The economics, technology and content of digital TV; London 1999.

Gersdorf, Hubertus — Der verfassungsrechtliche Rundfunkbegriff im Lichte der Digitalisierung der Telekommunikation; Berlin 1995.

Gersdorf, Hubertus — Chancengleicher Zugang zum digitalen Fernsehen. Eine Untersuchung des verfassungsrechtlichen Regulierungsrahmens am Beispiel des Entwurfs zum 4. Rundfunkänderungsstaatsvertrag vom 27.2.1998; Berlin 1998.

Gersdorf, Hubertus — Funktionen der Gemeinschaftsgrundrechte im Lichte des Solange-II- Beschlusses; AöR 1994, S. 400 - 426.

Gersdorf, Hubertus — Multimedia: Der Rundfunkbegriff im Umbruch? Insbesondere zur verfassungsrechtlichen Einordnung der Zugriffs- und Abrufdienste, AfP 1995, S. 565 - 574.

Gersdorf, Hubertus — Die dienende Funktion der Telekommunikationsfreiheiten: zum Verhältnis von Telekommunikations- und Rundfunkordnung; AfP 1997, S. 424 - 429.

Gibbons, Thomas Concentration of Ownership and control in a converging media industry, in: Marsden, Christopher/ Verhulst, Stefan - Convergence in Europe. Digital TV Regulation, S. 155 - 173; London 2000.

Giffard, C.A. European Regulation of Transborder Television, California Western Law Review Vol. 27 (1990), S. 159 - 171.

Goldberg, David/ Prosser, Tony u.a. EC Media Law and Policy; London 1998.

Goppel, Thomas Die Bedeutung des Subsidiaritätsprinzips; EuZW 1993, S. 367 - 370.

Götz, Volkmar Europäische Gesetzgebung durch Richtlinien - Zusammenwirken von Gemeinschaft und Staat; NJW 1992, S. 1849 - 1856.

Gounalakis, Georgios Regulierung von Presse, Rundfunk und elektronischen Diensten in der künftigen Medienordnung, ZUM 2003, S. 180 - 192.

Grabitz, Eberhard/ Hilf, Meinhard Das Recht der Europäischen Union, Bd. 1, 16. EL München, Juli 2000.

Greissinger, Christian Vorgaben des EG-Vertrages für nationales Rundfunk- und Multimedia-Recht, Baden-Baden 2001.

Grisold, Andrea Ökonomisierung der Medien aus wirtschaftspolitischer Perspektive, M+K Bd. 49 (2001), S. 237 - 248.

Groeben, Hans v. d. u.a. Kommentar zum EU-/EG-Vertrag, 5. Auflage, Baden-Baden 1999.

Großkopf, Lambert Fernsehen als genuin europäische Dienstleistung, AfP 1995, S. 464 - 471.

Gruber, Barbara Medienpolitik der EG; Konstanz 1995.

Grünwald, Andreas Analoger Switch-off. Auf dem Weg zur Digitalisierung des terrestrischen Fernsehens; MMR 2001, S. 89 - 94.

Gulich, Joachim Rechtsfragen grenzüberschreitender Rundfunksendungen: die deutsche Rundfunkordnung im Konflikt mit der Dienstleistungsfreiheit, Baden - Baden 1990.

Gundel, Jörg Die Neuordnung der Rechtsangleichung durch den Vertrag von Amsterdam - Neue Voraussetzungen für den „nationalen Alleingang“; JuS 1999, S. 1171 - 1177.

Häberle, Peter Gibt es eine europäische Öffentlichkeit?; ThürVBl 1998, S. 121 - 128.

Hablitzel, Hans Subsidiaritätsprinzip und Bildungskompetenzen im Vertrag über die Europäische Union; Regensburg 1994.

Häfner, Gerald/ Strawe, Christoph u.a. In der Auseinandersetzung um eine Charta der Grundrechte der EU; ZRP 2000, S. 365 - 368.

Hahn, Michel J. Eine kulturelle Bereichsausnahme im Recht der WTO?; ZfaöRV 1996, S. 315 - 352.

Hailbronner, Kay Die deutschen Bundesländer in der EG; JZ 1990, S. 149 - 158.

Hailbronner, Kay/ Weber, Claus Möglichkeiten zur Förderung der europäischen Kultur in Rundfunk und Fernsehen anhand der Fernsehrichtlinie der Europäischen Gemeinschaft, DÖV 1997, S. 561 - 570.

Hamann, Harald Statement zu „Die Quotenregelung“, in: Beckmann, Christoph u.a. - EMR-Dialog „Die Revision der Fernsehrichtlinie“, S. 20; München 1994.

Haneklaus, Winfried Zur Verankerung umweltpolitischer Ziele im EWG-Vertrag; DVBl 1990, S. 1135 - 1141.

Harcourt, Alison EU Media Ownership Regulation: Conflict over the Definition of Alternatives; Journal of Common Market Studies Vol. 36 (1998), No. 3, S. 369 - 389.

Harcourt, Alison Regulating for media concentration: the emerging policy of the European Union; Utilities Law Review 1996, S. 202 - 210.

Hartstein, Reinhard u.a. Rundfunkstaatsvertrag: Kommentar; München 1999.

Hasebrink, Uwe Jugendmedienschutz im internationalen Vergleich; MP 1998, S. 454 - 462.

Hayek, Friedrich August Freiburger Studien, Tübingen 1969.

Hege, Hans Konzentrationskontrolle des privaten Fernsehens; AfP 1995, S. 537 - 542.

Hege, Hans Offene Wege in die digitale Zukunft: Überlegungen zur Fortentwicklung des Medienrechts, Schriftenreihe des MABB, Bd. 2., 1995.

Heidenhain, Martin Subsidiaritätsprinzip - Abbau oder Aufbau von Kompetenzen? (Kommentar); EuZW 1993, S. 73.

Heidensohn, Klaus Europe and World Trade; London, New York 1995.

Heinrich, Jürgen Qualitätswettbewerb und/oder Kostenwettbewerb im Mediensektor?; RuF 1996, S. 165 - 183.

Heinrich, Jürgen Keine Entwarnung bei der Medienkonzentration; MP 1994, S. 297 - 306.

Heinrich, Jürgen Ökonomische und publizistische Konzentrationen im deutschen Fernsehsektor. Eine Analyse aus wirtschaftswissenschaftlicher Sicht; MP 1992, S. 338 - 356.

Heinze, Matthias Fernsehen ohne Grenzen - um jeden Preis?; München 1993.

Helberger, Natalie Brot und Spiele- Die Umsetzung der Listenregelung des Art. 3a der Fernsehrichtlinie; AfP 2002, S. 292 - 298.

Helling, Ulrike Anthea Die Programmstandards der EG-Fernsehrichtlinie im Spannungsfeld von Gemeinschaftsrecht, Welthandelsordnung und Verfassungsrecht; Köln 1999.

Henn, Bernhard Die Sicherung von Meinungs- und Informationsvielfalt in neueren Rundfunkordnungen. Ein Vergleich der Rechtsvorschriften Frankreichs, der Schweiz und der Bundesrepublik Deutschland unter besonderer Berücksichtigung pluralismustheoretischer Kategorien; Hamburg 1993.

Henrichs, Helmut Gemeinschaftsrecht und nationale Verfassungen - eine Konfliktstudie; EuGRZ 1989, S. 237 - 245.

Herdegen, Matthias Europarecht; 3. Auflage München 2001.

Herdegen, Matthias After the TV judgement of the German Constitutional Court: Decision-making within the EU Council and the German Länder; CMLR 1995, S. 1369 - 1384.

Herdegen, Matthias Auslegende Erklärungen von Gemeinschaftsorganen und Mitgliedstaaten zu EG-Rechtsakten; ZHR 155 (1991), S. 52 - 67.

Herdzina, Klaus Wettbewerbspolitik, Stuttgart/Jena, 4. Auflage 1993.

Heringer, Anina — Die Problematik des grenzüberschreitenden Satellitenfernsehens in Europa unter besonderer Berücksichtigung und verfassungsrechtlicher Würdigung des Grünbuchs der EG-Kommission „Fernsehen ohne Grenzen"; Mainz 1988.

Hermann, Güntern — Fernsehen und Hörfunk nach dem 6. Rundfunkurteil des BVerfG vom 5.2.1991; ZUM 1991, S. 325 - 337.

Hess, Wolfgang — Medienkonzentrationsrecht nach dem neuen Rundfunkstaatsvertrag, Teil 1: Materielles Konzentrationsrecht; AfP 1997, S. 680 - 688.

Hesse, Albrecht — Rundfunk zwischen demokratischer Willensbildung und dem Zugriff der EG; JZ 1993, S. 545 - 551.

Hilf, Meinhard — Grundfragen der Beteiligung der EG an der WTO, in: Müller-Graff, Peter-Christian - Die Europäische Gemeinschaft in der Welthandelsorganisation. Globalisierung und Weltmarktrecht als Herausforderung für Europa, S. 89 - 94; Baden-Baden 1999/2000.

Hirsbrunner, Simon — Die revidierte EG-Fusionskontroll-Verordnung; EuZW 1998, S. 69 - 75.

Hirsch, Mario/Petersen, Vibeke G. — European Policy Initiatives; in: Siune, Karen/ McQuail, Denis: Media Policy. Convergence, Concentration and Commerce, S. 207 - 217. SAGE London, Thousands Oaks, New Dehli 1998.

Hitchens, L.P. — Identifying European Community Audiovisual Policy in the Dawn of the Information Society; Yearbook of Media and Entertainment Law 1996, S. 45 - 73.

Hitchens, L.P. — Media Ownership and Control: A European Approach; Modern Law Review 1994, S. 585 - 601.

Hochbaum, Ingo — Kohäsion und Subsidiarität - Maastricht und die Kulturlandschaft; DÖV 1992, S. 285 - 292.

Hochbaum, Ingo — Der Begriff der Kultur im Maastrichter und Amsterdamer Vertrag; BayVBl 1997, S. 641 - 654; S. 680 - 685.

Hoffmann, Martin — Programmquoten und Werbebegrenzung als Gegenstand des Aufsichtsrechts im Rundfunk, S. 607 - 638, in: Mestmäcker, Ernst-Joachim - Kommunikation ohne Monopole II. Ein Symposium über Ordnungsprinzipien im Wirtschaftsrecht der Telekommunikation und der elektronischen Medien, Baden-Baden 1995.

Hoffmann-Remy, Ulrich Die Möglichkeit der Grundrechtseinschränkung nach den Art. 8 - 11 Abs. 2 der Europäischen Menschenrechtskonvention; Berlin 1976.

Hoffmann-Riem, Wolfgang Die Regulierung der dualen Rundfunkordnung. Grundfragen, Baden-Baden 2000.

Hoffmann-Riem, Wolfgang New challenges for European Multimedia Policy. A german perspective; European Journal for Communication 1996, S. 327 - 346.

Hoffmann-Riem, Wolfgang Rundfunkrecht neben Wirtschaftsrecht - Zur Anwendbarkeit des GWB und EWG-Vertrages auf das Wettbewerbsverhalten des öffentlich-rechtlichen Rundfunks in der dualen Rundfunkordnung; Baden-Baden 1991.

Hoffmann-Riem, Wolfgang Kulturelle Identität und Vielfalt im Fernsehen ohne Grenzen? Zur Diskussion um die Sicherung der Vielfalt im internationalisierten Rundfunk, in: Haas, Hannes - Mediensysteme. Struktur und Organisation der Massenmedien in den deutschsprachigen Demokratien, S. 28 - 39; Wien 1990.

Hoffmann-Riem, Wolfgang Der Rundfunkbegriff in der Differenzierung kommunikativer Dienste; AfP 1996, S. 9 - 15.

Hoffmann-Riem, W. u.a. Ende der Massenkommunikation?; MP 1994, S. 382 - 391.

Hoffmann-Riem, Wolfgang u.a. Konvergenz und Regulierung. Optionen für rechtliche Regelungen und Aufsichtsstrukturen im Bereich Information, Kommunikation und Medien; Baden-Baden 2000.

Hoffmeister, Frank Art 10 EMRK in der Rechtsprechung des Europäischen Gerichtshofes für Menschenrechte 1994 - 1999; EuGRZ 2000, S. 358 - 369.

Holzamer, Karl Kultur und Medien - Medienkultur? in: Keck, Rudolf W./ Thissen, Walter: Medien zwischen Kultur und Kult. Zur Bedeutung der Medien in Kultur und Bildung, S. 55 - 60; Bad Heilbrunn 1987.

Holznagel, Bernd Grünwald, Andreas Meinungsvielfalt im kommerziellen Fernsehen. Medienspezifische Konzentrationskontrolle in Deutschland, Großbritannien, Frankreich, Italien, USA und auf der Ebene von Europarat und Europäischer Gemeinschaft; Berlin 2001.

Holznagel, Bernd Danfeldt, Dirk Zugangssicherungen bei digitaler Fernsehübertragung; CR 1998, S. 151 - 155.

Holznagel, Bernd Rundfunkrecht in Europa. Auf dem Weg zu einem Gemeinschaftsrecht europäischer Rundfunkordnungen; Tübingen 1996.

Holznagel, Bernd Probleme der Rundfunkregulierung im Multimedia-Zeitalter; ZUM 1996, S. 16 - 26.

Holznagel, Bernd Multimedia - mehr oder weniger Freiheit für die Nutzer?; ZG 1999, S. 23 - 35.

Holznagel, Bernd Rechtsprobleme der Konvergenz von Rundfunk und Telekommunikation; MMR 1998, Beilage zu Nr. 3., S. 12 - 16.

Hommelhoff, Peter Industriepolitik versus Wettbewerbspolitik im Maastrichter Vertrag, in: Hommelhoff, Peter/ Kirchhoff, Paul - Der Staatenverbund der Europäischen Union, S. 131 - 142; Heidelberg 1994.

Hoskins, Colin/ Mirus, Rolf/ Roze-boom, William US Television Programs in the international market: unfair pricing?; Journal of Communication 1989/2, S. 55 - 75.

Hrbek, Rudolf Europäische Bildungspolitik und die Anforderungen des Subsidiaritätsprinzips; Baden-Baden 1994.

Hrbek, Rudolf/Blanke, Hermann-Josef Das Subsidiaritätsprinzip in der Europäischen Union - Bedeutung und Wirkung für ausgewählte Politikbereiche; Baden-Baden 1995.

Hugenholtz, Bernt Why the Copyright Directive is unimportant, and possibly invalid; E.I.P.R. 2000, S. 499 - 502.

Hummer, Waldemar Subsidiarität und Föderalismus als Strukturprinzipien der Europäischen Gemeinschaften; ZfRV 1992, S. 81 - 91.

Humphreys, Peter Mass Media and Media Policy in Western Europe; Manchester, MUP 1996.

Humphreys, Peter Regulating for Pluralism in the era of digital convergence: the issues of media concentration and the future of public service broadcasting; Paper presented to the ECPR joint research sessions, Mannheim, 26-31 March 1999. Workshop 24: Regulating communication in the Multimedia Age.

Humphreys, Peter J. Mass media and media policy in Western Europe; MUP Manchester/ New York 1996.

Husch, Gertrud u.a. Die Umsetzung des EU-Rechtsrahmens für elektronische Kommunikation: Ein erster Überblick. MMR 2003, S. 139 - 148.

Iglesias, Gil Carlos Rodriguez Zur Stellung der Europäischen Menschenrechtskonvention im Europäischen Gemeinschaftsrecht, in: Beyerlin, Ulrich/ Bothe, Michael/Hoffmann, Rainer/Petersmann, Ernst-Ulrich - Recht zwischen Umbruch und Bewahrung. Völkerrecht, Europarecht, Staatsrecht, Festschrift für Rudolf Bernhardt, S. 1269 - 1281; Berlin/Heidelberg/ N.Y.u.a. 1995.

Immenga, Ulrich Wettbewerbspolitik und Industriepolitik nach Maastricht; EuZW 1994, S. 14 - 18.

Institut Européen de la Communication La Transparence dans le Controle des Medias; Düsseldorf 1994.

Ipsen, Hans Peter Der Kulturbereich im Zugriff der Europäischen Gemeinschaft, in Fiedler, Wilfried/Ress, Georg - Verfassungsrecht und Völkerrecht: Gedächtnisschrift für Wilhelm Karl Geck; S. 352 ff.; Köln 1989.

Ipsen, Hans Peter Als Bundesstaat in der Gemeinschaft; in: v. Caemmerer, Ernst/ Schlochauer, Hans-Jürgen/ Steindorff, Ernst - Probleme des europäischen Rechts, Festschrift für Walter Hallstein zu seinem 65. Geburtstag, S. 248 - 256; Frankfurt a.M. 1966.

Ipsen, Hans Peter Europäisches Gemeinschaftsrecht; Tübingen 1972.

Ipsen, Knut Völkerrecht. Ein Studienbuch; 4. Auflage; München 1999.

Jackson, John Howard The world trading system: law and policy of international economic relations; Cambridge 1997.

Jacoby, Sigrid Allgemeine Rechtsgrundsätze: Begriffsentwicklung und Funktion in der Europäischen Rechtsgeschichte; Berlin 1997.

Jahns-Böhm, Jutta/ Breier,Siegfried Die umweltrechtliche Querschnittsklausel des Art. 130 r II EWGV; EuZW 1992, S. 49 - 55.

Janik, Viktor Der deutsche Rundfunkbegriff im Spiegel technischer Entwicklungen; AfP 2000, S. 7 -16.

Jansen, Bernhard Zum Abschluß der Uruguay-Runde; EuZW 1994, S. 65.

Jarass, Hans EG-Recht und nationales Rundfunkrecht - zugleich ein Beitrag zur Reichweite der Dienstleistungsfreiheit; EuR 1986, S. 75 - 94.

Jarass, Hans Elemente einer Dogmatik der Grundfreiheiten; EuR 1995, S. 202 - 226.

Jarass, Hans Kompetenzverteilung zwischen der EG und den Mitgliedstaaten; AöR 121 (1996), S. 173 - 199.

Jarass, Hans D. EG-Kompetenzen und das Prinzip der Subsidiarität nach Schaffung der Europäischen Union; EuGRZ 1994, S. 209 - 219.

Jarothe, Sabine Die Filmpolitik der EU im Spannungsfeld zwischen nationaler staatlicher Förderung und US-amerikanischer Mediendominanz; Frankfurt a.M. 1998.

Jarren, Otfried Publizistische Märkte und Kommunikationspolitik, in: Altmeppen, Klaus-Dieter - Ökonomie der Medien und des Mediensystems, S. 203 - 219; Opladen 1996.

Jarren, Otfried Digitaler Rundfunk und medienpolitische Regulierung. Einige Diskussionsbemerkungen, in: Jarren, Otfried - Öffentlichkeit unter Vielkanalbedingungen, S. 11 - 22; Baden-Baden 1998.

Jarren, Otfried/Donges, Patrick Ende der Massenkommunikation - Ende der Medienpolitik?, in: Fünfgeld, Hermann - Massenkommunikation: Ergebnisse und Perspektiven; S. 231 - 252; Opladen 1997.

Jarren, Otfried/Meier, Werner A. Globalisierung der Medienlandschaft und ihre medienpolitische Bewältigung, in: Donges, Patrick/Jarren, Otfried/ Schatz, Heribert - Globalisierung der Medien? Medienpolitik in der Informationsgesellschaft, S. 231 - 249; Opladen 1999.

Jehoram, Hermann Cohen European Copyright Law - Ever more horizontal; IIC vol 32 (2001), S. 532 - 545.

Jickili, Joachim Der Binnenmarkt im Schatten des Subsidiaritätsprinzips; JZ 1995, S. 57 - 64.

Jungbeck, Karl-Heinz Digitales Fernsehen: Der Motor der neuen Wirtschaft; Starnberg 1998.

Juranek, Johannes Die Richtlinie der Europäischen Union zur Harmonisierung der Schutzfristen im Urheber- und Leistungsschutzrecht; Wien 1994.

Kahl, Wolfgang Möglichkeiten und Grenzen des Subsidiaritätsprinzips nach Art. 3 b EGV; AöR 118 (1993), S. 414 - 446.

Kahl, Wolfgang Umweltprinzip und Gemeinschaftsrecht: eine Untersuchung zur Rechtsidee des „bestmöglichen Umweltschutzes“ im EWG-Vertrag; Heidelberg 1993.

Kaplan, Laurence G.C. The European Community's „Television without frontiers“ Directive: Stimulating Europe to regulate culture; Emory Law Review 1994, S. 255 - 346.

Karl, Joachim Zur Rechtswirksamkeit von Protokollerklärungen; JZ 1991, S. 593 - 599.

Karnell, Gunnar W. Wer liebt Phil Collins?; GRUR Int. 1994, S. 733 - 741.

Katzenberger, Paul TRIPS und das Urheberrecht, GRUR Int. 1995, S. 447 - 468.

Keidel, Hannemor Die Regulierung und Förderung der audiovisuellen Industrie in Europa im Zeichen der Globalisierung, in: Donges, Patrick/Jarren, Otfried/Schatz, Heribert - Globalisierung der Medien? Medienpolitik in der Informationsgesellschaft, S. 171 - 194; Opladen 1999.

Keller, Perry The new Television without Frontiers Directive, in: Barendt, Eric - Yearbook of Media and Entertainment Law 1997/ 1998, S. 177 - 196; Oxford 1997.

Kenntner, Markus Die Schrankenbestimmungen der EU-Grundrechtecharta - Grundrechte ohne Schutzwirkung?; ZRP 2000, S. 423 - 425.

Kenntner, Markus Das Subsidiaritätsprotokoll des Amsterdamer Vertrages; NJW 1998, S. 2871 - 2875.

Keusen, Kai-Peter Studien zur Medienpolitik in Europa. Die Deregulierung der Fernsehsysteme in Großbritannien und Frankreich der 90er Jahre; Alfeld 1997.

Kiefer, Marie-Luise Konzentrationskontrolle: Bemessungskriterien auf dem Prüfstand; MP 1995, S. 58 - 68.

Kilian, Michael Neue Medien ohne Grenzen? Das Völkerrecht und der Schutz nationaler kultureller Identität zwischen Bewahrung und Weltkultur, in: Dittmann, Armin/ Fechner, Frank/ Sander, Gerald: Der Rundfunkbegriff im Wandel der Medien, Symposium zum 65. Geburtstag von Thomas Oppermann, S. 69 - 112; Berlin 1997.

Klein, Eckart Der Einfluß des Europäischen Gemeinschaftsrechts auf das Verwaltungsrecht der Mitgliedstaaten, Der Staat 1994, S. 39 - 57.

Klein, Eckart/ Haratsch, Andreas Neuere Entwicklungen des Rechts der Europäischen Gemeinschaften, Teil 2; DÖV 1994, S. 134 - 142.

Kleinmann, Werner Die Umsatzschwellen für Zusammenschlüsse von gemeinschaftsweiter Bedeutung in der Europäischen Fusionskontrolle und ihre Revision, in: Kruse, Jörn/ Stockmann, Kurt/ Vollmer, Lothar - Wettbewerbspolitik im Spannungsfeld nationaler und internationaler Kartellrechtsordnung, Festschrift für Ingo Schmidt, S. 131 - 141; Baden-Baden 1997.

Kleinsteuber, Hans J. Europäische Medienpolitik - von der Kultur zur Ökonomie? in: Roß, Dieter/Wilke, Jürgen - Umbruch in der Medienlandschaft. Beziehungen zwischen Wissenschaft, Politik und Praxis, S. 137 - 157; München 1991.

Kleinsteuber, Hans u.a. EG-Medienpolitik. Fernsehen in Europa zwischen Kultur und Kommerz; Berlin 1990.

Kleinsteuber, Hans J./ Rossmann, Torsten Europa als Kommunikationsraum. Akteure, Strukturen und Konfliktpotentiale in der europäischen Medienpolitik, Opladen 1994.

Kleinsteuber, Hans J./ Wiesner, Volkert Eigenproduktionsquoten in Fernsehen und Hörfunk: Erfahrungen in den Canadian Content Rules; RuF 1988, S. 329 - 346.

Kleinsteuber, Hans/ Rosenbach, Marcel Digitales Fernsehen in Europa: Eine Bestandsaufnahme; RuF 1998, S. 24 - 57.

Kleist, Thomas Multimediale Dienste im Blickwinkel der europäischen Entwicklung, in: EMR-Expertengespräch: Multimedia und rechtlicher Handlungsbedarf, Bd. 15, S. 5 - 15; München 1996.

Kleist, Thomas Medienmonopoly im Konzentrationsprozeß. Hat die Konzentrationskontrolle versagt?; ZUM 1993, S. 503 - 508.

Klickermann, Paul Herbert Europäisches Fernsehwerberecht im Wandel der neuen Medien; Frankfurt a. M. 2001.

Kloepfer, Michael „Innere Pressefreiheit“ und Tendenzschutz im Lichte des Art. 10 der Europäischen Konvention zum Schutz der Menschenrechte und Grundfreiheiten, Berlin 1996.

Kloepfer, Michael/ Neun, Andreas Rechtsfragen der europäischen Informationsgesellschaft; EuR 2000, S. 513 - 526.

Klotz, Robert Auf dem Weg zu einem europäischen Multimediarecht; ZUM 1999, S. 448 - 455.

Klute, Nikolai Die Produktionsquote, ein Protokoll und die Sache mit der Rundfunkfreiheit. Eine Zusammenführung europäischen und deutschen Rundfunkrechts; AfP 1991, S. 595 - 601.

Knoche, Manfred Die Meßbarkeit publizistischer Vielfalt, in: Klaue, Siegfried/ Knoche, Manfred/Zerdick, Axel - Probleme der Pressekonzentrationsforschung, S. 127 - 138; Baden-Baden 1980.

Knothe, Matthias Die Messung der Fernsehnutzung als Voraussetzung eines Marktanteilsmodells zur Kontrolle der Medienkonzentration; ZUM 1996, S. 132 - 134.

Knothe, Matthias/ Wanckel, Endress Europäische Rundfunkpolitik als Aufgabe der Länder; ZUM 1995, S. 20 - 29.

Kommission der E.G. Die Industriepolitik der Gemeinschaft, Memorandum der Kommission an den Rat, Brüssel 1970.

Kommission der EGen, GD XIII Informations- und Kommunikationstechnologien. Die Rolle Europas; Luxemburg, Amt für amtliche Veröffentlichungen der Europäischen Gemeinschaft, 1991.

König, Michael Was bringt die neue GATS-Runde für die audiovisuellen Medien?; ZUM 2002, S. 271 - 283.

König, Michael Die Einführung des digitalen Fernsehens. Neue Probleme und Implikationen für den Wettbewerb und die Medienkonzentration; Baden-Baden 1997.

Konow, Gerhard Bildungspolitik nach Maastricht; RdJB 1992, S. 428 - 435.

Konow, Gerhard Zum Subsidiaritätsprinzip des Vertrages von Maastricht; DÖV 1993, S. 405 - 412.

Kort, Michael Schranken der Dienstleistungsfreiheit im europäischen Recht; JZ 1996, S. 132 - 141.

Kozuszeck, Helmut Freier Dienstleistungsverkehr und nationales Rundfunkrecht; ZUM 1989, S. 541 - 547.

Kraußer, Hans-Peter Das Prinzip der begrenzten Ermächtigung im Gemeinschaftsrecht als Strukturprinzip des EWG-Vertrages; Berlin 1991.

Kreile, Johannes/ Straßer, Robert Werbung ohne Grenzen? Die Regelungen über die Fernsehwerbung in der EG-Fernsehrichtlinie; ZUM 1990, S. 174 - 177.

Kreile, Reinhold / Becker, Jürgen Neuordnung des Urheberrechts in der Europäischen Gemeinschaft; GRUR Int 1994, S. 901 - 911.

Kreile, Reinhold/ Becker, Jürgen Stand der Harmonisierungsbemühungen der EG auf dem Gebiet des Urheberrechts am Vorabend des Europäischen Binnenmarktes; ZUM 1992, S. 581 - 247.

Kresse, Hermann Grundversorgung und integrative Pluralismussicherung; ZUM 1995, S. 178 - 189.

Kresse, Hermann Pluralismus, Markt und Medienkonzentration: Positionen; Berlin 1995.

Kresse, Hermann/ Heinze, Matthias Rundfunk-Dynamik am Morgen des digitalen Zeitalters. Ein Beitrag zur funktionalen Entwicklung des Rundfunkbegriffs; AfP 1995, S. 574 - 580.

Krüger, Hans Christian/ Polakiewicz, Jörg Vorschläge für ein kohärentes System des Menschenrechtsschutzes in Europa. Europäische Menschenrechtskonvention und EU-Grundrechtecharta; EuGRZ 2000, S. 92 - 105.

Kruis, Konrad Der neue Art. 23 GG und das Bund-Länder-Verhältnis - Gedanken im Zusammenhang mit dem Urteil zur EWG-Fernsehrichtlinie - in: Merten, Detlef/ Schmidt, Reiner/Stettner, Rupert - Der Verwaltungsstaat im Wandel; Festschrift für Franz Knöpfle, S. 161 - 170; München 1996.

Kruse, Jörn Ordnungspolitische Grundlagen der Deregulierung; in: Seidenfus, Hellmuth, Deregulierung - eine Herausforderung an die Wirtschafts- und Sozialpolitik in der Marktwirtschaft; S. 9 - 35; Berlin 1989.

Kruse, Jörn Liberalisierung und Protektionismus bei audiovisuellen Dienstleistungen; Stuttgart 1993.

Kruse, Jörn Publizistische Vielfalt und Medienkonzentration unter dem Einfluß von Marktkräften und politischen Entscheidungen; Stuttgart 1995.

Kübler, Friedrich Argumente für Werbemarktanteilsmodelle; MP 1995, S. 48 - 57.

Kübler, Friedrich Legitimationsfragen der Medienregulierung; AfP 2002, S. 277 - 283.

Kübler, Friedrich Regelungsprobleme der Medienverflechtung, in: Hübner, Heinz/ Benda, Ernst/Pelny, Stefan/Thoma, Helmut/Ring, Wolf-Dieter/ Kübler, Friedrich/Ebke, Werner - Rechtsprobleme der privaten Rundfunkordnung, Vortragsveranstaltung vom 26. und 27. April 1991, S. 43 - 56; München 1992.

Kuch, Hans - Jörg Das Zuschaueranteilsmodell - Grundlagen der Sicherung der Meinungsvielfalt im Fernsehen; ZUM 1997, S. 12 - 17.

Kugelmann, Dieter Die Grenzen der Anwendbarkeit der EG-Fernseh-Richtlinie; Die Verwaltung 25 (1992), S. 515 - 530.

Kugelmann, Dieter Der Rundfunk und die Dienstleistungsfreiheit des EWG-Vertrages; Berlin 1991.

Kühling, Jürgen Grundrechtskontrolle durch den EuGH: Kommunikationsfreiheiten und Pluralismussicherung im Gemeinschaftsrecht; EuGRZ 1997, S. 296 - 303.

Kutscher, Hans Der Grundsatz der Verhältnismäßigkeit in europäischen Rechtsordnungen; Heidelberg 1985.

Ladeur, Karl-Heinz Terrestrische Übertragungsformen; MMR 1999, S. 266 -270.

Ladeur, Karl-Heinz Europäisches Telekommunikationsrecht im Jahre 2002; Zur Entwicklung des „Maßnahmenpakets" zur Neuordnung der Telekommunikation und zur Entscheidungspraxis der europäischen Gerichte und der EG-Kommission auf dem Gebiet des Telekommunikations- und Wettbewerbsrechts; K&R 2002, S. 110 - 120.

Laitenberger, Johannes Grundsätze und Leitlinien der audiovisuellen Politik der EG im digitalen Zeitalter, in: Schwarze, Jürgen/ Hesse, Albrecht - Rundfunk und Fernsehen im digitalen Zeitalter. Die Sicherung von Medienfreiheit und Medienvielfalt im deutschen und europäischen Recht; S. 31 - 44; Baden-Baden 2000.

Lambers, Hans-Jürgen Subsidiarität in Europa - Allheilmittel oder juristische Leerformel?; EuR 1993, S. 229 - 243.

Landesmedienan-stalten Pressemitteilung: Stellungnahme der LMA zur Revision der Fernsehrichtlinie, http://www.ulr.de.

Lange, André Die Entwicklung des digitalen Fernsehens in Europa, in: Hans-Bredow-Institut: Internationales Handbuch für Hörfunk und Fernsehen 2000/2001. S. 89 - 111; Baden-Baden/Hamburg 2000.

Langguth, Gerd Grundrechtsschutz und politische Union, in Weidenfeld, Werner - Der Schutz der Grundrechte in der Europäischen Gemeinschaft; Bonn 1992.

Lecheler, Helmut/ Gundel, Jörg Einführung in das Europarecht, München 2000.

Lecheler, Helmut Der Europäische Gerichtshof und die allgemeinen Rechtsgrundsätze; Berlin 1971.

Lecheler, Helmut Das Subsidiaritätsprinzip: Strukturprinzip einer europäischen Union; Berlin 1993.

Leclerqc, Thierry Media II mit Kurs auf das Jahr 2000; Sequentia vol. III, 7/1996, S. 16.

Lenaerts, Koenraad Education in European Community Law after Maastricht; CMLR 1994, S. 7 - 41.

Lenz, Carl-Otto Immanente Grenzen des Gemeinschaftsrechts; EuGRZ 1993, S. 57 - 65.

Lenz, Carl-Otto EG-Vertrag: Kommentar, 2. Auflage Köln 1999.

Lerche, Peter Konsequenzen aus der Entscheidung des BVerfG zur EG-Fernsehrichtlinie; AfP 1995, S. 632 - 638.

Levy, David A.L. Europe`s Digital Revolution. Broadcasting regulation, the EU and the nation state; London/ N.Y. 1999.

Lewinski, Silke v. Multimedia und Urheberrecht; GRUR Int 1995, S. 831 - 837.

Lewinski, Silke v. European Harmonization in a controversial field - the case of public lending right, in: Gorton, Lars/ Herre, Johnny/Nerep, Erik/- Nordell, Per Jonas/ Rosèn, Jan - Festskrift till Gunnar Karnell, S. 430 - 446; Stockholm 1999.

Liehr, Jürgen Die Niederlassungsfreiheit zum Zwecke der Rundfunkveranstaltung und ihre Auswirkungen auf die deutsche Rundfunkordnung; München 1995.

Lochner, Norbert Was bedeuten die Begriffe Harmonisierung, Koordinierung und gemeinsame Politik in den Europäischen Verträgen?, ZgStW 1962, S. 35 - 61.

Loman, Annemarie u.a. Culture and Community Law - Before and after Maastricht; Deventer/Boston 1992.

Luhmann, Niklas Die Realität der Massenmedien; 2. Auflage, Opladen 1996.

Lüneberg, Dirk Filmförderung in Berlin und Brandenburg; Berlin 1999.

Lupinacci, Timothy M. The Pursuit of TV broadcasting Activity in the EC: Cultural Preservation or economic protectionism?; Vanderbilt Journal of Transnational Law 1991, S. 113 - 152.

Maennel, Frithjof A. Elektronischer Geschäftsverkehr ohne Grenzen - der Richtlinienvorschlag der Europäischen Kommission; MMR 1999, S. 187 - 192.

Maggiore, Matteo Herstellung und Verbreitung von audiovisuellen Informationen im Gemeinsamen Markt; Luxemburg 1991.

Magiera, Siegfried Rechtliche Grundfrage einer werdenden europäischen Rundfunkordnung; in: Stern, Klaus/ Rambow, Gerhard/Schwartz, Ivo E. u.a. - Eine Rundfunkordnung für Europa. Chancen und Risiken, S. 51 - 74; München 1990.

Magiera, Siegfried Die Grundrechtecharta der Europäischen Union; DÖV 2000, S. 1017 - 1026.

Magiera, Siegfried Die Rechtsakte der EG-Organe; Jura 1989, S. 585 - 606.

Magiera, Siegfried Entwicklungsperspektiven der Europäischen Gemeinschaft: Vorträge und Diskussionsbeiträge der 52. staatswissenschaftlichen Fortbildungstagung 1985 der Hochschule für Verwaltungswissenschaften Speyer; Berlin 1985.

Mahlmann, Matthias Die Grundrechtscharta der Europäischen Union; ZEuS 2000, S. 419 - 444.

Mailänder, Peter Konzentrationskontrolle zur Sicherung von Meinungsvielfalt im privaten Rundfunk. Eine vergleichende Untersuchung der Rechtslage in Deutschland, Frankreich, Italien, Großbritannien, Spanien, Österreich sowie den Niederlanden und im Europäischen Recht; Baden-Baden 2000.

Maletzke, Gerhard Psychologie der Massenkommunikation: Theorie und Systematik; Hamburg 1978.

Maletzke, Gerhard Integration - eine gesellschafliche Funktion der Massenkommunikation, S. 165 - 173, in: Haas, Hannes - Mediensysteme. Struktur und Organisation der Massenmedien in den deutschsprachigen Demokratien, 2. Auflage, Wien 1990.

Mann, Fritz Karl Die Staatswirtschaftslehre unserer Zeit; Finanzarchiv N.F. Bd. 15/2, 1954/55; S. 224 - 232.

Martin-Pérez de Nanclares, José Die EG-Fernsehrichtlinie: Rechtsgrundlage, Kommentierung und Umsetzung in das Recht der EG-Mitgliedstaaten sowie Österreichs und der Schweiz; Frankfurt a.M. 1994.

Matte, Nicholas M./Jakhu Ram S. Legal issues of the Interception of US Television signals in Canada, in: Mestmäcker, Ernst-Joachim - The Law and economics of Transborder Telecommunication, S. 89 - 114; Baden-Baden 1987.

Maunz, Theodor/ Zippelius, Reinhold Deutsches Staatsrecht: ein Studienbuch; München 1998.

McGonagle, Tarlach Rundfunk im Wandel: Neue Jagdgründe und neue Herausforderungen; IRISplus, Beilage zu IRIS 2001, Heft 10.

McDonald, Brian The world trading system: Uruguay Round and beyond; Basingstoke/Hampshire 1999.

McGonagle, Tarlach Ist der für das Fernsehen geltende Rechtsrahmen auf die neuen Medien anwendbar?; IRISPlus, Beilage zu IRIS 2001, Heft 6.

Meckel, Miriam Dollars für Dallas. Strukturen der internationalen Film- und Fernsehprogrammindustrie, in: Meckel, Miriam - Internationale Kommunikation, S. 145 - 160; Opladen 1996.

Meckel, Miriam Fernsehen ohne Grenzen? Europas Fernsehen zwischen Integration und Segmentierung; Opladen 1994.

Meesen, Karl M. Verdrängt die Industriepolitik in der EG das System unverfälschten Wettbewerbs?; in FIW: Beschränkung des staatlichen Einflusses in der Wirtschaft, S. 61 - 76; Köln/Berlin 1993.

Meinel, Wulf Grenzen europäischer Rundfunkrechtssetzung; Frankfurt a.M. 1993.

Memminger, Gerhard Bedeutung des Verfassungsrechtsstreits zur EG-Rundfunkrichtlinie; DÖV 1989, S. 846 - 850.

Merten, Detlef Die Subsidiarität Europas; Berlin 1993.

Mestmäcker, Ernst-J. u.a. Der Einfluß des europäischen Gemeinschaftsrechts auf die deutsche Rundfunkordnung; Baden-Baden, 1990.

Middeke, Andreas Der Kompetenznormenkonflikt umweltrelevanter Gemeinschaftsakte im Binnenmarkt; DVBl 1993, S. 769 - 777.

Möschel, Wernhard Zum Subsidiaritätsprinzip im Vertrag von Maastricht; NJW 1993, S. 3025 - 3028.

Müller- Graff, Peter-Christian Die Erscheinungsformen der Leistungssubventionen - Tatbestände aus wirtschaftsrechtlicher Sicht; ZHR 152 (1988), S. 403 - 438.

Müller-Graff, Peter-Christian Binnenmarktauftrag und Subsidiaritätsprinzip?; ZHR 159 (1995), S. 34 - 77.

Müller-Graff, Peter-Christian Die Rechtsangleichung zur Verwirklichung des Binnenmarktes; EuR 1989, S. 107 - 151.

Müller-Römer, Frank Digitales Fernsehen-Digitaler Hörfunk: Technologie von morgen; Vortrag des am 25. November 1993 in München abgehaltenen Kongresses; Berlin 1994.

Münch, Ingo v./ Kunig, Philipp Grundgesetz - Kommentar, Band 1 (Präambel bis Art. 20); 5. Auflage 2000.

Neckermann, Gerhard Kinobranche im Auf- und Umbruch; MP 1999, S. 480 - 487.

Nentwich, Michael Institutionelle und verfahrensrechtliche Neuerungen im Vertrag über die Europäische Union; EuZW 1992, S. 235 - 243.

Nettesheim, Martin Das Kulturverfassungsrecht der Europäischen Union, JZ 2002, S. 157 - 166.

Nettesheim, Martin Horizontale Kompetenzkonflikte in der EG, EuR 1993, S. 243 - 260.

Never, Henning Meinungsfreiheit, Wettbewerb und Marktversagen im Rundfunk. Eine ökonomische Kritik der verfassungsrechtlich geforderten positiven Rundfunkforschung. Baden-Baden 2002.

Niblock, Michael The future of HDTV in Europe: the role of broadcasting in the commercial development of a European standard of High Definition TV; Manchester: European Institute for the Media, 1991.

Nicolaides, Phenon Industrial Policy in the European Community - A necessary response to Economic integration? Maastricht 1993.

Nicolaysen, Gert Notwendige Rechtsetzung. Auch ein Beitrag zum Thema Subsidiarität; in: Randelzhofer, Albrecht/ Scholz, Rupert/ Wilke, Dieter: Gedächtnisschrift für Eberhard Grabitz, S. 469 - 482, München 1995.

Nicolaysen, Gert Europarecht I; Baden-Baden 1991.

Niedobitek, Matthias Die kulturelle Dimension im Vertrag über die Europäische Union; EuR 1995, S. 349 - 376.

Niedobitek, Matthias Kultur und Europäisches Gemeinschaftsrecht; Berlin 1992.

Niewarra, Manfred Feststellung zur Medienkonzentration; ZUM 1993, S. 2 - 7.

Nikoltchev, Susanne Medienaufsicht an der Schwelle des 21. Jahrhunderts: Welche Aufgaben stellen sich der Rundfunk-, Telekommunikations- und Konzentrationsregulierung?; IRISplus, Beilage zu IRIS 2002, Heft 2.

Nikoltchev, Susanne/ Blázquez, Francisco Javier Cabrera Nationale Filmproduktionsförderung: Merkmale und Trends rechtlicher Gestaltung, IRISplus, Beilage zu IRIS 2001, Heft 4.

Norcontel Study: Economic Implications of New Communication Technologies on the Audiovisual Markets, 1997.

Notthoff, Martin Grundrechte in der Europäischen Gemeinschaft; RIW 1995, S. 541 - 545.

Nowoczyn, Oliver Bildungspolitische Kompetenzen der Europäischen Gemeinschaft nach Maastricht; Frankfurt a.M./ Berlin/Bern 1996.

Oertzen, Sabine Bildung und Berufsausbildung in den Europäischen Gemeinschaften. Eine Analyse der Kompetenzgrundlagen und der subjektiven Rechte im Rahmen des EWG-Vertrages; München 1992.

Oppermann, Thomas Europarecht. Ein Studienbuch; München, 2. Auflage 1999.

Oppermann, Thomas Die Europäische Gemeinschaft und Union in der Welthandelsorganisation (WTO); RIW 1995, S. 919 - 929.

Oreja, Marcelino Das digitale Zeitalter:europäische audiovisuelle Politik, Bericht der Hochrangigen Gruppe für audiovisuelle Politik; Luxemburg 1998.

Ossenbühl, Fritz Medien zwischen Macht und Recht; JZ 1995, S. 633 - 643.

Partsch, Karl-Josef Die Rechte und Freiheiten der EMRK; Berlin 1966.

Paschke, Marian Medienrecht, 2. Auflage, Berlin/Heidelberg 2001.

Pätzold, Ulrich Röper, Horst Maßnahmen der Vielfaltsicherung im Rundfunk; MP 1998, S. 278 - 286.

Paukens, Hans/ Schümchen, Andreas Digitales Fernsehen in Europa; München 2000.

Pechstein, Matthias Subsidiarität der EG-Medienpolitik ?, DÖV 1991, S. 535 - 542.

Peltier, Stéphanie La question de l`inefficacité des restrictions quantitatives: le cas des quotas télévisuel; Communications & Strategies, no. 35, IDATE, Montpellier, 3eme trimestre 1999, S. 111 - 160.

Pernice, Ingolf Eine Grundrechte-Charta für die Europäische Union; DVBl 2000, S. 847 - 859.

Pernice, Ingolf Constitutional, Federal and Subsidiarity Aspects, in: Pernice, Ingolf - Harmonization of Legislation in Federal Systems. Constitutional, Federal and Subsidiarity Aspects - the European Union and the United States of America compared, S. 1 - 25; Baden-Baden 1996.

Pescatore, Pierre Der Schutz der Grundrechte in den Europäischen Gemeinschaften und seine Lücken, in: Mosler, Hermann/Bernhardt, Rudolf/Hilf, Meinhard - Grundrechtsschutz in Europa, Europäische Menschenrechtskonvention und Europäische Gemeinschaften, Internationales Colloquium Heidelberg, 1976, S. 64 - 75; Berlin, Heidelberg, N.Y. 1977.

Petersen, Nikolaus Rundfunkfreiheit und EG-Vertrag: Die Einwirkungen des Europäischen Rechts auf die Ausgestaltung der nationalen Rundfunkordnungen; Baden-Baden 1994.

Petersmann, Ernst-Ulrich Grundfreiheiten der Beteiligung der Europäischen Gemeinschaft an der Welthandelsorganisation, in: Müller-Graff, Peter-Christian - Die Europäische Gemeinschaft in der Welthandelsorganisation. Globalisierung und Weltmarktrecht als Herausforderung für Europa, S. 81 - 88; Baden-Baden 1999/2000.

Philippi, Nina Divergenzen im Grundrechtsschutz zwischen EuGH und EGMR; ZEuS 2000, S. 97 - 126.

Picard, Robert G. Media Economics. Concepts and Issues; Newsbury Park/ London/ New Dehli 1989.

Pieper, Antje Karin — Medienrecht im Spannungsfeld von Broadcasting und Multimedia; ZUM 1995, S. 552 - 558.

Pieper, Antje-Karin/ Wiechmann, Peter — Der Rundfunkbegriff. Änderungen durch Einführung des interaktiven Fernsehens?; ZUM 1995, S. 82 - 96.

Pieper, Stefan Ulrich — Subsidiaritätsprinzip - Strukturprinzip der Europäischen Union; DVBl 1993, S. 705 - 712.

Pipkorn, Jörn — Das Subsidiaritätsprinzip im Vertrag über die Europäische Union - rechtliche Bedeutung und gerichtliche Überprüfbarkeit; EuZW 1992, S. 697 - 699.

Prentiss, Stan — HDTV: high-definition television; TAB Books, 2. Auflage 1994.

Preuss Neudorf, Friedrich Christian — Grundversorgung und Wettbewerb im dualen System: Medienrechtliche und wettbewerbsrechtliche Aspekte; Frankfurt a.M. 1993.

Probst, Philippe Marc — Entwicklungen und Chancen der europäischen Programmindustrie; ZUM-SH 1994, S. 759 - 767.

Pukall, Kirstin — Meinungsfreiheit im Rundfunk nach der audiovisuellen Revolution. Verfassungs-, wettbewerbs- und europarechtliche Aspekte, Frankfurt a.M. 1994.

Rabe, Hans-Jürgen — Europäische Gesetzgebung - das unbekannte Wesen; NJW 1993, S. 1 - 5.

Rager, Günther/ Weber, Bernd — Publizistische Vielfalt zwischen Markt und Politik; MP 1992, S. 357 - 366.

Recke, Martin — Medienpolitik im digitalen Zeitalter; Berlin 1998.

Reding, Viviane — Rede zum „Info-Point“ Europa in Hamburg, epd-medien 2001, Nr. 34/35, S. 35 - 40.

Rehbinder, Manfred — Die urheberrechtlichen Verwertungsrechte nach der Einführung des Vermietrechts; ZUM 1996, S. 349 - 355.

Reich, Norbert — Binnenmarkt als Rechtsbegriff; EuZW 1991, S. 203 - 210.

Reimers, Ulrich — Öffentlich-rechtlicher Rundfunk unter sich wandelnden technischen Bedingungen; ZUM-SH 1995, S. 523 - 529.

Reinbothe, Jörg	Die Entwicklung des EU-Richtlinienentwurfs zum Urheberrecht im Kontext mit den internationalen Konventionen, in: Prütting, Hanns - Die Entwicklung des Urheberrechts im europäischen Rahmen. Expertentagung vom 2. und 3.10.1998 in Köln, S. 1 - 22; München 1999.
Reinbothe, Jörg	TRIPS und die Folgen für das Urheberrecht; ZUM 1996, S. 735 - 741.
Reinbothe, Jörg	Der EU-Richtlinienentwurf zum Urheberrecht und zu den Leistungsschutzrechten in der Informationsgesellschaft; ZUM 1998, S. 429 - 437.
Reinbothe, Jörg	EG-Richtlinie zum Urheberrecht in der Informationsgesellschaft; GRUR Int 2001, S. 733 - 744.
Reinbothe, Jörg	Entwicklungen auf dem Gebiet des Urheberrechts in der Europäischen Union, in: Großfeld, Bernhard/ Sack, Rolf/ Möllers, Thomas M.J./Drexl, Josef/ Heinemann, Andreas: Festschrift für Wolfgang Fikentscher, S. 695 - 722; Tübingen 1998.
Reinbothe, Jörg	Geistiges Eigentum und Europäische Gemeinschaft; ZEuP 2000, S. 5 - 28.
Reinert, Patrick	Grenzüberschreitender Rundfunk im Spannungsfeld von staatlicher Souveränität und transnationaler Rundfunkfreiheit; Frankfurt a.M. 1990.
Rengeling, Hans-Werner	Das Beihilferecht der Europäischen Gemeinschaft, in: Carstens, Karl/Börner, Bodo - Recht und Praxis der Beihilfen im Gemeinsamen Markt, S. 23 - 54; Köln/Berlin/ Bonn/München 1984.
Ress, Georg	Die Zulässigkeit von Kulturbeihilfen in der Europäischen Union, in: Randelzhofer, Albrecht u.a.- Gedächtnisschrift für Eberhard Grabitz, S. 595 - 630; München 1995.
Ress, Georg	Die neue Kulturkompetenz der Europäischen Gemeinschaft; DÖV 1992, S. 944 - 955.
Ress, Georg	Kultur und Europäischer Binnenmarkt; Stuttgart/Berlin 1991.
Ress, Georg	Die Europäischen Gemeinschaften und der deutsche Föderalismus; EuGRZ 1986, S. 549 - 558.
Ress, Georg	Die EMRK und das Europäische Gemeinschaftsrecht; ZEuS 1999, S. 471 - 485.

Ress, Georg — Menschenrecht, europäisches Gemeinschaftsrecht und nationales Verfassungsrecht, in: Haller, Herbert/Kopetzki, Christian/Novak, Richard/ Paulson, Stanley/Raschauer, Bernhard/Ress, Georg/ Wiederin, Ewald - „Staat und Recht" Festschrift für Günther Winkler, S. 897 - 932; Wien/ N.Y. 1997.

Ress, Georg — Die Rundfunkfreiheit als Problem der europäischen Integration; ZfRV 1992, S. 434 - 448.

Ress, Georg — Souveränitätsverständnis in den Europäischen Gemeinschaften; Baden-Baden 1980.

Ress, Georg/ Bröhmer, Jürgen — Europäische Gemeinschaft und Medienvielfalt. Die Kompetenz der Europäischen Gemeinschaften zur Sicherung des Pluralismus im Medienbereich; Frankfurt a.M. 1998.

Ring, Wolf - Dieter — Konzentrationstendenzen im Bereich des Rundfunks und ihre Rechtsprobleme; ZUM 1993, S. 7 - 10.

Rodi, Michael — Die Subventionsrechtsordnung: die Subvention als Instrument öffentlicher Zweckverwirklichung nach Völkerrecht, Europarecht und deutschem innerstaatlichen Recht; Tübingen 2000.

Rohe, Matthias — Binnenmarkt oder Interessenverband? - Zum Verhältnis von Binnenmarktziel und Subsidiaritätsprinzip nach dem Maastrichter Vertrag; RabelsZ 161 (1997), S. 1 - 85.

Roider, Claudia — Perspektiven einer europäischen Rundfunkordnung. Eine Untersuchung der gemeinschaftsrechtlichen Direktiven unter besonderer Berücksichtigung des Pluralismusgebotes; Berlin 2001.

Ronge, Frank — Legitimität durch Subsidiarität. Der Beitrag des Subsidiaritätsprinzips zur Legitimation einer überstaatlichen politischen Ordnung in Europa; Baden-Baden 1998.

Ronneberger, Franz — Die politischen Funktionen der Massenkommunikation, in: Langenbucher, Wolfgang - Zur Theorie der politischen Kommunikation, München 1974, S. 193 ff.

Ronneberger, Franz — Kommunikationspolitik Bd. I: Institutionen, Prozesse, Ziele; Mainz 1978.

Ronneberger, Franz — Funktionen des Systems Massenkommunikation, in: Haas, Hannes - Mediensysteme. Struktur und Organisation der Massenmedien in den deutsch-sprachigen Demokratien, S. 158 - 164; 2. Auflage, Wien 1990.

Rose, Klaus/ Sauernheimer, Karlhans Theorie der Außenwirtschaft; München 13. Auflage 1999.

Rosenthal, Michael Die Kompetenz der Europäischen Gemeinschaft für den rechtlichen Rahmen der Informationsgesellschaft; Berlin 1998.

Roßnagel, Alexander Auf dem Weg zu einem europäischen Multimediarecht, in: Michael Kloepfer. Kommunikation-Technik-Recht; Berlin 2002, S. 139-174.

Roth, Andreas T.W. Der Medienbinnenmarkt. Wirtschaftliche, rechtliche und kulturelle Implikationen des europäischen Informationsmarktes für elektronische Medien; Münster 1996.

Roth, Wulf-Henning Freier Warenverkehr und staatliche Regelungsgewalt in einem Gemeinsamen Markt; München 1977.

Roth, Wulf-Henning Grundfreiheiten des Gemeinsamen Marktes für kulturschaffende Tätigkeiten und kulturelle Leistungsträger; ZUM 1989, S. 101 - 110.

Röttinger, Moritz Bedeutung der Rechtsgrundlage einer EG-Richtlinie und Folgen ihrer Nichtigkeit; EuZW 1993, S. 117 - 121.

Röttinger, Moritz Das Urheberrecht in Rechtspolitik und Rechtsetzung der Europäischen Gemeinschaft - vom Handelshemmnis zum „Espace europeén de la créativité"; UFITA 2001/I S. 9 - 94.

Rüggeberg, Jörg Europäische Medienrechtsordnung und die deutsche Fernsehlandschaft; WiVerw 1999, S. 204 - 229.

Salvatore, Vincenzo Quotas on TV programmes and EEC Law; CMLR 1992, S. 967 - 990.

Samuelson, Paul A./ Nordhaus, William D. Volkswirtschaftslehre, Grundlagen der Makro- und Mikroökonomie; Wien 1998.

Sandberg, Karin Unzulässiger Protektionismus in der europäischen Medienpolitik? Die Maßnahmen der Europäischen Gemeinschaft zum Schutz des europäischen Films und ihre Vereinbarkeit mit dem durch das GATT und die WTO - Vereinbarung gebildeten Rechtsrahmen; Frankfurt a.M. u.a. 1998.

Sander, Gerald G. „Cultural exception" in der WTO - eine Bereichsausnahme für die audiovisuellen Medien?, in Dittmann, Armin/Fechner, Frank/ Sander, Gerald - Der Rundfunkbegriff im Wandel der Medien. Symposium zum 65. Geburtstag von Thomas Oppermann, S. 177 - 186; Berlin 1997.

Sanftenberg, Simone Klasse statt Masse! Stärkung öffentlich-rechtlicher Rundfunkanstalten als Mittel zur nationalen Vielfaltsicherung im Rahmen grenzüberschreitender Programmangebote in Europa; Frankfurt a.M. 1998.

Schellenberg, Martin Rundfunk-Konzentrationsbekämpfung zur Sicherung des Pluralismus im Rechtsvergleich; Rundfunkstaatsvertrag 1997 und Landesmediengesetze im Vergleich mit den Kontrollsystemen im Frankreich, Italien und Großbritannien; Baden-Baden, 1. Auflage 1997.

Schellenberg, Martin Pluralismussicherung: zu einem medienrechtlichen Leitmotiv in Deutschland, Frankreich und Italien; AöR 119 (1994), S. 427-448.

Schellenberg, Martin Europäische Konzentrationskontrolle im Medienbereich - Ein Anwendungsfall des Subsidiaritätsprinzips?; DZWiR 1994, S. 410-415.

Schildknecht, Urs Grundrechtsschranken in der Europäischen Gemeinschaft. Eine Untersuchung der Rechtsprechung des Europäischen Gerichtshofes; Frankfurt a.M. 2000.

Schilling, Theodor Bestand und allgemeine Lehren der bürgerlich-rechtlichen Rechtsgrundsätze des Gemeinschaftsrechts; EuGRZ 2000, S. 3-43.

Schima, Bernhard Das Subsidiaritätsprinzip im Europäischen Gemeinschaftsrecht; Wien 1994.

Schippan, Martin Die Harmonisierung des Urheberrechts in Europa im Zeitalter von Internet und digitaler Technologie. Eine Betrachtung aus deutscher Sicht; Baden-Baden 1999.

Schippan, Martin Harmonisierung oder Wahrung der nationalen Kulturhoheit? - Die wundersame Vermehrung der Schrankenbestimmungen in Art. 5 der „Multimedia-Richtlinie"; ZUM 2002, S. 116-128.

Schlesinger, Michael Subventionsvergabe im Wettbewerb; Mainz 1994.

Schmahl, Stefanie Die Kulturkompetenz der Europäischen Gemeinschaft; Baden-Baden 1996.

Schmidthuber, Peter/ Hitzler, Gerhard Die Verankerung des Subsidiaritätsprinzips im EWG-Vertrag - ein wichtiger Schritt auf dem Weg zu einer föderalen Verfassung der Europäischen Gemeinschaften; NVwZ 1992, S. 720-725.

Schmittmann, Michael 10 Jahre nach dem Pluralismus-Grünbuch: Muss über europäisches Medienkonzentrationsrecht neu nachgedacht werden?; AfP 2002, S. 393-395.

Schmitt-Vocken-hausen, Monika Revision der EG-Fernsehrichtlinie. Ein weiterer Schritt in eine europäische Medienordnung?; ZUM 1998, S. 377-381.

Schmitt-von Sydow, Hellmut Die vierte Phase der europäischen Industriepolitik; EU- Magazin 1995, Heft 8-11, S. 8-10.

Schmitz, Thomas Die EU-Grundrechtecharta aus grundrechtsdogmatischer und grundrechtstheoretischer Sicht; JZ 2001, S. 833-843.

Schneider, Ute Auswirkungen des MEDIA-Programmes auf die europäische Filmförderung, ZUM 1995, S. 769-772.

Schnelle, Ulrich/ Bartosch, Andreas Entwicklung der fusionskontrollrechtlichen Kommissionspraxis im Medien- und Telekommunikationssektor; BB 1999, S. 1933-1940.

Schoch, Friedrich Die Europäisierung des Allgemeinen Verwaltungsrechts; JZ 1995, S. 109-123.

Scholz, Rupert Wie lange bis „Solange III"? NJW 1990, S. 941-946.

Schote, Matthias Die Rundfunkkompetenz des Bundes als Beispiel bundesstaatlicher Kulturkompetenz in der BRD; Frankfurt a.M. 1999.

Schricker, Gerhard Konturen eines europäischen Urheberrechts; München 1996.

Schricker, Gerhard Urheberrecht zwischen Industrie und Kulturpolitik; GRUR 1992, S. 242-247.

Schroeder, Werner Zu eingebildeten und realen Gefahren durch kompetenzüberschreitende Rechtsakte der Gemeinschaft; EuR 1999, S. 452- 466.

Schroer, Thomas Mehr Demokratie statt umweltpolitischer Subsidiarität? - Anmerkungen zum Titandioxid-Urteil des EuGH; EuR 1991, S. 356-368.

Schröer, Thomas Die Kompetenzverteilung zwischen der Europäischen Wirtschaftsgemeinschaft und ihren Mitgliedstaaten auf dem Gebiet des Umweltschutzes; Berlin 1992.

Schulz, Winfried Medienwirklichkeit und Medienwirkung, in: Hoffmann, Hilmar - Gestern begann die Zukunft. Entwicklung und gesellschaftliche Bedeutung der Medienvielfalt, S. 122-142; Darmstadt 1994.

Schulz, Wolfgang Jenseits der „Meinungsrelevanz" - verfassungsrechtliche Überlegungen zu Ausgestaltung und Gesetzgebungskompetenzen bei neuen Kommunikationsformen; ZUM 1996, S. 487-497.

Schulz, Wolfgang/ Leopold, Swaantje Horizontale Regulierung? Im Blickpunkt: Inhaltedienste- und Infrastruktur-Regulierung in den Richtlinienvorschlägen der Kommission zum Rechtsrahmen für elektronische Kommunikationsnetze und -dienste; K&R 2000, S. 439-442.

Schulz, Wolfgang u.a. Digitales Fernsehen. Regulierungskonzepte und -perspektiven; Leverkusen 1999.

Schwartz, Ivo E. EG-Kompetenzen für den Binnenmarkt: exklusiv oder konkurrierend-subsidiär; Bonn 1995.

Schwartz, Ivo E. EG-Rechtsetzungsbefugnis für das Fernsehen; ZUM 1989, S. 381-389.

Schwartz, Ivo E. Subsidiarität und EG-Kompetenzen: Der neue Titel „Kultur". Medienvielfalt und Binnenmarkt; AfP 1993, S. 409-421.

Schwartz, Ivo E. Europäische Medienpolitik im Lichte der Maastricht-Entscheidung, in: Bohr, Kurt - Europäische Medienpolitik im Lichte der Maastricht-Entscheidung, EMR-Dialog, Bd. 12, S. 19 ff.; München 1995.

Schwarz, Mathias Der urheberrechtliche Schutz audiovisueller Werke im Zeitalter der digitalen Technologie, in: Becker, Jürgen/Dreier, Thomas - Urheberrecht und digitale Technologie, S. 105-122; Baden-Baden 1994.

Schwarz, Suzanne Michele Television without Frontiers?; North Carolina Journal of International Law and Commerce Regulation Vol 16 (1990/ 91), S. 351-378.

Schwarze, Jürgen Europäisches Verwaltungsrecht: Entstehung und Entwicklung im Recht der Europäischen Gemeinschaft; Teil 2; Baden-Baden 1988.

Schwarze, Jürgen Fernsehen ohne Grenzen: die Errichtung des Gemeinsamen Marktes für den Rundfunk insbesondere über Satellit und Kabel; Beiträge zu einem Medienrechtlichen Kolloquium des Instituts für Integrationsforschung der Stiftung Europakolleg Hamburg; Baden-Baden 1985.

Schwarze, Jürgen Rechtsstaatlichkeit und Grundrechtsschutz als Ordnungspostulate der Europäischen Gemeinschaften, in: Kaufmann, Arthur/ Mestmäcker, Ernst-Joachim/Zacher, Hans F. - Rechtsstaat und Menschenwürde, Festschrift für Werner Maihofer, S. 529-548; Frankfurt a.M. 1988.

Schwarze, Jürgen EU-Kommentar; 1. Auflage, Baden-Baden 2000.

Schwarze, Jürgen/ Becker, Jürgen Geistiges Eigentum und Kultur im Spannungsfeld von nationaler Regelungskompetenz und europäischem Wirtschafts- und Wettbewerbsrecht; Baden-Baden 1998.

Schweitzer, Michael/ Hummer, Waldemar Europarecht: das Recht der Europäischen Union- das Recht der Europäischen Gemeinschaften- mit Schwerpunkt EG; 5. Auflage; Neuwied, Berlin 1996.

Schweitzer, Michael/ Fixson, Oliver Subsidiarität und Regionalismus in der Europäischen Gemeinschaft; Jura 1992, S. 579-586.

Seelmann-Eggebert, Sebastian Internationaler Rundfunkhandel; Baden-Baden 1998.

Seidel, Martin Die Vollendung des Binnenmarktes der Europäischen Gemeinschaft als Rechtsetzungsprozeß, in: Baur, Jürgen F. - Festschrift für Ernst Steindorff zum 70. Geburtstag am 13. März 1990, S. 1455- 1476; Berlin 1990.

Seidel, Martin Europa und die Medien, in: Schwarze, Jürgen - Fernsehen ohne Grenzen. Die Errichtung des Gemeinsamen Marktes für Rundfunk, insbesondere über Satellit und Kabel, S. 121-125; B.-Baden 1985.

Seidel, Martin Ziel und Ausmaß der Rechtsangleichung in der EWG; EuR 1979, S. 71-185.

Seidel, Martin Grundfragen des Beihilfenaufsichtsrechts der Europäischen Gemeinschaften, in Carstens, Karl/Börner, Bodo - Recht und Praxis der Beihilfen im Gemeinsamen Markt, S. 55-82; Köln/Berlin/ Bonn/München 1984.

Senti, Richard GATT - Allgemeines Zoll- und Handelsabkommen als System der Welthandelsordnung; Zürich 1989.

Siebenhaar, Hans-Peter Europäisches Fernsehen. Mehrsprachiges grenzüberschreitendes Fernsehen als Instrument des Einigungsprozesses; RuF 1994, S. 49-59.

Siebenhaar, Hans-Peter Europa als audiovisueller Raum. Ordnungspolitik des grenzüberschreitenden Fernsehens; Opladen 1994.

Silver, Aviva The European legal framework for the New Media?, in: Roßnagel, Alexander - Fernsehen und Neue Medien in Europa. Regulierung - Liberalisierung - Selbstkontrolle, S. 23-33; München/Berlin 2001.

Silvestro, Alessandra Towards EC-Harmonisation of the term of Protection of Copyright and so called related rights; Entertainment Law Review 1993, S. 73-79.

Simmering, Klaus Das hochaufgelöste Programm. Überlegungen zu einer HDTV-Ästhetik; MP 1989, S. 400-410.

Simson, Werner v./ Schwarze, Jürgen Europäische Union und Grundgesetz, Maastricht und die Folgen für das deutsche Verfassungsrecht; Berlin/N.Y.1992.

Siune, Karen/ Truetzschler, Wolfgang Dynamics of Media Politics; Broadcast and Electronic Media in Western Europe; Sage London, Newbury Park, New Dehli 1992.

Smith, Clint N. International Trade in Television Programming and GATT: An Analysis of Why the European Community`s Local Program Requirement violates the General Agreement on Tariffs and Trade; International Tax and Business Lawyer Vol. 10 (1993), S. 97-137.

Smulders, Ben Copyright and Competition Law, in: Jehoram, Herman Cohen/ Keuchenius, Petra/ Seignette, Jaqueline - Audiovisual Media and Copyright in Europe, S. 75 ff.; Deventer 1994.

Spindler, Gerhard E-Commerce in Europa; MMR-Beilage, 7/2000, S. 4-21.

Spindler, Gerhard Europäisches Urheberrecht in der Informationsgesellschaft; GRUR 2002, S. 105-120.

Sporn, Stefan Das Grundrecht der Meinungs- und Informationsfreiheit in einer Europäischen Grundrechtscharta, ZUM 2000, S. 537-544.

Starbatty, Joachim Europäische Industriepolitik und Folgen - zur Immanenz industriepolitischer Dynamik, in: Vitzhum, Wolfgang: Europäische und Internationale Wirtschaftsordnung aus Sicht der Bundesrepublik Deutschland; S. 153 ff.; Baden-Baden 1994.

Staudenmayer, Dirk Europäische Bildungspolitik - vor und nach Maastricht; BayVBl 1995, S. 321-330.

Stehling, Jürgen Maastricht und das Subsidiaritätsprinzip; Kiel 1993.

Stein, Torsten Die Querschnittsklausel zwischen Maastricht und Karlsruhe, in: Due, Ole/Lutter, Marcus/Schwarze, Jürgen, Festschrift für Ulrich Everling, Band II, S. 1439-1453; Baden-Baden, 1. Auflage 1995.

Stein, Torsten Subsidiarität als Rechtsprinzip?, in: Merten, Detlef - Die Subsidiarität Europas; Berlin 1993.

Steindorff, Ernst Grenzen der EG-Kompetenzen; Beiheft der Zeitschrift für das gesamte Handelsrecht und Wirtschaftsrecht, Heft 65, Heidelberg 1990.

Stern, Klaus u.a. Eine Rundfunkordnung für Europa-Chancen und Risiken; München 1991.

Stettner, Rupert Grundfragen einer Kompetenzlehre; Berlin 1983.

Stock, Martin Europäisches Medienrecht im Werden - Probleme und Chancen; RuF 1989, S. 180-202.

Stock, Martin EU-Medienfreiheit - Kommunikationsgrundrecht oder Unternehmerfreiheit?; K&R 2001, S. 289-302.

Stock, Martin Eine Grundrechtscharte für die Europäische Union: wie sollte die Medienfreiheit darin ausgestaltet werden?; ZUM 2000, S. 533-537.

Streinz, Rudolf Mindestharmonisierung im Binnenmarkt, in: Everling, Ulrich/Roth, Wulf-Henning - Mindestharmonisierung im Europäischen Binnenmarkt, S. 9-54; Baden-Baden 1997.

Stürner, Rolf Medien zwischen Regulierung und Reglementierung - Sanktionen gegen Medien?; AfP 2002, S. 283-291.

Tettenborn, Alexander Zwischennotiz zum Grünbuch Konvergenz; K&R 1998, S. 296-301.

Tettenborn, Alexander Europäische Union: Rechtsrahmen für die Informationsgesellschaft; MMR 1998, S. 18-23.

Thiele, Burkhard Die Bildungspolitik der EG: Chancen und Versäumnisse der EG-Bildungspolitik zur Entwicklung des Europas der Bürger; Münster/Hamburg/London 2000.

Tinel, Aude Qu`est-ce que c´est l`éxception culturelle?; RMC 2000, S. 78-80.

Tomuschat, Christian Rechtliche Aspekte des Gemeinschaftshandelns im Bereich der Kultur; F.I.D.E. Reports of the 13th Congress; Thessaloniki 28.9. - 1.10.1988, S. 15 ff.

Toth, A.G. The principle of Subsidiarity in the Maastricht Treaty; CMLR 1992, S. 1079-1094.

Trappel, Josef Gemeinschaftliche Medienpolitik, in: Frankfurter, Bernhard; Offene Bilder, S. 177-192; Wien 1995.

Trautwein, Thomas Das BVerfG, der EuGH und das Fernsehen. Anmerkung zum Urteil des BVerfG zur EG-Fernsehrichtlinie- ZUM 1995, 405 ff.; ZUM 1995, S. 614-617.

Trettenbein, Harald Interventionsmöglichkeiten gegen Medienkonzentration, in: Bruck, Peter - Medienmanager Staat: Von den Versuchen des Staates, Medienvielfalt zu ermöglichen. Medienpolitik im internationalen Bereich, S. 183-304; München 1994.

Tschon, Michaela S. Cross ownership und publizistische Gewaltenteilung, Berlin 2002.

Uebersohn, Gerhard Europarechtliche Entwicklungen im Bildungsrecht und in der Bildungspolitik; RdJB 1998, S. 267-275.

Ukrow, Jörg Chancengleicher Zugang zu den Übertragungswegen, in Roßnagel, Alexander - Fernsehen und Neue Medien in Europa, Regulierung-Liberalisierung-Selbstkontrolle, S. 111 - 145; Berlin 2001.

Ulbrich, Martin Konvergenz der Medien auf europäischer Ebene. Das Grünbuch der Europäischen Kommission; K&R 1998, S. 100-105.

Ullrich, Meike Die Wahl der Rechtsgrundlage als Rechtsproblem des Gemeinschaftsrechts; ZEuS 2000, S. 243-272.

Uwer, Dirk Medienkonzentration und Pluralismussicherung im Lichte des europäischen Menschenrechts der Pressefreiheit; Berlin 1998.

Veelken, Winfried Normenstrukturen der Industriepolitik - eine vergleichende Untersuchung nach deutschem und französischem Recht; Baden-Baden 1991.

Vesting, Thomas Das Rundfunkrecht vor den Herausforderungen der Logik der Vernetzung; M&K 49 (2001-3), S. 287-305.

Villiger, Mark E. Handbuch der Europäischen Menschenrechtskonvention; 2. Auflage, Zürich 1999.

Vollmer, Lothar Die Sondermärkte im Spannungsfeld von nationalen und europäischen Regulierungs- und Deregulierungsaktivitäten, in: Kruse, Jörn/Stockmann, Kurt/ Vollmer, Lothar - Wettbewerbspolitik im Spannungsfeld nationaler und internationaler Kartellrechtsordnungen, Festschrift für Ingo Schmidt, S. 289-303; Baden-Baden 1997.

Vormann, Thorsten Kulturelle Souveränität und Fernsehen: Rechtsvergleichung der Maßnahmen zur Sicherung der kulturellen Identität in Kanada und den Europäischen Gemeinschaften unter besonderer Berücksichtigung der Quotenregelung im Fernsehen; Rheinfelden 1993.

Voß, Ulrike/Wenner, Gregor Der EuGH und die gemeinschaftsrechtliche Kompetenzordnung - Kontinuität oder Neuorientierung; NVwZ 1994, S. 332-337.

VPRT Positionspapier des VPRT zur Revision der EG-Fernsehrichtlinie: „Kleine Revision" oder Fortentwicklung zu einer „Content-Richtlinie" vom 15.11.2001 - http://www.vrpt.de/aktuelles/

VPRT Pressemitteilung vom 7.2.2002 - VPRT lehnt Position der Landesmedienanstalten zur Revision der Fernsehrichtlinie ab. http://www.vprt.de /aktuelles/

VPRT Pressemitteilung vom 17.4.2002 - Keine Revision der EG-Fernsehrichtlinie! - http://www.vprt.de /aktuelles/.

Wägenbaur, Rolf Die Einbeziehung der Hochschulen in den Integrationsprozeß; EuR 1990, S. 135 - 142.

Wägenbaur, Rolf Auf dem Wege zur Bildungs- und Kulturgemeinschaft; in Randelzhofer Albrecht/Scholz, Rupert/ Wilke, Dieter - Gedächtnisschrift für Eberhard Grabitz, S. 858-866, München 1995.

Wagner, Christoph Konzentrationskontrolle im Medienbinnenmarkt der EG. Wettbewerbsrechtliche und medienspezifische Ansätze; AfP 1992, S. 1-12.

Wagner, Jürgen Policy-Analyse: Grenzenlos Fernsehen in der EG; Frankfurt a.M. 1994.

Wallenberg, Gabriela Das Grünbuch der EG-Kommission zu „Pluralismus und Medienkonzentration im Binnenmarkt", WuW 1993, S. 910-916.

Walter, Michael W. Europäisches Urheberrecht. Kommentar. Insbesondere Software-, Vermiet-/Verleih-, Satelliten- und Kabel-, Schutzdauer-, Datenbank-, Folgerecht-, Informationsgesellschafts-Richtlinie, Produktpiraterie -Verordnung; Wien/NewYork 2001.

Watson, Andrew Die gegenseitige Anerkennung von Lizenzen für den Satellitenrundfunk und der rechtliche Rahmen für das digitale Fernsehen; IRIS-SH 1995, S. 20-23.

Weber, Albrecht Zur zukünftigen Verfassung der Europäischen Gemeinschaften. Föderalismus und Demokratie als Strukturelemente einer europäischen Verfassung; JZ 1993, S. 325-330.

Weber, Rolf Medienkonzentration und Meinungspluralismus. Entwicklungstendenzen in Europa und Diskussionsstand in der Schweiz; Zürich 1995.

Weidenfeld, Werner Grundrechtssicherung als Zukunftsgut Europas, in: Weidenfeld, Werner - Der Schutz der Grundrechte in der Europäischen Gemeinschaft; Bonn 1992.

Weirich, Dieter Programm-Markt Europa - Was kann man für ein Europa der Produktivität und Kreativität tun?; ZEuS 1998, S. 47-58.

Weiss, Friedl The General Agreement on Trade in Services 1994; CMLR 1995, S. 1177-1225.

Weisser, Ralf Dienstleistungen zum Vertrieb digitaler Pay-TV-Angebote; ZUM 1997, S. 877-898.

Wetter, Irmgard Die Grundrechtscharta des EuGH: die Kontrolle der gemeinschaftlichen Grundrechte durch die Rechtsprechung des EuGH zu den allgemeinen Rechtsgrundsätzen; Frankfurt a.M. u.a. 1998.

Wiesner, Volkert Fernsehen und kulturelle Identität in Europa - ein Interpretationsversuch, in: Kleinsteuber, Hans/ Wiesner, Volkert/ Wilke, Peter - EG-Medienpolitik. Fernsehen zwischen Kultur und Kommerz, S. 157-180; Berlin 1990.

Winkelmann, Ingo Die Bundesregierung als Sachwalter von Länderrechten; DÖV 1996, S. 1-11.

Winter, Gerd Subsidiarität und Deregulierung im Gemeinschaftsrecht; EuR 1996, S. 247-269.

Winter, Helen Interdependenzen zwischen Industriepolitik und Handelspolitik der Europäischen Gemeinschaft; Baden-Baden 1994.

Wolfrum, Rüdiger Recht auf Information- Schutz vor Information: menschen- und staatsrechtliche Aspekte; Referate und Diskussionsbeiträge eines Symposiums des Instituts für Internationales Recht vom 21. - 24. November 1984 in Kiel; Berlin 1986.

Wuermeling, Joachim Das Ende der „Länderblindheit": Der Ausschuß der Regionen nach dem neuen EG-Vertrag; EuR 1993, S. 196-207.

Würtenberger, Loretta Der Schutz der Filmurheber und Filmhersteller im französischen und europäischen Recht; Berlin 1999.

Zerdick, Axel Die Internet-Ökonomie. Strategien für die digitale Wirtschaft; Berlin/Heidelberg 1999.

Zerdick, Axel/ Goldhammer, Klaus Rundfunk Online - Entwicklung und Perspektiven des Internets für Hörfunk und Fernsehen; Berlin 1999.

Zielinski, Siegfried HiVision, HDTV, Advanced Television. Ein Orientierungsversuch in der Debatte um die Erweiterung televisueller Repräsentationtechnik; MP 1989, S. 389-399.

Ziemer, Albrecht Digitales Fernsehen. Eine neue Dimension der Medienvielfalt; Heidelberg, 2. Auflage 1997.

Zuleeg, Manfred Vorbehaltene Kompetenzen der Mitgliedstaaten der EG auf dem Gebiete des Umweltschutzes, NVwZ 1987, S. 280-286.

Zuleeg, Manfred Anmerkung zu BVerfG Urt. v. 22.3.1995 (JZ 1995, S. 669 ff); JZ 1995, S. 674-677.

Zweigert, Konrad Der Einfluß des Europäischen Gemeinschaftsrechts auf die Rechtsordnungen der Mitgliedstaaten; RabelsZ 1964, S. 601-643.

Verzeichnis der Dokumente

1. Audiovisuelle Politik

- Mitteilung der Kommission an den Rat und an das Europäische Parlament über die Politik im audiovisuellen Bereich, KOM (90) 78 endg.

- Grünbuch „Audiovisuelle Politik der Europäischen Union", KOM (94) 96

- Mitteilung über Grundsätze und Leitlinien einer audiovisuellen Politik der Gemeinschaft im digitalen Zeitalter, KOM (99) 657

- Mitteilung der Kommission an das Europäische Parlament und den Ministerrat „Die Politik der Gemeinschaft im Audiovisuellen Bereich - Künftiges Vorgehen", KOM (98) 446 endg.

- Mitteilung der Kommission an den Rat, das europäische Parlament, den Wirtschafts- und Sozialausschuß und den Ausschuß der Regionen zu bestimmten Rechtsfragen im Zusammenhang mit Kinofilmen und anderen audiovisuellen Werken, KOM (2001) 534 endg.

- Schlußfolgerungen des Rates und der im Rat vereinigten Vertreter der Regierungen der Mitgliedstaaten zur Mitteilung der Kommission über Grundsätze und Leitlinien für die audiovisuelle Politik der Gemeinschaft im digitalen Zeitalter, ABl. 2000 C 196/1

- Stellungnahme des Ausschusses der Regionen zu der Mitteilung der Kommission an den Rat, das Europäische Parlament, den Wirtschafts- und Sozialausschuß und den Ausschuß der Regionen zum Thema „Grundsätze und Leitlinien für die audiovisuelle Politik der Gemeinschaft im digitalen Zeitalter", ABl. 2000 C 317/25

- Entschließung des Rates zur Entwicklung des audiovisuellen Sektors, ABl. 2002 C 32/4

2. Fernsehrichtlinie

- Grünbuch der Kommission über die Errichtung eines Gemeinsamen Marktes für den Rundfunk („Fernsehen ohne Grenzen"), KOM (84) 300 endg.

- Entschließungsantrag der Abgeordneten Hahn/Perdini im Kulturausschuß des Parlaments am 18.9.1980, Dok. 1-409/80

- Entschließung des Europäischen Parlaments zu „Rundfunk und Fernsehen in der EG", ABl. 1982 C 87/112

- Zwischenbericht über Realität und Tendenzen des Fernsehens in Europa: Perspektiven und Optionen, KOM (83) 229 endg.

- Vorschlag für eine Richtlinie des Rates zur Koordinierung bestimmter Rechts- und Verwaltungsvorschriften der Mitgliedstaaten über die Ausübung der Rundfunktätigkeit, KOM (86) 146 bzw. ABl. 1986 C 179/4

- Vorschlag für eine Richtlinie des Europäischen Parlaments und des Rates zur Änderung der Richtlinie 89/552/EWG des Rates zur Koordinierung bestimmter Rechts- und Verwaltungsvorschriften der Mitgliedstaaten über die Ausübung der Fernsehtätigkeit, ABl. 1995 C 185/4

-Richtlinie 89/552/EWG zur Koordinierung bestimmter Rechts- und Verwaltungsvorschriften der Mitgliedsstaaten über die Ausübung der Fernsehtätigkeit in der geänderten Fassung der Richtlinie 97/36/EG des Europäischen Parlaments und des Rates, ABl. 1997 L 202/60

- Dritter Bericht der Kommission an Rat, Europäisches Parlament und Wirtschafts- und Sozialausschuß zur Anwendung der Richtlinie 97/36/EG, KOM (2001) 9 endg. vom 15.1.2001.

- Vierter Bericht der Kommission an den Europäischen Rat, das Europäische Parlament, den Wirtschafts- und Sozialausschuß und den Ausschuß der Regionen über die Anwendung der Richtlinie 89/522/EWG „Fernsehen ohne Grenzen", KOM (2002) 778 endg. vom 6.1.2003

- Vierte Mitteilung der Kommission an den Rat und das Europäische Parlament über die Durchführung der Art. 4 und 5 der Richtlinie „Fernsehen ohne Grenzen", KOM (2000) 442 endg.

- Fünfte Mitteilung der Kommission an den Europäischen Rat und das Europäische Parlament über die Durchführung der Art. 4 und 5 der Richtlinie 89/552/EWG „Fernsehen ohne Grenzen", KOM (2002) 612 endg. vom 8.11.2002

- Entschließung des Europäischen Parlaments zu Rundfunk und Fernsehen in der EG, ABl. 1982 C 87/110

- Mitteilung der Kommission: Grünbuch über den Jugendschutz und den Schutz der Menschenwürde in den audiovisuellen und den Informationsdiensten, KOM (96) 483

- Mitteilung der Kommission an das Europäische Parlament, den Rat und den Wirtschafts- und Sozialausschuß: Studie zur elterlichen Kontrolle im Bereich des Fernsehens, KOM (99) 371

- Entschließung des Rates über die Förderung der Übersetzung bedeutender Werke der europäischen Kultur, ABl. 1987 C 309/3

-Mitteilung der Kommission an den Rat, das Europäische Parlament und den Wirtschafts- und Sozialausschuß „Das Neue Kulturkonzept der Gemeinschaft", KOM (92) 149 endg.

- Strategische Optionen für die Stärkung der Programmindustrie im Rahmen der audiovisuellen Politik der Europäischen Union - Grünbuch, KOM (94) 96

3. Urheberrecht

- Entschließung zum Schutz des europäischen Kulturguts, ABl. 1974 C 62/6

- Vollendung des Binnenmarktes: Weißbuch der Kommission an den Europäischen Rat, KOM (85) 310 endg.

-Grünbuch über Urheberrecht und die technologische Herausforderung - Urheberrechtsfragen, die sofortiges Handeln erfordern", KOM (88) 172

- Initiativen zum Grünbuch - Arbeitsprogramm der Kommission auf dem Gebiet des Urheberrechts und der verwandten Schutzrechte, KOM (90) 504 endg.

- Richtlinie 98/84/EG des Europäischen Parlaments und des Rates über den rechtlichen Schutz von zugangskontrollierten Diensten und Zugangskontrolldiensten, ABl. 1998 L 320/54.

- Mitteilung der Kommission Initiativen zum Grünbuch über Urheberrecht und verwandte Schutzrechte in der Informationsgesellschaft, KOM (96) 568 endg.

- Grünbuch der Kommission - Der rechtliche Schutz verschlüsselter Dienste im Binnenmarkt - Konsultation über die Notwendigkeit einer Gemeinschaftsaktion, KOM (96) 76

- Beschluß des Rates über die Zuständigkeit im Namen der Gemeinschaft zum WIPO-Urheberrechtsvertrag und zum WIPO-Vertrag über Darbietungen und Tonträger, ABl. 2000 L 89/6

- Multilaterales Abkommen zu den Rechte des geistigen Eigentums, Abl. 1994 L 336/213

- Empfehlung Nr. (91)14 des Ministerkomitees an die Mitgliedstaaten über den rechtlichen Schutz verschlüsselter Fernsehdienste, 1991

- Grünbuch Urheberrecht und verwandte Schutzrechte in der Informationsgesellschaft, KOM (95) 382 endg.

- Richtlinie 93/83/EWG des Rates zur Koordinierung bestimmter urheber- und leistungsschutzrechtlicher Vorschriften betreffend Satellitenrundfunk und Kabelweiterverbreitung, ABl. 1993 L 248/15

- Richtlinie 92/100/EWG des Rates zum Vermietrecht und Verleihrecht sowie zu bestimmten dem Urheberrecht verwandten Schutzrechten im Bereich des geistigen Eigentums, ABl. 1992 L 346/61

-Richtlinie 93/98/EWG des Rates zur Harmonisierung der Schutzdauer des Urheberrechts und bestimmter verwandter Schutzrechte, ABl. 1993 L 290/9

- Richtlinie 2001/29/EG des Europäischen Parlaments und des Rates zur Harmonisierung bestimmter Aspekte des Urheberrechts und der verwandten Schutzrechte in der Informationsgesellschaft, ABl. 2001 L 167/10

- Bericht der Kommission über die Anwendung der Kabel- und Satellitenrichtlinie - KOM (2002) 430 endg. v. 26.7.2002

4. Pluralismus und Medienkonzentration

- Grünbuch „Pluralismus und Medienkonzentration im Binnenmark - Bewertung der Notwendigkeit einer Gemeinschaftsaktion“ KOM (92) 480 endg.

- Stellungnahme des Wirtschafts- und Sozialausschusses zum Thema „Pluralismus und Medienkonzentration“ (Initiativstellungnahme), ABl. 2000 C 140/19

- Entschließung des Europäischen Parlaments zum 15. Bericht der Kommission der Europäischen Gemeinschaften über die Wettbewerbspolitik vom 14.11.1986

- Entschließung des Europäischen Parlaments zur Konzentration im Medienbereich, ABl. 1990 C 68/137

- Entschließung des Europäischen Parlaments zur Medienkonzentration und Meinungsvielfalt, ABl. 1992 C 284/44

- Entschließung zum Grünbuch der Kommission „Pluralismus und Medienkonzentration im Binnenmarkt", ABl. 1994 C 44/177

- Entschließung zu Pluralismus und Medienkonzentration im Binnenmarkt, ABl. 1995 C 66/133

- Mitteilung an den Rat und an das Europäische Parlament über die Reaktion auf den Konsultationsprozeß, KOM (94) 353

- Bericht der Kommission an den Rat und das Europäische Parlament „Der Binnenmarkt 1995", KOM (96) 51

- Vorschlag für eine Verordnung (EG) des Rates zur Ergänzung der Verordung des Rates (EWG) Nr. 4064/89 über die Kontrolle von Unternehmenszusammenschlüssen, KOM (96) 313

- Verordnung Nr. 4064/89 des Rates über die Kontrolle von Unternehmenszusammenschlüssen, ABl. 1989 L 395; Berichtigung: ABl. 1990, L 257, geä. durch die Verordnung Nr. 1310/97 des Rates ABl. 1997 L 180/1.

- Draft Directive on Media Pluralism, unveröffentlicher Vorschlag der Kommission, 1997

5. Technische Standardisierung

- Beschluß des Rates über einen Aktionsplan zur Einführung fortgeschrittener Fernsehdienste in Europa (93/424/EG), ABl. 1993 L 196/48

- Richtlinie 95/47/EG des Europäischen Parlaments und des Rates über die Anwendung von Normen für die Übertragung von Fernsehsignalen, ABl. 1995 L 281/51

- Bericht im Zusammenhang mit der RL 95/47/EG des Europäischen Parlaments und des Rates über die Anwendung von Normen für die Übertragung von Fernsehsignalen; KOM (99) 540 endg.

6. Unterstützungs- und Fördermechanismen

- Vorschlag der Kommission für eine Verordnung (EWG) des Rates über eine gemeinschaftliche Förderhilfe für Film- und Fernsehproduktion im Bereich Unterhaltung, ABl. 1985 C 125/13

- MEDIA I (1991 - 1995) - Beschluß des Rates 90/685/EWG, ABl. 1990 L 380/87

- MEDIA II (1995 - 2000) - Beschluß des Rates 95/365/EG, ABl. 1995 L 321/25 und Beschluß des Rates 95/564/EG, ABl. 1995 L 321/33

- MEDIA-Plus (2001-2005) - Beschluß des Rates 2001/821/EG zur Durchführung eines Programmes zur Förderung von Projektentwicklung, Vertrieb und Öffentlichkeitsarbeit hinsichtlich europäischer audiovisueller Werke, ABl. 2001 L 13/35 bzw. Beschluß des Rates und des Europäischen Parlaments 163/2001/EG zur Durchführung eines Programmes zur Förderung der Ausbildung in der europäischen audiovisuellen Industrie, ABl. 2001 L 26/1

- Programm TenTelecom: Entscheidung des Europäischen Parlaments und des Rates über Leitlinien für transeuropäische Telekommunikationsnetze, ABl. 1997 L 183/12

- Vorschlag der Kommission für einen Beschluß des Rates zur Einrichtung eines Europäischen Garantiefonds zur Förderung der Film- und Fernsehproduktion, ABl. 1996 C 41/08

-Stellungnahme des Wirtschafts- und Sozialausschusses zu dem Vorschlag für einen Beschluß des Rates zur Einrichtung eines Europäischen Garantiefonds zur Förderung der Film- und Fernsehproduktion, ABl. 1996 C 204/03

- Legislative Entschließung mit der Stellungnahme des Europäischen Parlaments zu dem Vorschlag für einen Beschluß des Rates zur Einrichtung eines Europäischen Garantiefonds zur Förderung der Film- und Fernsehproduktion, ABl. 1996 C 347/33

- Stellungnahme des Wirtschafts- und Sozialausschusses zum Vorschlag für einen Beschluß des Rates zur Einrichtung eines Europäischen Garantiefonds zur Förderung der Film- und Fernsehproduktion, ABl. 1996 C 204/03

- Entscheidung 1999/168/EG des Rates über ein spezifisches Programm für Forschung, technologische Entwicklung und Demonstration auf dem Gebiet der Benutzerfreundlichkeit in der Informationsgesellschaft, ABl. 1999 L 64

- Entscheidung des Rates über ein mehrjähriges Gemeinschaftsprogramm zur Unterstützung der Entwicklung und Nutzung europäischer digitaler Inhalte in globalen Netzen und zur Förderung der Sprachenvielfalt in der Informationsgesellschaft, ABl. 2001 L 14/32.

- Entscheidung 98/253/EG des Rates über ein Mehrjahresprogramm der Gemeinschaft zur Förderung der Informationsgesellschaft in Europa, ABl. 1998 L 107/10.

- Aktionsplan zur Förderung der sicheren Internetznutzung Nr. 276/1999/EG, ABl. 1999 L 033

- Vorschlag für eine Entscheidung des Rates über ein mehrjähriges Gemeinschaftsprogramm zur Anregung der Entwicklung einer europäischen Industrie für Multimedia-Inhalte und zur Förderung der Benutzung von Multimedia-Inhalten in der Informationsgesellschaft, Info 2000, ABl. 1995 C 250/4

7. Kommunikationsinfrastruktur bzw. Dienste der Informationsgesellschaft

- Grünbuch zur Konvergenz der Branchen Telekommunikation, Medien und Informationstechnologie und ihren ordnungspolitischen Auswirkungen, KOM (97) 623

- Schlußfolgerungen des Rates zu den Ergebnissen der öffentlichen Konsultation zum Grünbuch über Konvergenz (insbesondere Medien und audiovisuelle Aspekte), ABl. 1999 C 283/1

- Richtlinie 98/34/EG über ein Informationsverfahren auf dem Gebiet der Normen und technischen Vorschriften für Dienste der Informationsgesellschaft, ABl. 1998 L 204/37

- Richtlinie 2000/31/EG des Europäischen Parlaments und des Rates über bestimmte rechtliche Aspekte der Dienste der Informationsgesellschaft, insbesondere des elektronischen Geschäftsverkehrs im Binnenmarkt, ABl. 2000 L 178/1

- Richtlinie 1999/93/EG des Europäischen Parlaments und des Rates über gemeinschaftliche Rahmenbedingungen für elektronische Signaturen, ABl. 2000, L 13/12

- Transparenzrichtlinie 2000/52/EG der Kommission zur Änderung der Richtlinie 80/723/EWG über die Transparenz der finanziellen Beziehungen zwischen den Mitgliedstaaten und den öffentlichen Unternehmen, ABl. 2000 L 193/75

- Mitteilung der Kommission an das Europäische Parlament, den Ministerrat, den Wirtschafts- und Sozialausschuß und den Ausschuß der Regionen: „Entwicklung neuer Rahmenbedingungen für elektronische Kommunikationsinfrastrukturen und zugehörige Dienste - Kommunikationsbericht 1999", KOM (1999) 539 endg.

- Mitteilung der Kommission über „Die Ergebnisse der öffentlichen Anhörung zum Kommunikationsbericht 1999 und Leitlinien für den neuen Rechtsrahmen", KOM (2000) 239 endg.

- Richtlinienvorschlag über einen gemeinsamen Rechtsrahmen für elektronische Kommunikationsnetze und -dienste, KOM (2000) 393

- Richtlinienvorschlag über die Genehmigung elektronischer Kommunikationsnetze und -dienste, KOM (2000) 383

- Richtlinienvorschlag über den Zugang zu elektronischen Kommunikationsnetzen und zugehörigen Einrichtungen sowie deren Zusammenschaltung, KOM (2000) 384

- Richtlinienvorschlag über den Universaldienst und Nutzerrechte bei elektronischen Kommunikationsdiensten, KOM (2000) 392

- Richtlinie 2002/21/EG des Europäischen Parlaments und des Rates über einen gemeinsamen Rechtsrahmen für elektronische Kommunikationsnetze und -dienste (Rahmenrichtlinie), ABl. 2002 L 108/33

- Richtlinie 2002/19/EG des Europäischen Parlaments und des Rates über den Zugang zu elektronischen Kommunikationsnetzen und zugehörigen Einrichtungen sowie deren Zusammenschaltung (Zugangsrichtlinie), ABl. 2002 L 108/7

- Richtlinie 2002/22/EG des Europäischen Parlaments und des Rates über den Universaldienst und Nutzerrechte bei elektronischen Kommunikationsnetzen und -diensten (Universaldienste-Richtlinie); ABl. 2002 L 108/51

- Richtlinie 2002/20/EG des Europäischen Parlaments und des Rates über die Genehmigung elektronischer Kommunikationsnetze und -dienste (Genehmigungsrichtlinie) ABl. 2002, L 108/21.

8. Sonstige Dokumente

- Bericht an den Europäischen Rat über die Anwendung des Subsidiaritätsprinzips im Jahre 1994 (Subsidiaritätsbericht 1994), KOM (94) 533

- Mitteilung der Kommission der Europäischen Gemeinschaften and den Rat und an das Europäische Parlament zum Subsidiaritätsprinzip, SEK (92) 1990 endg.

- Subsidiaritätsbericht vom 21.11.1995, SEK (95) 980

- Beschluß des Rates 94/800/EG über den Abschluß der Übereinkünfte im Rahmen der multilateralen Verhandlungen der Uruguay-Runde im Namen der Europäischen Gemeinschaften in bezug auf die in ihre Zuständigkeit fallenden Bereiche, ABl. 1994 L 336/1

- Beschluß des Rates 87/373/EWG zur Festlegung der Modalitäten für die Ausübung der Kommission übertragener Durchführungsbefugnisse, ABl. 1987 L 197/33

- Verordung 4255/88 des Rates zur Durchführung der VO 2052/88 hinsichtlich des Europäischen Sozialfonds, ABl. 1988 L 374/21

- Bericht der Kommission an den Europäischen Rat, „Eine bessere Rechtsetzung 1997", KOM (97) 626

- Bericht der Kommission an den Europäischen Rat, „Eine bessere Rechtsetzung 1999", KOM (99) 562

- Bericht der Kommission an den Rat „Eine bessere Rechtsetzung 2000", KOM (2000) 772

Studien zum deutschen und europäischen Medienrecht

Herausgegeben von Dieter Dörr
mit Unterstützung der Dr. Feldbausch Stiftung

Band 1 Peter Charissé: Die Rundfunkveranstaltungsfreiheit und das Zulassungsregime der Rundfunk- und Mediengesetze. Eine verfassungs- und europarechtliche Untersuchung der subjektiv-rechtlichen Stellung privater Rundfunkveranstalter. 1999.

Band 2 Dieter Dörr: Umfang und Grenzen der Rechtsaufsicht über die Deutsche Welle. 2000.

Band 3 Claudia Braml: Das Teleshopping und die Rundfunkfreiheit. Eine verfassungs- und europarechtliche Untersuchung im Hinblick auf den Rundfunkstaatsvertrag, den Mediendienste-Staatsvertrag, das Teledienstegesetz und die EG-Fernsehrichtlinie. 2000.

Band 4 Dieter Dörr, unter Mitarbeit von Mark D. Cole: *Big Brother* und die Menschenwürde. Die Menschenwürde und die Programmfreiheit am Beispiel eines neuen Sendeformats. 2000.

Band 5 Martin Stock: Medienfreiheit in der EU-Grundrechtscharta: Art. 10 EMRK ergänzen und modernisieren! 2000.

Band 6 Wolfgang Lent: Rundfunk-, Medien-, Teledienste. Eine verfassungsrechtliche Untersuchung des Rundfunkbegriffs und der Gewährleistungsbereiche öffentlich-rechtlicher Rundfunkanstalten unter Berücksichtigung einfachrechtlicher Abgrenzungsfragen zwischen Rundfunkstaatsvertrag, Mediendienstestaatsvertrag und Teledienstegesetz. 2001.

Band 7 Torsten Schreier: Das Selbstverwaltungsrecht der öffentlich-rechtlichen Rundfunkanstalten. 2001.

Band 8 Dieter Dörr: Sport im Fernsehen. Die Funktionen des öffentlich-rechtlichen Rundfunks bei der Sportberichterstattung. 2000.

Band 9 Dieter Dörr (Hrsg.): www.otello.de. Klassik nur noch im Internet oder per pay? Symposium aus Anlass des 85. Geburtstages von Professor Dr. Heinz Hübner. 2000.

Band 10 Markus Nauheim: Die Rechtmäßigkeit des Must-Carry-Prinzips im Bereich des digitalisierten Kabelfernsehens in der Bundesrepublik Deutschland. Illustriert anhand des Vierten Rundfunkänderungsstaatsvertrages. 2001.

Band 11 Stefan Sporn: Die Ländermedienanstalt. Zur Zukunft der Aufsicht über den privaten Rundfunk in Deutschland und Europa. 2001.

Band 12 Christian Ebsen: Fensterprogramme im Privatrundfunk als Mittel zur Sicherung von Meinungsvielfalt. 2003.

Band 13 Dieter Dörr / Stephanie Schiedermair: Rundfunk und Datenschutz. Die Stellung des Datenschutzbeauftragten des Norddeutschen Rundfunks. Eine Untersuchung unter besonderer Berücksichtigung der verfassungsrechtlichen und europarechtlichen Vorgaben. 2002.

Band 14 Dieter Dörr (Hrsg.): Rundfunk über Gebühr. Die Finanzierung des öffentlich-rechtlichen Rundfunks im Zeitalter der technischen Konvergenz. 3. Mainzer Mediengespräch. 2003.

Band 15 Dieter Dörr / Stephanie Schiedermair: Die Deutsche Welle. Die Funktion, der Auftrag, die Aufgaben und die Finanzierung heute. 2003.

Band 16 Frauke Blechschmidt: Das Instrumentarium audiovisueller Politik der Europäischen Gemeinschaft aus kompetenzrechtlicher Sicht. 2003.

FSC
www.fsc.org
MIX
Papier | Fördert
gute Waldnutzung
FSC® C083411

Kolibri 360 GmbH
Ferdinand-Jühlke-Straße 7
99095 Erfurt, Deutschland
produktsicherheit@kolibri360.de

Druck:
CPI Druckdienstleistungen GmbH
im Auftrag der
Kolibri 360 GmbH
Ferdinand-Jühlke-Str. 7
99095 Erfurt